中世寺院の社会と芸能

土谷　恵著

吉川弘文館

目　次

序

中世の社会における寺院の存在の大きさは、既に多くの先行研究が明らかにしているところであり、中世の社会は寺院を除いて語れないことは、もはや共通の認識となっているといっても過言ではない。また、寺院を「寺院社会」ととらえるのも定着しつつある。

本書は、この中世寺院社会の多様性をとらえるべく、寺院の組織構造を探ることを第一のテーマとし、寺院社会における諸階層の一端を明らかにすることと、中世寺院によって担われた芸能を明らかにすることを第二のテーマとしている。具体的には、第一のテーマでは、醍醐寺をとりあげてその組織構造の特質を探り、第二のテーマでは、寺院の諸階層のうち童の存在に注目して、その存在形態を探り、童によって担われた舞楽（童舞）を中心に、中世寺院における芸能のあり方を明らかにしようとするものである。そこで以下に、本書のテーマの研究史上の位置付けと、各章の概要を記しておきたい。

まず本書は、今までの寺院史研究の成果に大きな影響を受けている。寺院史研究といえば、黒田俊雄氏が一九六三年に「権門体制論」[1]を、一九七五年に「顕密体制論」[2]と「寺社勢力論」[3]を発表されて以来、飛躍的に発展してきた分野であることは、周知のことであろう。そして寺院史研究の流れには、黒田氏の提言ばかりでなく、一九七〇年代後半には、網野善彦氏の『中世東寺と東寺領荘園』（東京大学出版会、一九七八年）のように、それまでの寺院制度史と寺領荘園の研究を継承し、その後の寺院史料論に大きな影響を与えた研究もあった。なお戦前からの寺院史研究の展開と黒田俊雄氏の研究の位置付けについては、久野修義氏『日本中世の寺院と社会』（塙書房、一九九九年）の序説に詳しく、一九七〇年代以降の東寺・東大寺・興福寺・金剛峯寺・延暦寺等の権門寺院についての研究をはじめ、現在に至るまでの寺院史研究の個々の成果については、稲葉伸道氏『中世寺院の権力構造』（岩波書店、一九九七年）序に、詳細な註があるのでそれらを参照されたい。本書は、これらの寺院史研究の影響を受けたものであり、ことに第一のテーマである寺院の組織構造については、東大寺に関する稲葉伸道氏の研究(4)、永村眞氏の研究(5)、久野修義氏の研究(6)に負うところが大きい。このうち稲葉氏の研究は権門寺院の権力構造を解明すべく、黒田氏の「権門体制論」「寺社勢力論」と、網野氏の寺領荘園の研究を前提としたものであり、永村氏の研究は寺院史料を網羅的に検討する寺院史料論を根幹とする研究であり、久野氏の研究は黒田氏の権門体制論の発展継承をめざしたものである。本書第一部は、これらの研究に触発されて、比較的研究の薄い醍醐寺を対象に選び、その組織構造を探った三篇の論文を「醍醐寺の組織と社会」としてまとめた。第一部のめざすところは、黒田説を基底とし、寺院史料論を根幹とする研究である。

醍醐寺の組織構造について検討することは、個別寺院の組織構造の解明にとどまらぬ問題を含んでいる。醍醐寺の長官は座主だが、中世の醍醐座主は東大寺別当や東寺長者を兼任し、法流の上でも醍醐寺は真言宗小野流の中核にあったからである。さらに醍醐寺には、七百余函の文書・記録・聖教が伝来しており、現在までに醍醐寺によって、調査と所蔵史料のデータベース化が進められている。この醍醐寺所蔵の史料については、総本山醍醐寺の『醍醐寺文書記録聖教目録』によってその概要を知ることができ、最近、総本山醍醐寺編『醍醐寺文書聖教目録』（勉誠出版、二〇〇〇年）第一巻（第一函〜第二〇函）の目録の刊行が開始されたところである。また重要文化財指定目録として、文化庁文化財保護部美術工芸課の『醍醐寺文書目録』（一）〜（三）（一九八九年三月、第一函から第一〇〇函の目録）、同『醍醐寺聖教類目録』（一）〜（五）（二〇〇〇年三月、第一〇一函から第三〇〇函までの目録）もある。しかし醍醐寺蔵の史料については、未だそれらを充分に活用できる環境にはなく、一日も早い全目録の刊行と、データベースの公開が待たれる状況である。その一方で、東京大学史料編纂所には醍醐寺史料の一部の写真帳やマイクロフィルムが所蔵されており、それらを利用することも可能であり、同所所蔵の『三宝院文書』影写本七十七冊や、『三宝院旧記』(7)も貴重である。また『大日本古文書　家わけ第十九　醍醐寺文書』(現在継続中)の刊行や、慶延の『醍醐雑事記』、義演の『醍醐寺新要録』(8)など、活字化された史料も基本史料ともなる。醍醐寺に関する研究は、現在に至るまでに進展を見せており、(9)今後も新出の史料によって解明されることが多いであろう。

本書第一章「中世初頭の醍醐寺と座主職」では、これらの史料を可能な限り活用して、中世初頭の座主職について、師資相伝という特質を探り、康治二年の定海譲状から座主の権限を探って、座主房たる三宝院の構造を、経蔵と宝蔵という二つの蔵の存在から探り、座主と子院の関係についても検討している。そこで浮び上がってきたのは、東大寺と異なる醍醐寺の特質が、座主房の性格と構造にあり、座主と三綱らの寺官組織との関係にあるということであった。

第二章「房政所と寺家政所―十二世紀前半の醍醐寺と東大寺―」は、稲葉伸道氏・久野修義氏・永村眞氏の東大寺の研究に触発されて書いたもので、十二世紀前半の醍醐寺検校の定海房三宝院の構造について、東大寺別当・東寺一長者を兼任していた定海の寺務兼任の体制を、定海房に仕えた醍醐寺・東大寺・東寺の僧の存在とその活動から具体的に検討したものである。

第三章「座主房の組織と運営―中世前期の醍醐寺三宝院―」は、第一章と第二章を受けて、三宝院の構造をさらに探ったものである。三宝院は醍醐寺を代表する子院であり、中世前期には代々の座主房として継承されてきた。その座主房三宝院の構造を、座主房方の「年中行事」を主な史料として、座主房の構成員とその諸階層、房政所と御厨子所という房の家政機関、家政機関の場と空間、座主成賢による座主房組織の再編などを検討したもの。そこで浮び上がってきたのは、座主房のメンバーと家政機関のあり方の具体相であり、貴族の家の家政機関との共通性と房の独自性である。

以上の三篇の論文は、醍醐寺の組織と構造のうち、座主職と座主房三宝院の構造を主に明らかにしたものであり、醍醐寺の組織全般に及ぶものではない。しかし、座主房の構成員の名称と諸階層、家政機関の存在は、他寺の寺務の房や門跡寺院の門主の房に共通する要素であると考える。房は僧の生活や教学活動の基本単位であるが、三宝院のように院家の形態をとるものもあり、寺務の房の組織構造の解明は、一方で院家の諸階層と運営組織を探る手がかりともなるであろう。また、門流の問題については、三宝院流の発展と展開が大きな課題であるが、仁和寺御流と三宝院流の関係については、本書に収めることのできなかった拙稿を参照されたい(10)。醍醐寺の組織構造については、今後とも醍醐寺所蔵の文書・記録・聖教類を主な史料として、検討を続けて行くことをめざすものである。

次いで第二のテーマのうち童の存在形態について見て行くことにしたい。第二部「中世寺院の童と芸能」のうちの第四章「中世寺院の童と兒」がそれにあたる。本論文は、一九八〇年代に発展してきた中世史における童研究を前提としたものであり、黒田日出男氏や網野善彦氏の絵画史料の分析を中心とした研究に大きく影響を受けたものである(11)。黒田氏と網野氏の研究は中世の身分制の中で童をとらえた研究であり、黒田氏は童の本質を下人ととらえ、童は神に近い聖なる存在とし、一方網野氏は童を非人に近い存在とする。そして両氏ともに中世には、童姿の大人がいたことを指摘し、黒田氏はそれを中世における身分標識とし、網野氏はその意味を童のもつ聖性に求めている。このように絵画史料をもとに描かれた童の社会史は、それまでの身分制の研究に新たな光をあてた魅力に富むものであったが、同時にいくつかの問題点を含むものであった。それは中世社会においても最も多様な童たちを擁していた寺院に関する分析を欠いていたこと、童の持つ聖性を強調する点である。本論文は、童の呼称や存在形態が充分に明らかにされぬままに、その聖性を強調することに疑問を持ち、絵画史料に説話や寺院史料という様々な文献史料を繋ぎ合わせて行く方法をとりながら、中世寺院の童の存在形態を明らかにし、その役割や本質を探って行ったものである。そして寺院童の諸階層の分析については、第三章において検討した座主房の構成員と諸階層に対する関心を出発点としている。

次いで童によって担われた舞楽を中心とした、中世寺院の芸能に関する研究にふれたい。それは第二部の第五章から第八章にわたる。このテーマは、第二部第四章「中世寺院の童と児」を受けて、中世寺院の童研究の一環として書いたものであり、芸能史研究に触発されたものである。従来の芸能史研究は、寺院における法会について、それ自体を芸能ととらえ、寺院が法会を通して様々な芸能を開花させていったことを指摘してきた。その一方で寺院における芸能でこれまでに特に注目されてきたのは、修正会・修二会の芸能や延年などであり、中世の寺院における舞楽については、四天王寺を除いては、語られることは少なかった(12)。雅楽や舞楽についての研究は、中世初頭については楽所と楽人の動向を中心とした研究が中心であり、雅楽を古代国家の荘厳のための礼楽とみる立場からは、十二世紀初頭以降がその衰退期ととらえられてきた(13)。本書はそれらの先行研究に対し、中世初頭の舞楽の世界を寺院の側から考察し、中世初頭が舞楽にとってどのような時代であったかを具体的に跡づけたものである。そして、舞楽の中でも童によって担われた童舞に注目し、中世寺院の童舞の世界を文献史料や絵画史料から明らかにしたものである。童舞についてはこれまでに専論は少なく(14)、その実像は明らかではなかった。それを寺院の法会の中でとらえ、芸能史上における位置づけを考えたのが、第五章から第八章に至る論文である。

第五章「中世醍醐寺の桜会」は、醍醐寺の年中行事法会である桜会（清瀧会）の全体像を醍醐寺に伝わる史料から明らかにしようとしたものであり、主たる関心は、鎌倉時代の説話や絵巻にも見える桜会の童舞にある。童舞を桜会という法会の中でとらえ、童舞の法会における位置とその本質を探ったもの。そして中世前期の寺院の芸能の花は童舞であり、中世前期は寺院の芸能にとって童舞の時代であったことを論じている。

第六章「中世寺院の児と童舞」は、『文学』第六巻一号の「特集　男色の領分―性差・歴史・表象」に書いたもので、男色の視点から児と童舞をとらえなおしたものである。

第七章「舞楽の中世」は、今までに衰退期ととらえられてきた十二世紀初頭以降の舞楽について考察したもので、舞楽にとって中世初頭がどのような時代だったのかを史料から具体的に跡付けたもの。まず先例の舞楽として堂塔供養の大法会における舞楽を探り、次いで十二世紀半ばに崇徳院の周辺にみられた新儀の舞楽の存在を指摘する。さらに石清水放生会、醍醐桜会、仁和寺舎利会の存在から、十二世紀前半が新たな舞楽法要が姿を現してきた時期とし、十二世紀半ばは大寺社の舞楽法要の隆盛期であり、その中に新たな童舞があったことを指摘する。そして舞楽の中世は寺院によってもたらされたものであり、その中心は寺院年中行事の舞楽法要であり、その中の新たな童舞であったことを指摘している。

第八章「慈円の童舞」は、慈円に率いられた童舞について、その実像を検討したものであり、あわせて天台の童舞について探ったもの。以上の第六章から第八章に至る論文では、中世初頭は、芸能の世界では童舞の時代とも呼び得るものであり、今までに舞楽の衰退期ととらえてきた十二世期前半以降は、実は大寺社を中心とした舞楽の隆盛期で、その花が童舞であったことを指摘している。

第九章は、絵巻物の中に童の舞う姿を探し、それを手がかりに天童と呼ばれた童たちの姿を探し、さらに持幡童の肖像とその原像を仏画や文献史料の中に探ったもの。絵巻物から仏画の世界に童の姿を求めた論文であり、これも中世寺院の童と芸能の研究の一環として書いたものである。

以上の第一部・第二部を合わせて、本書が全体としてめざすところは、これまでの寺院史研究に童の社会史、芸能史研究の視点をいれた、寺院社会に関する社会生活史である。本書のキーワードは、醍醐寺・童・芸能であり、いずれも先行研究の豊かな部分の研究ではない。史料に基づいて、それぞれの実像を解き明かすことに興味があり、そういう点では、寺院史研究と童の社会史、芸能史研究のはざまを歩いてきたことが本書の特徴でもあるだろう。

註

（1）黒田俊雄「中世の国家と天皇」（『岩波講座日本歴史』中世二、岩波書店、一九六三年、後に同『日本中世の国家と宗教』、岩波書店、一九七五年に所収)。

(2) 黒田俊雄「中世における顕密体制の展開」(同『日本中世の国家と宗教』、岩波書店、一九七五年)。

(3) 黒田俊雄「中世寺社勢力論」(『岩波講座日本歴史』中世二、岩波書店、一九七五年)。同『寺社勢力』(岩波新書、一九八〇年)。

(4) 『中世寺院の権力構造』(岩波書店、一九九七年)所収の論文。

(5) 『中世東大寺の組織と経営』(塙書房、一九八九年)。

(6) 『日本中世の寺院と社会』(塙書房、一九九九年)所収の論文。

(7) 中島俊司編、総本山醍醐寺、一九三一年。

(8) 総本山醍醐寺監修、醍醐寺文化財研究所編、法蔵館、一九九一年。

(9) 近年の醍醐寺に関する主な研究には、醍醐寺文化財研究所『研究紀要』一号〜一七号(現在継続中)所収の論文、伊藤清郎「中世醍醐寺の研究」(『山形大学紀要』社会科学、一五巻一号、一九八四年、後に同『中世日本の国家と寺社』、高志書院、二〇〇〇年に所収。)、同「中世の醍醐寺領について」(『山形史学研究』一八号、一九八二年、後に同『中世日本の国家と寺社』所収)、拙稿「小野僧正仁海像の再検討」(青木和夫先生還暦記念会編『日本古代の政治と文化』、吉川弘文館、一九八七年)、同「願主と尼―醍醐寺の女性―」(大隅和雄・西口順子編『シリーズ女性と仏教　第一巻　尼と尼寺』、平凡社、一九八九年)、拙稿本書所収第一章〜第三章、稲垣栄三編『醍醐寺の密教と社会』(山喜房佛書林、一九九一年)、安達直哉「『醍醐雑事記』について」(稲垣栄三編『醍醐寺の密教と社会』所収)、永村眞「「院家」と「法流」―おもに醍醐寺報恩流を通して―」(稲垣栄三編『醍醐寺の密教と社会』所収)、澤博勝「両統迭立期の王権と仏教―青蓮院と醍醐寺を中心に―」(『歴史学研究』六四八号、一九九三年)、永村眞「寺院と天皇」(『講座　前近代の天皇』第三巻、青木書店、一九九三年)、伊藤清郎「中世醍醐寺と公家・武家」(羽下徳彦編『中世の政治と宗教』、吉川弘文館、一九九四年、後に同『中世日本の国家と寺社』所収)、拙稿本書所収第五章、永村眞「「印信」試論」(『三浦古文化』五五号、一九九四年)、橋本初子『『醍醐寺文書』と修験道史料』(『山岳修験』一四号、一九九四年)、高橋慎一朗「仏名院と醍醐寺三宝院」(『東京大学史料編纂所研究紀要』六号、一九九六年)、国原美佐子「十五世紀の醍醐寺における洗浴について」(東京女子大学『論集』第四八巻二号、一九九八年)、橋本初子「『醍醐寺文書』のなかの東寺関係史料」(東寺文書研究会編『東寺文書にみる中世社会』、東京堂出版、一九九九年)、佐藤健治「醍醐寺内「氏寺」の管領権」(同『中世権門の成立と家政』、吉川弘文館、二〇〇〇年)、藤井雅子「付法史料の語る醍醐寺無量寿院と東国寺院」(『古文書研究』五一号、二〇〇〇年)関口真規子「醍醐寺と「当山」派」(『山岳修験』二五号、二〇〇〇年)、などがあげられる。

(10) 拙稿「中世初頭の仁和寺御流と三宝院流—守覚法親王と勝賢、請雨経法をめぐって—」(阿部泰郎・山崎誠編『守覚法親王と仁和寺御流の文献学的研究』論文篇、勉誠社、一九九八年)。

(11) 黒田日出男「「女」か「稚児」か」(『月刊百科』二七一号、一九八五年、後に同『姿としぐさの中世史』、平凡社、一九八六年に所収)、同「史料としての絵巻物と中世身分制」(『歴史評論』三八二号、一九八二年、後に同『境界の中世　象徴の中世』、東京大学出版会、一九八六年に所収)、同「「人」「僧侶」「童」「非人」」(『人民の歴史学』七一号、一九八二年、後に同『境界の中世　象徴の中世』に所収)、同「「童」と「翁」」(『歴史地理教育』三五九・三六〇号、一九八三年、後に同『境界の中世　象徴の中世』に所収)、同『〔絵巻〕子どもの登場』(河出書房新社、一九八九年)、網野善彦「童形・鹿杖・門前」(『新版絵巻物による日本常民生活絵引』、平凡社、一九八四年、後に同『異形の王権』、平凡社、一九八六年に所収)など。その後も絵画史料を対象とした研究は発展をみせており、五味文彦『中世のことばと絵』(中公新書、一九九〇年)、一遍研究会編『一遍聖絵と中世の光景』(ありな書房、一九九三年)、黒田日出男『王の身体　王の肖像』(平凡社、一九九三年)、五味文彦『絵巻で読む中世』(ちくま新書、一九九四年)、藤原良章・五味文彦編『絵巻に中世を読む』(吉川弘文館、一九九五年)、米倉迪夫『源頼朝像—沈黙の肖像画—』(平凡社、一九九五年)、黒田日出男『歴史としての御伽草子』(ぺりかん社、一九九六年)、同編『肖像画を読む』(角川書店、一九九八年)、五味文彦『『春日験記絵』と中世』(淡交社、一九九八年)、武田佐知子編『一遍聖絵を読み解く』(吉川弘文館、一九九九年)などを参照。

(12) 林屋辰三郎『中世芸能史の研究』(岩波書店、一九六〇年)、芸能史研究会編『日本の古典芸能2　雅楽』(平凡社、一九七〇年)、芸能史研究会編『日本芸能史2　古代—中世』(法政大学出版局、一九八二年)など。なお、最近の芸能史・民俗芸能の研究分野では、関連諸学にわたる広い視野で芸能をとらえた研究があり、福原敏男『祭礼文化史の研究』(法政大学出版局、一九九五年)、松尾恒一『延年の芸能史的研究』(岩田書院、一九九七年)、橋本裕之『王の舞の民俗学的研究』(ひつじ書房、一九九七年)などが注目される。また中世芸能の諸相を探った五味文彦編『芸能の中世』(吉川弘文館、二〇〇〇年)もある。

(13) 荻美津夫『日本古代音楽史論』(吉川弘文館、一九七七年)、同『平安朝音楽制度史』(吉川弘文館、一九九四年)など。また芸能史の新しい通史に、服部幸雄・末吉厚・藤波隆之『体系日本史叢書　芸能史』(山川出版社、一九九八年)があるが、そこでも舞楽と童舞については、第一章古代の芸能第五節平安期の芸能II「勝負楽と舞楽」に、また第二章中世の芸能第一節中世の芸能II「社寺と延年風流」の中でふられているにすぎない。

(14) 寺社の童舞については、伊藤清郎「中世寺社にみる「童」」(中世寺院史研究会編『中世寺院史の研究』下、法蔵館、一九八八年、後に同『中世日本の国家と寺社』、前掲に所収）があるが、本論で述べたように、拙稿とは見解が異なる。また最近、古代の貴族社会の童舞については、服藤早苗「舞う童たちの登場」（同編『王朝の権力と表象』、森話社、一九九八年）がある。

第一部　醍醐寺の組織と社会

第一章　中世初頭の醍醐寺と座主職

はじめに

中世の寺院史研究のなかで、寺院の組織や構造については、東寺・東大寺・金剛峯寺などを中心にその解明がすすめられており、すぐれた成果が蓄積されている(1)。一方で中世の寺院にはいくつかの類型が存在すると考えられるのであり、さらに個々の寺院の組織や構造を具体的に検討して、共通点や差異を明らかにしつつ、その類型を抽出していくことが、中世寺院の全体像を組み立てるために必要な作業であろう。

先行研究によれば、中世の東寺・東大寺は、別当・執行・三綱・所司らからなる政所系列の寺務機関と、寺僧の衆会を中心として年預・公人などからなる惣寺系列の機関の二重の構造をもっている(2)。このうち寺務機関については、十二世紀が一つの転換期であり、東大寺の場合、別当の他寺常住の傾向を背景に、別当個人の房の政所と、三綱を中核とする公文所に、寺務機関が分化していくことが明らかにされている(3)。

そこで注目されるのは、これらの別当個人の房の存在であり、その房が所属していた寺の組織や構造である。平安末・鎌倉初期において東大寺別当や東寺長者が本拠としたのは、多くは醍醐寺や仁和寺であった。しかるに両寺の組織や構造については、いまだ充分に解明されているとはいえない(4)。そこで本稿は醍醐寺について考察を加えるものである。

醍醐寺の機構の頂点にたつのは座主である。延喜十九年の太政官牒(5)によれば、この時、座主と三綱と六口の定額僧が置かれた。座主は、執行・三綱・所司らからなる寺務と寺官組織の頂点にたち、平安・鎌倉期を通して多くが東大寺別当や東寺長者を兼任しながら、基本的には寺内に常住する存在であった。座主はいかなる性格をもち、寺内にどのような房をもっていたのだろうか。醍醐寺の組織や構造を探るためには、まず座主職についてその特質を明らかにしなければならないであろう。

醍醐寺についての近年の研究をみると、まず伊藤清郎氏の論文(6)があげられる。それは『醍醐寺新要録』を主な史料として、惣寺の伽藍や人的構成および支配機構を全般的にとりあげ、門跡寺院についても概観している。従来の醍醐寺研究(7)にも触れられており、中世の醍醐寺の輪郭を描いたものである。しかし、組織や構造の個々については、今後さらに細かく検討していくことが必要である。ことに醍醐寺には七百余函に及ぶ貴重な記録聖教文書絵図類が所蔵されており、現在までに調査が進められている(8)。現時点では充分に活用できる状況ではないが(9)、今後の研究は、これらの記録文書聖教類を活用していかなければならないであろう。なお醍醐寺文化財研究所の『研究紀要』には、紙背文書を中心とした史料紹介(10)があり、それらも重要である。

醍醐寺について概観すると、貞観年間に聖宝によって建立され、延喜七年（九〇七）に醍醐天皇の御願寺となり、同十三年に定額寺となった(11)。東大寺のごとく、古代における官寺たる大寺ではなく、また中世において衆徒の組織が特に発達した寺でもない。伽藍は上醍醐と下醍醐にわかれており、上醍醐には准胝堂・薬師堂・如意輪堂・五大堂などがあり、下醍醐の中心伽藍は、釈迦堂・三昧堂・五重塔・清涼堂・清瀧宮・長尾宮などである。さらにこの上下の伽藍に付随して、平安後期以降、三宝院をはじめとして、多くの子院が建立されていった(12)。これらの子院はそれぞれに真言の法脈を担い、房舎・院領をもって師資相伝されており、真言の教学史においては、醍醐寺と仁和寺は中世における小野・広沢流の二大分流の拠点とされているのである。そこで座主とその法脈が子院といかに関わるのかも重要な問題であろう。

以下に座主職の補任のあり方とその性格、座主の拠点たる座主房の性格と構造、座主と子院・法脈の問題を探り、醍醐寺の組織と構造を探る手がかりとしたい。

第一節　座主職の師資相伝と権限

醍醐座主の正式な補任は、現任の座主と三綱による挙状に基づいて、発給される太政官牒によっており[13]、その任命権は太政官がもつ。しかし注目されるのは、挙状とともに座主職の譲状がみられることである[14]。その早い例に保元元年（一一五六）六月十三日の座主元海から明海への譲状がある[15]。譲状は「右件職者、以師譲、経官奏、所補任来也」として、元海が入壇の弟子明海に座主職を譲与したものである[16]。譲状と同日には、元海と三綱によって挙状が作成されており[17]、これに基づいて同年八月二日に明海座主補任の太政官牒がだされている[18]。

座主職が師資間で譲与されるようになったのは『醍醐座主譲補次第』[19]によると、寛仁二年（一〇一八）十二月に、座主明観が「当座主職永可譲補門弟之由」の宣下をうけて覚源に座主職を譲っており、これを画期とするという。諸大寺以下の長官が、その補任権は太政官が掌握しながらも、実質は師資相伝されていたことは早くから指摘されているところであるが[20]、その具体相はこれまで明らかではなかった。ところが醍醐座主職の場合、その譲状が伝存することに特徴があり、そこから座主職の性格を探ることが可能である。

そして座主元海から明海への譲与については、醍醐寺文書の七六函に一連の史料を見ることができる。そこでそれらをもとに、保元元年の譲与について見て行きたい。まず文書のひとつに同年六月十三日の座主前権大僧都（元海）起請[21]がある。

起請

経蔵一宇五間事

以北三間、安置一切経并宗章疏・伝記等、不可令散失、

以南二間、安置真言儀軌・本経次第・先徳抄記并秘仏・秘曼荼羅・道具等、

右件真言蔵書籍・秘曼荼羅者、当時累代之宝物、嫡々相承之眼精也、因茲、不可取出寺中、是先師重所被誡置也、但、勤行修法之時、於其本尊・具書等者、非制限、其中秘仏・秘書等、凡不可借与他所人、又秘法奥旨同不可伝授他門人、若背此旨者、宗之三宝護法天等并鎮守権現、忽与冥罰令滅亡、仍起請如件、代々座主被存知此旨矣、

保元元年六月十三日

座主前権大僧都（花押）（元海）

それは「経蔵」に関する起請であり、累代の宝物である書籍・秘曼荼羅を寺外に取り出すことを禁じ、秘仏・秘書の他所への借与や秘法の奥旨の他門への伝授を禁じた内容である。そしてこの起請を受けた同年六月二十日の権律師明海の起請[22]も伝わる。さらに「経蔵」の納物については、座主前権大僧都（元海）が作成した目録[23]が伝わる。それは「注置　醍醐経蔵宝物等事」と宝物を分類して録し、奥には「右件物等、累代相承之物也、代々座主次第相伝、不可散失、仍大略所記置如件、保元元年六月十三日、座主前権大僧都（花押）（元海）」とあり、目録は起請とともに作成されたことが知られる。これらの元海の起請と目録が作成されたのは、座主職の譲与と同日である。そこで保元元年には、座主職とともに経蔵とその納物が譲与され、相伝されたことが知られる。

先にあげた元海の起請によれば、経蔵の納物は「嫡々相承之眼精」であり、その譲与は「秘法奥旨」の伝授とまた不可分である。経蔵とその納物たる書籍・秘曼荼羅が座主職とともに譲与されることは、座主職の相伝が、法脈と教学の相承と不可分であり、座主職が寺の長官たる性格とともに、法脈と教学の中心たる性格を強くもっていたことを

示すものであろう。(24) 譲状による座主職の相伝とは、そのことを示したものといえるだろう。

さらに元海の目録には「代々座主次第相伝」とみえるが、経蔵の納物を代々の座主が相伝するようになったのはいつからであろうか。またこの「経蔵」とはなにをさすのであろうか。元海の先師は定海であるので、(25) 注目されるのは、同じく七六函にみられる康治二年（一一四三）六月一日の大僧正定海譲状である。(26) 以下に全文をあげる。

譲与　醍醐寺条条雑事

合

一　灌頂院事

右、件院定海私建立也、而従天承元年寄進　御願以降、修毎年結縁灌頂之大会、奉祈　法皇二世御願、兼期万代不朽之勤鎮護　国家矣、寺辺小田畠仏聖料寄之（坪付在別、）

一　円光院并無量光院三宅寺事（円光院無量光院雖各別、寺務是一也、但三宅寺者末寺也、因茲属一矣、）

右、件院付醍醐代代座主、可令執行之由、去年以左大将相具書状、経　院奏畢、随被補任元海畢、雖末代、他人更不可執行之、

一　別院末寺等事

観音堂　延命院　大智院　定水寺（成覚寺属之、）　東院　菩提寺　小野寺（号東安寺、）　亭子院

宝塔院　清住寺（師資相承寺也、仍新寄之、）　玉丸寺（在伊勢国、）一乗院（是円光院別院也、因之以彼院供僧等衣服用残、所曳与一乗院供僧等也、若寺務各別者、触事有煩歟、仍本院別当可執行之、）

右、或根本末寺、或新立別院也、件寺別当、或号先祖相伝、或称師資相承、雖補任来、皆是本寺之所摂、座主之進退也、而後代自狼戻之輩為別当之職、若住他所、致寺務、若軽本寺、寄権門、若蔑長吏、違背其命、若称私領、沽却他人之輩出来者、永停止寺務、可改定其職矣

一　経蔵一宇

奉安置顕密正教并代代先徳自筆書籍本尊秘曼荼羅道具等目録在別

以前條條譲与座主権少僧都元海畢、一族之上、為入室写瓶之弟子、仍委付万事之状如件、

康治二年六月一日

大僧正定海

定海はこの時すでに元海に座主職を譲っており[27]、自身は検校の地位にあった。この定海譲状は、座主元海に灌頂院以下を譲与したものであるが、そのうちに「経蔵」が含まれており、元海が明海に譲与した「経蔵」とは定海から譲られたものであることが明らかである。

『醍醐寺新要録』および後世の諸書は、この経蔵を三宝院の経蔵とする[28]。『雑事記』巻三所収の久寿二年（一一五五）の「醍醐寺在家帳」によると、醍醐寺内には四宇の経蔵があったことが知られるが[29]、元海起請にみえる「五間」の規模もつ経蔵は三宝院の経蔵のみである。そこでこの経蔵は三宝院経蔵と知られる。三宝院は『雑事記』巻四によると永久三年（一一一五）十一月に定海の師の勝覚によって建立供養された子院であり、この定海譲状によると、定海がさらに灌頂院（堂）を造営したことが知られる[30]。経蔵の建立年次は明らかではないが、少なくとも三宝院経蔵と納物が、譲状によって、座主に相伝されるようになった確実な起点は、この定海譲状である。

さらに定海譲状からは、座主の寺内における諸権限についても知ることができる。それは灌頂院に次いで、円光院・無量光院および三宅寺は、代々座主が寺務執行権をもつこと、座主による別当職兼任の体制は、定海の院奏により、元海の補任によって確立したものとする。『雑事記』巻七によれば、元海は永治二年（康治元年〈一一四二〉）四月に院宣によって円光院別当に補任されており[31]、弟子の明海は座主補任と同日に太政官牒によって別当に補任されているのが知られる。また明海以後の座主についても、円光院・無量光院別当を兼任していることが確認できる[32]。

次いで定海譲状は「別院末寺」を列挙し、これらを「本寺之所摂、座主之進退」とする。このうち、座主が別当を兼ねたことが確認できるものがいくつかある。一乗院は譲状によると「本院（円光院）別当」すなわち座主が寺務執行権をもつ。大智院も「以代々座主為別当職」とされており、観音堂は『雑事記』巻二所収の別当次第によると、代々座主が寺務執行権を持っていたことが知られる。[34] また清住寺の別当は、保元元年（一一五六）五月に座主元海であったことが知られる。[35] しかし一方で、延命院については定海・元海の時点では、座主は寺務を執行しておらず、[36] 小野寺（東安寺）別当職は、康治二年（一一四三）十月に法眼賢覚から宝心阿闍梨に譲られており、これも座主によらない。[37]

したがって「別院末寺」のうち、一部は座主が寺務執行権をもつが、その一部は座主の法脈とは別に別当職は「先祖相伝」「師資相承」されたことが知られる。ではそれらに対する「座主之進退」とは何を意味するのであろうか。具体的には承安元年（一一七一）四月に、東安寺以下について賢覚の門弟の相伝知行を承認した醍醐寺政所置文[38]に座主が署判しているのがみられ、譲状には「狼戻之輩」の別当職について、座主はその寺務を停止し、所職を改定するとみえる。そこで、座主の進退とは、院領・寺領を含めた別院・末寺の総体に対する座主の管轄権とみなされる。[39]『雑事記』によると、座主定海以後、寺内には多くの子院が建立されていたことが知られる。[40] 定海譲状はそれらの子院や周辺の諸寺のうち、主なものを「別院末寺」として位置づけ、座主の管轄の範囲を明確化したものであったとみなされよう。

この定海譲状には、保元元年六月二十日の元海による次の二つの奥書がある。[41]

前大僧正被付属寺家経蔵并万事於元海之状一通、今又書具経蔵書籍・秘仏等起請安置之、代々座主見此文、如守眼精凡勿相背矣、

保元々年六月廿日

座主前権大僧都元海
此経蔵秘曼荼羅并書籍道具等、伝自　尊師般若僧正、嫡々相承至于予時、無紛失無外見、爰前大僧正譲状書具起請、譲与明海律師了、能々秘蔵可伝次座主矣、
同廿日　(元海)(花押)

これによれば、定海譲状は元海によって代々の座主相伝の規範として位置づけられていること、定海譲状は先に見た元海の起請とともに明海に譲られたことが知られる。これらのことから、座主職をめぐる譲与と相伝、および座主の諸権限については、定海譲状を起点に、座主元海によって中世に至る規範が作られたものと評価できよう。

また定海譲状と関連して、平安末期の座主の出自についてふれておかねばならないだろう。平安末期の座主職は、勝覚―定海―元海―明海と、いずれも源師房の子孫たちによって継承されている[42]。このうち定海は源顕房の子であり、元海は源雅俊の子で定海の甥にあたる。すなわち定海譲状は同族の師資間での譲与なのであり「一族之上、為入室写瓶之弟子」と定海譲状の文言は、そのことを明示する。さらにみれば、座主が寺務執行権をもつ子院のうち、三宝院(灌頂院)・円光院・無量光院・一乗院・大智院など、その多くは師房の一家が建立に関係したものである。平安末期における醍醐寺と源師房の子孫たち(村上源氏一族)との関係はすでに指摘されているところであるが[43]、定海譲状に示された子院についての座主の寺務執行権の範囲は、この座主職の同族師資間による譲与を前提として成りたっていたことが知られる。

第二節　座主と座主房

醍醐寺の長官であり、教学と法脈の中心でもあった座主は、寺内にどのような房をもち、またその房はいかなる構

造をもっていたのだろうか。

参考となるのは、座主の拝堂記である。これは天承二年（一一三二）の元海拝堂記[44]から伝存しており、保元元年の明海[45]、永暦二年（一一六一）の勝賢[46]、応保二年（一一六二）の乗海[47]、治承三年（一一七九）の実海[48]、建久四年（一一九三）の実継[49]、建仁三年（一二〇三）の成賢[50]、承久二年（一二二〇）の定範[51]と続いている。これらにみる拝堂の主な儀式は、座主が三綱・権官・勾当以下を率いて下醍醐の伽藍の中心たる釈迦堂に入堂し、座主補任の官牒を披露し、さらに三昧堂・五重塔・清瀧宮以下の伽藍を拝することである。寺家の側では、新任の座主に対して執行・三綱以下が拝礼を行う儀式があり、その後に寺家の印鎰を請じて吉書を作成し、着座の饗がなされる。この拝堂式に参集する執行・三綱・権官・勾当・専当・知事・職掌・小寺主以下が、座主を頂点とする醍醐寺の基本的な構成員とみなされる。ちなみに座主・三綱等からなる醍醐寺政所の初見は、寛治五年（一〇九一）八月の政所定文である[52]。

さて勝賢拝堂記を例にその具体的内容をみると、座主補任の官符使を勝賢が迎えたのは三宝院であり、拝堂の出立所も三宝院であり、釈迦堂以下の諸堂入堂の後に、三宝院に帰着して拝礼が行われている。さらに同所において印鎰を請じ、吉書を作成し、着座饗がなされる。こうしたことは、他の拝堂記のほとんどに共通している[53]。しかも元海拝堂記は三宝院御房を「本房」と表現し、さらに文治三年（一一八七）に座主勝賢が東寺長者に任ぜられた時に、太政官からの告申は、「三宝院政所」にあてられており[54]、新任の長者勝賢のもとに東寺所司が初参した場も、三宝院であった[55]。

以上のことから、元海以後、鎌倉初期における三宝院は、少なくとも寺の長官たる座主と、執行・三綱以下の寺官組織による儀式の場であり、寺内外において公式な座主房と認識されていたことが明らかである。また『雑事記』によると、三宝院には灌頂院（堂）のほかに経蔵・宝蔵・寝殿・客侍・護摩堂・随身所・雑舎などがあって、居住の場たる寝殿をも有しており、座主の三宝院居住は乗海・勝賢にも確認される[56]。このように三宝院は、座主を中心とした儀式の場であると同時に、座主の居所でもあった。それでは代々の座主の公式な座主房であった三宝院は、いかに相伝されたのか。

先に見たごとく、元海は定海から灌頂院（三宝院）を相伝し、定海譲状とともにそれを明海に伝えた。明海（実運）に次いで永暦元年（一一六〇）五月に座主に任ぜられたのは、藤原通憲（信西）の息で、明海の入壇の弟子の勝賢である。[57]明海は座主職を同族の弟子の乗海に譲与したのであるが、この譲りに反して、その死後に座主に任ぜられたのが勝賢であった。[58]勝賢の座主補任は師の譲与によらず、その補任は「院奏」[59]を経た、後白河院が介入した人事であって、勝覚以来の源師房の子孫たちによる同族師資間の座主職譲与の慣例からすれば、異例の座主補任である。[60]勝賢はこの後座主職を一旦停廃され、[61]乗海が座主に補任されるが、その死後の治承二年（一一七八）に座主に復任し、同三年に勝賢は乗海の弟子の実海に座主職を譲っている。そして実海の死後、寿永元年（一一八二）十月に、三たび院宣によって座主に還任[62]している。このように勝賢の存在をめぐって座主職の競合と交替がなされたのであり、座主職は師資間で順当に継承されたわけではない。それにもかかわらず、三宝院は座主房として継承されたのである。このことは三宝院が師資相伝の一子院たる以上に、寺内において特殊な位置をしめていたことを知らしめるものであろう。

そこで注目されるのは、三宝院の二つの蔵の存在である。『雑事記』によると三宝院には「経蔵一宇五間瓦葺」と「宝蔵一宇瓦葺」があり、前節で見たように、このうちの経蔵には嫡々相承の秘曼荼羅書籍道具などが納められて、代々の座主に相伝された。一方の宝蔵には「当寺領庄々本公験官符宣旨院宣証文等、皆悉在宝蔵」[63]と寺領関係を中心とする寺家の文書類が納められていた。それでは二つの蔵の管理主体はどうか。

経蔵については、勝賢の座主在任中の治承三年六月十日に「三宝院真言経蔵法門仏像道具等箱目録」[64]がみられる。目録の作成は、元海以来の事業であったが、目録には座主勝賢と蔵司乗遍が署判しており、三宝院経蔵の納物を検分し、これらを分類して箱におさめ、目録一一巻を作成したことが知られる。[65]さらに元暦元年（一一八四）夏には、おなじく乗遍によって「顕聖教目録」[66]が作成されている。乗遍は勝賢の「年来常随之門弟」[67]の「阿闍梨」[68]であって、勝賢勤仕の御修法の伴僧を勤めるなど[69]、座主勝賢の法脈に属する存在である。したがって経蔵は、座主のもとでその法脈に連なる者が「蔵司」としてその管理にあたるものであったことが知られる。『伝法灌頂師資相承血脈』[70]によると、元海は弟子たちに三宝院において灌頂を授け、勝賢も座主在任中に多くの門弟に三宝院で灌頂を授けている。こうした座主相伝の経蔵の存在に象徴されるごとく、三宝院は座主の教学と法脈の拠点であり、座主を師主とする付法と灌頂の場たる性格をもっていたことが明らかである。

次に宝蔵の文書については、文治二年（一一八六）四月八日に作成された二巻の「醍醐寺宝蔵文書櫃目録」[71]がある。これによると「依　座主権僧正御房（勝賢）仰、所目録也」とあり、それは座主滕賢の命によって作成されたもので、宝蔵の管轄権は座主のもとにあったことが知られる。目録作成にあたったのは「三宝院上座禅忠」と「（三宝院）上座前従儀師」慶延であり、三宝院には上座がおかれて、文書の管理にあたっていたことが知られる。ところが同時にこの両名は醍醐寺の三綱をも兼任していた[72]。

東大寺の場合、こうした文書を納める蔵は「印蔵」とよばれ、それは上司庁（公文所）にある蔵の一つであり、出納の管理は三綱が行うものである[73]。別当は就任後に、この上司庁に着座し、印蔵を開いて印鎰を請じ、上司の吉書を作成する[74]。ところが醍醐寺の場合は、宝蔵と文書管理の主体が三綱であることは共通しているものの、吉書の場は三宝院であり、かつ宝蔵が座主房たる三宝院の中にある。また三宝院の上座は寺家の三綱が兼任しており、東大寺における三綱による組織である公文所のごとき存在は、鎌倉初期の醍醐寺においては確認できない。そこで平安末―鎌倉初期において、三宝院は醍醐寺経営の中枢に位置し、座主・三綱以下からなる醍醐寺政所の庁所としての性格をもあわせもっていたといえるだろう[75]。

三宝院の構造を知るうえでさらに興味深いのは、勝賢座主在任中の宝蔵の文書管理をめぐる一つの事件である。

『雑事記』巻一〇によると、先にみた蔵司の乗遍は、経蔵目録作成直後の元暦元年九月に、宝蔵の文書をことごとく取り出して大智院房に置き、「撰沙汰」をしていたが、九月四日に大智院房において殺害されてしまった。この年の四月に乗遍は、三綱の人事をめぐって執行定延と対立しており(76)、『雑事記』の慶延によれば「件乗遍者、座主法印御房（勝賢）専一無二者也、寺務一事以上被委付之、其政之間、乗万人之口、謗難満耳(77)」と、乗遍は座主勝賢に任え、寺務にも深く関与していたことが知られる。この事件からは、寺務をめぐって座主に近侍する門弟たちと三綱らの対立があったことが知られる。さらにその背後には二つの蔵の存在と管理主体の違いに象徴される、座主房たる三宝院の二重の構造がうかがわれるのである。

第三節　座主と子院・門流

康治二年の定海譲状にみた「別院末寺」についての座主の寺務執行権や管轄権は、鎌倉初期にいかに変化していくのであろうか。また平安末期から鎌倉初期にかけて、寺内には多くの子院が建立されていったが、座主はこれらの子院といかに関わるのであろうか。

まず前者の問題について、座主が別当職を兼帯した上醍醐の円光院についてみよう。前節でみた拝堂式は、下寺を中心としたものであり、上寺については釈迦堂入堂の後に「礼上寺」するにとどまる。ところが座主は円光院別当に補任されると、上醍醐に登山して円光院に入堂し、補任の官符（牒）をよみあげる儀式を行う。そして後に御影堂・五大堂・如意輪堂・薬師堂・准胝堂・清瀧宮の上醍醐の諸堂に入堂する。このように円光院拝堂は上寺拝堂の中心に位置づけられており、拝堂式は保元元年の明海以後、治承三年の実海まで確認できる(78)。このことから平安末期の円光院は、座主進止下の一子院にとどまらず、上伽藍の中心となる位置を占めていたことが知られる。

しかし、建久七年六月十三日に勝賢が座主実継に与えた譲状[79]によると「就中、円光院無量光院別当事、任前大僧正遺誡、他人更不可執行、其上者、又不可申下別　宣旨、不可有別拝堂之儀、以座主之　宣旨、用彼両院之　宣旨、本寺拝堂之次、同両院可拝之、代々座主宜存此旨」と、検校勝賢は「前大僧正（定海）遺誡」に基づいて、座主による円光院・無量光院別当職の兼帯の体制を確認しながらも、それまでの通例であった両院の別当補任の官牒の申請や円光院拝堂を停止し、座主補任の官牒と本寺（下寺）拝堂でそれらを代行すべきことを明記する。そしてこの後、円光院拝堂式は確認できなくなる。

鎌倉初期においても、円光院別当は座主が兼任し[80]、円光院領が座主の下寺拝堂の際の禄物や饗膳の多くを負担するのだが[81]、勝賢譲状にみる「別宣旨」「別拝堂」の停止は、円光院が座主への従属性をつよめたことを示し、円光院の寺内における地位の低下を示すものとみなされる。平安末期の円光院の経営と存立は、源師房一家の同族師資間による座主職の譲与と相伝に深く関わるものであった[82]。鎌倉初期における円光院の地位の変化は、異例の補任であった勝賢の座主就任に関連するとみなされ、さらに文治二年四月の円光院焼失を直接の契機としたとみなされる[83]。以後上醍醐の伽藍の中で注目されるのは准胝堂の存在であり、准胝堂別当たる山別当の存在となる。

次いで代々の座主を別当職とした大智院についてみると、それは治承二年四月に座主乗海から二条院三宮空聖に譲られており[84]、別当職は座主のもとを離れたことが知られる。また延命院については、同年五月三日に座主乗海から宗厳阿闍梨に譲与されたことが知られる[85]。延命院は座主が院務を執行する子院ではないが、定海譲状によれば座主の管轄内である。しかるに乗海譲状によると「縦座主長吏雖成妨、合力必不可令相違」と、自己の譲状による相伝を優先し、座主の介入を否定するのが注目される。一方定水寺・成覚寺については、文治三年三月に、豪海から賢海に蓮花院とともに譲与されたことが知られるが[86]、安貞三年（一二二九）三月には、醍醐寺の僧綱・三綱らが、定水寺・成覚寺について賢海による伝領の停止をもとめて解文を作成しており[87]、この解にそなえて論拠として提出されたのが、

「定海僧正起請文」である。

以上のことから見ると、鎌倉初期における座主の子院・諸寺に対する権限は、康治の定海譲状が基準とされているものの、座主による寺務執行権や管轄権はともに縮小される傾向にあったことが知られた。さらに円光院の例で明らかなごとく、寺内における子院の地位も、定海譲状にみられた同族師資間の譲与という前提条件の崩壊にともなって、鎌倉初期には変化していく。

次いで座主と新立の子院の関係についてみると、まず注目されるのは、座主自身が建立した子院の存在である。その性格と相伝を勝賢の覚洞院を例にみてみよう。勝賢は治承二年（一一七八）に実海に座主職を譲ってのち、同四年（一一八〇）二月に斗賀尾に住房を上棟しており(88)、これが上醍醐の覚洞院をさすとみられる。三度目の座主在任中の寿永元年から建久四年の間、勝賢は「自去年十二年二十八日、御居住上醍醐岳東院（覚洞院）(89)」と、一定期間をここで過しており、覚洞院は座主勝賢のもう一つの居所であった。これを勝賢から伝領した成賢の譲状(90)によると「堂舎　僧房　経蔵　供僧　有職　承仕」および阿波国金丸庄などの院領を有しており、供僧以下の独自の構成員をもち、居住の場たる僧房に加えて経蔵を有していたことが知られる。

勝賢は座主任中に、覚洞院においても伝法灌頂を弟子たちに授けている(91)。先に見たごとく座主の法脈と教学の拠点といえば、座主房たる三宝院がある。勝賢のもとで、覚洞院と三宝院はいかなる関係にあったのだろうか。手がかりとなるのは、勝賢から弟子たちへの譲与の内容である。勝賢は座主職を、建久四年十月に弟子の実継に譲った(92)。そして同七年六月十三日に譲状(93)を作成し、「寺家事并経蔵納物等、一事以上無漏之、譲于座主実継畢、守師資相承之起請文、敢勿違失」と、三宝院経蔵の納物を座主実継に譲っている。ところがその一方で、勝賢は同年四月十三日には、代々の自抄や所持の尊法などを「嫡弟」の成賢に伝えている(94)。

成賢に与えた勝賢の付法状(95)によると、勝賢は初度の座主職を停廃された時に、「件書籍并先師秘記等、凡勝覚定海又厳覚寛信等自抄等、都皮子四合、所納三百余巻」の重書を醍醐寺から高野山に持ち出しており、それらは三宝院経蔵の納物であった(96)。勝賢は座主還任後も、これらの重書の一部を三宝院経蔵の納物とは別に所持していたとみられ、それらを成賢に伝えたのであろう。そしてそれらは覚洞院の経蔵に納められていたとみられる。従って、座主相伝の三宝院に対して、覚洞院は勝賢個人の法脈と教学の拠点であったことが知られよう(97)。

勝賢の弟子の成賢の場合、覚洞院のほかにも遍智院・勝倶胝院・西南院・清浄光院などの多くの子院と院領を相伝しており(98)、成賢個人の法脈と教学の拠点は遍智院であった(99)。成賢の座主任中に、遍智院は「御所(100)」とよばれて成賢の居所であり、さらに成賢個人の房として寺内の行事にも関与している(101)。この遍智院は十一世紀後半に義範によって建立された子院であるが、成賢は遍智院をいかに相伝したのであろうか。

遍智院の相伝に関して注目されるのは、文治二年二月から九月にかけて沙門某によって作成された四通の譲状と処分状である(102)。その中の文治二年二月十四日の沙門某処分状を見てみたい。

処分　　條々事

一　大智院、任先師法印付属状旨、所譲与寿海也、且此旨依為御祈願所、令申八条院了、向後更不可有他妨之状、如件、

一　遍智院、任先師僧都意趣、所譲与寿海也、且守彼譲状旨、猶々可訪彼菩提也、先師僧都入滅之時云、遍智院等付属之、是重代師跡也、能々可守護之、(中略)寿海者為先師年来之弟子之上、入滅之時、雖多門弟、殊以寿海一人、一事已上可相憑之由被申置了、加之、旁有存知旨、所付属也、更不可有他妨之状、如件、
抑故僧都入滅之時、座主僧正被申于彼僧都云、愚僧事、更不可違僧都意趣、偏可後見、就中寺務事、任遺言之旨、早可申付諸事、不可有不審者、互存此旨可被相憑也云々、若又愚僧不慮他所之儀出来者、於遍智院者、為寺中別院、寺僧中可被預置歟、若然者、同者可賜成賢闍梨之由、可申置之旨、僧正依被申于僧都、依彼勧

雖有一言、是全非僧都発心、(中略)而件契約一々変改、悉無有本意、就中寺務之事、早可申付旨被申置于僧都之上、度々被申上、女院了、付公私契約、如此数度自筆書状等、且明白也、而違約変改之条、尤不穏便事歟、(中略)

一　相伝書籍等、同付属、是先師法印相伝文書也、僧都遺誡且寿海且親見聞了、任彼状殊不可軽、是遍智院安置法文等外也、

一　南黒田御厨、同以付属、先師遠忌等無懈怠可勤仕也、

右条々事、譲与之状、如件、

文治二年二月十四日

「沙門（花押）」

処分状は、沙門某が「先師法印」から譲られた大智院と、「先師僧都」から譲られた遍智院、および先師から相伝した書籍等と伊勢国南黒田御厨を「寿海」に譲与したものである。このうち遍智院の寺務に関しては、ことに詳しい内容をもつ。さてこの登場人物について、『花押かがみ』は沙門某の花押を静聖阿闍梨（本名賢信）のものとし、[103]『大日本古文書』は「先師法印」と「先師僧都」をともに実海にあてる。しかしそこから再検討する必要がある。まず「先師僧都」が実海であることは、実海が遍智院を住房のひとつとしていたこと、[104]処分状に見える実海と寿海の師資関係が血脈からも確認できることから疑いはない。一方で、「先師法印」は僧位からも実海でないことは明らかである。[105]さらに沙門某についても静聖阿闍梨の必然性はない。[106]

そこで「先師法印」ついてみると、先に見たごとく、大智院は治承二年四月二十九日に座主法印権大僧都乗海から、「故二条院宮空聖」に譲られていた。[107]そこで「先師法印」は乗海をさすとみられる。そして「先師法印」から大智院を相伝していた沙門某とは、二条院宮の空聖と知られる。大智院は八条院の御祈願所であったが、[108]遍智院もこの直後

の文治二年十月日の八条院庁牒(109)によって八条院の御祈願所となっており、「於相伝執行者、宮門弟任次第附嘱、永可令領知者」と宮の門弟の領知が認められていた。この宮も空聖とみられる。(110)二条院の三宮であった空聖は、『雑事記』巻九によると、安元二年(一一七六)四月に醍醐寺に入寺しており、出家の戒師が座主乗海で、役人が寿海、御供を遍知院法眼実海が勤めており、実海・寿海との関係が確認できる。(111)さらに翌年の空聖の受戒にあたって「御装束禄物等、皆悉自八条院令送進之」とその用途を調達したのは八条院であった。以上のことから、沙門某は空聖であり、空聖は大智院を乗海から相伝し、遍智院を実海から相伝して寿海に伝えたことが明らかになった。

ところが処分状によれば、遍智院の寺務をめぐって、座主僧正勝賢との間に相論が生じていたことが知られる。処分状によれば、勝賢は実海僧都に対し、空聖を後見し、遍智院の寺務と諸事を空聖に委ねること、空聖が寺を離れた場合にのみ遍智院を成賢に賜ることを約束していたという。ところが勝賢は「契約一々変改」して、遍智院の横領を企てたものとみられる。『玉葉』文治四年五月二十日条によれば、勝賢が大智院・遍智院をめぐって寿海・八条院と相論をおこしていることも知られる。こうして遍智院は勝賢の策謀によって成賢が相伝するところとなったのであろう。一方大智院は、定海譲状では座主が別当を兼ねると見えたが、乗海から空聖への譲与によって別当職は座主のもとを離れていた。しかし勝賢は代々の座主相伝を論拠に、大智院の寺務も主張したとみられ、これも成賢が伝領したものとみられる。(112)これらの相論の根底には、座主職をめぐる乗海・実海と勝賢の間の対立があったのだが、座主となった勝賢は、自身の門流のうちに、遍智院・大智院を始めとする寺中の主要な子院をとりこもうとしていたことが知られよう。

以上のように鎌倉初期において、定海譲状にみる子院についての座主の寺務執行権や管轄権は縮小され、一方で、座主は個人の法脈の拠点たる子院を座主房たる三宝院とは別にもつようになり、これを中心に寺内の幾多の子院を座主個人の門流のうちにとりこんでいく。このような動きは座主の門流のみではない。平安末期以降、醍醐寺内にはいくつかの有力な門流をみいだすことができるが、これらについても同様な動きがみられる。延命院を座主乗海から譲られた宗厳は、のちに理性院流とよばれる門流の相承者であり、定水寺・成覚寺を伝領した賢海は、のちに金剛王院流とよばれる門流の相承者である。さらに清住寺別当職は、松橋流とのちによばれる門流によって相伝されている(113)。そこで鎌倉初期には、これらの座主をはじめとする寺内の有力な門流によって、定海譲状にかわる新たな子院・末寺の統括が進行しつつあったといえるだろう。

おわりに

以上に中世前期の醍醐寺と座主職についてみてきたが、これらをまとめると以下のごとくである。

一　醍醐寺の機構の頂点にたつ醍醐座主は、その補任は太政官牒によるが、平安末―鎌倉前期において、座主職は譲状によって師資相伝されており、それとともに三宝院経蔵の書籍・秘曼荼羅以下の納物が代々の座主に相伝される。醍醐座主は寺の長官であると同時に、醍醐寺における法脈と教学の中心としての性格が強く、譲状による座主職の譲与はそうした座主の性格を反映したものとみなされる。

座主職の相伝および座主職に付随する権限について注目されるのは、康治二年の定海譲状である。譲状は円光院・無量光院の別当職を座主が兼任する体制を明記し、子院や周辺の諸寺を「別院末寺」と位置づけて、座主の管轄範囲を明確化する。三宝院経蔵とその納物の座主相伝もこの定海譲状を起点としており、座主職をめぐる譲与相伝とその権限については、定海譲状をもとに、座主元海によって中世に至る基準がつくられたと評価できる。

二　醍醐座主は寺内に本拠をもち、常住する存在であるが、元海以後、鎌倉初期における座主房は三宝院である。三宝院は座主職の交替にもかかわらず、代々の座主房として継承されている。三宝院には代々の座主が相伝する経蔵と、寺家の文書を納める宝蔵の二つの蔵があり、前者は座主の門弟が管理し、後者は三綱が管理する。三宝院の性格は、この管理主体を異にする二つの蔵の存在に象徴されるごとく、座主の法脈と教学の拠点であると同時に、醍醐寺政所の機能を担う性格をあわせもつ。

三　座主と子院についてみると、鎌倉初期においても座主の子院・末寺に対する管轄権は、定海譲状が基準とされているが、座主の権限は縮小されていく。一方で座主は個人の法脈と教学の拠点としての子院を三宝院とは別にもつようになり、この子院を中心に、個人の門流に寺内の幾多の子院をとりこんでいく。また座主のみならず、寺内の有力な門流も同様な動きをみせる。鎌倉初期は、座主と諸門流による新たな子院・末寺統括の進行する時期でもあった。座主個人の法脈と教学の拠点である子院の構造とその活動については今後の課題の一つであり、それらが寺内の子院を統括していく過程は、門跡と門流の確立の過程としてとらえるであろう。

以上にみてきたことを東大寺などと比較すると、その差異が顕著であるのは、座主房の性格と構造であり、座主と三綱らの寺官組織との関係であろう。鎌倉初期の醍醐寺においては、東大寺における別当房と公文所のごとき政所系列の寺務機関の分離は顕著ではなく、座主房と醍醐寺政所は、三宝院において重なる。

このような差異は、一つには座主が醍醐寺を本拠とする常住の長官たることによっており、また一つには座主が法脈と教学の中心としての性格を強く持つことによるとみられる。醍醐寺との共通点を他寺にもとめれば、考慮すべきは仁和寺の場合であろう。仁和寺と醍醐寺は法脈と教学の上でもきわめて密接な関係にあった(114)。

中世寺院の組織と構造を明らかにするうえで、さらに醍醐寺や仁和寺をはじめとする諸寺についての検討が必要であり、その特質や共通点が明らかにされねばならないだろう。中世寺院には様々な類型があるのであり、それらの個々を明らかにしていく作業が不可欠である。本稿は中世初頭の醍醐寺の一面を探ったものにすぎないが、さらに多面的な分析を今後の課題として、検討を続けていきたい。

註

（1）東寺に関する主な研究に、富田正弘「中世東寺の寺院組織と文書授受の構造」（『京都府立総合資料館紀要』八号、一九八〇年）、同「中世東寺の寺官組織について」（同一三号、一九八五年）、網野善彦『中世東寺と東寺領荘園』（東京大学出版会、一九七八年）があり、東大寺については、稲葉伸道「中世東大寺寺院構造研究序説」（『年報中世史研究』創刊号、一九七六年）、同「中世の公人に関する一考察」（『史学雑誌』八九編一〇号、一九八〇年一〇月）、後に同『中世寺院の権力構造』（岩波書店、一九九七年）に所収、永村眞「鎌倉期東大寺学侶層の形成とその寺内諸活動」（『民衆史研究』一四号、一九七六年）、同「鎌倉期東大寺講衆集団の存立基盤」（『日本歴史』三六三号、一九七八年八月）、同「東大寺勧進職と『禅律僧』」（『南都仏教』四七号、一九八一年）、後に同『中世東大寺の組織と経営』（塙書房、一九八九年）に所収、同「醍醐寺所蔵『局通対略文集』紙背文書」（醍醐寺文化財研究所『研究紀要』七号、一九八五年）、久野修義「中世寺院成立に関する一考察」（『史林』六一巻四号、一九七八年七月）、後に同『日本中世の寺院と社会』（塙書房、一九九九年）所収などがあり、金剛峯寺について主なものに田中文英「荘園制支配の形成と僧団組織」（大阪歴史学会編『中世社会の成立と展開』所収、吉川弘文館、一九七六年）、平瀬直樹「中世寺院の組織構造と庄園支配」（『日本史研究』二六七号、一九八四年一一月）などがある。

（2）稲葉「中世東大寺寺院構造研究序説」（前掲）、および富田「中世東寺の寺官組織について」（前掲）による。

（3）稲葉前掲註(2)論文、永村「醍醐寺所蔵『局通対略文集』紙背文書」（前掲註(1)）。

（4）このうち仁和寺については、僧綱制との関係から牛山佳幸「僧綱制の変質と惣在庁・公文制の成立」（『史学雑誌』九一編一号、一九八二年一月）、同「『賜綱所』と『召具綱所』」（『信州大学教育学部紀要』五七・五八号、一九八六年）、後に同『古代中世寺院組織の研究』（吉川弘文館、一九九〇年）所収、森川英純「法務・惣在庁・威儀師」（『ヒストリア』九三号、一九八一年一二月）があり、御室と房官については拙稿「中世初期の仁和寺御室」（『日本歴史』四五一号、一九八五年一月）がある。

（5）『醍醐寺要書』（『続群書類従』第二七）所収。

（6）伊藤清郎「中世醍醐寺の研究―その組織と構造を中心に―」（『山形大学紀要』社会科学　一五巻一号、一九八四年）、同「中世の醍醐寺領について」（『山形史学研究』一八号、一九八二年）、後に同『中世日本の国家と寺社』（高志書院、二〇〇〇年）に所収。

（7）醍醐寺の通史を知るには、中島俊司『醍醐寺畧史』（醍醐寺寺務所、一九三〇年）、佐和隆研『醍醐寺』（東洋文化社、一九七六年）があり、草創期の醍醐寺と聖宝については、大隅和雄『聖宝理源大師』（醍醐寺、一九七六年）がある。子院については、杉山信三「醍醐寺の院家について」（同『院家建築の研究』所収、吉川弘文館、一九八一年）が、寺領の総体については、竹内理三「寺院における荘園経済の成立―醍醐寺の研究―」（同『寺領荘園の研究』、畝傍書房、一九四二年）がある。また摂関期の醍醐寺については、拙稿「小野僧正仁海像の再検討―摂関期の宮中真言院と醍醐寺―」（青木和夫先生還暦記念会編『日本古代の政治と文化』所収、吉川弘文館、一九八七年）がある。

（8）東京大学史料編纂所所蔵の『醍醐寺文書記録聖教目録』による。

（9）その一部については東京大学史料編纂所に写真帳があり、さらに同所には『三宝院文書』影写本七七冊、『三宝院旧記』が所蔵されている。また『大日本古文書家わけ第十九醍醐寺文書』（以下に『古文書』とする）に一部活字化されている。本稿で引用した史料は、多く東京大学史料編纂所所蔵の写真帳によっており、以下に醍醐寺所蔵文書については、目録の函番号と小番号に従い、醍醐函番号小番号で表示するものとする。

（10）築島裕「醍醐寺本『伝法灌頂師資相承血脈』」（醍醐寺文化財研究所『研究紀要』一号、一九七八年）、田中稔「醍醐寺所蔵『諸尊道場観集』紙背文書」上下（同上六・七号）、義江彰夫「『遍智院御勤仕御修法等目録』紙背文書」（同上七号）、永村眞「醍醐寺所蔵『局通対略文集』紙背文書」（前掲註（1））など。

（11）延喜十三年十月二十五日大政官符（『醍醐寺要書』所収）。

（12）『醍醐雑事記』（以下に『雑事記』とする）による。中島俊司の校訂本を主に利用した。

（13）例えば建仁三年三月十二日太政官牒（坂本五郎所蔵文書）など。座主補任の手続きについては、伊藤清郎前掲註（6）論文を参照。

（14）例えば貞永元年五月二十六日の座主道禅譲状（坂本五郎所蔵文書）なども実例として伝わる。

（15）『三宝院文書』第七六冊。『醍醐寺新要録』巻一四にも引用がある。

（16）明海が元海から伝法灌頂を受けたことは、血脈類に加えて、保元元年六月十二日の元海印信（醍醐七六・七七函など）からも確認できる。それは座主職譲与の前日であり、座主職の譲与にあたって、当任の座主への入壇が不可欠であったことが知られる。

（17）「醍醐寺座主三綱連署挙状案」（『古文書』一―一七八号）。

（18）『雑事記』巻八所収の明海座主拝堂記、および保元元年八月二日の円光院あての太政官牒（『三宝院文書』第七六冊、『醍醐寺新要録』巻三）から知られる。

（19）『続群書類従』第四下所収。以下に『譲補次第』とする。

(20)竹島寛「寺院の師資相続と血統相続」(同『王朝時代皇室史の研究』所収、右文書院、一九三六年)。
(21)醍醐七六函五八。醍醐二函(『古文書』一―一七七号)にも写本がある。
(22)醍醐七六函五九。醍醐二函(『古文書』一―一七七号)にも写本がある。
(23)醍醐七六函五七。『醍醐寺新要録』(以下に『新要録』とする)巻一〇にも引用がある。佐和隆研「元海記醍醐経蔵目録について」(『史迹と美術』二二二号、一九五二年)に紹介がある。
(24)教学と法脈の中心たる座主の性格がいかに形成されたかは、平安初期から検討していかねばならない課題であろう。ちなみに摂関期の例をあげると、座主は醍醐寺の法脈の中心にはいない。その中心は仁海門流であり、座主もその門弟であった。(註(7)拙稿を参照)。
(25)天承元年四月十四日に定海に与えた印信が醍醐七六函にみえる。
(26)醍醐七六函五六。『新要録』は随所に分断してこれを引用するが、省略部分が多く、全体のつながりが明らかではなかった。同文書には後述のごとく、保元元年六月廿日の二つの元海奥書をもつ。三紙からなり、一紙目と二紙目の継目裏に花押がある。
(27)『譲補次第』によると、定海が元海に座主職を譲与したのは、これ以前の長承元年五月二十七日である。
(28)『新要録』巻一〇。『密宗血脈鈔』など。
(29)この四字を『雑事記』から探すと、釈迦堂の経蔵、上醍醐経蔵、越智堂の経蔵、三宝院経蔵にあたるとみられる。三宝院のほかは、上醍醐経蔵が「三間一面」とみえる。
(30)『雑事記』巻四によると、この灌頂院の存在によって、三宝院は「灌頂院」ともよばれた。
(31)『三宝院文書』第七六冊。『新要録』巻三にも引用がある。
(32)『新要録』巻三所収の別当補任の太政官牒および円光院別当拝当記(註(78)を参照)による。無量光院別当についても円光院別当とは別に太政官牒がだされることが、『雑事記』巻八所収の永暦元年六月の勝賢補任の事例から知られる。
(33)安元三年五月二十一日八条院庁牒(『新要録』巻一一所引)。また治承二年(一一七八)段階では座主乗海が別当であったことが確要できる。本章第三節参照。
(34)『新要録』巻一によると「前大僧正譲状云」として観音堂は「代々座主為検校、可令執務」とする。また『雑事記』巻七によると、久安四年に座主元海が「検校」となって拝堂したとみえる。
(35)『古文書』一―二八八号、保元元年五月十九日元海譲状案。

(36) 延命院は治承二年段階で座主乗海が寺務執行権を有していたことが知られるが、『雑事記』巻二の延命院寺務執行次第によると、それ以前は座主に限らない。
(37) 『古文書』一—一七四号、康治二年十月二十七日賢覚譲状案。
(38) 『古文書』二—二九二号。
(39) これらの院領、寺領については、「久安五年座主房雑事日記」(『雑事記』巻一一)によると、座主房の用途を円光院領越前国牛原庄、亭子院・清住寺などが例進しているのが知られる。
(40) 定海譲状の時点で成立していたとみなされる子院に上醍醐の念覚院・持明院・花台院・遍照院、下醍醐の岳西院・持法院・蓮蔵院・中院・蓮花院・妙法院・遍智院・法蓮院・密厳院などがある。相次ぐ子院の造立のために、座主進退の範囲を明確化しておく必要があったとみられる。
(41) 醍醐七六函五六。『譲補次第』は冒頭に定海譲状の抄出と、この奥書をのせている。
(42) 『譲補次第』。また西口順子「『僧の家』ノート」(『日本の女性と仏教』会報2、一九八五年、後に改稿して同『女の力』、平凡社、一九八七年に所収)には、粉河寺をはじめ同族の僧による別当職の継承の例があげられているが、平安末期の醍醐寺もその一例といえる。
(43) 円光院は源顕房の女、白河院の中宮賢子を本願とし、無量光院は賢子の所生の郁芳門院の御願であり、一乗院は顕房の子の雅定の建立である。これらの子院と子院領を通しての村上源氏と醍醐寺の関係については、吉村茂樹「醍醐寺無量光院の創立と肥後山鹿庄」(『古代学』六巻四号、一九五八年二月)および杉山信三前掲註(7)論文を参照。平安・鎌倉期の醍醐寺はこの一家との関係が看過できないが、さらに子息の入室や師資関係、院家の相伝も含めて、その関係を再検討することが、醍醐寺の性格を明らかにする上で必要であろう。
(44) 『雑事記』巻七、『古文書』一—一七一号、『新要録』巻一五に所収。醍醐一二三函六には鎌倉期の写本がある。この他にも醍醐一二二函九三、六五函三二などに写本がある。また明海拝堂記によると「元海座主所令造置式也」とみえて、拝堂の式次第は座主元海によって整備されたことが知られる。
(45) 『雑事記』巻八、『新要録』巻一五。
(46) 『雑事記』巻八、『新要録』巻一五所収。醍醐一二一函一六に写本がある。
(47) 『雑事記』巻九、『新要録』巻一五所収。

(48)『雑事記』巻九、『新要録』巻一五所収。醍醐一二三函一と六に写本がある。
(49)醍醐一二九函一。『三宝院文書』第五八冊による。
(50)醍醐一二三函二・三・六などにある。一二三函六が『大日本史料』四編之七所収の拝堂記にあたる。『新要録』巻一五にも所収。
(51)醍醐一二三函六。
(52)『雑事記』巻二所収。平安末期における醍醐寺政所の発給文書には、このほかに長承四年三月二日醍醐寺政所下文（『雑事記』巻三所収）、保元元年七月十日醍醐寺政所補任状（『新要録』巻一一）、承安元年四月二十六日醍醐寺政所置文（註(38)）などがある。
(53)ちなみに東大寺別当の場合、新熊野法務定親の仁治二年の拝堂記（『東大寺続要録』拝堂篇所収）によると、別当の出立所、給禄・拝禄・下司吉書・着座饗の場は、寺内における「政所房（別当房）」である。
(54)(55)醍醐一〇三函八九「東寺長者雑記 覚洞院座主実継記之」。それは文治三・四年の勝賢東寺長者補任の記録である。抄出が『古文書』八―一七八二号にある。
(56)『醍醐寺座主補任次第』（醍醐一一七函三）によると乗海は三宝院で没しており、勝賢はその入滅の禁忌によってしばらく無量光院に住したが、後に三宝院に住した。
(57)その入壇については、平治元年四月十六日に明海が勝賢に授けた印信が『正嫡相承秘書』（東京大学史料編纂所所蔵の謄写本による）などにみられる。
(58)『譲補次第』によると、勝賢は平治の乱に信西に連座して配流され、乗海座主補任の宣下以前に帰洛して「任実運（明海）之日来契約」て、勝賢が座主に補任されたという。
(59)『醍醐寺座主補任次第』。
(60)勝賢の異例の醍醐座主就任は、その出自に関わるとみられる。『玉葉』建久三年四月八日条によると、勝賢の房は「清浄光院」とみえる。嘉禄元年十月二日の権僧正成賢置文（『古文書』二―三〇五号）によると「法住寺清浄光院者、雖為祖母私建立、寄進後白河院御願」と、それは後白河院の御所・法住寺内にあり、院の御願寺であったことが知られる。さらに『兵範記』保元三年十月二十三日条によると、これは「紀伊二位堂」とみえる。紀伊二位とは通憲の妻の紀伊守藤原兼永の娘朝子であり、後白河の乳母である（角田文衛「通憲の前半生」（同『王朝の明暗』所収）を参照）。そして『尊卑分脈』によると、朝子の所生の通憲の子には、成範・修範がいるが、勝賢に入壇したのはこの一家のうち、朝子所生の成範・修範とその子息たちにほとんど限られている。そこで勝賢の母について諸書に記載はないものの、その生年からも勝賢が朝子所生であることは疑いなく、後白河院の意向による座主補任の背景には、院の乳母朝子の存在があったとみなされよう。なお勝賢は、建久三年十月には東大寺別当に補任されており、その間の事情については藤井恵介「俊乗房重源と権僧正勝賢」（『南郡仏教』四七号、一九八一年）がある。
(61)（応保二年）四月二十九日二条天皇綸旨（『平安遺文』補二三〇号）。
(62)『雑事記』巻一〇によると実海は座主職を譲与せずに死去したので、勝賢に対して「如本可令知行之由、令蒙　院宣給」と、院宣がだされたことが知られる。
(63)『雑事記』巻一〇所収「自治承五年至于文治元年寺家雑事等記之」。
(64)醍醐一〇三函八一、一〇七函五。『新要録』巻一〇にも引用がある。
(65)『新要録』巻一〇には、この時作成された目録一二巻のうち、「真言本書」上巻の抄出とみられるものをのせる。
(66)「新要録」巻一〇に「三宝院御経蔵顕聖教目録」として引用がある。
(67)『表白集』所収、元暦元年十二月一日沙門（勝賢）表白による。
(68)『吉記』によると、乗遍が阿闍梨となったのは、養和元年十一月である。
(69)『雑事記』巻一〇によると、寿永二年九月には座主勝賢の転法輪御修法の伴僧をつとめるなど、多くの例がみられる。
(70)註(10)。
(71)『雑事記』巻一四・一五。
(72)『新要録』巻一七所収。「三綱次第」。このうち慶延は『雑事記』の著者であり、その序文によると「仕八代長吏、知一寺之巨細」と座主定海任中以来の三綱である。同書巻四によると、慶延は執行・修理別当慶寛の孫であり、累代の三綱であったことが知られる。
(73)堀池春峰「印蔵と東大寺文書の伝来」（同『南都仏教史の研究』上所収、法蔵館、一九八〇年）など。
(74)新熊野法務定親拝堂記（前掲註(53)）など。
(75)一方で寺家の印鎰を納める蔵は高倉とよばれており、『雑事記』によるとこれは三宝院内にはない。吉書の際には高倉から印鎰を三宝院に運ぶのである。建仁三年の成賢拝堂記によると、「高倉沙汰人」は清瀧宮の執行上座厳淳であり、その管理主体は三綱であったことが知られる。
(76)(77)『雑事記』巻一〇。
(78)元海の円光院拝堂については『雑事記』巻七に、明海は同巻八に、乗海は同巻九に、実海については同巻一〇にみえる。

(79)『古文書』一―一八二号。『新要録』巻一五にも引用がある。
(80) 建永元年に座主に還任した成賢も円光院別当を兼ねたことが、承元四年四月の円光院政所補任状における別当成賢の署判から知られる。
(81) 健仁三年六月十二日座主成賢拝堂饗膳支配注文案（『古文書』一―一八五号）、同拝堂禄物注文案（同一八六号）などによる。
(82) 本章第一節および吉村茂樹前掲註(43)論文を参照。
(83)『表白集』によると、その再建を主導したのが座主勝賢であった。
(84)『古文書』二―二九二号。
(85)『古文書』二―二九三号。
(86)『古文書』一―二六三号。
(87)『古文書』八―一七八三号。
(88)(89)『雑事記』巻一〇所収の「自治承五年至于文治元年寺家雑事等記之」。
(90) 寛喜三年八月二十八日前権僧正成賢譲状案（『古文書』一―二〇八号）。
(91)『伝法灌頂師資相承血脈』。
(92)『譲補次第』、『醍醐寺座主補任次第』。
(93) 註(79)。
(94)(95)『三宝院流嫡々相承次第』（東京大学史料編纂所所蔵の謄写本による）。『大日本史料』第四編之七所収。
(96)「厚双草事実海大僧都師記」（醍醐一〇三函一二九）によると、三宝院経蔵の納物であった元海の厚双紙と明海の玄秘抄を、勝賢が持ち出して高野山に籠居したことが知られ、座主乗海は宣旨によってこれらを責め取って、三宝院経蔵に返納したという。勝賢本の玄秘抄が高野山にあったことは、仁和寺所蔵の玄秘抄の承安四年六月の書写奥書からも確認できる（『平安遺文』題跋編二七三一号）。
(97) 重書を三宝院経蔵以外にも安置して、座主職と別に弟子に譲与した例は、実は勝賢以前にもみられる。『密宗血脈鈔』によると、元海は代々の聖教を三宝院経蔵に納めて明海に譲与すると同時に、自筆の草本を一海に授けて松橋の房に安置したという。しかし元海の場合、伝法灌頂の場は三宝院であり、そのことからも元海個人の法脈の拠点も三宝院であったとみられる。
(98) 寛喜三年八月二十八日前権僧正成賢譲状案（『古文書』一―二〇八号）および同年月日権僧正成賢譲状（『古文書』二―三〇六

号)、同年八月二十日前権僧正成賢譲状(『九条家文書』六―一九三七号)、同年九月日成賢置文(『新要録』巻一〇)。これらの子院は成賢の門弟によって運営されており、院領の預所も門弟である。

(99) 門弟への伝法灌頂の場をみると、勝賢の場合は覚洞院よりも三宝院がその中心であったが、成賢は、座主任中においても遍智院が主な伝法灌頂の場であり、三宝院・覚洞院・塔東坊がそれに次いでいる。

(100)(101) 承元五年五月十三日御神楽垸飯支配注文案(『古文書』一―一九六)による。座主成賢主導の清瀧宮の御神楽において、饗の場となったのは、遍智院であった。

(102) 文治二年二月十四日僧某処分状(『古文書』二―四一〇号)、同年月日同譲状(四一一号)、同年八月二十六日同譲状(四一二号)、同年九月二日同置文(四一三号)。

(103) 『花押かがみ』二―一四一四号。

(104) 治承三年実海拝堂記(前掲)によると、実海座主の寺家事始は、遍智院においてなされている。

(105) 実海は大僧都とはみえるが、法印に叙された確証はない。

(106) 静聖の師主は『伝法灌頂師資相承血脈』によると賢覚であり、乗海・実海との師資関係はみられない。また阿闍梨静聖が沙門として署判するのも不自然であろう。

(107) 註(84)に同じ。

(108) 安元三年五月二十一日八条院庁牒案(前掲註(33))。

(109) 『大日本史料』第四編之二所収。

(110) 二条院は『今鏡』巻三によれば、美福門院(得子)に幼少の頃から養育されており、二条院の死後は、美福門院の子の八条院が三宮空聖を後見したとみられる。

(111) 乗海・実海と空聖の関係をさらにみると、治承二年三月に座主乗海は、空聖に座主職を譲与したが幼少のため用いられず、かわって実海に譲与したことが『醍醐寺座主補任次第』にみえる。『今鏡』巻八によれば、空聖の母は源顕房の孫・忠房の女であり、乗海から空聖への譲与も、同族師資間の譲与であったことが知られる。

(112) 大智院は、鎌倉後期に報恩院流に相伝されており、この相論の後に事実上勝賢・成賢が伝領したとみなされる。

(113) 『古文書』二―二八八号。

(114) 醍醐寺所蔵の文書記録聖教のうちには仁和寺関係のものが含まれている。座主と御室の関係でいえば、具体的には勝賢と守覚、成賢と道法の関係が注目されるが、これらの関係については今後の課題としたい。

第二章　房政所と寺家政所

――十二世紀前半の醍醐寺と東大寺――

はじめに

古代末から中世の寺院組織については、東寺・東大寺を中心にすぐれた研究が蓄積されつつある。(1) 今後未検討な寺院も含めて、さらに諸寺にわたって個別の検討が必要なことはいうまでもないし、また従来の成果を角度をかえて再検討する試みも必要であろう。

重要であるにもかかわらず、いままでに充分な検討がなされていない寺院に醍醐寺があげられる。同寺が膨大な文書記録聖教類を所蔵することは周知のことであろう。(2) 既に伊藤清郎氏の研究もあり、(3) 組織の全般は概観されているが、それは義演（一五五八―一六二六）編纂の『醍醐寺新要録』を中心に考察されたものである。そこでさらに醍醐寺所蔵の文書・記録類を中心として、組織の個々について時期的な変化をおっていく作業が必要である。別稿では先に座主職について平安末〜鎌倉初期を中心に考察した。(4) 本稿も醍醐寺の組織についての一連の試みのひとつである。(5)

醍醐寺の通史の中では十一世紀末から十二世紀前半の座主勝覚・定海の時が発展期とされる。(6) また伊藤氏も「中世醍醐寺の様相」は同時期に形成、確立されたとする。(7) さらに拙稿でも、十二世紀半ばの定海―元海のもとで、座主職をめぐる譲与と相伝の規範、および座主の子院に対する諸権限が確立したことを指摘した。(8) このように、十二世紀半ばをひとつの画期とみることができるであろう。この時期の醍醐寺の組織を検討することは、じつは醍醐寺のみにとどまらない問題を含んでいる。それは十二世紀前半の醍醐寺の検校定海が、東大寺別当・東寺一長者・法務を兼任していたからである。

この時期の東大寺については、稲葉伸道氏の研究がある。(9)それによれば、寺院経営の中枢組織である別当・三綱らが構成する寺家政所は、十二世紀を転換期として、他寺系別当の進出によって、別当と三綱の分離というかたちで変質する。氏はそのことを政所下文の変化にそくして明快に説明された。また久野修義氏も同様な指摘をされている。(10)かかる他寺系別当のひとりが醍醐寺の定海であり、定海の前任の別当勝覚も、定海の師の醍醐寺僧であった。二代にわたって醍醐寺僧が東大寺別当を勤めたのである。これらの他寺系別当の場合、別当すなわち寺務と三綱らの寺官組織との関係はいかなるものであったのか、それは稲葉氏や久野氏が指摘された如く、政所下文や公文所下文にみられる「分離」の傾向や三綱の自律性のみで説明できるのであろうか。さらに検討が必要であろう。

また十二世紀前半から後半にかけては、東大寺三綱として覚仁が活躍した時期であり、覚仁については五味文彦氏、(11)久野修義氏(12)によって詳細に検討されており、覚仁をとおしてこの時期の東大寺の動向を知ることができる。さらに覚仁は別当定海に仕えたことが五味氏によって指摘されており、(13)定海周辺の東大寺僧についても言及される。こうした寺務の兼任の体制については、東大寺側からのみではなく、さらに「他寺」の側すなわち醍醐寺側から検討してみる必要もあろう。

他寺系の別当は、寺外の房に居住し、その別当個人の房が政所房となる。こうした寺外の別当房の構造と、寺院運営における役割について注目されるのは、永村眞氏が紹介された鎌倉後期の醍醐寺所蔵の『局通対略文集』紙背文書とその考察である。(14)従来は私的な家政機関である房政所が、房主が別当任中には東大寺経営の中枢機関として機能し、その房官には東大寺から出向する僧がいたことを明らかにされている。さらに鎌倉後期については、稲葉氏の指摘された政所系列から惣寺系列への権力の移行[15]についても、同時期の別当の寺院運営における役割を評価するというかたちで、久野氏が再検討を試みておられる。[16]

以上の視角からもまず検討すべきは、「別当房」の構造であろう。そこで本稿では、十二世紀前半の醍醐寺の定海房の構造を主に検討していきたい。定海は醍醐寺常住の検校であるので、醍醐寺の組織と定海房の関係が当然課題のひとつになる。東大寺側からみての「寺外」の別当房は、別当の所属する寺院からみれば、「寺内常住」の房なのである。定海房はいかなる人々によって構成され、醍醐寺の組織とどのような関係にあったのか。また定海房は東大寺別当房であり、東寺長者・法務房でもあった。定海房の構造を明らかにすることによって、これらの諸寺間の寺務兼任の体制の一端を具体的に明らかにすることができるであろう。

第一節　醍醐寺検校と寺務

まず醍醐寺における定海の位置を明らかにしておきたい。定海は永久四年（一一一六）五月に醍醐寺座主に補任されたが、天承二年（一一三二）五月には座主職を弟子元海に譲与して「検校」となり、久安五年（一一四九）四月に没するまで検校であった。[17]検校とは醍醐寺の組織の中でいかなる位置をしめるのであろうか。

十二世紀前半の醍醐寺の組織と職員名は、座主の拝堂記から明らかになる。拝堂記は天承二年（一一三二）の元海拝堂記から現存しており、[18]それをもとに作成したのが表1の職員表である。筆頭には「法印御房」がおり、これが定海をさす。そして新任の座主元海以下、定額僧、執行、三綱三人、権官三人、勾当四人、専当七人、知事五人、職掌十一人、小寺主十一人、預二人、三昧僧六人、上寺所司五人、上寺承仕四人らからなる構成である。

醍醐寺の長官はいうまでもなく座主である。醍醐寺の基本的な組織がつくられたのは、延喜十九年（九一九）九月

表1　天承二年の醍醐寺の職員

検校		法印御房〔定海〕
座主		座主御房〔元海〕
定額僧		成就房阿闍梨〔公観〕　理性房阿闍梨〔賢覚〕　三密房阿闍梨〔聖賢〕
執行		寺主慶寛
三綱		上座〔忠賀〕　寺主慶覚　都維那順覚
権官		権上座俊円　権寺主慶賢　権都維那〔暹仁〕
所司	勾当	勝賀　仁助　厳秀　隆厳
	専当	祐尋　相春　勝禅　最俊　永秀　源智　慶能
	知事	永暹　能命　実与　俊慶　維勝
職掌		安友　歓喜丸　友貞　武次　吉末　延末　重国　重末　友末　広久（義寛）
小寺主		仁徳　能尊　智源　弘万　経智　快実　能得　千楽　快万　興善　延智
釈迦堂預		順勢　成元
堂童子		
三昧僧		賢智　平与　珍命　雑賀　善興　快円
上寺所司		林与　良快　頼暹　永順　信成
上寺承仕		能元　経尊　龍実　龍義
番匠以下		番匠10人　葺工3人　鍛冶7人　壁塗5人　深草3人

の太政官牒(19)による。この時十人の住僧を置き、うち一僧を座主に、三僧を三綱に、六僧を定額僧とすることが定められた。その後、検校の存在や、権官、所司、下部らが加わって、天承二年の拝堂記にみられる組織となったのである。

検校の初例は康平二年（一〇五九）の覚源であり、覚源は弟子定賢に座主職を譲与して「検校」となった(20)。座主職が太政官による補任以前に、事実上師資間で譲与されていたことは拙稿でみた如くである(21)。醍醐座主の補任は寺家の挙状にもとづいて発給される太政官牒によるのに対し(22)、一方で検校については補任の実例をみることはできない。検校は座主の上位に位置しているが、職ではなく、前任の座主であり、当任の座主の師に対する呼称だったのである。

さらに元海拝堂記をもとに、十二世紀前半の醍醐寺の組織をみてみよう。座主のもとには執行がいる。執行は三綱の一人が兼任する。初例は寛弘四年（一〇〇七）の祐算であるが、(23)継続して存在が確認できるのは、天喜元年（一〇五三）の仁円からである。(24)三綱の上位には修理別当がおかれたが、天承二年時には欠員である。(25)権官とは三綱の権官であり、うち権上座の設置は元海拝堂記の直前の天承元年である(26)（表3を参照）。権官は三綱とはその序列と処遇において明確に区別されているのが特徴であり、(27)理念的に延喜十九年の太政官牒が遵守されているのが知られる。序列は、権上座の上に都維那が位置する。(28)勾当・専当・知事はあわせて「所司」とよばれる。(29)所司間では転任があるが、十二世紀前半にはすでに権官や三綱にのぼる例はない。この後には保元元年に勾当のうちの一人が「公文」に補任され、(30)さらに一人が「修理」に補任されるようになる。(31)

三綱の補任は太政官牒によるが、(32)所司の補任権をもつのは座主である。(33)また職掌・小寺主・堂童子らは「下部」とよばれ、(34)小寺主の中から一人が「大炊」となる。(35)職掌・小寺主・堂童子らは執行の管轄下にある。(36)また拝堂記にはみえていないが、鎮守清瀧宮には御殿預（宮仕）が置かれており、勾当・専当クラスがその任にあたる。当任は勝禅とみられる。(37)また上醍醐には、拝堂記にみえる上寺の所司の他に山上別当がおかれており、当任は深勝であったとみられる。(38)ただし山上別当は下寺を中心とした座主拝堂式には名はみえておらず、十二世紀前半にはその実態は明らかではない。(39)

寺院運営にあたる中枢部の組織に「政所」がある。但し「醍醐寺政所」が発給した文書は極めて少ない。初例は寛治五年（一〇九一）八月二十六日の政所定文である。(40)上醍醐准胝堂の御八講色衆の所課を定めた内容で、座主法眼和尚位（勝覚）と都維那法師（賢円）の位署がある。また十二世紀前半においては、長承四年（一一三五）三月の醍醐寺政所下文があり、(41)寺領伊勢国曾禰庄にあてたもので、座主権律師（元海）と勾当法師隆厳が署判する。さらに保元元年（一一五六）七月の醍醐寺政所補任状は公文勾当職を補任したものであるが、(42)これは座主前権大僧都（元海）の位署のみがある。また十二世紀後半の例には、承安元年（一一七一）四月の醍醐寺政所置文があり、(43)座主（乗海）と執行（行延）の位置がある。これらはいずれも寺領や、寺内の職についての決定事項であり、寺院運営の組織として、政所は座主と執行・三綱および勾当らによって構成されていたことが知られる。

それでは寺院運営の実際はどうであろうか。鎮守清瀧宮の栄爵をもとめた大治元年（一一二六）閏十月の醍醐寺解[44]によれば、三綱と座主定海とともに「検校勝覚」が署判しており、検校が座主とともに醍醐寺を代表することが知られる。また寺領についてみれば、久安四年（一一四八）八月、寺領に新御願寺造立の勅役が賦課された時に、免除を求めて奔走したのは検校定海であり、「前大僧正（定海）頻令愁奏[45]」の結果、免除の鳥羽院の院宣を得たのであった。また前年の十一月には子院の大智院と法琳寺の間に田畠相論がおこったが、院庁における対決に大智院側は「大僧正御房（定海）御使行助都維那[46]」が出席しており、大智院を代表するのが定海であったことが知られる。ところが大智院は、拙稿でも明らかにした如く、座主が別当を兼任する子院であり、その管轄権は康治二年（一一四三）にすでに定海から元海に譲与されていたとみられる[47]。しかるに大智院を代表したのは定海なのである。

『雑事記』によれば、長承から久安年間にかけて、醍醐寺は寺領や子院領に対する勅役や国役免除の院宣および綸旨を数多く得ている。これらは「進上　大僧正御房（定海）」と、その充所は座主元海ではなく、すべて当時検校であった定海となっている[48]。そこで寺領の経営にあたっては、座主・三綱からなる政所のみでは完結しない側面をもっていたことが明らかであり、検校定海がこの時期の醍醐寺の事実上の代表者であったことが知られよう。それは定海が崇徳天皇の護持僧であり、待賢門院と鳥羽院の帰依をうけていたこととも密接に関連するであろう[49]。検校定海は、醍醐寺の代表者であり、寺院運営の頂点に位置していたのである。こうしたことから、この時期に座主・三綱らが署判する醍醐寺政所の下文がきわめて少ないことも頷けよう。

検校を頂点とする寺院運営の体制は、座主が検校の入室・入壇の弟子であることに基づいている[50]。定海が元海に座主職を譲与した時、定海は六十歳、元海は二十歳でいまだ僧綱にも補任されていなかった。検校を寺院運営の頂点とする体制は、検校が若年の座主を補佐する体制だったのである。この体制は、康平二年（一〇五九）十月に検校の初例となった覚源から、定海までひきつがれたが、久安五年（一一四九）四月の定海の死をもって一旦終結する。かかる検校を頂点とする体制は十一世紀半ばから十二世紀前半における特徴だったのである。

第二節　醍醐寺執行・三綱と侍

天承二年の座主元海拝堂記は、末尾に「寺主大法師慶寛日記[51]」とあるごとく、慶寛が作成したものであり、時に慶寛は「執行」であった。元海拝堂記にみる執行の役割は、釈迦堂で「読官符」の役をつとめ、印鎰を請じて吉書を作成し、着座饗の饗膳を沙汰することとである。座主の拝堂式は「元海座主所令造置式也[52]」と元海の時に整備されたものであることが知られるので、拝堂式における執行の役割は、まさに執行慶寛の時につくられたものであろう。『雑事記』にみられる「執行職雑事[53]」は、執行賢円と慶寛の例をあげて執行の勤仕する寺内の雑事について述べており、十二世紀前半の執行慶寛は、三綱の頂点にあって、寺院運営の実務を担う存在であった。

それでは検校定海と、執行および三綱らとの関係をみてみよう。手がかりとなるのは、醍醐寺所蔵の文書記録類の中に伝存し、また『雑事記』に引用された定海関係の記録である。

まず定海の「東寺長者補任日記[54]」をみてみたい。定海が東寺長者に補任されて寺務となったのは、長承二年（一一三三）十月である。[55]新長者は、十月九日に「寺務始行、遣御使於東寺」と、醍醐寺にあって寺務を始行する。[56]翌日、醍醐寺の定海のもとには、東寺の三綱・中綱・職掌・小所司らが「初参」した。[57]長者の東寺拝堂以前に、東寺の所司らが新長者の房に赴き、拝礼するのである。拝礼は「三宝院南庭」で行われ、饗応は客殿でなされている。長者の座は三宝院客殿の母屋であり、三綱らの座は同庇である。こうしたことから、醍醐寺三宝院が定海房であったことが知られる。

注目されるのは、定海房における儀式の場での醍醐寺の執行・三綱・所司らの役割である。まず醍醐寺の門前で東寺所司らを出迎えたのは執行慶寛である。(58)饗膳を調進したのは「都維那順覚」と「勾当仁助」であり、(59)行事をつとめたのは、「勾当隆厳、専当相春」で、いずれも現任の執行・三綱・所司らであった。しかも「長者補任日記」は執行慶寛を「御房官寺主慶寛」と表現する。「御房官」が、長者定海房の構成員を意味していることはいうまでもない。『東寺長者補任』(60)はさらにこれを「侍慶寛」とする。

「長者補任日記」によれば、饗応の場で「勧盃」の役や禄物取役をつとめたのは、良勝・淳寛・覚海などの阿闍梨であり、いずれも定海の弟子である。(61)また「瓶子取」の役をつとめた定覚・為覚・行助らは、その役から定海近習の侍僧であったとみられる。こうした門弟や侍に交じって、現任の三綱・所司らが定海房に仕えていたのである。

さらに執行慶寛についてみれば、定海の「護持僧初参記」(62)によると、天承元年（一一三一）三月に、崇徳天皇の護持僧に任ぜられた定海が宮中二間に初参を遂げた時、その「前駈」の筆頭をつとめたのも執行慶寛であった。(63)また後七日御修法の「大行事」の役は、中世においては大阿闍梨の「坊人」が勤仕する役であったとされるが、(64)「後七日御修法請僧交名」(65)によれば、大阿闍梨定海のもとで大行事をつとめたのも慶寛である。慶寛は、寺家の執行・三綱であると同時に、定海房の房官であり、定海個人に仕えたのである。

こうした執行の性格は、慶寛の前任の執行賢円にもみられる。賢円は、勝覚のもとで醍醐寺の運営と寺領・子院領の経営に尽力した人物である。(66)彼が勝覚個人に仕えた徴証は幾つかあるが、(67)特に賢円の子息のうち俊円は三綱となったが、他の賢覚と聖賢は、いずれも勝覚の授灌頂の弟子となっており、(68)この二人を勝覚の乳母子とみなす説もあって、(69)賢円が私的なつながりをもって勝覚個人に仕えたことは明らかである。さらに醍醐寺の執行の事実上のはじまりとみなされる仁円は「為宮僧正御房専一」(70)と、覚源に仕えたことが知られる。そうであれば、十二世紀前半までの醍醐寺

表2　定海に仕える人々

年　月　日	事　　項	阿闍梨・已講・得業など	醍醐寺三綱・所司	侍　　僧	威・従	そ　の　他	出　　典
天承元年3月（1131）	護持僧初参	行海阿闍梨	慶寛〔執行都維那〕	雅勝〔行実〕 順覚　淳円 慶賢　行助			醍醐寺所蔵文書 24函1
長承2年10月（1132）	東寺長者補任日記 東寺所司初参 東寺拝堂 東寺灌頂	良勝阿闍梨　淳寛阿闍梨 覚海阿闍梨　雅海大夫 乗海中将殿 覚雅已講　元海阿闍梨	寺主慶寛 都維那順覚 勾当仁助 勾当隆厳　専当相春	定寛　為覚 行助 丹波公雅勝		大童子 中童子 侍童子 政所法師	醍醐寺所蔵文書 103函89 『三宝院旧記』4
長承3年2月	高野拝堂	已講御房〔覚雅〕 座主御房〔元海〕 三位阿闍梨〔良勝〕 和泉阿闍梨〔覚海〕 教行房〔維寛〕	慶寛　順覚 俊円　暹仁 厳秀　仁助	三郎　雅勝 永意　重舜 定寛　行助 重快	勝助	中童子	『醍醐雑事記』巻7
保延2年12月（1136）	法務御主饗	勝真得業　頼樹得業 覚光得業	慶寛　慶賢 順覚　仁助	永意　淳円 定寛	隆意 覚仁		『醍醐雑事記』巻7
保延6年正月（1140）	成勝寺修正		順覚　慶賢　暹仁	雅勝　定寛 仁義　慶有 行助	勝助 覚仁	綱掌 鎰取	『醍醐雑事記』巻7
保延6年正月	院尊勝陀羅尼供養		順覚　慶賢　暹仁	雅勝　定寛 行助	威・従 四人	綱掌 鎰取 所守	『醍醐雑事記』巻7
康治2年正月（1143）	綱所朝拝	権少僧都元海 覚雅已講　義暁			威・従 四人	綱掌 鎰取　所守	『東寺百合文書』ふ函

の執行は寺院運営の実務を担って、三綱らの寺官組織の頂点にあると同時に、検校個人に仕える性格をもっていたことが明らかである。

それでは三綱についてはどうであろうか。「東寺長者補任日記」からは、三綱や所司が定海房に仕えていたことが知られた。表2は、定海関係の記録から、定海に仕えた僧を探して、職・階層別にその名をかきあげたものである。それによっても、現任の醍醐寺三綱・権官・所司を多く含んでいたことが知られる。注目されるのは、定海の侍僧から三綱となった人物が多いことである。

その例にまず順覚があげられる。「東寺長者補任日記」によれば、順覚は現任の三綱であり、定海に仕えていた。彼は天承元年三月の定海護持僧初参の時にも、その前駈をつとめている(71)。順覚が都維那に補任されたのは、この直後の九月のことであるので(72)、定海に仕える侍から三綱に補任されたことが知られよう。同様な例に慶賢がいる。慶賢も順覚とともに護持僧定海の前駈をつとめ、その直後の天承元年六月に権寺主に補任されている(73)。さらに雅勝・定寛・行助もあげられる。

このうち雅勝は、「東寺長者補任日記」によると、東寺灌頂の後朝の饗において、新長者定海の「手長」をつとめている。手長は長者のために膳部を運び、その取り次ぎをする役であり、近習の僧の役割であった。雅勝は保延六年(一一四〇)正月の成勝寺修正や院尊勝陀羅尼供養の時に、法務定海の前駈の筆頭をつとめ(74)(表2を参照)、後に行実と改名して、久安二年(一一四六)十二月には寺主に補任されるのである(75)。

また定寛は、「東寺長者補任日記」から定海の侍であったことが知られるが、同じく久安二年十二月に都維那に補任されている(76)。定寛はじつは執行慶寛の子であり(77)、執行慶寛は父子で定海に仕えていたことも知られる。行助もまた「長者補任日記」から定海の侍であることが明らかであるが、久安三年以前に権都維那に補任されている。先にみた久安三年三月の大智院と法琳寺の田畠相論に、「大僧正御房(定海)御使(78)」として院庁に参上したのはこの「(権)都維那行助」であった。

座主元海任中の三綱・権官・所司については表1の職員表に名が明らかであるが、さらに三綱の遷任についてまとめたのが表3である。三綱については「醍醐寺三綱次第[79]」があるが、任日をはじめ誤りがきわめて多く、そのままでは使用できない。そこで醍醐寺文書中の三綱補任の官牒や署判、『雑事記』などから「醍醐寺三綱次第」を校訂して作成している。これを表2の定海に仕えた現任の三綱・所司の項目と比較すると、座主元海任中における三綱・権官の多くが検校定海の侍の出身であったことが知られるのである。

現任の執行・三綱・権官・所司らは、座主とともに「醍醐寺政所」を構成する。一方で執行・三綱らの検校定海の侍たる性格は、座主元海個人といかにかかわるのであろうか。元海は定海の没後、仁平三年（一一五三）十二月東寺二長者に補任された[80]。東寺所司が醍醐寺の元海房への初参の時に、所司らを門前で出迎えたのは、「御房官上座慶覚[81]」である。執行慶覚は定海の死後、座主元海の房官として元海に仕えたのである。さらに東寺灌頂の後朝で新長者元海の手長をつとめたのは「手長行実　本名雅勝丹波公[82]」すなわち雅勝である。定海の侍の主要人物とみられる雅勝も元海に仕えている。雅勝はこの時現任の寺主であった[83]。同様な例に行助もあげられる[84]。元海の侍のすべてが定海の侍であったわけではないが[85]、定海の侍たる執行・三綱らは、おおむね元海の侍としても仕えたことが明らかである。

このことは、先にみたように、座主元海が検校定海の入室・入壇の弟子たることがひとつの大きな要因である。さらにみれば、「東寺長者補任日記」によれば、東寺灌頂において、新長者定海の装束の袈裟・念珠・五鈷を東寺中綱から受け取り、定海に献じた役をつとめた人は、「醍醐座主元海」と「已講覚雅」である[86]。元海が定海の「御共」をつとめたことは、長承三年の定海の高野拝堂[87]（金剛峯寺座主拝堂）や、康治二年の綱所朝拝の時にもみられる[88]（表2を参照）。

醍醐座主元海の房は、元海拝堂記によれば三宝院である。拝堂記は「本房　三宝院御房也」とする。三宝院は定海

表3　執行三綱表

座　主	勝覚 応徳3(1086)6 ― 定海 永久4(1116)5 ― 元海 長承1(1132)5 ― 明海(実運) 保元1(1156)6 ― 勝賢 永暦1(1160)5 ―
修理別当	賢円 永久3.12.12 大治2.7.2死 ― 忠賀 久安1(2か)12 ― 慶寛 保元1.11.29 応保1死 ― 暹仁 ―
執　行	賢円 ― 慶寛 大治2 ― 暹仁 応保2 ―
上　座	忠安 ― 慶順 康和5.8.29 天永3.12.28死 ― 賢円 ― 陽季 永久3. 大治5.6.20観世音寺修理別当 大治6.1.28死 ― 忠賀 天承1.9.22 ― 慶寛 久安2.12.15 ― 定覚 保元1.11.29 永暦2.2.15解官 ― 暹仁 ― 慶円 永暦2.2.15 ―
寺　主	慶順 ― 賢円 康和5.8.29 ― 陽季 永久1 ― 忠賀 永久3.12.14 ― 慶寛 天承1.9.22 ― 行実(雅勝) 久安2.12.15 ― 暹仁 保元1.6.28 ― 慶円 ― 杲覚 永暦2.2.15 ―
都維那	賢円 ― 暹賢 寛治5.7.23 ― 忠賀 永久2.8.27 ― 慶寛 永久3.12.14 ― 順覚 天承1.9.22 ― 慶賢 ― 定寛 久安2.12.15 ― 暹仁 ― 慶円 保元1.6.22 ― 行助 ― 定円 永暦2.2.15 応保2死去 ―
権上座	俊円 天承1.6.26 ―〈慶賢〉〈定寛〉暹仁 久安1現在 ― 慶円 仁平3現在 ― 行助 ― 定円 永暦1頃 ―
権寺主	順覚か ― 慶賢 天承1.(9か) ―〈定寛〉〈暹仁〉 行助 保元1頃 ― 行延 ―
権都雄那	〈忠賀〉 暹仁 ― 行助 久安3頃 ― 厳助 保元1頃 ―
	1130　1140　1150　1160

「醍醐寺三綱次第」をもとに，醍醐寺文書中の三綱補任の太政官牒，三綱連署の解文，および『醍醐雑事記』によって校訂した。権官については太政官牒や解文の実例がなく，不明な部分が多い。
〈　〉は三綱次第のみに見えるものである。

房のみならず、座主元海の房であったことが知られる。元海は定海の入室入壇の弟子であり、その甥であれば、三宝院の院主定海のもとに、元海がいたとみられる。座主元海も定海の弟子として、定海房三宝院の構成員だったのである。そうしてみると、定海房には、現任の座主・執行・三綱・所司らが、弟子あるいは侍として定海に仕えていたことが明らかとなる。すなわち、定海房三宝院は醍醐寺政所をふくみこむかたちで、構成されていたことが知られるのである。こうした体制において、検校定海は、醍醐寺の組織の頂点にあり、寺務を掌握していたのである。(89)

第三節　東大寺別当定海房

保延二年（一一三六）十二月に、法務定海は綱所の職員に対して主饗をおこなった。その饗膳を沙汰したのは、『雑事記』が引用する「大僧正御房定海　法務御主饗膳事」の記事によると、以下の人々である。(90)

御料一前　殿上饗十七前　已上十八前慶寛

下部饗四十五前

勝真得業　頼樹〻〻　覚光〻〻　永意　淳円　慶賢　隆意　覚仁已上各五前　定寛三前　仁助五前

客料饗　順覚沙汰

このうち前節でみたように、慶寛は執行であり、順覚・慶賢は現任の三綱、仁助は現任の勾当であり、永意・淳円・定寛は定海の侍である。これらの定海に仕えた醍醐寺僧に加えて、ここには勝真・頼樹・覚光得業らの東大寺の寺僧と知られる人々と、隆意・覚仁の東大寺の三綱・威儀師の名が見えることが注目される。これらの東大寺僧は、定海といかなる関係にあったのだろうか。ちなみに定海は大治四年（一一二九）五月に東大寺別当に補任されており、この時も現任の別当であった。(91)

これらの東大寺僧と定海の関係を知るうえで注目されるのは、寺外の別当定海と東大寺との間でやりとりされた文書類である。こうした文書は東大寺に伝存するものであり、多くは『平安遺文』や『大日本古文書』にも収められて、格別目新しい史料ではない。しかしこれらを醍醐寺の定海側からみなおしてみることが必要であろう。以下に二通の文書を中心にとりあげてみたい。

撰進　公験等事

合陸通者「此内、官符宣旨等案文卅余枚者、元是勝真私書文也、但為沙汰、且為書加、残符案等、暫所不返納也、（花押）」

一通　大井庄天平勝宝八歳七月十三日勅書一枚

一通　連券、弘仁九年三月廿七日酒人内親王施入文二枚

□　茜部庄天徳四年十二月廿七日太政官符一枚

□　□部庄大同四年二月廿一日立券文十枚

一通　天平勝宝八歳正月十一日国司移一枚

已上五通、自上司印蔵撰出進上之、此中三通依下遣注文目録二通、彼庄要書見給候、故取具進上候也、

一通　「撰出時者、法乗房五師許有、未返納、可即納也」大井茜部両庄官符宣旨等案文卅余枚

已上、自浄土院所送遣也、但於大同年中立券文者、雖相尋、不知在所由、所申遣也、印蔵之公験等中、件書を見給文候者也、

右、依　仰、撰進如件、

保延二年七月廿五日　僧覚光請文

一通めは保延二年七月二十五日の大井茜部庄文書送状である。[92]差出は「僧覚光請文」とあって、同年に法務定海の主饗膳を沙汰した覚光得業その人である。充所はないが、「依　仰撰進如件」とあることから、当任の別当定海の仰

せによって、そのもとに記載の文書とともに提出されたものとみなされる。「請文」とあるのは、寺外の別当定海から、文書提出の指示を請けたことを意味するのであろう。覚光得業は、東大寺にあって定海の命をうけて文書の出納に携わっていたことが知られる。

注目されるのは、異筆の返納記である。それは「此内官符宣旨等案文卅余枚者、元是勝真私書文也、但為沙汰、且為書加、残符案等、暫所不返納也（花押）」とあって、記載の文書のうち一通がこの花押の主のもとにとどめおかれたことを示す。この六通は別当定海のもとに送られたとみられるので、別当の側でこの返納記が書き入れられ、残り五通の文書とともに東大寺に返却されたものであろう。そうであればこの花押の主が、寺外の別当定海のもとにあって、東大寺から送られてくる文書の集積・管理にあたっていた人物とみられるのである。この花押の主はだれであろうか。

そこで次にこの花押の主を探るために、康治二年（一一四三）二月十五日の雑役免文書送状をみてみたい[93]。これには三綱と勾当が署判しており、「依政所仰、奉送如件」とあることから、やはり東大寺別当定海の仰せによって、三綱等が文書を撰出し、定海のもとに送ったものであることが知られる。この文書にもいくつかの返納記があるが、以下に主なものをあげる。いずれも異筆である。

①「其内代々国判一巻在四十枚、進検田国判等一巻在九枚、今小路威儀師許留了（花押）」

②「件二通、大和検注沙汰之間、交替源厳都維那了、威儀師（花押）〔覚仁〕」

③「為沙汰今小路威儀師許、自擬已講許被請取了」「（花押）（花押）（花押）」

このうち文書の袖の部分の返納記①②は、その位置と内容から、文書返却に先立って、別当の側で書かれたものとみなされる。③の花押は東大寺三綱のものであり、送状が寺家に返却されたのちに三綱によって書きこまれたものと考えられる。

①によれば記載の雑役免文書のうち、二巻が今小路威儀師すなわち覚仁のもとに留め置かれたことが知られる。そして③によれば覚仁はこれを「擬已講」から受け取ったことが知られる。したがって①の花押の主が覚仁に文書を預けた「擬已講」その人とみなされ、「擬已講」が寺外の別当定海のもとにあって、文書の集積と整理および寺家への返却の実務を担当していた人物と推定される。この花押こそが、じつは先にみた保延二年七月二十五日の文書送状の返納記の花押と同じ人物のものなのである。(94)

『花押かがみ』はこの花押の主を某としている。(95)しかし『花押かがみ』はこの花押が、大治元年六月十九日の伊賀国玉瀧杣文書目録(96)に、上座大法師範縁とともに署判する五師大法師某の花押と同一であることを明らかにしている。(97)大治元年の文書目録は、別当勝覚の任中のものであり、上座範縁は勝覚によって「惣目代」に補任されたとされる。(98)そしてこの範縁とならんで勝覚の任中に修理目代に補任された人物に勝真がいる。(99)勝真は、五師ともみえるので(100)この花押の主は勝真の可能性が高いといえる。そして勝真は保延二年の法務定海の饗膳を沙汰した「勝真得業」(101)そのひとである。

『維摩講師研学竪義次第』(102)および『三会定一記』(103)によれば、勝真は、保延六年に維摩講師請を得ていたが、春日神人殺害事件によって講師を遂げなかった。彼はこの事件によって興福寺の大衆と反目していたのである。この勝真を東大寺側は擬講であるにもかかわらず、已講として処遇した。そのことは永治元年（一一四一）十月の東大寺牒(104)に、勝真が已講として連署していることから知られる。勝真は康治二年の東大寺において、「擬已講」とよばれるにふさわしい人物なのである。そこで花押の主の「擬已講」は勝真その人とみなされる。(105)保延二年七月の送状の返納記に「勝真私書文也」とみえるのも自身をさすのだろう。勝真は寺外の別当定海のもとで、寺領の沙汰のために、文書の集積・管理の実務を担っていたのである。

こうした定海のもとでの勝真の役割は、さらに東大寺文書出納日記の猪名庄文書について返納記「件請文内二通

（中略）并紙絵図一禎、依政所（定海）仰渡勝真得業了、天承元年四月廿六日」[106]からも確認できる。東大寺の寺僧勝真は、定海別当就任の直後から、定海のもとにあってこうした実務に携わっていたのである。勝真は定海の前任の別当勝覚のもとで東大寺の修理目代をつとめていた。さらに彼が五師であったことが注目される。おそらくはこうした経歴がかわれて、勝覚の死後、別当定海のもとで、主に別当房に祗候して、かかる実務に携わったものであろう。保延二年の法務定海の主饗の饗膳沙汰に勝真の名がみえるのは、このように勝真が定海に仕えていたことを背景としたものであり、勝真は、東大寺別当定海房の房官だったことが知られる。

また法務主饗に名がみえる頼樹得業は、別当定海のもとでの修理目代である。[107]五味文彦氏によれば、[108]東大寺文書中の天承二年四月二十一日の下文[109]は定海房政所下文とよぶべきものであり、その署判者二名のうち大法師の花押が頼樹のものであることが指摘されている。そうであれば頼樹も東大寺別当定海房の房官だったことが知られる。保延四年九月三日の大僧正（定海）あての左中弁顕業書状[110]によると、「先日招頼樹得業、令申候之処、其後左右仰不候」と、頼樹が東大寺と京都を往還して別当定海への取り次ぎ役をつとめていたことが知られ、頼樹は別当の目代として、主に東大寺にあって、時々別当房に祗候していたものとみなされる。

またこの時期の覚仁が、東大寺の所司威儀師として別当法務定海に仕えており、主に京都にあって、東大寺の訴訟の在京担当者として行動したことが指摘されている。[111]康治二年の文書送状の返納記にみた覚仁は、寺外にあって、別当房の勝真から直接に文書をうけとっていた。そこで覚仁がこうした立場にあって、時に定海房に祗候したであろうことが知られる。法務主饗に名がみえる東大寺の所司威儀師隆意も同様に定海に仕えたとみなされる。

それでは覚光得業についてはどうであろうか。覚光が東大寺の寺僧であったことは、永治元年（一一四一）十月二十九日の東大寺牒[112]の五師・得業らの連署のうちに、勝真、頼樹とともに「覚光得業」の名がみえることからも明らかである。しかしながら『醍醐雑事記』によれば、これ以前の天治元年（一一二四）に覚光は醍醐寺下寺における八講の荘厳頭役をつとめ、さらに保元三年（一一五八）秋には上醍醐清瀧宮季御読経の執事頭役をつとめるなど[113]、彼が醍醐寺内の法会の所役を勤仕していることが知られるのである。こうした寺内の法会の諸役を勤仕するのは、醍醐寺僧に他ならない。さらには永暦二年（一一六一）には覚光が醍醐寺の定額僧となっていたことが知られる[114]。覚光は醍醐寺の寺僧でもあったのである。

保延二年の送状における覚光は、「自上司印蔵撰出進上之」と、東大寺にあって印蔵の文書の出納に直接にかかわることのできる立場にあったことが知られる。印蔵の文書の出納に直接に関与しうる立場といえば、この時期では三綱・勾当・五師などがいる[115]。覚光はいかなる立場にあったのだろうか。久安元年閏十月二日の東大寺年預・五師下文[116]によれば、覚光は年預大法師および五師所によって、飛驒庄における私領の「領掌田畠幷執行庄務」を認められており、五師と覚光との密接な関係をみることができる[117]。覚光は五師に近い立場にあったことは明らかである。東大寺における覚光は、別当定海の任中から確認できる。そしてそれ以前の覚光は醍醐寺僧とみられるので、定海の別当就任に伴い、醍醐寺から東大寺に派遣された人物である可能性が高い[118]。覚光は主に東大寺にあって、定海の意をうけて文書出納の実務にあたっていた。彼も定海の目代のひとりだったのではないだろうか。法務饗で覚光が饗膳を沙汰したのも、覚光が定海に仕えていたことを示すものであろう。

定海の別当就任にともなって、醍醐寺から東大寺へ派遣されたのは、じつは覚光のみではない。醍醐寺の三綱の中には、定海の侍から三綱になった順覚がいることは先にみた。順覚も法務定海の主饗の饗膳を沙汰した一人である。先に見た如く、順覚は天承元年（一一三一）九月に醍醐寺の都維那に補任されている。ところが、同時期に東大寺別当定海のもとで、東大寺三綱の中にも順覚の名がみいだせる。東大寺における順覚は、大治四年（一一二九）十一月二十一日の東大寺所司解[119]に「権寺主大法師順覚」とみえるのが初見である。この年の五月に定海は東大寺別当に補任されており、同時期におなじ定海のもとで、醍醐寺と東大寺の三綱に名がみえる順覚は、同一人物とみて疑いはない。

定海に仕える侍の順覚が、定海の別当就任にともなって、東大寺の三綱に抜擢されたものとみることができよう。東大寺三綱としての順覚は、永治元年には権上座とみえ、(120) 定海の別当就任中をとおして三綱の一人として、文書の出納管理をはじめとする実務に携わっている。(121)

以上にみてきたように、東大寺別当定海に仕えて寺務を補佐する僧たちの姿が明らかになってきた。寺外の別当定海房には、前別当の目代勝真が東大寺から出向して祗候している。勝真は別当定海のもとで、その命をうけて東大寺との連絡にあたり、東大寺からの文書の集積と管理にあたる。そして在京の東大寺の訴訟担当者である覚仁にそれらを渡す。一方東大寺には、別当の目代頼樹や覚光がいる。彼らは主に東大寺にあって別当の意をうけて文書の出納や文書発給に携わる。彼らは別当房と東大寺を時に往還する。また覚仁の他にも、東大寺の三綱順覚・隆意は別当定海に近侍する。ことに順覚は定海の侍で醍醐寺から派遣されたのであり、侍としても定海に仕えていた。

寺外の別当房に、三綱を含む東大寺の僧が出向して寺務を補佐する体制は、永村眞氏が鎌倉後期の具体例をあげられている。(122) かかる体制は、十二世紀前半にすでにみられるのであり、東大寺から出向する僧ばかりでなく、醍醐寺の定海房からも東大寺に出向する僧がいて、寺外の別当の寺務を補佐したことが知られるのである。こうした別当を補佐する僧のうちには三綱や五師が多く含まれていたことが注目される。三綱についてみれば、久野修義氏がいわれるように、(123)「政所（別当）の威を活用する覚仁のごとき存在」が特殊な例なのではなくて、三綱のうちには、むしろ別当に仕える僧が含みこまれていたのである。政所下文の署判に明確な変化がみられ、三綱が署判する公文所下文がみられるのは、この直後のこととされる。(124) そうしたことから別当定海のもとでも、別当と三綱の分離や三綱側の自律性の志向がみられ、それらが進行しつつあったことは一面の事実であろう。しかし、一方でこうした別当に仕えた僧たちがいたことも明らかである。ここでは寺外における別当の存在に注目して、そのもとにおける寺院運営の体制や、別当と三綱との関係の一端を明らかにした。寺外の別当房と政所のつながりは、さらに個々の別当にわたって究明されねばならない問題であろう。

第四節　定海房の構造

いままでに明らかにしてきたことをもとに、定海房の構造をみておこう。醍醐寺の定海房は、三宝院である。三宝院は定海の師勝覚が永久三年（一一一五）十一月に建立供養した子院であり、[125]定海はこれを継承して自房とし、天承元年（一一三一）には三宝院内に灌頂院（灌頂堂）を建立したのである。[126]

定海に仕え、定海房三宝院に祇候した醍醐寺の僧については第二節でみた。それは職・階層によって分類すると、第一に阿闍梨らの門弟のグループがいる。その筆頭は座主元海である。この中には伝法灌頂を受ける以前の弟子もいる。「大夫公」とよばれた雅海や「中将殿」乗海らがそれであり、[127]彼らは幼少から定海のもとに入室してその養育をうけ、後に阿闍梨となる。さらに実名はでてこないが、僧となるべき児たちもこの末に加わっていたとみられる。次いで侍僧のグループがある。彼らの中には醍醐寺の執行・三綱・所司を含み、侍から三綱に補任される場合が多いことは先に明らかにした如くである。儀式の場での前駈や行事、饗膳沙汰、手長などがその役割のひとつであり、定海房の諸実務は、門弟より下位に位置した彼らによって主に担われたとみられる。そのもとには、さらに童や下法師がいる。大童子・中童子・政所法師などがそれである（表2を参照）。

こうした僧が祇候する定海房三宝院は、定海個人の房であり、本来は私的な性格をもつものである。ところが定海は醍醐寺検校として、若年の座主元海を補佐する立場にあり、その寺務を掌握していたことは先にみた。そして定海房三宝院は座主元海の房でもあった。座主元海と執行・三綱・所司らをふくみこんで、定海房三宝院は、醍醐寺政所を吸収した醍醐寺の中枢機関として位置していたのである。

醍醐寺内で公的な位置をしめた定海房三宝院は、定海の兼任によって、さらに東大寺別当房・東寺一長者・法務房として、醍醐寺外においても公的な位置をしめるに至る。そして房はさらに複合的な構造をもつようになる。定海の兼任によって、まず房からは代官として醍醐寺外に房官が派遣される。東寺一長者として金剛峯寺座主を兼任した定海は、東寺長者の「寺務始行」に、侍の慶賢を金剛峯寺少別当に補任した。[128]また醍醐寺別当定海が東大寺三綱に侍の順覚を送りこんだことは先にみた。さらに覚光も東大寺に派遣されたとみられた。一方で定海が兼任した他寺からは、定海房に出向する僧がいる。先にみた東大寺の勝真がその例であり、目代頼樹や所司威儀師覚仁らがそうした例である。さらには東寺からも定海に祗候した僧がいる。覚雅がその例である。

覚雅は、東寺定額僧から阿闍梨となり、凡僧別当になった。『東宝記』は覚雅を定海の弟子とする。[129]覚雅が凡僧別当に補任されたのは、『醍醐寺座主補任次第』[130]によると、保延二年（一一三六）十月一日のことである。そしてこれ以前の覚雅は、定海の「東寺長者補任日記」によれば、東寺拝堂の時に新長者定海に「御鼻広」を進上した役をつとめており、東寺灌頂においては、醍醐座主元海とともに長者定海の装束の役をつとめている。こうした役から覚雅は元海とならぶ定海の門弟であり、定海に仕えていたことが知られる。[131]

覚雅はじつは東大寺別当としての定海にも仕えていた。東大寺文書中の「大和国検注之間、於庄々図師相逢使者、任所進坪付、可被注除之由、可令下知給者、依　殿下御気色、執達如件／六月二日／勘解由次官在判／謹上　小野僧都御房」の書状は、[132]五味文彦氏によれば、[133]天養元年（一一四四）の摂関家による大和国国検に際して東大寺側に出された殿下御教書である。そして充所の「小野僧都御房」は覚雅であることが指摘されている。[134]この時の東大寺別当は定海であるので、[135]覚雅が東大寺の寺務定海への取り次ぎ役をつとめていたことが知られる。覚雅は主に東寺にあって、時に定海房に祗候した房官であったとみなされる。[136]

さらにいえば、中世東寺の凡僧別当は、寺務（一長者）の代官の性格をもつとされ、凡僧別当が寺務の進止下におかれたのは、久安元年（一一四五）に一長者となった寛信が、凡僧別当覚雅を改め、門弟の明海を補任したことを画期とするとされる。[137]しかし、明海以前の覚雅も、長者定海の房官であり、その代官であったことは明らかである。

寺務兼任の定海房は、醍醐寺の僧によって構成されていた房を内核とすれば、その外縁に、東大寺や東寺から出向する僧を房官に加えた構造をもつ。外縁の房官が兼任の寺務を補佐したことは先にみた。また内核にある房官も、兼任の寺務のもとで実務に関与する。『平安遺文』が保延四年のものとする東大寺文書中の「依白米免沙汰、頭弁書状文書等遣之、早可令致沙汰給也、新薬師書状同以所相具候也、仰旨如此、謹言／十二月廿三日　僧（草名）奉」の奉書は、[138]「今小路御房」充てであり、その差出は「僧暹仁奉」とよむことができる。そうであれば、暹仁は定海の侍の醍醐寺僧暹仁とみなされ、この文書は、東大寺別当定海の御教書と知られる。内核の房官も、東大寺別当定海房の房官となるのである。

さらにその周縁部には綱所の職員がみられる。法務定海には醍醐寺の侍僧に加えて威儀師・従儀師や綱掌・鎰取らが御前をつとめる。[139]ただし威儀師・従儀師のすべてが定海房に祗候したわけではなく、綱掌らは法会や儀式の場でその御前を勤めるにとどまる。威儀師のうち勝助は醍醐寺の威儀師であり、定海房に祗候していた。[140]五味氏によれば、先にみた天承元年四月二十一日の定海房政所下文に、大法師頼助とともに署判する威儀師の花押が、勝助のものであることが明らかにされている。[141]勝助も定海房政所の房官だったのである。

定海房の家政機関である房政所は、醍醐寺政所を吸収し、かつ東大寺別当房、東寺一長者房として、これらの寺の外にあって、寺務の実務に携わったのである。そしていままでに明らかにした醍醐寺・東寺・東大寺僧を含む複合的な定海房の構造が、醍醐寺・東大寺・東寺の寺務兼任を支えたのであり、兼任の寺務のもとでの房官らは、醍醐寺・東大寺・東寺の中枢組織をむすぶ役割をはたしていたといえよう。

おわりに

以上に明らかにしたことをまとめてみたい。十二世紀前半の醍醐寺の組織の特徴のひとつは、検校の存在である。検校は前任の座主であり、現任の座主の師である。醍醐寺の本来の長官は座主であるが、十一世紀半ばから十二世紀前半においては、検校が事実上の醍醐寺の代表者であり、寺務を掌握していた。もうひとつの特徴は、執行・三綱・所司らの性格である。執行・三綱・所司らは、座主元海のもとで醍醐寺政所の構成員であると同時に、検校定海個人に仕える侍であり、定海房の房官であった。定海房は三宝院であり、座主元海の房も三宝院である。定海房三宝院は、元海を筆頭とする定海の門弟らと、執行・三綱を含む定海の侍、および下法師らから構成されており、醍醐寺政所の構成員を吸収して、座主房をも兼ねる醍醐寺の中枢機関として位置していたのである。

醍醐寺検校定海は東大寺別当・東寺一長者を兼任しており、定海房三宝院は東大寺別当房・東寺一長者房でもあった。かかる定海房には、醍醐寺の座主・執行・三綱らを含む、門弟・侍・下法師らからなる醍醐寺僧を中心とした構成員を内核に、東大寺や東寺から房に祇候する僧もおり、これらも房官として外縁に含みこんでいる。こうした定海に仕えた醍醐寺・東大寺・東寺の僧の存在を具体的に明らかにしてきた。それらをふまえて定海房の側から、寺外の別当定海と東大寺との間にやりとりされた文書をみると、寺外の別当の寺院運営の具体相がみえてきた。醍醐寺の定海房には、東大寺から出向してきた五師がおり、東大寺との連絡や、文書の集積管理にあたる。一方東大寺には別当の目代がおかれ、この目代には醍醐寺から東大寺に派遣される僧もおり、目代は時に定海房に祇候して東大寺との連絡にあたる。さらに三綱にも定海の侍が醍醐寺から派遣されている。

定海房に東大寺から出向する僧と、醍醐寺から東大寺へ派遣された僧によって寺務兼任の体制は支えられていたのであり、寺外の別当定海はこれらを輩下に東大寺運営の実務に携わったのである。三綱や五師も含む彼らはいずれも定海房の房官である。寺務兼任の体制を支えたのはこうした房官の両寺間における動きであった。

先学の研究が明らかにした政所下文にみられる東大寺別当と三綱の分離はこの直後のことである。そうであれば、房官の存在を通して他寺系別当を再評価し、寺外の別当の側から東大寺の組織や寺院運営の具体相を明らかにする視角も必要であろう。かかる視角から、あらためて東大寺における文書出納や授受のありかたを解明して、別当と三綱の関係を再考する必要があるだろう。(142)

十二世紀前半の醍醐寺の特徴が、検校を頂点とする体制であり、執行・三綱の侍たる性格であるならば、それらはいかなる意義をもつのか、かついかに継承されたのかを見通しておきたい。

検校を頂点とする体制は、十一世紀後半以降に形成されていき、勝覚と定海のもとで確立したものとみられる。醍醐寺の本来の長官は座主であり、検校は国家によって補任される職ではなく、若年の座主を補佐する座主の師に対する呼称である。そうであれば、検校を頂点とする体制は、私的な性格がきわめて強いといえる。それは醍醐寺が源師房を祖とする一族（いわゆる村上源氏）との関係を強めていく時期であった。

定海の後、検校を頂点とする体制は直接に継承されることはなかったが、座主職については多くを継承している。前章で明らかにしたように、鎌倉期における座主職の譲与と相伝の基準、座主の子院に対する諸権限は、定海が元海に与えた康治二年の譲状を起点とし、この譲状が常に規範とされたのである。(143)また鎌倉期の三宝院は代々の座主に継承された座主房であり、座主の法脈と教学の拠点たると同時に醍醐寺政所の機能をはたす。(144)こうした三宝院の性格が、定海房三宝院の性格を継承したものであることは明らかだろう。

執行についてみれば、東寺・東大寺における執行が別当の離寺傾向にともなう政所の性格の変化の中で、三綱の側の代表者としてあらわれてくるのに対し、醍醐寺の執行は検校の侍であり、その房官である。こうした執行の性格は、他寺と異なる醍醐寺の特徴であり、寺内常住の寺務のもとにおける寺官の性格として注目されよう。そして定海から元海にかけては、執行・三綱の侍たる性格も継承されているが、彼らは元海以後の数代の座主のもとでその職にのこり、次第に侍の性格を希薄化していくのである。鎌倉期の醍醐寺の執行は、もはや座主の侍ではない[145]。しかし座主が他寺の寺務を兼ねる時、いまだその房官として行動する。このことは、定海のもとでつくられた体制が鎌倉期においても、形式的にしろ継承されたことを示すものだろう。

また十二世紀前半は、三綱の世襲化が進行した時期である。定海に仕えた執行・三綱のほとんどは、その子息も三綱となる。そして鎌倉期にいたる三綱の家筋のいくつかは、定海の侍の三綱に起点をもつのであり、定海の侍から累代の三綱の家が形成されたことが知られる。鎌倉期の醍醐寺は、定海のもとで形成・確立されたものを多く継承しているのであり、中世醍醐寺の確立過程において、定海の占める位置はきわめて大きいのである。

残された課題は多いが、そのひとつに三綱と侍の関係があげられる。三綱の侍たる性格は、醍醐寺のみに特徴的なのであろうか。富田正弘氏によれば、中世東寺の三綱には、寺務や有力門跡の「青侍」が補任される例が多いとされる[146]。そして東大寺の三綱に定海の侍が補任されたことを本章ではみた。醍醐寺に三綱が設置されたのは、延喜十九年の太政官牒によっており、この時点では座主・定額僧と階層的な区別はない。しかし十二世紀前半までの醍醐寺の組織の変化の過程で、三綱は座主のもとで政所を構成し、かつ座主以下の寺僧と明確に区別されて地位は低下する。こうした三綱の地位の変化は、醍醐寺に限ったものではない。同時期の東寺・東大寺においても同様である。寺家の政所の形成、確立の過程は、じつは僧侶社会の階層分化と同時進行なのである。寺家の政所確立の段階で、三綱は別当に仕える存在として、侍の性格をも有するにいたり、三綱層が確立するのではないだろうか。別当と三綱の関係は、寺院組織の問題にとどまらず、僧侶の階層分化の問題でもあるだろう。またこうした侍の性格がより顕著にあらわれるのが、本寺常住の寺務を頂点とする醍醐寺のような寺院においてであろう。

中世寺院にはいくつかの類型があるとみなされ、そのひとつが醍醐寺に代表されるものであると考えている。

註

（1）東寺については、網野善彦『中世東寺と東寺領荘園』（東京大学出版会、一九七八年）、富田正弘「中世東寺の寺院組織と文書授受の構造」（『京都府立総合資料館紀要』八号、一九八〇年）、同「中世東寺の寺官組織について」（同一三号、一九八五年）、同「観智院宗宝の生涯にみる教学と寺役」（中世寺院史研究会編『中世寺院史の研究』下所収、法蔵館、一九八八年）、上川通夫「平安後期の東寺」（『古文書研究』二四号、一九八五年九月）、東大寺については、稲葉伸道「中世東大寺寺院構造研究序説」（『年報中世史研究』創刊号、一九七六年）、同「中世の公人に関する一考察」（『史学雑誌』八九編一〇号、一九八〇年一〇月）、後に同『中世寺院の権力構造』（岩波書店、一九九七年）に所収、永村眞「東大寺大勧進職と油倉の成立」（『民衆史研究』一二号、一九七四年五月）、同「鎌倉期東大寺学侶層の形成とその寺内活動」（『民衆史研究』一四号、一九七六年五月）、同「鎌倉期東大寺講衆集団の存立基盤」（『日本歴史』三六三号、一九七八年八月）、後に同『中世東大寺の組織と経営』（塙書房、一九八九年）に所収、同「『真言宗』と東大寺」（『中世寺院史の研究』下所収、一九八八年）、久野修義「中世寺院成立に関する一考察」（『史林』六一巻四号、一九七八年七月）、同「鎌倉末～南北朝期における東大寺別当と惣寺」（『中世寺院史の研究』下所収、一九八八年）、後に同『日本中世の寺院と社会』（塙書房、一九九九年）に所収、などがあげられる。

（2）醍醐寺には七百余函の文書記録聖教絵図類が所蔵されており、それらについては、東京大学史料編纂所所蔵の『醍醐寺文書記録聖教目録』による。

（3）「中世醍醐寺の研究」（『山形大学紀要』社会科学　一五巻一号、一九八四年七月）、「中世の醍醐寺領について」（『山形史学研究』一八号、一九八二年）。後に同『中世日本の国家と寺社』（高志書院、二〇〇〇年）に所収。

（4）「鎌倉時代の寺院機構―鎌倉初期の醍醐寺と座主職をめぐって―」（高木豊編『論集日本仏教史四　鎌倉時代』所収、雄山閣、一九八八年）、本書第一章参照。

（5）先に摂関期の醍醐寺については、拙稿「小野僧正仁海像の再検討―摂関期の宮中真言院と醍醐寺―」（青木和夫先生還暦記念会編『日本古代の政治と文化』所収、吉川弘文館、一九八七年）、の中で検討した。

（6）中島俊司『醍醐寺畧史』（醍醐寺寺務所、一九三〇年）、佐和隆研『醍醐寺』（東洋文化社、一九七六年）。

（7）「中世醍醐寺の研究」（前掲註（3））。

（8）　註（4）拙稿。
（9）　「中世東大寺寺院構造研究序説」（前掲註（1））。
（10）　「中世寺院成立に関する一考察」（前掲註（1））。
（11）　「院政期の東大寺文書―東大寺所司覚仁を中心に―」（同『院政期社会の研究』山川出版社、一九八四年）。
（12）　「覚仁考―平安末期の東大寺と悪僧―」（『日本史研究』二一九号、一九八〇年、後に同『日本中世の寺院と社会』所収）。
（13）　前掲註（11）。
（14）　「醍醐寺所蔵『局通対略文集』紙背文書」（醍醐寺文化財研究所『研究紀要』七号、一九八五年）。
（15）　前掲註（9）。
（16）　「鎌倉末～南北朝期における東大寺別当と惣寺」（前掲註（1））。
（17）　『醍醐座主譲補次第』（『続群書類従』第四下）。『醍醐寺座主補任次第』（醍醐寺所蔵文書記録聖教一一七函三号）。醍醐寺所蔵文書記録類については、以下に醍醐函番号小番号で表示する。主に東京大学史料編纂所所蔵の写真帳によった。
（18）　醍醐一一二三函六。および『醍醐雑事記』巻七（以下に『雑事記』とする。主に中島俊司の校訂本による）、『大日本古文書　醍醐寺文書』一―一七一号などにみられる。その他の拝堂記については、註（4）拙稿を参照されたい。
（19）　『醍醐寺要書』（『続群書類従』第二七上）所収。
（20）　『醍醐座主譲補次第』。
（21）　註（4）拙稿。
（22）　一例をあげれば、健仁三年三月十二日太政官牒（坂本五郎所蔵文書）などの実例がみられる。
（23）（24）　「醍醐寺執行次第」（醍醐九二函五三）。
（25）　修理別当の初例は『醍醐寺新要録』（以下に『新要録』とする）によると、永久三年十二月に補任された賢円である。時に執行上座であったが、大治二年七月に死去しており、久安二年十二月に上座忠賀が補任されるまで、修理別当は欠員であった。
（26）　『醍醐寺雑事記』（『群書類従』第二五所収、「醍醐寺要書」の下巻にあたる）によると、天承元年六月二十六日に「権上座俊円始之、権寺主慶賀順覚都維那沓」とみえて、権上座がこの時置かれたことが知られる。
（27）　たとえば天承二年の元海拝堂の時に座主の「御前」をつとめたのは、三綱・権官・勾当・専当・知事それぞれ二人であったが、三綱の装束が「束帯」であったのに対し、権官は勾当以下と同じく「袍平袈裟鼻広」とみえる。権官は勾当以下とも明確に区別されるが、三綱とは禄についても差がある。また平安期における三綱補任は太政官牒によっており、その実例があるが、権官補任は実例がみられない。

(28)　権上座を経た後に正官の都維那に補任されるのであり、こうした三綱と権官の歴然とした区別は、同時期の東大寺の三綱と比較すると大きく異なっている。さらに座主補任や定額僧補任、三綱補任の際には、寺家の側から太政官に挙状が提出されるが、そこに署判するのも座主と三綱であり、権官は含まれない。

(29)　「久安五年座主房雑事日記」（『雑事記』巻一一所収）による。伊藤氏前掲註(7)論文は、所司の中に「行事」を含めるが、行事は法会や儀式の際の役であり、職ではない。

(30)　保元元年七月十日醍醐寺政所補任状（『新要録』巻一一）。

(31)　永暦二年座主勝賢拝堂記に「修理勾当慶兼」とみえるのが初見。治承三年座主実海拝堂記には「修理公文、各准権官、平勾当二人」とみえ、勾当のうち二人が修理および公文で、その他の勾当とは区別されていたことが知られる。

(32)　天承元年九月二十二日太政官牒（「醍醐寺要書」下所収）などがその例である。

(33)　註(30)。

(34)　「久安五年座主房雑事日記」（『雑事記』巻一一）による。

(35)　元海座主任中の「元三用帳」（『雑事記』巻一一）に「大炊小寺主維珍」とみえるのが初見。座主・三綱以下の「飯」や仏供飯を調達する役割であったことが知られる。

(36)　「執行職雑事」（『雑事記』巻九）から知られる。

(37)　『雑事記』巻四、清瀧宮御殿預次第によれば、最初の預は池南房勾当快暹であり、珍快に次いで「勝禅 智光房専当、勝賀勾当弟也」とみえる。勝禅は表1の元海拝堂記の現存の専当のうちにみえ、勝賀の名も勾当のうちにみえるので、勝禅が当任とみられる。

(38)　「上醍醐寺別当次第」（醍醐五八函二四四）には深勝の名があり、座主元海が永治二年四月に円光院別当拝堂を行った時に「円光院供僧一和尚深勝阿闍梨」とみえることによる。

(39)　上寺別当は、上醍醐准胝堂別当であり、上醍醐の代表者とされる。上寺に所属する僧のうち上﨟がその任にあったとみられる。

(40)　『雑事記』巻二所収。

(41)　『雑事記』巻三所収。

(42)　註(30)。

(43)『大日本古文書　醍醐寺文書』一―二二七号。
(44)『雑事記』巻四所収。
(45)『雑事記』巻八。
(46)『雑事記』巻七、巻四。
(47)註(4)拙稿を参照。康治二年六月一日大僧正定海譲状（醍醐七六函五六）。
(48)「免除証文」上下（『雑事記』巻一二・三所収）には、長承元年から久安二年にいたる、九通の定海充ての綸旨・院宣がみられる。
(49)こうした定海と政治権力との関係については、別の課題である。
(50)元海が定海に入壇したのは、『伝法灌頂師資相承血脈』（醍醐寺文化財研究所『研究紀要』一号に築島裕の紹介がある）によれば、天承元年四月十四日のことであり、同日に定海が元海に与えた印信の写しが醍醐七六函などにみえる。
(51)註(18)。
(52)保元元年明海拝堂記（『雑事記』巻八所収）にみえる。
(53)註(36)。
(54)醍醐一〇三函九〇。『三宝院旧記』四（東京大学史料編纂所所蔵影写本）にも収録される。表紙には「堯円／語之箱／東寺長者補任日記」とあり、定海・元海の東寺長者補任に関する記録以下を収める。そして「古本定海元海長者補任之御記二巻、三ケ吉事定済道宝二巻、従儀師相暹書札二通、同注進事一通、今類集而写此一冊了／寛永四丁卯年二月四日　長者僧正堯円」の書写奥書をもつ。定海・元海の長者補任記は、官符到来から所司初参、東寺拝堂、東寺灌頂に至る記録であり、書写奥書にみられるように、「古本」すなわち、定海・元海当時の記録にもとづくとみられる。
(55)「東寺長者補任日記」に「十月五日宣下」とみえる。
(56)元海の「東寺長者補任日記」（註(54)）によれば、長者補任の官符（牒）は東寺にもたらされ、この時新長者のもとからは、東寺に「御使」が派遣される。
(57)定海に初参した東寺の三綱は、上座定明、権上座定俊、権寺主暹俊ら五人である。寺主維厳（惣在庁）は「小灌頂之沙汰」のために不参であった。
(58)「先於門前以御房官寺主慶寛令申案内、次三綱引率中綱職掌所司等、於三宝院南庭奉拝、（中略）長者宿装束平袈裟三衣筥置之、御母屋高麗端三帖後立屏風、三綱法服、次饗膳、三綱五人（中略）座客殿庇、北向、瓶子取、初定寛、次為覚、次行助、勧盃、初良勝阿闍梨、次淳寛阿闍梨、次覚海阿闍梨（以下略）」。
(59)「饗膳調進人々、三綱饗六前、中綱饗十三前、都維那順覚、小所司饗十前、職掌廿一前、勾当仁助」。
(60)『続々群書類従』第二所収。
(61)『伝法灌頂師資相承血脈』によれば、良勝・覚海は入壇の弟子である。淳寛は、定海の師の勝覚の入壇の弟子とみえるが、勝覚の死後、定海に師事したものであろう。
(62)醍醐二四函一。
(63)この時の前駈は表2にも記したように、慶寛・雅勝・順覚・淳円・慶賢・行助であった。
(64)富田正弘「中世東寺の寺官組織について」（前掲註(1)）。
(65)『東寺百合文書』ふ函。
(66)たとえば賢円は、勝覚のもとで醍醐寺円光院領越前国牛原庄の預所となり、永長二年（一〇九七）八月に建立供養された下醍醐の無量光院の最初の上座に補任されて、同院領の肥後国山鹿庄の知行人をつとめている。さらに永久三年（一一一五）十二月には、初めて三綱から修理別当に補任される。賢円については竹内理三「寺院における荘園経済の成立―醍醐寺の研究―」（同『寺領荘園の研究』所収、畝傍書房、一九四二年）にも言及がある。
(67)賢円は東寺一長者勝覚の後七日御修法において大行事をつとめ、天治二年七月に東大寺別当に還任された勝覚の使者として、東大寺に下向している。
(68)『伝法灌頂師資相承血脈』。
(69)『密宗血脈鈔』。しかし賢円と勝覚の年齢からすると、賢円の妻を勝覚の乳母とする説には無理がある。賢円は勝覚より十歳年長である。むしろ賢円の母が勝覚の乳母であった可能性がある。『雑事記』によれば、賢円の母は醍醐寺五重塔の修理をしたことがみえる。
(70)『密宗血脈鈔』。
(71)註(62)に同じ。
(72)天承元年九月二十二日太政官牒（「醍醐寺要書」下所収）。『新要録』の「三綱次第篇」がその任日を天永元年九月二十六日とするのは、あやまりであることがこの官牒から知られる。なお、『醍醐寺雑事記』（註(26)）によると、順覚は都維那以前に権寺主であったとみえるが、他の史料からは確認できない。

(73)　註(26)。
(74)　『雑事記』巻七。
(75)　雅勝の改名のことは、元海の「東寺長者補任日記」や、『新要録』の「三綱次第篇」に「行実　元雅勝」とあることから知られる。寺主補任は、久安二年十二月十五日醍醐寺解案（『大日本古文書　醍醐寺文書』四―八六六）から知られる。
(76)　註(75)醍醐寺解案。
(77)　『新要録』所収「三綱次第篇」。
(78)　註(46)。
(79)　東京大学史料編纂所所蔵の謄写本による。それは義演の書写本であり、『新要録』所収「三綱次第篇」に同じ内容である。
(80)〜(82)　元海「東寺長者補任日記」による。前掲註(54)。
(83)　雅勝（行実）が寺主となったのは、前述の如く、久安二年十二月であり、寺主を辞退するのは、「醍醐寺三綱次第」によれば、保元元年六月である。
(84)　行助も元海の「長者補任日記」によれば、東寺所司初参の時の「瓶子取」役をつとめており、また行実（雅勝）らとともに、長者元海の前駈をしばしば勤めていることが『雑事記』などから知られる。
(85)　元海に仕えた侍については、先にあげた元海座主拝堂記から知ることができる。
(86)　「長者補任日記」註(54)。
(87)　『雑事記』巻七。
(88)　「後七日御修法請僧交名」による。前掲註(65)。
(89)　定海は源顕房の子息であり、元海は顕房の子雅俊の子息である。
(90)　『雑事記』巻七。
(91)　大治四年五月二十日太政官牒（『大日本古文書　東大寺文書』一―二一一）、『東大寺別当次第』（『群書類従』第四所収）。
(92)　「東大寺文書」三―一一―八二、『平安遺文』二三四六号。お茶の水女子大学史学研究室所蔵の写真帳を利用した。
(93)　百巻本第六巻。『大日本古文書　東大寺文書』六―八三号。
(94)　さらには、「東大寺文書」三―一一―八八、長承二年六月十一日東大寺越後両庄文書送状の袖部分の返納記の花押も、同一人物のものとみなされる。

(95)『花押かがみ』一―七七一号。
(96)百巻本第九二巻。『大日本古文書　東大寺文書』九―八六二号。
(97)『大日本古文書』は、この五師大法師の花押を「定祐」のものと推定する。一方『花押かがみ』一は、定祐の花押を一〇六七号に別にあげており、この五師大法師の花押を同一人物のものとはしていない。定祐の花押と五師大法師の花押は、その形は似ているが、同一人物のものとはみえない。さらに、定祐が五師であることが確認できるのは、仁平三年（一一五三）以降であり、大治元年（一一二六）前後に五師とはみえない。大治から仁平にかけては三十年近くのひらきがあり、この花押の主は定祐ではないとみられる。
(98)『東大寺別当次第』。
(99)『東大寺別当次第』に「五師勝炎為修理目代」とみえる勝炎が勝真の誤りであることは、久野氏が「覚仁考」（前掲註(12)）の中で指摘されている。
(100)『東大寺別当次第』。
(101)『雑事記』巻七。
(102)宮内庁書陵部のコロタイプ複製本による。
(103)『大日本仏教全書』興福寺叢書一。
(104)『平安遺文』二四五二号。
(105)五味文彦「花押にみる院政期諸階層」（同『院政期社会の研究』前掲註(11)）所収の表3院政期花押の人名比定によれば、『花押かがみ』五六六・五七五号を勝真のものとされる。しかしこの花押の主は『花押かがみ』から東大寺上座でもあったことが知られる。そこで五師勝真のものではないとみなされる。ちなみに同時期の東大寺で「擬已講」とよべる人物は勝真の他には義暁一人である。しかし、義暁は花押の主として条件を満たしていない。
(106)西尾種熊所蔵文書、『平安遺文』補二〇四号。
(107)定海が別当に補任された直後の大治四年十二月二十日の東大寺修理所修造用途注進状（『平安遺文』二一四八号）に勾当大法師とともに「目代大法師「頼樹」」と署判があり、別当定海のもとで修理所目代に補任されたことが知られる。
(108)「花押にみる院政期諸階層」（前掲註(105)）。
(109)『平安遺文』二二二三号。

(110)「東大寺文書」一―二五―九一、『平安遺文』二三九一号。
(111)五味「院政期の東大寺文書」(前掲註(11))。久野「覚仁考」(前掲註(12))。
(112)註(104)に同じ。
(113)『雑事記』巻六、二。
(114)永暦二年の醍醐座主勝賢拝堂記(『雑事記』巻八)には覚光得業は「定額僧也」とみえ、覚光が釈迦堂拝堂の導師をつとめていることが知られる。
(115)三綱・勾当が印蔵文書の出納の主体であったことは、その例は枚挙にいとまがない。また五師が出納に携わる例もいくつかみられる。大治元年六月十九日の玉瀧杣文書返納目録は本文でもみた如く、上座大法師範縁と五師大法師の勝真が署判しており、この二人は別当勝覚のもとで惣目代と修理目代であった。
(116)『平安遺文』二五六四号。
(117)(118)五味文彦「院政期の東大寺文書」(前掲註(11))は、この下文の「依諸衆僉議下知如件」の文言から、覚光は大衆の支持と勢力を背景とする人物であったとする。この後覚光は、久安三年二月には東大寺政所下文によって寺領大和国飛驒庄預所に補任されており(『平安遺文』二〇六号)、久安三年十月には、清澄庄の獲稲をめぐって、覚仁と争っているのが知られる。覚光は自身は大和国の私領主でもあった。覚光の活動は別当定海の任中から別当寛信の任中に及んでいる。おそらくは大衆の信任を得て、定海の辞職後も引き続き東大寺に残って、別当寛信のもとで仕えたものとみなされる。
(119)『平安遺文』四六九三号。
(120)『平安遺文』二四五二号。
(121)順覚はこの後の別当寛信のもとでも三綱のうちに名がみえる。ただし威儀師の肩書きをもつことが注目される。『本朝世紀』によれば、順覚が威儀師に補任されたのは、久安二年五月十九日である。すでに定海は諸職を辞退していたが、おそらくは法務定海に侍として仕えた功績によって威儀師に補任されたものと推定される。そして威儀師となったことによって、法務寛信のもとでも、引き続き東大寺三綱のうちに残ったのであろう。
(122)「醍醐寺所蔵『局通対略文集』紙背文書」(前掲註(14))。
(123)「覚仁考」(前掲註(12))。
(124)稲葉「中世東大寺寺院構造研究序説」(前掲註(1))、久野「中世寺院成立に関する一考察」(前掲註1)。

(125)『雑事記』巻四。
(126)さらに定海は、天承元年十一月に三宝院内の灌頂院を、鳥羽院の「御願」に寄進している。そこで三宝院（灌頂院）はさらに「御願寺」として公的な位置を得た。定海は康治二年六月に、元海に灌頂院（三宝院）以下を譲与委付したが、没年までこの三宝院に居住したとみられる。
(127)定海「東寺長者補任日記」（前掲註(54)）。
(128)慶賢を少別当に補任した長承二年十月九日金剛峯政所補任状が、定海の「東寺長者補任日記」に引用されている。この補任状には座主法印権大僧都（定海）の位署のみがある。東寺一長者が兼任する金剛峯寺座主と少別当との関係、座主を中心とする組織と金剛峯寺の政所との関係については、平瀬直樹「中世寺院の組織構造と荘園支配」（『日本史研究』二六七号、一九八四年一一月）が示唆に富む。但し少別当表の中には慶賢をいれておられない。
(129)『東宝記』七。
(130)註(17)。
(131)「後七日御修法請僧交名」によれば、凡僧別当補任以前の覚雅は、定海が勤仕した初度の後七日御修法において請僧の筆頭にいる。また康治二年の綱所の朝拝に覚雅は元海とともに法務定海に従っている。覚雅は嫡弟元海とともに定海の門弟の中心人物であり、長者定海のもとで凡僧別当に補任されたことが知られる。ちなみに覚雅は定海の異母兄弟にあたる。
(132)「東大寺文書」一―二四―二五八、『平安遺文』補八二号。
(133)「院政期の東大寺文書」（前掲註(11)）。
(134)「平安末期の東大寺荘園」（『お茶の水史学』二九号、一九八六年）。
(135)『東大寺別当次第』は、永治元年十二月に定海が諸職を辞退したとするが、この後辞状を返されており、大僧正・法務・東寺一長者・東大寺別当の諸職を辞退して受理されるのは、久安元年十月である。この間の事情は『東寺長者補任』にもみえる。
(136)覚雅は『雑事記』によると、保延六年の醍醐寺清瀧会に出席していることも知られる。なお、本章でいう房官とは、広く定海に仕えた房人をさし、必ずしも階層としての房官をささない。
(137)『東宝記』七、富田「中世東寺の寺院組織と文書授受の構造」（前掲註(1)）。
(138)「東大寺文書」一―二五―一一〇、『平安遺文』二三九二号。
(139)『雑事記』巻七。法務と綱所の職員の関係については、牛山佳幸「「賜綱所」と「召具綱所」」（『信州大学教育学部紀要』五七・

八号、一九八六年八・一二月、後に同『古代中世寺院組織の研究』、吉川弘文館、一九九〇年に所収）を参照。氏によれば、「綱所を召具す」のは法務の特権であり、威儀師・従儀師を行列に供奉させることである。

(140) 勝助は天承二年の元海拝堂記にみえて「垸飯二具」を沙汰しており、醍醐寺の威儀師であった。『雑事記』によれば、保延七年（一一四一）正月に定海房三宝院に惣在庁維厳と公文円厳が見参したとき、酒肴の席で勧杯の役をつとめている。

(141) 「花押にみる院政期諸階層」（前掲註(105)）。

(142) その際に、富田氏の「中世東寺の寺院組織と文書授受の構造」「中世東寺の寺官組織について」（前掲註(1)）は、東大寺・醍醐寺の組織や文書授受のあり方を探るうえで指標となるだろう。

(143)(144) 拙稿「鎌倉時代の寺院機構―鎌倉初期の醍醐寺と座主職をめぐって―」（前掲註(4)）。

(145) 鎌倉初期の執行には、寺内において独自の活動が見られ、座主輩下の門弟と寺務をめぐって対立する存在でもあった。『雑事記』巻一〇。

(146) 「中世東寺の寺官組織について」（前掲註(1)）。

第三章　座主房の組織と運営
――中世前期の醍醐寺三宝院――

はじめに――三宝院の構造――

中世寺院の組織構造を明らかにするためには、醍醐寺の研究が欠かせない。さらに醍醐寺の組織構造を知るためには、三宝院の構造を探ることが必要である。

三宝院は、醍醐寺を代表する子院であり、永久三年（一一一五）に座主勝覚によって建立供養された。そして座主定海によって灌頂院が建立され、天承元年（一一三一）に鳥羽院の御願に寄進されて以降、三宝院は三宝院流の拠点として、醍醐寺の法脈と教学の中枢に位置してきた。三宝院の歴史は、勝覚による建立から十六世紀末の座主義演による復興と近世三宝院の成立に至るまで、いくつかの転換期を経ており、その性格と構造も大きく変化しているとみられる(1)。

その第一の画期としてあげられるのは、十二世紀半ばの座主定海・元海の時であり、これが三宝院の確立期である。先にふれたことがあるが、中世初頭の三宝院は、座主の居所で寺務の拠点であり、座主と三綱以下の寺官らの儀式の場でもあって、公式の座主房として、代々の座主に継承されてきた。そして三宝院内の経蔵と宝蔵という二つの蔵の存在とその管理主体に象徴されるように、三宝院は座主の法脈と教学の拠点であり、同時に座主と三綱らによる醍醐寺運営の中枢に位置していた(2)。

このように中世初頭の三宝院は座主房であった。その立地を見ると、現三宝院の位置とは異なって、伽藍部の垣の内にあったことが知られている。他の子院の多くが伽藍部の側辺の地に位置していたことからすれば、三宝院の卓越した地位が知られるが(3)、一方でその敷地は伽藍部とは垣によって区別された空間であり、独自の院地・堂舎・院領、教学と運営組織をもつ点では、三宝院の形態は院家でもあった(4)。三宝院は院家の形態をとりながらも、座主房として醍醐寺の公を担う存在であり、寺内の一子院にとどまらぬ性格をもっていた。それはいかなる組織構造をもって運営されていたのだろうか。

先に十二世紀前半の三宝院の構造を検討したことがある。同時期の三宝院は、座主元海の房であると同時に検校定海房であり、定海は東大寺別当・東寺一長者・法務を兼任していたことから、定海房の構造を寺務兼任の体制を中心に見た。そして、定海房は醍醐寺政所を吸収し、東大寺別当・東寺一長者・法務の房として寺務の実務に携わったこと、定海房は房官として、醍醐寺僧を内核に、東大寺や東寺から房に祗候する僧を含み込んでおり、彼等が寺務兼任の体制を支えていたことを指摘した(5)。

そこで課題となってきたのは、まず座主房の構成員の実態とその諸階層である。座主房はいかなるメンバーによって構成されていたのだろうか。また房政所を始めとする房の家政機関の存在とその役割も明らかにされねばならない。さらにそれらの家政機関の場と空間も問題となる。そして房の家政機関が醍醐寺政所といかに関わるのか、座主房の組織と構造が十二世紀半ば以降、いかに変化していくのかも重要な課題であると考える。

従来、醍醐寺の組織を概観する際に参照されてきたのは、義演の『醍醐寺新要録』（以下に『新要録』とする）である。巻十の三宝院篇によれば、三宝院には供僧十五人・三綱三人・承仕三人・下部三人が置かれていたこと(6)、保延二年（一一三六）と六年には、合わせて十一口の阿闍梨が寄せ置かれたことが知られる。しかしそれはいずれも院家の組織であって、一方の座主房の組織についてみると、『新要録』は具体的に明らかにするところはない。そこでまずそれらを知りうる史料を探し出すことが必要である。そこから座主房の構成員や家政機関を示すキーワードをひろいながら、さらにその個々について、検討していく作業が必要である。かかる作業を通して座主房の組織と運営の具体相を探り、座主房組織の変化の画期をも明らかにしていきたい。

それは、三宝院の解明のみにとどまらない問題を含むと考える。中世寺院の房とは、僧の生活や教学活動の基本単位であるが、あるものは院家の形態をとるなど、寺院内には様々のタイプの房が存在する(7)。この房の性格や寺内における位置は、房主の地位によって規定されるものとみられ、こうした房の中でも、中心的な位置を占めるのが寺務の房である。座主房組織の解明は、中世寺院の寺務の房の組織と運営の具体像を描くことなのである。それは他寺の房との比較によってより具体的になるであろう。

さらに座主房の家政機関についての格討は、近年研究が進められている(8)、摂関家をはじめとする貴族の家の家政機関との共通点や相違点をも探ることにもなると考える。

以下にまず史料について探り、座主房の構成員、運営機関と執務機関、収納室、殿舎の順に検討していきたい。

第一節　座主房の構成員——座主房方「年中行事」から——

座主房の組織を探るための有効な史料となるのは、醍醐寺の「年中行事」類である。醍醐寺には、『醍醐寺年中行事』（醍醐一八六函二八）、『下醍醐寺年中行事』（醍醐一〇二函五八他）や、「醍醐寺年中行事」（『醍醐雑事記』巻三所収）などの成立年代や内容を異にする数種類が伝存しているが(9)、座主房組織を探る上で第一に注目されるのは、東寺観智院に伝来した観智院金剛蔵本『醍醐寺年中行事』（以下に観智院本『年中行事』とする）である。

観智院本『年中行事』は、田中稔氏によって翻刻がなされており（醍醐寺文化財研究所『研究紀要』九号、一九八七年）、その全容が明らかにされている。それは醍醐寺所蔵の「年中行事」類とは、記載の行事・記事内容ともに異なり、同一書が寺内に伝来しない点でも貴重である。その内容は、醍醐寺内の年中恒例の行事名を列挙し、行事ごとの用途のかきあげと、その調進や分配を記したものである。さらにその成立年代は田中氏によれば、鎌倉前期の建永元年（一二〇六）頃であり、それは座主成賢のもとで作成・利用されたものとされる。

第二に、観智院本『年中行事』と関連するものとして注目されるのは、「年中行事」の題はもたないが、『醍醐雑事記』（以下に『雑事記』とする）巻十一所収の久安五年（一一四九）「座主房雑事日記」（以下に久安五年「雑事日記」とする）である。[10]その行事を観智院本と対照したのが表4である。これをもとに、まず両書の性格を明らかにしておきたい。

久安五年「雑事日記」によれば、その行事は、正月・三月・五月・七月・九月の節供が中心である。それは後に見ていくように、座主房内の私的な行事である。中には修正や釈迦堂修二月などの寺家の行事も見られるが、それは四月の上御社饗膳の例から明らかになるように（第二節参照）、座主関与分を中心とした記述となっている。そこで「雑事日記」は座主房の「年中行事」と知られる。

一方の観智院本『年中行事』にも、同様に座主房の節供の記事が見られ、その内容は「雑事日記」に類似し、かつ詳細である。また節供と共に、座主房内部の行事とみられる「政所御分」の飯や餅の分配の記事が多いのも特徴である。さらに田中氏も指摘するように、三宝院を始め、座主直轄の院家である円光院・無量光院における行事が書きこまれ、それに修正・修二月・大仁王会・釈迦堂八講などの寺家の行事が加えられている。

このうち寺家の行事は正月八日の大仁王会を例にとれば、後述のように「政所沙汰」の用途を中心にかきあげたものである。[11]そこで観智院本『年中行事』の性格をその行事から規定すれば、醍醐寺で行われた恒例の行事のうち、座主房内の行事と座主直轄の院家の行事を中心に、座主が関与する寺家の行事の一部をかきあげたものといえる。観智

表4　年中行事対照表

久安五年　座主房雑事日記	観音院本『醍醐寺年中行事』
正月 元日　朝拝并御節供式 自余節供 餅酒散用・支配 二日　准胝堂修正　湯漬 中門修正　二箇夜御仏供料 七日　若菜 八日　上薬師堂修正　湯漬	正月 三宝院元日朝拝并御節供 元日三昧堂節供 清瀧経所節供 諸堂餅可引支配 准胝堂修正　湯漬結番 中門修正　大導師以下引僧供料米 中門修正雑事 中門御分餅支配 七種菁 上醍醐薬師堂修正
	御吉書 三日　貞観寺僧正御影供 八日　大仁王会 三宝院修正 円光院修正　湯漬式
二月 （釈迦堂修二月） 一番御僧供料　海草 僧供飯 二季彼岸僧前	二月 （釈迦堂修二月） 度海藻事 一番御僧供 彼岸式
	修二月参堂装束

	修二月政所御分餅支配 修二月飯支配 一日　二天百種供養
三月 三日（節供）	三月
	清瀧会 二一日　三宝院御影供
四月 （上清瀧宮八講）上御社饗膳	四月 一日　上醍醐座饗
	一日　権僧正御忌日仏事 一二日　前大僧正御忌日仏事 一七日　清瀧御遷宮三十講五ヶ日僧前 晦日　神祭
五月 五日（節供）	五月 五日（節供）御房用粽支配
	五日　円光院粽支配 晦日　釈迦講式
	六月 一～七日　無量光院三十講　饗式 一一日　般若僧正御忌日
七月 七日（節供） 一五日（盆供）小俵所進 一五日　三宝院御仏供料米	七月 七日（節供）御房用索餅支配 （盆供）庄々小俵并盆供等所進

		円光院用途索餅支配 六日　尊師御忌日料大斎
八月	八月	八月 七日〜無量光院御国忌 供米・護摩・仏事用途
九月	九月 九日（節供） 二六日〜（釈迦堂）御八講　盛仏供	九月 九日（節供）雑菓子 二六日〜二九日　延喜御国忌釈迦堂八講用途 六日　長尾師子 九日　清瀧長尾御幣 一五日〜二二日　円光院理趣三昧 仏供・護摩・経供養・垂布 二三日　笠取清瀧御祭　御弊
十月	十月 三宝院灌頂饗（十二月か）	十月 四日　上醍醐准胝堂曼荼羅供　大仏供頭餅 下醍醐八講　政所御分飯支配 五日　遍智院僧都御忌日 一〇日　円光院廊御忌日
十一月	十一月 上倶舎三十講　饗	十一月 倶舎三十構　出菜土器 晦日　神祭 一四日　三味堂仏名
十二月	十二月	十二月

晦日御仏供
同夜御神供
同夜三宝院御仏供

一四日　恒例結縁灌頂　用途
三〇日　円光院後戸　酒肴式
円光院仏名

院本も、久安五年「雑事日記」と共に、座主房方の「年中行事」と呼びうるのである。[12]

この二つの座主房方の「年中行事」が座主房の組織を探る基本的な史料となる。久安五年「雑事日記」からは平安末期の元海座主房を、観智院本からは鎌倉前期の成賢座主房の組織を探ることが可能である。さらに年代的に両者の間に位置し、その間を埋めることができる史料に「自治承五年至于文治元年寺家雑事等記之」（『雑事記』巻十所収、以下に「寺家雑事等記」とする）がある。これは日次記であるが、その記事からは、平安末鎌倉初期の座主実海と座主勝賢のもとにおける年中行事の法会の用途所進や諸役勤仕の実態について、断片的ながら知ることができる。以上の史料をもとに、以下に座主房の構成員から探っていきたい。[13]

さて久安五年「雑事日記」によれば、座主房三宝院の正月の年中行事は、「元日朝拝」と「御節供」に始まる。これらの行事に参加するメンバーを書きあげたのが表5である。三宝院朝拝とは、醍醐寺の金堂たる釈迦堂での惣礼の後に、三宝院南庭を場として行われる座主拝礼の儀式であり、[14]その後に三宝院客殿において饗が催される。そこで座主に拝礼し、饗の座に着座するのは、表5のように供僧・三綱・権官・勾当・専当・知事・職掌・小寺主・堂童子・大炊らである。それは釈迦堂惣礼に列席したメンバーであり、座主の拝堂式にもみられる人員である。彼らが座主を長官とする醍醐寺の職員である。[15]三宝院朝拝及び饗とは、座主房が主催するこれらの寺家の職員を対象とした公の行事なのである。

一方の節供は元三の間にわたっており、着座するメンバーも異なる。表5によれば、それは「公達」「児共」「修学者」「侍」「内侍」「中童子」「御厨子所」「大童子」である。その他に「政所」「舎人」「牛飼」「人従」がみえる。彼らはいずれも朝拝には参加していない。元三の節供は、その対象が朝拝及び饗とは明確に区別されているのであり、それは座主房内の私的な行事と知られる(16)。そしてこのメンバーこそが、座主房の構成員と知られよう。それは観智院本ともほぼ共通している。

さらに座主房の構成員を確認できる史料に、『雑事記』巻十一所収の仁平元年（一一五一）六月十三日「御房中相折

表5　三宝院元日朝拝・節供式〔久安五年「座主房雑事日記」〕

朝拝と饗

名称	座席	食膳具	食事品目	陪膳
座主	母屋	高坏	肴二種　菓子八種　強飯三升　菜一六種　汁　粥　酒	御陪膳役人
供僧　権官　三綱	庇	高坏	肴　菓子八種　強飯二升五合　菜一二種　汁　粥　酒	
所司（勾当　専当　知事）	大侍	高坏　折敷	菓子六種　強飯二升　菜五種　汁　粥　酒	中童子
職掌　小寺主　堂童子　大炊	小舎人所	折敷	人別交菓子一折敷　肴二前　酒	政所

節供

名称	食膳具	食事品目
公達	高坏	菓子六種―中餢　肴二　餅　強飯一升五合　菜五種　汁　酒　粥
児共	盤	菓子五種―中餢　肴二　餅　強飯一升　菜三種　汁　酒　粥
修学者　侍	折敷	菓子五種―中餢　肴二　餅　強飯一升　菜三種　汁　酒二瓶子　粥
内侍　中童子　御厨子所　大童子	折敷	菓子五種―肴二　餅　強飯一升　菜三種　汁　酒　粥
政所　舎人　牛飼		各餅二枚　強飯二斗許
人従		各餅一枚

表6　座主房中一日相折米（人料）

名　　称	員　数	人別給付米
御料（座主）	1	8升
君達	6	1升2合
児共	1	1升
修学者	13	6合
侍大盤	9	6合
又大盤	9	6合
御厨子所	24	6合
政所	10	6合
非番	4	1升
人従		
御厨子所分	6	6合
政所分	2	6合
（その他）	7	4合
御厩舎人	1	1升
御厩舎人	3	6合
牛飼	2	1升
木手　御料方	1	1升
大番方	1	1升
御料番法師	1	1升
大盤番法師	1	6合
米舂	2	6合
御菜持	1	6合
計	105人	

仁平元年6月13日御房中相折米注進状（『雑事記』巻11所収）より作成

米注進状」がある。それは「御房中」すなわち座主房における一日の米の消費料を書きあげたものであるが、食料米を給付される対象と給料は表6に示した如くである。座主以下、「君達六人」「児共一人」「修学者十三人」以下彼らは節供の対象とほぼ共通しており、同時に「番法師」など節供にはみられない者を若干含んでいる。房から給付を受ける彼らが座主房の構成員の総体とみられるのであり、ここから仁平元年時の元海座主房は百余名の人員を有していたことが知られるのである。一房としてはかなりの規模であろう。このすべてが座主房に起居したわけではないだろうが、彼らが座主に仕え、座主房の運営に関与した人々であった。

この百余名の座主房の構成員を役割から分類すると、教学を旨とする者と、房の実務に携わる者に大別される。教学に携わる集団は、以下にみるように君（公）達・児共・修学者であり、房の実務（家政）に携わるのは侍を筆頭とし、表6でいえば人従に至るまでの集団である。そして表5の食膳具や食事の差、あるいは表6の給付米にみられるように、房内には座主以下、君達を筆頭とする明確な序列があったことが知られる。[17] その序列からしても、君達・児共・

修学者・侍が座主房の主要メンバーと知られる。

この君（公）達・児共・修学者・侍の間の序列は何にもとづくのであろうか。君達と修学者の具体例からみてみよう。安元三年（一一七六）三月「宮御受戒事」（『雑事記』巻九）によると、座主乗海のもとに入室していた二条院三宮（空聖）の東大寺での受戒に際し、御供をつとめたのは「僧綱一人実海法眼、已講二人覚鏡、一海、有職三人性海、林海、全海、君達二人三位君経運、宮内卿寿海、修学者永修」であった。君達は僧名に付随して「三位君」や「宮内卿」といった官位や官名、いわゆる公（卿）名をもつことが知られる。それに対して修学者はどうであろうか。安元二年「宮御入寺事」（『雑事記』巻九）によれば、「実耀加賀、永修讃岐、乗観、已上三人修学者」とみえて、修学者は国名の呼称を持つことが知られる。さらに「讃岐公永修(18)」のように「公」を称する。君達はいずれも血脈にその名を見ることができる僧たちであるが、修学者もたとえば加賀公実耀は『伝法灌頂師資相承血脈(19)』によれば、乗海の入壇の弟子であったことが確認でき、それは教学に携わる僧であった。座主房の君達・修学者は主に座主の門弟なのである。そして両者の差は、公（卿）名か国名かが明確に示すところである。

公（卿）名が出家時の父（或は養父）の官位官名にちなむものであることはすでに知られているところであろう。君達の実例をさらにみていくと、治承三年（一一七九）四月の『三宝院伝法灌頂私記』によれば(20)、座主勝賢の「房中公達」には「全海阿闍梨、真賢阿闍梨、成賢阿闍梨、乗雅阿闍梨、範賢阿闍梨」がいた。これらを『伝法灌頂師資相承血脈』から探すと、それぞれに中将・大夫・宰相・大臣・中納言と、大夫から大臣までの呼び名が知られる。そこで座主房の君達とは、総じて五位以上の子息であったとみられる。君達と修学者は、入室の時に、その出自によって分類される門徒の身分呼称だったのである(21)。

それは有職すなわち阿闍梨となる以前の寺僧の身分呼称ともなっている。寺僧には僧綱を頂点とする階梯があることは周知のことであるが、先にあげた「宮御受戒事」によれば、その序列は僧綱―已講―有職―君達―修学者とみえる。君（公）達と修学者は座主房内の身分であるばかりでなく、有職となる以前の寺僧の階梯にもくみこまれているのであり[22]、有職以前の僧の間では、出自がそのまま僧としての序列をも決定しているのである。さらに君達は阿闍梨となっても、「有職君達」と呼ばれる例も多くみられる。このことは寺僧の序列が僧階と出自の両者の複合によって成り立っていたことを示すものであり、有職への昇進によって、初めて僧階が出自に優先するところの序列へとくみこまれていくのであろう。

一方「児共」は表5によると、節供における序列では、修学者の上位に位置し、表6においても君達に次ぐ処遇である。座主房の「児共」とは、将来君達となるべく入室した出家得度以前の童をさすことは明らかである。それは修学者の予備軍ではなく、君達予備軍だったのである[23]。

侍はどうであろうか。侍は「侍武蔵公成玄[24]」などのように、国名と公をもつのが特徴であり、血脈に名を連ねることはない。彼らは基本的に座主の入壇の弟子ではないのである。先に別稿でみたように、十二世紀半ばの定海房の侍は寺家の執行や三綱を兼任しており[25]、三綱クラスの僧であった[26]。そして侍で注目されるのは、国名と公の呼称が修学者と共通していることである。そういえば表5によれば、修学者と侍は節供の場における食膳具・食事品目ともに共通しており、表6によれば、両者に支給される米も等しい。このことは座主房内の身分として両者がほぼ対等であったことを示すものであろう。両者に共通した国名の呼称は、両者がその出自において共通した階層であったことを明確に示していると見られる。

さて表6によれば、侍には「侍大盤」の別名があったことが知られる。これに対して、修学者にも別名がある。観智院本『年中行事』の「三宝院元日朝拝并御節供式」によれば、「上大盤」が修学者の別名であったことが知られる。修学者をさす「上大盤」は久安五年「雑事日記」にも見ることができる。修学者と侍はそれぞれに「上大盤」「侍大盤」とも呼ばれたのである。注目されるのは、両者に共通する「大盤」の呼称である。それは何に由来するのであろうか。

「侍大盤」といえば、宮中の侍所の「侍臣大盤」や、摂関家の侍所の「侍大盤」が思い浮かぶであろう。摂関家侍所の侍大盤とは、日給簡や櫃とともに侍所の備品のひとつであるが、侍所開設の儀式が、名薄にもとづく職員の簡の作成ともに「着始侍大盤」の儀式であったように、それは饗所としての侍所を象徴する備品であったとされる。(27)さらに宮中や摂関家の例から見ると、大盤を備品とする家政機関には「台盤所」もある。「台盤所」は女房の詰所である。『執政所抄』にみえる平安末期の摂関家の「御台盤所」は、正月十五日「粥御節供事」「所々粥」によれば蔵人所や侍所・政所と対置されている。このように「大盤」を置くところ、備品とするところに共通しているのは、饗所たることと同時に、侍臣の詰所であり、祗候する場たることである。座主房の「侍大盤」「上大盤」も、大盤を備品とする場、ことに侍臣の詰所に由来するとみられるのであり、場から転じてそこに祗候する者を「大盤」と称したものであろう。すなわち座主房内には、実際に大盤の備品を備えた、侍臣の詰所が存在したと想定されるのであり、そこに常に祗候したのが「上大盤」と「侍大盤」すなわち修学者と侍だったとみられるのである。修学者と侍は、門弟と実務担当者であり、その役割を異にするが、房内の身分としては共通した階層に属している。彼らが房内の侍臣の詰所に常に祗候していたのであり、その詰所が座主房の侍所であったとみられるのである。(28)

以上のように、座主房の主要メンバーである君達・児共・修学者・侍は、出自にもとづく房内の身分であり、修学者と侍はその職掌における分類とみた。

以上に明らかとなった君達・児共・修学者・侍・内侍・中童子・御厨子所・大童子・政所・舎人・牛飼・人従らからなる座主房の構成員は、さらに存在形態から分類すると、僧形と童形に分けることができる。君達・修学者・侍・内侍が僧形であり、児共・中童子・大童子・牛飼が童形とみられる。そしてそれは、延暦十七年（七九八）六月の官符（『類聚三代格』巻三）にみえる僧綱に与えられた従僧・沙弥・童子に由来するとみられるのである。(29)この従僧にあたるのが君達・修学者・侍であり、その童子にあたるのが児共・中童子・大童子であろう。座主房のメンバーは、こうした座主個人に従う従僧・童子を原型とするメンバーに、「御厨子所」「政所」の房の家政機関の職員とみられるメンバーを加えた構成だったのである。そこには「人従」はじめ、俗形をも含んでいたと考えられる。それらの職員については、次節以下でみていきたい。

第二節　座主房の機関——御厨子所——

前節で明らかにした座主房の構成員のうち、房の家政機関の存在を示すキー・ワードは、「御厨子所」と「政所」であった。それらは具体的にどのような機関で、いかなる職員を有したのか。御厨子所からみていきたい。

表6にあげた仁平元年六月の「御房中相折米注進状」によれば、御厨子所は、三十人の人員を有して房中最大の規模であったことが知られる。その職掌は何であろうか。久安五年「雑事日記」によれば、

一四月　上御社饗膳
上飯一石三斗、酒二斗、菜、汁二、
湯漬飯一斗、雑飯三斗、
菜所進曾禰御庄、木日蕨蕗笠取、
薦子郡、芹菅亭子院、
味噌、塩、酢、土器、箸、折敷提等、
陪膳中童子、経営御厨子所者、

と、「上御社饗膳」の経営にあたるのが御厨子所である。[30]『醍醐寺年中行事』（醍醐一八六函二八）によれば、それは四月

一日から始まる上清瀧宮の八講の饗膳のことであり、四日間の饗膳の負担者はそれぞれに山上別当・執行・諸堂入寺供僧、および第四日が「政所御分」すなわち座主である。右の「雑事日記」の記事は、この座主分の饗膳用途を記したものであり、それを調えるのが御厨子所の役割だったのである。さらに見れば菜の所進は、曾禰庄・笠取庄・郡庄・亭子院などの寺領や末寺であり[31]、それらをとりまとめて饗膳に調備するのが御厨子所の役割であった。

御厨子所の職掌は、観智院本「年中行事」からみるとさらにはっきりしてくる。まず座主房内の行事においては、正月七日の「七種菁事」は、「自亭子院二懸子、御厨子所へ送進之」とみえる。七月十五日の三宝院灌頂堂と持仏堂の盆供は、「自亭子院瓜茄三懸子進之、為御厨子所沙汰分進之」と同じく亭子院所進のものが御厨子所に送られ、十二月には「正月料漬瓜一鉢、漬茄子一鉢」と、正月用の漬物が亭子院から御厨子所に送られる。このように末寺からの所進の野菜類が御厨子所に送られ、御厨子所で座主房内の晴の食膳や、供物として調備されたことが知られる。

寺家行事の二月一日の中門二天百種供養においては「鉢御仏供二坏（中略）、政所御布施一段御塗籠沙汰、御分百種御厨子所沙汰、百種寺中貴賤随堪盛之」と、座主が布施布や百種の供養物を負担するが、この座主分の百種の捧物を沙汰し、調達するのが御厨子所である。さらに九月二十六日から四ケ日にわたる延喜御国忌釈迦堂御八講の「同御八講之間毎日御料并五巻饗式」では、「自供所御厨子所へ調進之、御厨子所別当任例支配沙汰之」と、御料や君達以下の座主房構成員の四日間の食事及び五巻日の饗膳は、「供所」から御厨子所へ調進したものを、「御厨子所別当」がとりまとめて、饗膳として調備することが知られる。御厨子所の下には、「供所」も存在したのである[32]。

以上の例から知られる御厨子所の役割は、節供物や供物の調備と饗膳の調達である。それは主に晴の食事の沙汰である。一方、釈迦堂御八講の「毎日御料」の調備からも知られたように、「御料」すなわち座主の食事と、君達以下の座主房の構成員の毎日の食事の調達も御厨子所の日常的な業務であったとみられる。

御厨子所といえば、周知の如く、宮中の「所」のひとつで、進物所とともに内膳司に属して、朝夕の天皇の食事の調供にあたる機関である。諸国からの「贄」は内膳司に進められ、進物所と御厨子所に進められる。[33]宮中の台所機関は、内膳司を中心に調理や配膳などの細かな分掌がなされていたようであるが、[34]座主房の御厨子所はどうであろうか。

観智院本「年中行事」によると、正月「諸堂餅可引支配」の中に「ヘツイマツリ三枚」や「井祭餅三枚」などの、座主房の竈神、井神に対する祭祀がみられる。室町前期の史料ではあるが、『満済准后日記』永享六年（一四三四）七月十三日条によれば、焼失していた三宝院に代わって、座主満済が寺内の本拠としていたのは金剛輪院であり、それが三宝院門跡の居所として継承されていたが、この金剛輪院の「御厨司所」の立柱上棟が行われ、八月十日には「御厨司所竈塗之祝」が行われている。御厨子所は「竈」を供えた施設だったことが知られる。そうしてみると、観智院本「年中行事」にみられた座主房の「ヘツイマツリ」とは、御厨子所の竈神をさすとみられる。御厨子所は「竈」をはじめとする調理設備を整えた場、すなわち座主房の台所だったのである。[35]

座主房の台所機関である御厨子所は、どのような職員の構成だったのであろうか。表6に見たように、御厨子所は二十四人の職員と六人の従者から成っていた。表5にみる座主房の節供に着座する「御厨子所」が、この二十四人の職員をさすとみられ、その処遇は内侍・中童子・大童子と同列である。彼らは僧俗のいずれであろうか。保延七年（一一四一）正月に、三宝院の検校定海のもとに、惣在庁維厳と公文円厳が見参した際に、「陪膳役」を勤めたのは「御厨子所之僧」である（『雑事記』巻七）。その職員は主に僧であったとみてよいであろう。

また表6には御厨子所に所属するとみられる僧の役がある。それは「御料番法師」と「大盤番法師」である。番法師とは何であろうか。仁平四年正月の「真言院後七日御修法雑事等」（『雑事記』巻八所収）を見てみたい。それは前年の十二月に東寺二長者に補任された座主元海が、後七日御修法の大阿闍梨を勤めた時の醍醐寺側の準備の記事であるが、「御飯料許者、下預其番法師、可令舂也、番法師御料一人、伴僧一人、大盤一人、例飯一人、并四人也、於大盤并例飯等料米者、先各五石許自年内下預番法師漸可令舂之」と、御修法の間の大阿闍梨・伴僧以下の食料米を預かり舂くなど、飯の沙汰にあったのが番法師であり、それは御料方・伴僧方・大盤方・例飯方に分かれていたことが知られる。このうち御料方の番法師とは、御料すなわち座主（大阿闍梨）分の飯を調備する役であった。

後七日御修法にみる番法師の役は、特定の行事における非日常的な業務と解釈することもできるが、一方で表6によっても座主房に日常的に番法師が置かれていたことが明らかである。また久安五年「雑事日記」によれば、元三間の「粥料米一斗五升六合」は「御料番法師役」であり、さらに三月三日の節供では「政所中」に下される酒の不足分は「番法師」が買う。観智院本『年中行事』においても同様に、九月九日の節供に「政所」に供される酒は、「番僧沙汰」すなわち番法師の沙汰であった。このように番法師は、座主房内の行事における食事の沙汰全般に関わっており、日常的には「御料」以下の座主房構成員の食事の調備に携わったとみられるのである。彼らはその役割と名称から、御厨子所の僧が「番」を組んで勤務する役であったと知られる。表6によれば元海座主房の番法師は二人であり、観智院本『年中行事』によれば、成賢座主房の番法師は三人であった。さらには表6にみえる「米舂二人」や「御菜持一人」なども同様に、御厨子所職員の役であろう。同じく「御料方」と「大盤方」に分かれた「木手」も御厨子所に属したと見られる。(36)

「真言院後七日御修法雑事等」によれば、大盤方の番法師には「一得」の名が知られ、彼は後に寺家の小寺主の中に見られる。番法師は寺家の小寺主クラスの僧だったのである。(37)さらにこの「番法師」とならんで俗役とみられるものに「比番」がある。以下に自治承五年「寺家雑事等記」中の記事をあげる。

一、寿永二年正月上旬、三宝院比番役延方丸也、而延方為遁朝拝職掌小寺主等陪膳役、辞而不参、召出妻女十ケ日令勤仕其役了、女之比番以往未聞事也、随件女懐哺乳之小児、於夫延方者逐電了、御厨子所沙汰者定俊義勝房也、

一、去年正月上旬、三宝院比番延方依逐電、駈出妻女令勤之、其後比番絶了、役人皆失了、仍付番法師比番食毎

日一升大黒天神仏供毎日六合下之、（中略）延方妻去夏初此死去了、女比番旁不吉歟、御厨子所沙汰人定俊無程追却了、

　これによれば、三宝院の「比番」には毎日一升の食料米が充てられたことが知られるが、それは表6にみえる座主房の「非番」と同じであり、両者は同一のものとみられる。非（比）番は「延方丸」という俗名（童名）を持ち、「朝拝職掌小寺主等陪膳役」すなわち元日の三宝院朝拝後の饗における陪膳がその役割のひとつであった。比番役の失踪後、その食と大黒天神仏供の下ろし物をもってその役が番法師に付けられたこと、(38)さらに比番を統括していたのが「御厨子所沙汰人」であったことから、比番は番法師と共に御厨子所に属したことが明らかである。比番は番法師とともに座主房の台所の御厨子所で働く俗形であり、表6によれば四人とみえる。延方丸の妻が代行して勤仕した比番役とは、醍醐寺の里在家の人々が座主房に勤める巡役であったとみてよいであろう。

　御厨子所の責任者はだれであろうか。久安五年「雑事日記」によれば、座主房の「元三間」の用途のうち、「比番薪六荷三荷執行所 三荷御厨子所沙汰人進之」と、比番料の薪の所進者として、執行所とならんで御厨子所沙汰人がみえる。寺家三綱の代表者である執行と共通の役を担う「御厨子所沙汰人」こそが久安五年時の御厨子所の責任者であったとみられる。この時の沙汰人の名は明らかにしえないが、右にあげた史料によれば、寿永二年の勝賢座主房の御厨子所沙汰人は「定俊義勝房」であった。定俊は寿永三年に「当寺所司勾当定俊」（自治承五年「寺家雑事等記」）とみえて、寺家の勾当を兼任していたことも知られる。(39)

　さらに座主勝賢のもとでは、「御厨子所沙汰人　権上座」の存在も知られる（文治五年正月「後七日御修法記」『大日本史料』第四編之二）。三宝院をはじめとする院家には権官の三綱は置かれていないので、権上座は寺家の三綱であったことが明らかであり、それは勝賢の侍成玄である。(40)このように鎌倉初期までの御厨子所の責任者は沙汰人であり、その任にあったのは、はじめは勾当（下所司）(41)クラスの僧であり、次いで座主房の侍であったことが知られた。そしてそ

れは寺官の兼任だったのである。

ところが観智院本『年中行事』によれば、鎌倉前期の成賢座主房においては「御厨子所別当」が出現する。先に見た九月釈迦堂御八講で、饗膳を支配沙汰するのが「御厨子所別当」である。さらに釈迦堂修二月における仏供米の下ろし物とみられる飯を「半分政所中出之、半分御厨子所別当得分」と、得分として得ているのも御厨子所別当である。御厨子所別当の存在が確認できるのは、管見の限りでは観智院本が初見であり、鎌倉前期の成賢座主房においては、御厨子所の責任者が沙汰人から別当に変化していることが知られるのである。この御厨子所別当については、次節以下で「政所」と共に見ていきたい。

第三節　座主房の執務——政所別当と御厨子所別当——

座主房の家政機関の存在を示すもうひとつのキー・ワード「政所」について見てみたい。表6によれば、座主房の政所は十人の職員を持ち、御厨子所に次ぐ規模である。それはいかなる機関だろうか。

表5によれば、平安末期の元海座主房の「政所」は元日朝拝の饗において、寺家の職掌・小寺主・大炊らの陪膳の役を勤め、座主房の節供においては餅と強飯を支給される。それは舎人・牛飼と同じ処遇である。

元海座主房にはさらに「政所法師」が見られる。久寿二年（一一五五）二月の「大僧都御房（元海）運潮於寺家有御湯治事」（『雑事記』巻八）によれば、吹田庄から潮を運んだのに「政所法師十人」がおり、仁平四年正月の座主元海の高野御誦経使を勤めたのは「政所法師勢徳」（『雑事記』巻八）であった。『雑事記』にみる「政所法師」とは、大童子や中童子らと座主の供を勤め、座主の「御輿」を担ぐなど、座主房の雑仕者であった。その序列や役割からみて、表5にみた「政所」とは、この「政所法師」をさすとみられる。久安五年「雑事日記」にみる「政所」は、実は殆どがこの用例である。元海座主房の政所法師の「千楽法師」は、小寺主の兼任であり[42]、政所法師は小寺主クラスの僧であったことも知られる[43]。元海座主房においては、御厨子所とは異なって、房の家政機関としての政所の活動を追うことができる史料は乏しいのだが、この政所法師が房政所の職員であったとみられるのである。さらに房内の節供物の下行に預かる人々の中には「政所」と並んで「院司」を見ることができる。

一例をあげると、久安五年「雑事日記」によれば、九月九日の柏原庄所進の雑菓子百合は、「院司三人　政所　舎人　牛飼　深草」が分配に預かっており、その員数は三人であったことが知られる。「院司」といえば、一般的には「院」の執務にあたる職員全体をさす場合と、職名の場合があるが、座主房における「院司」とは後者と見られる。

院司の役割は何か。正月の「供所例進」によれば、「元三料」として荒布三十束・青苔三十束・神馬草十五把・撫布十五把・干蕨十五連・柏原炭一籠・菜料一石六斗が院司に支給されており[44]、年末には「御味噌一年料下院司三人、米二石、大豆二石」と座主房の一年分の味噌料の米と大豆が院司に下されている。さらに仁平四年の「真言院後七日御修法雑事等」によれば「院司御料方一人、伴僧方一人、雑菜亭子院、九条御領、林寺等召之、可給院司」（『雑事記』巻八）と、院司は御料方と伴僧方に分かれて阿闍梨房の沙汰にもあたったことが知られる。これから知られる院司の役割は、諸庄が所進する座主房用の食料の管理や食事の沙汰であり、それは前章で見た御厨子所の役割とも共通している。

院司はいかなる階層であろうか。元海座主房の院司は仁平四年「真言院後七日御修法雑事等」からその名を知ることができる。それは「厳意」と「義賢」であり、義賢は座主元海の仁平三年の「東寺長者補任日記」（『三宝院旧記』四）によれば、寺家の知事の兼任でもあったことが知られる。院司は醍醐寺の（下）所司クラスの僧だったのである。先にみた政所法師は小寺主クラスの僧であった。小寺主は「下部」とも呼ばれて、表5に見るように、（下）所司のもとに位置する醍醐寺の職員である。政所法師は下所司が兼任する院司のもとで房内の諸雑事を勤仕したとみられよう。

元海座主房においては、座主房政所の存在とその活動は顕著ではないが、院司と政所法師がその職員であったとみられ、彼らが房運営の実務の一端を担っていたとみられるのである。院司の活動は御厨子所ともまた密接に関わっていたのである。

それでは、鎌倉前期の成賢座主房における「政所」はどうであろうか。観智院本『年中行事』に見える「政所」で第一に特徴的なのは、二月一日の中門「二天百種供養事」にみえる「政所御布施布一段」や二月の「彼岸式」にみられる「初日政所御沙汰」のように、「政所」が座主個人をさす用例である。それは敬語によって識別できる。こうした用例は久安五年「雑事日記」には見ることができない。それは自治承五年「寺家雑事等記」に至って明確にみることができ、観智院本においてはそれが「政所」の語の用例の中心となっているのである。

「政所御沙汰」と同様に観智院本に頻見されるのに「政所沙汰」がある。四月一日の「権僧正(勝覚)御忌日仏事、僧前得蔵庄役、仏経布施政所沙汰」のように、それは庄役に対してみられる用例であり、この「政所」とは、座主個人を含む座主房をさすとみられる。このように観智院本にみる「政所」は、座主個人と座主房をさす用例が多く、第二に節供の場にみえる「政所」は、久安五年「雑事日記」と同様に、「政所法師」をさしているのである。

成賢座主房の「政所」でさらに注目されるのは、以下の「房政所」の発給文書である。

座主法印房政所
　補任　小舎人所長職事
　　丹治婆裟丸
右人補任彼職之状如件

建永二年六月廿一日

別当上座大法師在判

（『寺家雑筆至要抄』[45]）

観智院本『年中行事』が建永元年（一二〇六）頃の成立であれば、これはその翌年にあたる。管見の限りでは、この文書が座主房政所の発給文書の初見であり、座主法印成賢のもとでの「房政所」の存在と活動を確認することができる史料である。さらにこれが房政所別当の存在を確認できる最も早い例でもある。

「別当上座大法師」はだれであろうか。それが寺家の上座ではないことは、建永二年時の上座が法橋厳円であったことからも明らかである。[46]そこで成賢周辺の「上座」を探していくと、建仁三年（一二〇三）成賢の「醍醐寺座主拝堂日記」（醍醐一二三函六）によれば、成賢の「侍九人」のうちに「尾張上座」という人物がみえる。同年の「拝堂禄物注文（『大日本古文書　醍醐寺文書』一―一八六）によれば、「尾張上座」は「光遍」の名であった。光遍は承久二年（一二二〇）の定範「醍醐座主拝堂日記」（醍醐一二三函六）によれば、無量光院上座であったことが知られる。そこで「別当上座大法師」は、成賢の侍であり、座主直轄の子院の無量光院上座であった光遍とみてよいであろう。成賢座主房政所の別当として実務の中核にいたのは、侍だったのである。

先に元海座主房では、院司や政所法師の存在を見た。成賢座主房においても観智院本『年中行事』によれば「院司三人」の存在が知られる。先に見た如く座主房の院司は寺家の（下）所司クラスの僧であるので、三綱クラスにあたる侍の「別当」のもとに、院司が統括されたとみられるのである。

座主法印房政所の補任状は、「小舎人所長職」を補任した内容であるが、ここにみえる小舎人所とは何か。表5によれば、元日朝拝の饗における職掌・小寺主等の座席として見られ、それは座主房内の場として存在したことが知られる。また久寿二年（一一五五）三月の「醍醐寺在家帳」（『雑事記』巻三）によれば、「小舎人所十一人」とその員数も知られるが、一方で表6の仁平元年（一一五一）の座主房構成員の中には小舎人所はみえていない。そして鎌倉前期の成賢座主房においては、小舎人所の統括者とみられる「長職」の補任から、小舎人所が房政所の管轄下に置かれた家政機関のひとつであったことが確認できる。(47)

座主法印房政所の補任状は、長職の補任によって、小舎人所を明確に房政所の管轄下に位置づけたものであり、さらには房政所が房の諸家政機関の中核に位置していたことを示すものである。かかる房政所の発給文書が成賢座主房において見られ、かつ侍がつとめる房政所別当が出現していることから、鎌倉前期の成賢座主房において座主房の運営機関としての房政所が整備されたと見ることができよう。

先に座主房の台所機関である御厨子所についても、成賢座主房において、責任者が沙汰人から別当に変化していることを前節でみた。つまり鎌倉前期には、房政所別当とならんで御厨子所別当が出現しているのである。そして、先にあげた房政所別当が署判して発給する文書に対して、御厨子所別当が署判して発給する文書もある。それは円光院政所補任状である。成賢没後の貞永二年（一二三三）のものであるが、以下にあげる。

円光院政所
　　補任　西御堂承仕職事
　　　　万歳法師
　　右人補任彼職之状如件
　　　貞永二年二月日
　　　　　　　　上座大法師在判
　　　　　　　　　　　　　　　　（『寺家雑筆至要抄』）

『寺家雑筆至要抄』によれば、円光院政所が発給する補任状には二種類があり、補任の対象によって署判者が異なる。そのひとつは円光院の修理別当・知院・供僧・預の補任の場合であり、それは奥上に円光院別当が署判し、日下に円光院の知院が署判する形式である。もうひとつが承仕下部以下の補任の場合であり、それがここにあげた形式である。これは円光院の西御堂（廊御堂）の承仕職を補任した内容である。そして同書によれば「又承仕下部補任状御厨子所別当書下歟」と、また『新要録』巻三によれば「承仕以下部等往来御厨子所別当可立之也」と、その署判者は御厨子所別当であったことが知られる。この文書にみえる「上座大法師」は御厨子所別当だったのである。

円光院は白河院の中宮賢子を本願とし、座主定海によって、無量光院とともに代々の座主相伝と定められた醍醐寺の子院である。[48]したがって円光院別当は座主であり、円光院政所は座主房政所と、座主を主とすることにおいて共通している。この文書から知られる御厨子所別当は、座主房の台所機関の責任者たるにとどまらず、座主のもとで円光院政所の一員として、文書の発給にあたるのであり、それは座主房政所の発給文書における房政所別当の役割と共通している。御厨子所別当は、座主を主とする円光院政所の事実上の別当であったといえよう。

この円光院政所の発給文書が確認できるのは、座主成賢のもとにおいてである。それは承元二年（一二〇七）の円光院政所補任状（『寺家雑筆至要抄』）を初見とする。ただしいずれも供僧や預の補任であり、成賢のもとでは御厨子所別当が署判する承仕以下の補任状はみられない。しかし円光院政所の発給文書の初例が成賢であることからすれば、同様の形式がすでに成賢座主房において成立していたと見てよいであろう。

貞永二年の文書にみられる「上座大法師」はどこの上座だろうか。円光院には三綱は置かれていないので、まず考えられるのは、円光院とともに座主直轄と定められた無量光院の上座である。「上座大法師」は、円光院とともに座主を別当とする無量光院の上座とみてよいであろう。

座主成賢のもとにおける無量光院上座といえば、先に見た光遍がいる。無量光院上座光遍は房政所の別当でもあり、成賢座主房の侍であった。房政所別当と御厨子所別当は、ともに侍がつとめる役職であり、彼らが房の実務の中枢にあったのである。成賢座主房における御厨子所別当の名を記す史料はないが、無量光院上座が御厨子所別当を兼任するのが通例であったならば、成賢座主房においては、無量光院上座光遍が房政所別当と御厨子所別当を兼任していた

可能性が高いのである。(49)

それでは「御厨子所」と「房政所」の二つの房の家政機関はどのような関係にあったのだろうか。二つの家政機関の間には房政所を核とするような、具体的な上下関係を示す史料はみられない。房政所の管轄下には小舎人所が置かれ、御厨子所の下には供所がみられたように、それぞれに下級機関を統括する。さらに御厨子所の主な職務は座主をはじめとする座主房構成員の食事の沙汰であったが、先に見たように、「院司」もまた食事の沙汰にあたる。「政所法師」も「比番」とともに陪膳の役をつとめる。二つの家政機関は並列すると同時に、両者には共通した職務が見られるのである。

以上にみてきたように、鎌倉前期の成賢座主房において房政所発給文書が見られ、房政所別当と御厨子所別当が出現する。このことから成賢座主房において、房政所と御厨子所の二つの家政機関が、別当を中心に再編されたとみられるのである。この二つの家政機関が座主房運営の中枢に位置したのであり、その実務の中核にあった房政所別当と御厨子所別当は、ともに侍であった。

第四節　座主房の収納室――塗籠と納殿――

成賢座主房においては、さらに房の運営に関わる重要な機関を見ることができる。それは塗籠と納殿である。観智院本『年中行事』の「諸堂餅可引支配」によれば、正月に座主房から餅を分配する対象は「三宝院地蔵」以下、「大黒天神、御塗籠鎰餅、五大尊、ヘツイマツリ、高蔵鎰餅」などであり、塗籠が「鎰」をもつ座主房の蔵（収納室）であったことが知られる。また「自正月毎月消息紙三帖自御塗籠公文所給之、旬別一帖結解著（着か）到等料也」と、「公文所」に紙を毎月支給するのが塗籠であり、九月の円光院理趣三昧に使用する「円光院垂布」も「自御塗籠給布裁縫之」と塗籠からの支給であった。(50) 塗籠は紙や布等の軽物を主な納物としていたのである。さらに「御塗籠」は、蔵（収納室）であるばかりでなく、二月一日の中門二天百種供養において「政所御布施一段御塗籠沙汰、御分百種御厨子所沙汰」と、御厨子所とならんで座主負担分の用途の調達沙汰にあたっており、それは座主房内における機関であったことが知られる。

久安五年「雑事日記」には、観智院本にみられたような年中行事用途における「御塗籠沙汰」はみることができないが、「御塗籠」の語は座主元海のもとでも確認することができる。

『雑事記』巻七によれば、永治二年（一一四二）四月、醍醐寺と浄妙寺の四至相論について、慶延は「醍醐四至証文二枚」を、「自御塗籠内反古之中求出之」と、「御塗籠」の反古の内から探し出しており、「御塗籠預厳助也」と、塗籠には預が置かれていたことが知られる。座主元海のもとにおける「御塗籠」は文書を収める収納室であり、預が管理していたのである。さらに遡って勝覚のもとでも塗籠が確認できる。『長秋記』大治四年（一一二九）四月六日条を見たい。

召具重兼朝臣、向醍醐宿房、訪律師定海并明海公等、僧正入没刻、音楽響天、衆諸驚耳、誠稀有事也云々、人々云、没後見塗籠中、斑布六段、黄金一両外、全無物云々、又可被着用之宿衣二領之外、他無衣装云々、

四月一日に死去した検校勝覚の房を、その弟の源師時らが弔問した時の記事であるが、入滅の時の奇瑞もさることながら、もうひとつの話題は勝覚の私財である。勝覚は斑布六段、黄金一両と宿衣二領の他は、私財私物を残さなかったというのである。そしてこれらの身の回りの品を納めていたのが「塗籠」であった。身辺の品を納める塗籠は、この記事から見ると、勝覚の房の居室や寝室に連なる場であったとみられる。そしてこの勝覚の房とは三宝院であった。

このように「御塗籠」とは、三宝院内の座主の居室や寝室の近くに位置しており、もともとは座主の身の回りの

品・私財を納める収納室であったとみられる。それが座主元海のもとでは、預が管理する文書を納める蔵として、房の家政に連なる性格を帯び、やがて成賢座主房においては、年中行事用途の沙汰にあたる機関として機能するようになったものとみられるのである。(51)「御塗籠沙汰」が明確にみえるのは観智院本からであり、それは鎌倉前期の座主成賢房において出現した可能性が高いであろう。

塗籠といえば周知の如く、清涼殿の塗籠から庶民の家の塗籠に至るまで、それは寝室や収納室として使われた空間である。(52)そして収納室としての塗籠は、「納殿」とも共通して使われる語である。(53)成賢座主房においても、「御塗籠」と関連する「納殿」を見ることができる。この納殿の活動を示す史料として注目されるのが、三宝院文書中の建暦二年（一二一二）八月の「納殿沙汰注文」（『大日本史料』第四編一二）である。それは観智院本『年中行事』の紹介までは、いかなる性格の文書か明らかにしえなかったが、観智院本と対比すると、その性格が明らかになってくる。まず奥書をあげる。

　右、寺家仏神事人給等、軽物用途大略如此、古注文之内、有陵遅事、有増加事、仍任近代沙汰注之、為令納殿之沙汰人無違乱無越度、別軽物許注出之、偏是興隆仏法之随一也、更不可似世俗縁務歟、

　　于時建暦二年八月日

　慶長九年甲辰月日、以釈迦院古本書了、

　　　　　　　　　　法務（義演）（花押）

それは義演の書写本であるが、建暦二年といえば、観智院本『年中行事』と近く、ともに成賢の二度目の座主任中である。注文の内容は、年中行事用途について「納殿可沙汰事」を行事ごとにかきあげたものであり、そこに記載された行事は、多くが観智院本『年中行事』と共通しており、その記事も以下に見ていくように共通しているのである。

表7は主な行事について、両書の記事内容を対照したものである。たとえば正月八日大仁王会の記事によれば、観

表7　観智院本『醍醐寺年中行事』と建暦2年「納殿沙汰注文」

行　事　名	観 智 院 本『年 中 行 事』	「納 殿 沙 汰 注 文」
正月八日 大仁王会	米7斗3升　油2升 上紙2帖　墨1廷（百仏摺料） 仏布施2巻（紙2帖） 僧布施 朝座講師学頭　絹4丈帯1筋 夕座講師大導師布1段帯1筋 請僧98人　帯1筋 已上帯百筋料絹3疋許 裹紙上紙2帖 已上政所沙汰	上紙4帖（2帖百仏摺料 2帖帯百筋裹料） 中紙2帖（仏布施2巻料） 絹4丈　（朝座講師布施） 布1段　（夕座講師布施） 帯百筋　（百僧各1筋） 料絹3疋4丈6尺 墨1廷　（百仏摺料）
二月一日 中門二天百種 供養	鉢御仏供2杯（料米1斗8升9合） 政所御布施布1段（御塗籠沙汰） 御分百種（御厨子所沙汰）	布1段（政所御分御布施） 捧物1支（紙1帖）
四月一日 権僧正（勝覚） 御忌日仏事	僧前得蔵庄役　仏経布施政所沙汰 御影供3前　御料1前　供僧15前 預3人　下部3人 已上25前 布施（供養法布1段　長座布施1分 長座各中紙2帖 御影御布施長座1分） 仏　経　仏布施1裹 垸飯2具	布1段（導師布施長座1分） 長座布施　人別中紙2帖 御影御布施（長座1分） 御衣絹3尺　越前藍摺1段 （御仏料物） 御経料紙
六月一～七日 無量堂院 三十構	米 御仏供料7斗　粉仏供料1斗6升 預4人下部13人掃治食　1斗7升 講衆15人供米　12石3斗　大湯屋料7升8合 已上13石4斗9升4合 油7合（御明料） 紙30枚　墨1廷　筆1管　折敷 拭布2丈　移花1枚　雑紙2帖 已上御塗籠沙汰 閼伽桶1口　手水桶1口　杓 已上納所立用 結願布施（講衆15人 各帷布2段　牛原役 紙1積雑紙30帖　同役 帯結之　15筋料絹4丈 紙積料広折敷支配 （牛原北5枚　同南5枚　中夾3枚　庄林2枚 已上15枚自納殿催出之）	紙30枚　墨1廷　筆1管 拭布2丈　移花1枚 雑紙2帖 結願布施（庄役　講衆15人 各布2段　雑紙30帖 布裹紙60枚 都合布30段　紙450帖） 紙結緒料帯15筋（料絹4丈）
九月 円光院 理趣三昧垂布	理趣三昧以前沙汰 牛原納殿2人自御塗籠給布裁縫之 合三間　後戸　脇戸　土戸 已上白6丈布1段　皮牟木布1段　此外拭布2丈	白6丈布1段　皮牟木布1段 三間垂布料　後戸1間 脇戸1間　土戸1間 自御塗籠賜布，牛原納殿2人裁縫之
十二月十四日 恒例結縁灌頂	御仏供米6斗3升（政所御沙汰） 燈心直米2升（政所御沙汰） 仏布施2裹（両壇所料政所御沙汰） 御明油（畠所当） 拭布一切（政所御沙汰） 墨2廷（記録料　政所御沙汰） 筆2管（記録料　政所御沙汰） 継紙料紙20枚（記録料　政所御沙汰） 土器（大30小100）折櫃1合） 折敷2枚　炭1桶（柏原炭） 同布施事（政所御沙汰） 色衆20人（各絹4丈　安敷庄 僧綱分1疋　小壇1疋 乞戒1疋　加布施1段） 行事1人（4丈） 執蓋3人之内　（各布1段） 十弟子4人（各中紙2帖） 預3人（同）　持幡2人（同） 螺吹2人（同）　鐃持2人（同） 下部3人（各1帖）	仏布施2裹（紙2帖両壇料） 拭布一切 墨2廷 筆2管 継紙2巻（各10枚） 已上記録料 布施（安敷庄所出） 絹11疋4丈 色衆20人　各4丈 但小壇1疋　戒1疋 行事1人4丈 色衆中有僧綱時1疋 若4丈上加布施1段 雑紙160帖 承仕已下14人各10帖 執蓋3人之内1人ハ行事兼行 布2段 執蓋2人各1段

智院本では「政所沙汰」として米・油や百仏摺料の紙・墨以下、仏布施・僧布施などの料目をあげているが、米・油を除くと「納殿沙汰注文」の記載内容は観智院本と一致しており、四月一日の権僧正（勝覚）忌日仏事においても、政所沙汰の仏経布施は「納殿沙汰注文」に同様な料目が見られる。また二月の中門二天百種供養では、先に見たように「政所御布施布一段」が「御塗籠沙汰」であったが、「注文」によればこの布施布も納殿沙汰に含まれている。十二月十四日の結縁灌頂の記事によっても、「政所御沙汰」の仏供米以下の用途のうち、米・油・土器・炭などを除いて、仏布施・拭布・墨・筆・僧布施の軽物はすべて納殿沙汰であったことが知られる。

このように納殿は、観智院本にみられる「政所沙汰」「政所御沙汰」や「御塗籠沙汰」の布・絹・紙・墨・筆などの「軽物」を沙汰しており、それは座主房の軽物の蔵・収納室であったことが明らかである。一方で両書によれば、十二月十四日の結縁灌頂の色衆らの布施は灌頂院領尾張国安敷（食）庄の所出であって、観智院本によれば布施は「政所御沙汰」であり、それを調備するのは「注文」によれば納殿であった。そこで納殿は軽物の蔵・収納室であるばかりでなく、庄から所進のものを集積し、それらを年中行事用途として調備する機関でもあったことが知られる。「注文」の奥書によれば、その責任者は「納殿沙汰人」であった。

先に座主房の蔵として「御塗籠」をみてきたが、塗籠と納殿の関係はどうであろうか。表7によれば、観智院本にみられた「御塗籠沙汰」は、納殿沙汰でもあった。しかし両者は同一のものではない。九月の円光院垂布について、「納殿沙汰注文」は「自御塗籠賜布、牛原納殿二人裁縫之」と布の所出を塗籠とする。さらに両書を対照していくと、「納殿沙汰注文」には、観智院本にみられた年中行事用途の軽物の殆どすべてが記載されているのであり、軽物の調進全般を掌握していたことが知られる。納殿は塗籠よりもその活動が広範囲なのである。[54]

さらに「納殿沙汰注文」には、観智院本にみられない行事も僅かながらみられ、その中には円光院衣物や三宝院預衣物とならんで、三昧僧や釈迦堂預衣物、准胝堂承仕衣物など、醍醐寺の職員の衣物をも含んでいる。[55]奥書によれば

「注文」は、「寺家仏神事人給等」の軽物用途を書きあげたものであり、それは座主房内の家政機関たるにとどまらず、寺家の軽物の蔵としても機能していたことが知られる。

それではこうした納殿の出現はいつであろうか。座主房の塗籠が平安期から確認できるのに対して、座主房の納殿の存在と活動が確認できるのは、建暦二年の「納殿沙汰注文」においてである。(56) そうであれば「注文」作成の意図は何であろうか。注目されるのは奥書の「為令納殿之沙汰人無違乱無越度、別軽物許注出之」の部分である。それは寺家の軽物用途を、「納殿可沙汰事」（本文中）として位置づけ、それらを「納殿之沙汰人」の管轄として、責任の範囲を明確化している。「注文」作成の意図はここにあったとみられ、建暦二年の「納殿沙汰注文」こそが、座主房の蔵の機関、寺家の軽物の蔵としての納殿の確立を明確に示す文書といってよいであろう。

座主の身の回りの品・私財を納める蔵・収納室として機能していたのは、平安期においては「御塗籠」であった。やがて塗籠には預が置かれ、文書を納める蔵・収納室としても機能するようになる。そして鎌倉前期の成賢座主房においては、「御塗籠」は年中行事用途の沙汰にあたる機関として見える。こうした塗籠の機能を吸収しつつ成立したのが座主房の「納殿」であろう。座主成賢のもとで、納殿は座主房の収納室として、座主が負担する年中行事費用の収納と分配にあたる機関として、さらには寺家の軽物の蔵として整備確立されたとみられるのである。(57) その成立は観智院本『年中行事』以降であり、その確立を示すのが建暦二年「納殿沙汰注文」とみられた。

成賢のもとで、座主房の蔵である塗籠の機能を吸収しつつ、納殿が整備確立されたことは、前節で明らかにした成賢座主房における、御厨子所・政所別当を中核とした御厨子所と房政所の整備とあわせみると、座主房の運営組織の再編と評価することができよう。

第五節　座主房の殿舎――家政機関の場――

いままでに明らかにしてきた座主房の機関は、三宝院の殿舎のいずれに位置したのだろうか。家政機関を座主房三宝院内の具体的な場としてとらえることによって、その存在はさらに明確なものとなるだろう。

三宝院の堂舎の構造を知りうる史料はまず『雑事記』巻四である。

一　三宝院（中略）

礼堂六間、廊一宇五間二面、中門一宇并廊九間、四足門一宇已上檜皮葺、経蔵一宇五間瓦葺、宝蔵一宇瓦葺、寝殿一宇七間四面、侍廊一宇五間一面、客侍一宇三間二面、護摩堂一宇三間、持仏堂一宇三間三面、随身所一宇三間二面、已上檜皮葺、雑舎一宇十間板葺、湯屋一宇三間四面、厩一宇二間板葺、

『醍醐寺新要録』巻十の三宝院篇もこれを引用しており、中世初頭三宝院の殿舎の全体像を知りうる史料としては、唯一のものである。それによれば三宝院は、灌頂堂を中心とした施設と、寝殿を中心とした住房の施設の二つの建物群から成っている。(58)

『雑事記』にみる殿舎は、天承元年（一一三一）七月の灌頂院（堂）建立以来、『雑事記』成立の文治二年（一一八六）に至る状況を示すとみられるが、座主成賢のもとではどうであろうか。『新要録』巻十によれば、鎌倉期に三宝院は三度炎上しており、その初度が成賢の初度の座主就任以前の正治二年（一二〇〇）の火災であった。『醍醐寺座主補任次第』（醍醐一一七函三）によれば、正治二年六月五日の夜、三宝院は経蔵・宝蔵と車宿を残して焼失している。正治の炎上以後の三宝院の復興については、詳しい記録がないのだが、いつどのように復興されたのだろうか。

まず史料とすべきは、建仁三年（一二〇三）の座主成賢の『醍醐寺座主御官符請并御拝堂等次第日記』(59)（成賢『拝堂記』

とする）である。「(建仁三年)五月十五日天晴、御官符寺家到来、当日未刻ニ自遍智院新座主御房、装束鈍色御輿ニテ令渡三宝院、自西四足令入小御所了、母屋中ニ御著座、御官符ハ御所未申ノ方、庭下対木柴垣ノ西端ニテ行向権寺主慶喜請取之」と、新座主成賢は座主補任の官符を三宝院で受けており、そこには四足門・小御所の存在が確認できる。さらに同書によれば、「於三宝院在拝礼式、御廊ノ正面ノ簾一間ヲアケテ」「庭ニ筵道ヲ敷ク」と、座主は「御廊」で寺官らの拝礼を受けており、拝礼後の饗の場は、小御所の母屋と庇であった。(60)「令請印鎰」の記事には「北御門」もみえる。

成賢も従前の座主の例と同じく、三宝院を座主の出立所として、また拝礼式や拝礼後の饗の場として使っていたのであり、建仁三年の三宝院には、小御所・廊・西四足門・北門と、焼け残った経蔵・宝蔵・車宿があったことが明らかである。三宝院の殿舎は、正治の炎上以後程なく、座主実継のもとで復興がすすめられていたのである。しかし成賢『拝堂記』によれば、「去正治二年六月五日夜、三宝院焼亡之後、于今半作之間、北小御所ニテ令請御畢、其後大僧都御房ニ新座主御房御対面、御所西庇ノ二間所也」と、それは未だ半作であったことが知られる。

灌頂院（堂）についてはどうであろうか。元久元年（一二〇四）十二月には、座主成賢を阿闍梨とする「醍醐寺灌頂院」の「結縁灌頂巻数」（『新要録』巻十所収）が存在する。このことから、灌頂堂も遅くともこの時までに再建されていたとみてよいであろう。『新要録』巻十によれば、義演は「正治回録ノ後、成賢御寺務之時造営ト見了」と、三宝院の復興を成賢によると見ており、半作の三宝院は座主成賢のもとで、復興がすすめられたとみられる。『新要録』巻十が引用する建暦元年（一二一一）の大僧正定海忌日仏事における表白によれば、「屢雖恨正治之煙、所飾者瑜伽上乗之密壇、再悦複天承之旧儀」と、成賢二度目の座主任中の建暦元年までにそれはほぼ完了したとみられる。そして「複天承之旧儀」とあることから、三宝院は天承の定海の時の規模に準じて復興されたとみられよう。(61)

さて、座主房の家政機関はどこに置かれていたのであろうか。それは先にあげた『雑事記』の記事からは明らかではない。三宝院については、『醍醐寺新要録』所収の永仁六年（一二九八）の灌頂院指図をはじめ、近世にいたるまで多くの指図が伝来しているが、[62]それらの殆どはいずれも三宝院の殿舎のうち、灌頂院を中心とした部分を描いたものであり、寝殿を中心とする住房の施設や中世三宝院の全体像を描くものはみられない。三宝院の全体像を描いたものとしては、明和六年（一七六九）「当御殿惣絵図」[63]までくだる。したがって、中世の座主房三宝院に関しては、直接に史料とすべき指図は、残念なことにみられないのである。

中世寺院の院家や房全般についても、概して生活に関わる部分の組織や空間構成についての史料が残りにくい傾向にあることはいなめないであろう。そうした中でその全体像を描き、かつ住房施設の雑舎に至るまでの指図が伝わる数少ない例のひとつに三条白川房がある。その一連の指図は『門葉記』寺院一に収められている。

三条白川房の沿革はすでに明らかにされているが、それは無動寺寛慶の創立にかかり、覚快法親王を経て慈円が伝領した房である。[64]慈円の没後の嘉禎三年（一二三七）、慈源によって建立されたのが『門葉記』にみる三条白川房の殿舎である。それは熾盛光堂を中心とする施設と、御所を中心とした住居の建物群からなっている（図1）。それを『雑事記』にみる三宝院と比較すると、その殿舎の構造は、灌頂堂と寝殿を中心とした二つの建物群からなる三宝院の構造と近いのである。

そして三条白川房は叡山山上の青蓮院とともに相伝されており、房主はいずれも天台座主を歴任する。その立地が寺域内か否かの差はあれ、寺務クラスの僧を房主とする点でも、三宝院と共通している。さらに三条白川房の殿舎の造営は、座主成賢のもとでの三宝院の復興と前後する時期である。三条白川房は中世前期の寺務クラスの僧の房のモデルなのであり、それは座主房三宝院との比較検討の素材となる。その指図で最も注目されるのは、具体的な家政機関の場を示していることである。それが座主房三宝院の家政機関の場を知るための手がかりとなる。

図1によれば、御所を中心とした住居施設のうち、御所の北には渡殿で結ばれた二つの対屋がある。図2・3は、

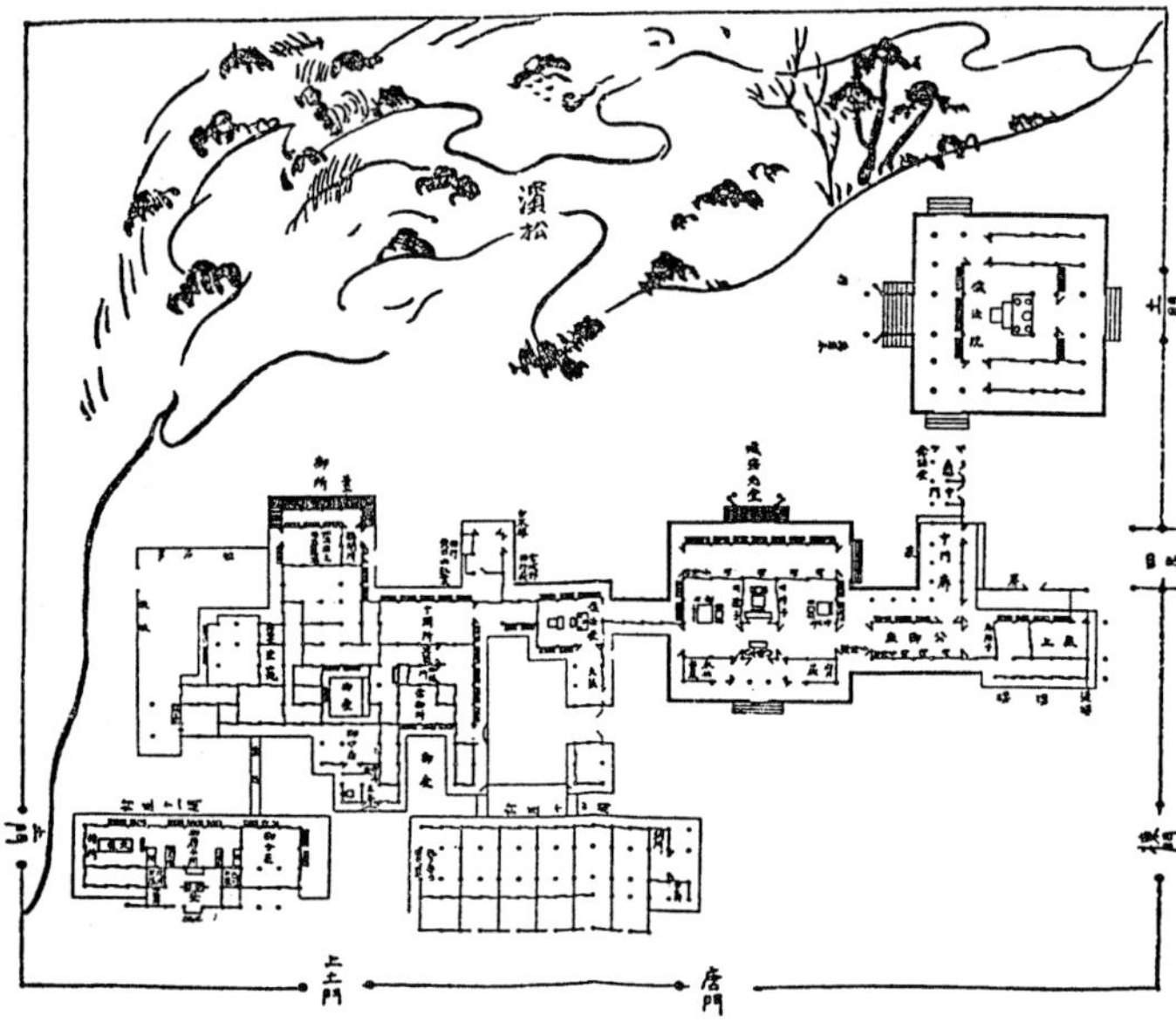

図１　三条白川房指図（福山敏男氏作図）
〔同氏「最勝四天王院とその障子絵」（『日本建築史の研究』綜芸舎）より〕

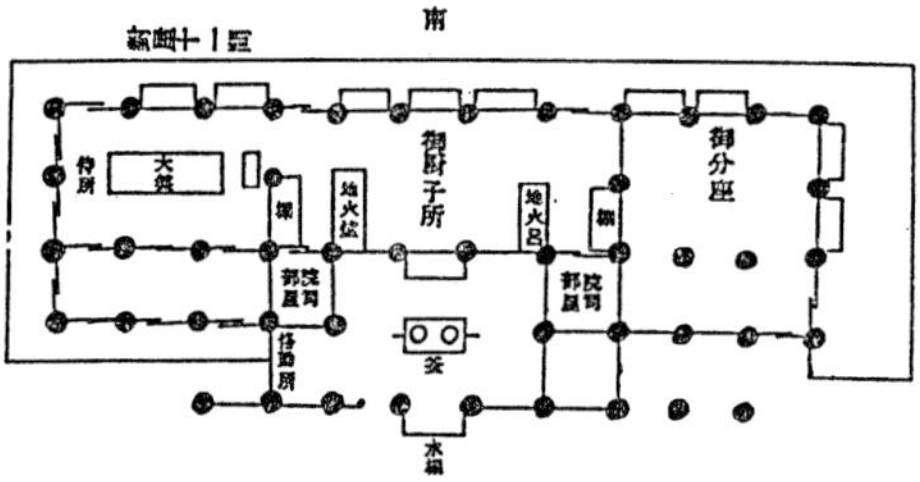

図２　三条白川房　対屋図
（『門葉記』第131。『大正新脩大蔵経』図像第12より。
東京大学工学部所蔵の写真帳により校合した）

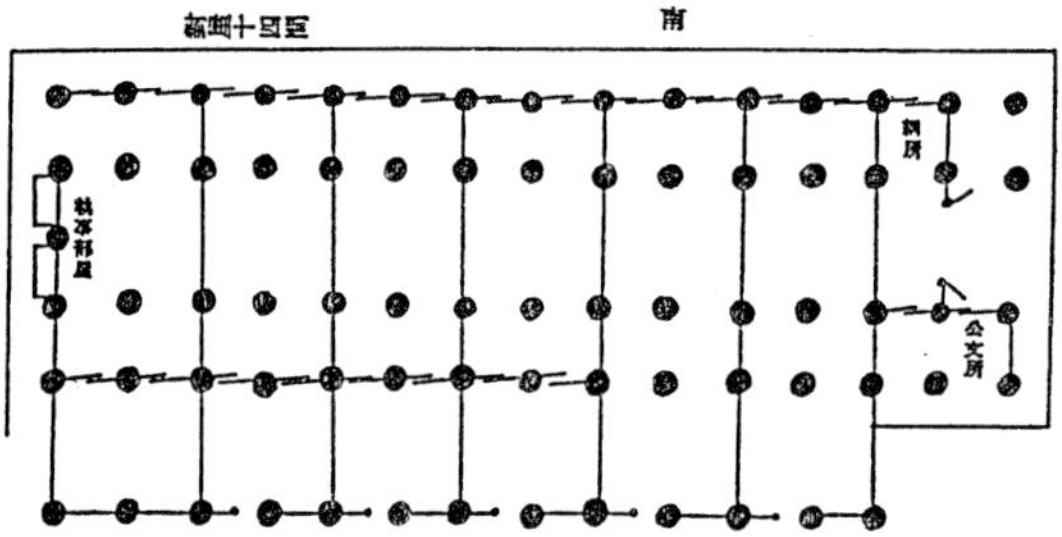

図３　三条白川房　対屋図
（『門葉記』第131。『大正新脩大蔵経』図像第12より。
東京大学工学部所蔵の写真帳により校合した）

『門葉記』寺院一所載のこの二つの対屋の平面図であるが、そこに「御厨子所」「侍所」「綱所」「公文所」「院司部屋」「執事部屋」をみることができる。

図2によれば十一間の対屋は、五間の「御厨子所」と四間の「侍所」、三間の「御分座」からなっている。このうち御厨子所は、「地火炉」と「棚」を東西に備え、さらに北の奥行二間の部分は土間とみられるが、そこには「釜」と「水棚」を備えている。釜と水棚と炉、食器や食膳具を置くための棚を備えた御厨子所は、まさに房の台所である。(65)中世寺院の房の台所機関が「御厨子所」の名称をもつのは、三宝院のみではなかったのである。

久安四年（一一四八）五月十六日の東大寺封戸注文によっても「政所房御厨子所妻戸垂布藍摺十尋代」と、東大寺別当の勧修寺寛信の房にも御厨子所を見ることができる。少なくとも寺務クラスの僧の房においては、「御厨子所」の名称とその存在は一般的であったことが知られよう。図2によれば、御厨子所は十一間の対屋の中心に位置し、最大の規模と諸設備をもっている。(66)座主房三宝院においても、最大規模の職員を有するのが御厨子所であった。場としての家政機関の中では、御厨子所が中心だったのである。

それでは御厨子所に対して政所はどうであろうか。三条白川房の房政所の場としては、図3に「院司部屋」や「公文所」、あるいは「綱所」(67)や「執事部屋」が見られる。房政所の機能は、これらに分散されていたとみられる。図2によれば、「院司部屋」は御厨子所に付随して設けられている。このことは院司の職務が御厨子所の業務と近いことを示すものであろう。座主房三宝院においても、院司は御厨子所の業務の一部を担っていたことを先に見た。

さらに御厨子所に隣接して見られるのは「侍所」である。(68)侍所には備品としての「大盤」が描かれており、中世寺院の房の侍所も、貴族の家のそれと同様に大盤を備品としていたことが知られる。座主房三宝院の構成員にみた「上大盤」と「侍大盤」の大盤も、先にみたように、やはり侍所の大盤をさしていたのである。三宝院には「侍所」の名称はみられないものの、大盤を備品とした侍所にあたる場が設定されていたことは疑いがないであろう。

さらに図1によれば、御所内にいくつかの塗籠を見ることができる。そのひとつは「常御所」の「御寝所」に隣接する塗籠である。これらの塗籠も座主房三宝院の塗籠と同様に、座主の身辺の品や私財を収める収納室であったろう。同時にそれは蔵の機関として、文書の管理や軽物の出納にあたっていた可能性が高いであろう。

こうした三条白川房の例をもとに、座主房三宝院の家政機関の場を考えてみると、注目されるのは、先にあげた『雑事記』中の寝殿に付属するとみられる「雑舎一宇十間板葺」である。三条白川房の御厨子所や侍所が置かれていたのも、十一間の対屋であった。この十間の雑舎こそが、座主房の家政機関の場であったとみてよいであろう(69)。そして十間の雑舎の中心を占めていたのが、御厨子所すなわち台所であったとみられる。雑舎には御厨子所を中心に、院司の詰所や執務所、大盤を備えた侍所が置かれていたと想定されるのである。

政所・御厨子所・侍所などの家政機関が存在し、その場が寝殿や御所に付随する雑舎や対屋であったこと、さらに場としての家政機関の中心が御厨子所すなわち台所であったことは、中世寺院の房のうち、少なくとも寺務クラスの僧の房においては、共通していたとみられるのであり、座主房三宝院は特殊個別な例ではなかったのである。

第六節　座主房組織の再編——座主房と醍醐寺政所——

政所別当と御厨子所別当を中心とした房政所と御厨子所の整備、納殿の整備確立から、鎌倉前期の座主成賢のもとで座主房組織の再編が行われたことを明らかにしてきた。

それが見られたのは、いずれも建永から建暦にかけてであり、前節でみたように、正治の火災後の三宝院の復興造営も建暦以前のことであった。そこで、成賢二度目の座主任中〔建永元年（一二〇六）十月〜建保六年（一二一八）九月〕の、建永から建暦にかけてが座主房組織の再編期であったことが知られる。

そしていままでに見てきた十二世紀半ばの元海座主房から、十三世紀初頭の成賢座主房への変化は、次のようにとらえることができる。元海座主房において、最も多くの職員をもつ家政機関は御厨子所であり、御厨子所の責任者たる沙汰人は（下）所司クラスの僧だった。房政所の存在は明確ではないが、その職員とみられる院司と政所法師がおり、この院司も寺家知事を兼任する（下）所司クラスの僧であった。一方鎌倉前期の成賢座主房においては、元海座主房において明確ではなかった房政所の存在と活動が明らかとなり、政所別当と御厨子所別当が出現する。そして房政所別当も御厨子所別当も、ともに侍であった。

それでは元海座主房において房政所の存在が明らかでないのはなぜか。まず元海座主房の運営の実態から見よう。先に拙稿でふれたことがあるが(70)、元海座主房は、久安五年（一一四九）四月の定海入滅まで、元海の師の検校定海房でもあった。三宝院の事実上の院主は定海であり、その構成員とみられる人名を知ることができるが、注目されるのは、侍に現任の執行・三綱を多く含んでいたことである。座主とともに醍醐寺政所を構成する執行・三綱が房の構成員であり、また座主元海も定海の弟子として房の構成員の一人であった。定海房は元海座主房のみらず、醍醐寺政所のメンバーを含みこんでいたのである。さらに寺家の文書を収める宝蔵の存在から、三宝院は醍醐寺政所の庁舎としての機能をも果たしていたと考えた。すなわち定海房政所は座主房政所を含みこみ、それは醍醐寺政所とも不可分の組織だったのである。そしてその実務の中核に位置したのが、寺官を兼任する侍であった。元海座主房において房政所の存在が確認できないのは、このことによるのであろう。久安五年の定海の死によって、定海房は名実ともに元海座主房となるが、それは構成員においても定海房を継承したものであった。元海座主房において、房政所はすなわち醍醐寺政所であり、下所司クラスの御厨子所沙汰人や院司は、侍のもとで、房の運営にあたっていたとみられるのである。

それではなぜ鎌倉前期の成賢座主房において、侍がつとめる政所別当と御厨子所別当が出現し、房政所の存在が明確になるのか。その背景を明らかにする鍵は以下のことにあるだろう。

第一に、「政所」の語の用例の変化があげられる。第三節でみたように、成賢のもとで政所は座主個人をさす用例が中心であった。かかる用例は自治承五年「寺家雑事等記」から顕著になってくる。

それと関連して第二にあげられるのは、醍醐寺政所発給文書の変化である。醍醐寺政所の発給文書は十一世紀末からみられ、(71)たとえば長承四年（一一三五）三月の寺領曾禰庄にあてた下文や（『雑事記』巻三）、承安元年（一一七一）四月の置文（『大日本古文書　醍醐寺文書』一―二二七号）にみられるように、その署判者は多く座主と執行・三綱や勾当である。ところが座主成賢のもとでは、醍醐寺政所発給文書は補任状のみであるが、それは「醍醐寺政所　補任上座職事、法橋上人位実縁、右人補任彼職之状、如件／承元二年十一月十九日／座主法印権大僧都」(72)と、座主単署なのである。そしてこの後、醍醐寺政所が発給する補任状は、吉書を除くとこの座主単署の形式に定着していく。(73)

さらにこの承元二年（一二〇八）十一月の補任状で注目されるのは、これが醍醐寺政所発給文書による寺家三綱補任の初例たることである。醍醐寺の三綱は、延喜十九年に設置された職であり、その補任は座主と三綱の挙状にもとづいて発給される太政官牒による。(74)天承元年（一一三一）九月二十二日の太政官牒（『醍醐寺要書』下）がその例であり、十二世紀にも同様であったことが知られる。ところが座主成賢のもとで、この政所補任状が出現するのである。さらに補任状と同日には、座主成賢単署の挙状も存在している（『古文書』一―一九五号）。それは法橋実縁を上座に、寺主と都維那に慶嘉と雅厳を挙した内容であり、政所補任状と対をなしている。この挙状に基づいて、後に太政官牒が発給された可能性も高いのであるが、挙状と同日の政所補任状の存在は、三綱補任がこの時から事実上の寺任となったことを示すものであろう。そしてそれは、先に明らかにした座主房組織の再編の時期と重なるのである。

以上のように、政所が座主個人をさし、醍醐寺政所の発給文書が座主単署となることの背後には、醍醐寺政所の変質があったとみられる。それは醍醐寺政所発給文書の署判からも知られるように、「醍醐寺政所」からの三綱の分離であり、三綱の側の変化だったとみられる。

その変化はまず執行に顕著にみられる。平安末期の執行慶寛は、座主定海と元海に仕えた侍であったが[75]、こうした執行の性格は慶寛以後に変化していく。座主勝賢のもとでの執行定延は、三綱の人事に口入して座主の門弟と対立しており[76]、無量光院三十講の饗膳を「覚洞院僧正御時、執行定延一向沙汰之」（観智院本『年中行事』）など、豊かな経済力を持ち、座主と対峙する存在である。座主成賢任中の執行厳円も、承元三年（一二〇九）の「厳円法橋記」（『新要録』巻七所収）によれば、自らが願主となって、下醍醐清瀧宮を修造し、子の都維那雅厳とその母に正体の鏡を造立せしめている。鎌倉期の執行は、もはや座主の侍ではなく、寺内において独自の活動を展開する存在であった。そして厳円の例からも知られるように、鎌倉前期においては、その殆どが世襲化した家を形成していたのである。

三綱についても、平安末期の定海房においては、順覚以下の多くの侍が現任の三綱であった。鎌倉初期の座主勝賢のもとにおいても、御厨子所沙汰人の権上座成玄が侍であったように、侍は多く寺官の三綱を兼任していたのである。ところが成賢座主房の房政所別当の尾張上座光遍は侍であったが、彼は座主直轄の無量光院上座であり、寺官の三綱ではない。建仁三年の成賢『拝堂記』（前掲）によれば、成賢の侍九人の名が知られ、その中に尾張上座光遍・筑前寺主慶尊・淡路都維那覚秀がいる。慶尊・覚秀も光遍とともに寺官の三綱ではないことは、『醍醐寺三綱次第』[77]に名が見えないことからも明らかである。成賢座主房においては、侍と寺官の三綱の分離が明確にみられるのである[78]。

こうした座主房における侍と三綱の分離とともに、醍醐寺政所における座主と三綱の分離が進行したとみられるのである。そしてそれらを背景に、成賢は侍を中核とした房政所と御厨子所の整備を行ったのである。

それでは座主房組織の再編によって、座主成賢がめざしたものは何か。それは醍醐寺政所の再編であったとみられる。なぜならば、座主単署の政所補任状による三綱の寺任化は、三綱の世襲化が進行する一方で、座主による三綱補任権の掌握の意志を示したものとみられる。そして座主房の御厨子所別当には、房の台所機関の責任者にとどまらぬ活動がみられる。『寺家雑筆至要抄』によれば、寺家の堂童子補任の醍醐寺政所補任状は、「可為御厨子所別当任符歟」とみえて、御厨子所別当が署判する形式であったことが知られるのだが、『雑事記』第九の「執行職雑事」によれば、「職掌小寺主并堂童子任符成之」と、それは本来執行の役割であったことが知られる。御厨子所別当が、執行にかわる働きをしているのである。さらには里在家とみられる比番を統括するのも御厨子所の責任者であったが、里在家の統括は「執行職雑事」によれば、「職掌小寺主并里在家人等皆悉各歳末薪一荷進之」と、それも本来は執行の役割であった。このように座主房の御厨子所別当は、執行の権限を一部吸収していたのである。

以上のように、執行・三綱の自律の動きとは別個に、座主成賢は寺務の集約をはかったとみられるのであり、成賢は座主房組織の再編を通して、新たな座主房三宝院の確立をめざし、同時に醍醐寺政所の再編をめざしたと評価できるのである。

おわりに

座主房方「年中行事」である久安五年「座主房雑事日記」と、観智院本『醍醐寺年中行事』をもとに、平安末期の元海座主房と鎌倉前期の成賢座主房の組織と、その変化を見てきた。今までに明らかにしてきたことは以下の如くである。

一、座主房の構成員は、座主以下、君（公）達・児共・修学者・侍・内侍・中童子・御厨子所・大童子及び政所・舎人・牛飼らである。修学者までが教学に携わる座主の門弟であり、侍以下が房の実務に携わる人員である。元海座主房は従者を含めると、百余名の人員を有していた。それらは僧綱に与えられた従僧・童子を原形に、家政機関の職員を加えた構成とみられる。主要構成員の君（公）達・児共・修学者・侍は、出自によって分類される身分呼称であり、十二世紀半ばの座主房においてかかる身分序列が確立していたことが知られる。さらに修学者と侍に共通した「大盤」の呼称からは、座主房の侍所の存在を想定することができる。
二、座主房の家政機関のひとつは、御厨子所である。それは平安末期の元海座主房においては、房中最大の職員を有する機関であり、その職掌は、座主房構成員の日常の食事の調備と、年中行事における供物や饗膳の沙汰であった。御厨子所は竈を備えた座主房の台所機関だったのである。それは御厨子所沙汰人以下の僧を主な職員とし、彼らが番を組み勤める役に「番法師」が、里在家人が勤める役には「比番」があった。そして鎌倉前期の成賢座主房においては、御厨子所の統轄者として別当が出現する。
三、座主房の執務機関は政所である。元海座主房においては、政所法師や院司がみられるが、房政所の存在と活動は顕著ではない。一方成賢座主房においては、房政所発給文書と、房政所別当の存在を知ることができる。別当は侍であり、それは御厨子所別当と兼任であった可能性が高い。鎌倉前期の座主成賢のもとで、御厨子所別当と房政所別当を中心に、御厨子所・政所の整備と再編が行われたことが知られる。
四、座主房の収納室の機関としてみられるのは、塗籠と納殿である。いずれも軽物の蔵（収納室）であるが、塗籠は座主の居室・寝室に連なる場であり、私財や身の回りの品を収める収納室から、座主元海のもとでは預が管理する文書を収める蔵としてみえ、座主成賢のもとでは、年中行事用途の沙汰にあたる機関として機能する。さらに成賢のもとでは、塗籠の機能を吸収して納殿が出現する。それは座主房内の蔵のみならず、寺家の軽物の蔵の機関としても活動したのであり、その確立を示すのが、建暦二年「納殿沙汰注文」であった。
五、鎌倉前期の座主房の殿舎は、正治二年の水災後、座主実継と成賢によって復興されたものであり、座主房の家政機関の場は、同じく鎌倉期の寺務クラスの僧の房である三条白川房の指図から推定することができる。それは寝殿の対屋に設けられたとみられ、場としての家政機関の中心は御厨子所であった。

六、十二世紀半ばの元海座主房は、検校定海房でもあり、それは座主房政所を含みこんでおり、醍醐寺政所とも不可分の関係にあった。元海座主房において房政所の活動が不明瞭なのはそのためであった。そして侍を中心に運営される醍醐寺政所のもとに、房政所（院司）や御厨子所以下の家政機関が置かれ、それは侍より下位に位置した下所司クラスの僧によって運営されていた。そして侍がつとめる別当を中心とした御厨子所と房政所の整備、さらに収納室としての塗籠と納殿の確立から、成賢二度目の座主任中の建永から建暦にかけて（一二〇六～一二一三）が、座主房組織の再編期であったことが知られた。房政所と御厨子所の二つの家政機関は、兼任の可能性が高い別当のもとで、融合した機関として存在していたとみられたのであり、両者が座主房の中枢機関として機能したのである。また御厨子所の下には供所、政所の下には小舎人所などの下級機関も置かれていた。

かかる座主房組織の再編の背景にあったのは、醍醐寺政所の変質であり、執行・三綱の性格の変化であったとみられる。座主成賢のもとで、寺官の三綱と侍の分離がみられるのであり、醍醐寺政所における座主と執行・三綱らとの分離が進行したとみられる。そうした中で、成賢は侍がつとめる別当を中心に、座主房組織の再編を行ったのである。それは座主房の家政機関を中核とした寺務の集約をめざしたものであった。

従来の中世寺院の組織についての研究の中で、房の組織や構造についての研究は少ない(79)。房の家政機関についても、政所を除いては、その存在と活動が具体的に明らかにされることはなかった。房が僧の生活と教学活動の基本単位であれば、その組織と構造を明らかにすることは、中世寺院と僧侶社会の特質を明らかにする上で不可欠であろう。

以上にみてきたように、座主房は政所・御厨子所・納殿・塗籠や侍所、さらに供所や小舎人などの諸家政機関によって運営されていたのであり、かかる家政機関の存在は、三条白川房からも知られるように、中世初頭の寺務クラスの僧の房としては、一般的であったとみられるのである。君（公）達以下の構成員についても、その名称や構成はほぼ共通していたとみられる。座主房は中世初頭の寺務クラスの房の組織と運営のモデルとなりうるのである。

さらに房において、家政機関の中で最大規模の設備を持つのは、御厨子所すなわち台所であった。鎌倉前期の成賢座主房において、御厨子所は政所とならび、かつ融合する機関として存在し、機能していたことを見た。政所を家政の中心としながらも、日常生活においては、食を支える最も重要な機関は、御厨子所だったのである。台所を中心とした房の執務所のあり方は、禅宗寺院の庫裏が、調理の場であり執務の場でもあったことと共通する。場としての家政機関が、台所と執務所をあわせた空間として存在したのは、寺務クラスの僧の房のみならず、中世寺院に共通した特徴でもあったといえよう。[80]

房はまた、世俗社会における家に該当する。房主が貴種であれば、房は当然貴族社会における家と共通した要素を含んでくる。かつて黒田俊雄氏は、諸権門に共通する特徴のひとつとして、執務機関や家司制をあげられていた。[81]座主房の家政機関の成立は十二世紀前半の座主定海と元海のもとにおいてである。それは摂関家における家産制支配の確立の画期とされる十一世紀半ばには遅れるが、[82]その家政機関の存在形態は、摂関家をはじめとする貴族の家の家政機関と類似している。

藤原忠実家の「年中行事」である『執政所抄』から、忠実家の家政機関の活動が明らかになるように、座主房の家政機関を探る史料は座主房方の「年中行事」であった。摂関家の諸家政機関の名称は『執政所抄』にみられ、また大臣家の家政機関は、すでに明らかにされている小野宮実資家の例から、政所・侍所以下、厩司・随身所・雑色所・進物所・膳所・大盤所・小舎人所・修理所・別納所・牛飼所の所々を知ることができる。[83]座主房の家政機関は、規模と所々の多様性では摂関家・大臣家の家政機関には及ばないが、その名称と機能は、それらを踏襲したものであろう。貴族の家と対応させるのであれば、それは大納言家以下の家政機関を想定してよいであろう。[84]

家政機関の職員についてみれば、摂関家政所や侍所の下家司や所司にあたるのが、座主房の侍であろう。座主房の侍と摂関家の侍との共通点や相違点、座主房の身分序列と俗官との相当はさらに検討を必要とする課題である。[85]

こうした房にみられる貴族社会の家との類似性に対して、僧侶社会に特徴的な要素は何であろうか。ひとつには、房の構成員が、僧形と童形を中心に、若干の俗形を加えた構成であり、その原型を僧綱個人に与えられた従僧・童子とすることとであろう。また座主房における侍所は、侍臣の詰所としての存在は確認できたが、家政機関としてのその活動は顕著ではなかった。このことは、摂関家における侍所が家における主従制の要であったことと無関係ではあるまい。[86]房における集団の関係は、房主を師主とする師弟関係が本質であり、主従関係は僧侶社会に本質的なものではない。[87]主従関係を統括する家政機関としての侍所の活動が明確化するのは、早くとも十三世紀半ば以降のことであろう。さらに加えて、家政機関が執務所と台所をあわせた空間として存在したこともその特徴のひとつであろう。

また、十三世紀初頭の座主房組織の再編の背後に、醍醐寺政所の変質を見たが、寺務の房の組織と運営の変化は、他寺とも共通した側面をもつ。東大寺については、別当と三綱の分離と政所の変質が明らかにされており、[88]別当の寺外散住を契機として、別当房政所が寺家経営の最高機関として機能したことが明らかにされている。[89]醍醐寺の場合も、政所の用例は十三世紀初頭までに明確に座主個人をさすようになり、座主成賢のもとで座主と三綱の分離がみられたのである。[90]但し醍醐寺の場合、座主房組織の再編が、房政所や御厨子所、納殿などの房の家政機関を中心としたものであり、それは寺内常住の座主のもとで、座主房における侍と寺官の三綱の分離を背景とするものだったのである。中世前期の醍醐寺の他寺と異なる特徴は、寺内常住の座主と、寺官の三綱と座主房の侍の関係であろう。

最後に、座主房の組織を通してみた三宝院の性格の変化にふれておきたい。座主房組織の確立期は、十二世紀半ばの座主定海と元海の時であり、定海のもとでの「三宝院」は、座主房であると同時に定海個人の私房でもあった。検校になって後も、三宝院は定海房だったのである。[91]定海のもとで三宝院は、座主の公私の房であり、同時にそれは醍醐寺政所の公の場でもあった。十二世紀半ばの三宝院は公私の二つの性格をもつ院家だったのである。

この後座主は三宝院の他に、私的な房（院家）をもつようになる。それは三宝院とならぶ座主の居所となり、座主の法脈と教学のもうひとつの拠点となる。その存在が顕著となるのは、十二世紀末の座主勝賢のもとにおいてであり、それが上醍醐の覚洞院であった。さらに私房の存在と活動が明らかになるのは、座主成賢のもとにおいてである。遍智院は座主成賢のもうひとつの「御所」であり、主たる伝法灌頂の場であって、成賢個人の法脈と教学の拠点であった。(92) そうした中で成賢のもとで座主房組織は再編をとげ、座主房三宝院は新たな寺務の拠点となる。三宝院はこの時点でまさに醍醐寺の公の院家であった。

こうした三宝院の公の性格が大きく変化するのは、成賢の死後の貞永元年（一二三二）、座主賢海のもとにおいてである。賢海はそれまでの座主とは異なり、金剛王院流の法脈をうけた座主であった。賢海の座主補任と三宝院への移住に反対した三宝院門徒は、同年七月に「於座主房者、是則限当院之門弟補来住之故也、古今无他流之座主」（『鎌倉遺文』四三五三号）として解状を提出し、門徒への三宝院の返還を求めた。これに対して「三宝院并安食庄早可被付成賢僧正門徒」と、三宝院門徒（成賢門徒）への返還を命じてだされたのが、後堀河院の院宣である。(93) この後嘉禎二年（一二三六）五月には、成賢の門弟道教が親快に三宝院を譲与した譲状が見られる。(94) 三宝院は座主房として公の院家から、譲状によって成賢門徒の間で譲与される私の院家へ、この時期に大きく変化したのである。三宝院がふたたび座主房として公の性格をもつのは、この後の十三世紀後半の座主憲深のもとにおいてであった。

中世初頭の三宝院は、座主房によって複雑な変化をとげているのである。門流からみた三宝院は今後の課題としておきたい。

註

（1）従来の三宝院の歴史は、醍醐寺の通史や、三宝院の建築と共に述べられてきた。最も詳しいのは中島俊司『醍醐寺略史』（醍醐寺寺務所、一九三〇年）であり、川上貢「三宝院の建築」（『障壁画全集　醍醐寺三宝院』、美術出版社、一九七二年）も中世から近世の三宝院の歴史を概観する。

(2) 拙稿「鎌倉時代の寺院機構—鎌倉初期の醍醐寺と座主職をめぐって—」（高木豊編『論集日本仏教史四　鎌倉時代』所収、雄山閣出版、一九八八年）、本書第一章。

(3) 拙稿「願主と尼—醍醐寺の女性—」（大隅和雄・西口順子編『シリーズ女性と仏教　第一巻　尼と尼寺』所収、平凡社、一九八九年）。

(4) 院家の構成要素については永村眞「「院家」の創設と発展」（同『中世東大寺の組織と経営』、塙書房、一九八九年）参照。

(5) 「房政所と寺家政所—十二世紀前半の醍醐寺と東大寺—」（『仏教史学研究』三一巻二号、一九八八年）、本書第二章。

(6) 『新要録』巻一〇によれば、三綱は当初一人とみえ、承仕は後戸や預ともみえる。

(7) 註(4)永村論文。

(8) その中で注目されるのは、元木泰雄「平安後期の侍所について」（『史林』六四巻四号、一九八一年七月）、同「摂関家政所に関する一考察」（岸俊男教授退官記念会編『日本政治社会史研究』中、塙書房、一九八四年）、後にともに同『院政期政治史研究』（思文閣出版、一九九六年）に所収、および井原今朝男「摂関家政所下文の研究」（『歴史学研究』四九一号、一九八一年四月、後に同『日本中世の国家と家政』、校倉書房、一九九五年に所収）である。

(9) 永村眞「醍醐寺所蔵『下醍醐年中行事』」（醍醐寺文化財研究所『研究紀要』九号、一九八七年）を参照。なお、本稿で扱う醍醐寺所蔵の史料は、東京大学史料編纂所所蔵の写真帳、及び東京大学工学部所蔵のマイクロフィルムによった。

(10) 『雑事記』巻一一については、中島俊司の校訂本をもとに、義演本で確認した。『雑事記』諸本については、安達直哉「『醍醐雑事記』について」（稲垣栄三編『醍醐寺の密教と社会』所収、山喜房佛書林、一九九一年）を参照されたい。

(11) 第四節所載の表7を参照。

(12) 醍醐寺の「年中行事」は、行事の種類と記事内容に着目すると、おおよそ二つに分類できるようである。そのひとつがここでみた座主房方の年中行事である。もうひとつは寺僧方の年中行事とよびうるものである。それは上下醍醐寺の伽藍部を場として、寺僧らが勤仕する行事法会について、次第や用途をかきあげたものと規定できる。本来醍醐寺の年中行事といえば、この種のものをさしたとみられ、先にあげた『雑事記』所収の「醍醐寺年中行事」や、『下醍醐寺年中行事』がそれにあたる。

(13) さらに参考となるのが『醍醐寺年中行事』（醍醐一八六函二八）である。これは醍醐寺中の年中行事を網羅的に記載したものであり、その性格は寺僧方と座主房方の年中行事をあわせたものといえる。その記事は、行事用途とその所課をはじめ、式日・場・

出仕者など詳細な記述をもち、各行事の全体像を知る手がかりとなる。

(14) 釈迦堂惣礼以下の正月行事全般については、前註の『醍醐寺年中行事』が参考となる。

(15) 註(5)拙稿。

(16) 節供は周知の如く、天皇家の年中行事のひとつであり、節会の公に対して、それは晴の食膳を供する供御の儀であり、家の私的な行事とされる。座主房の節供も、座主に「御料」を供する点において共通した儀式である。またそれが座主房構成員を対象として、元三にわたることから、『執政所抄』にみられる摂関家の蔵人所・侍所以下の所々の「三箇日饗」と共通した性格をみることもできる。節供は天皇家や貴族の家の年中行事が寺院社会に定着した例のひとつといえるだろう。

(17) 寺院社会においても、原田信男「食事の体系と共食・饗宴」(『日本の社会史　第八巻　生活感覚と社会』所収、岩波書店、一九八七年)が明らかにしたように、共食の儀式の場に身分序列を見ることができる。寺院社会における階層分化や、身分序列の確立過程については、重要な問題でありながら未だ解明されていないが、座主房の例からは少なくとも十二世紀半ばにはそれが確立していたことが知られよう。

(18) 治承三年「醍醐座主御拝堂日記」(『雑事記』巻九所収)。

(19) 醍醐寺文化財研究所『研究紀要』一号。

(20) 『大正新脩大蔵経』七八所収。

(21) それは、貴族社会における五位を境界とする身分秩序の導入である。

(22) さらに君達と修学者は、醍醐寺のみに見られる名称ではない。『興福寺別当次第』巻二によれば、恵暁の房に「修学者　公達」がみえ、稲葉伸道「鎌倉期の興福寺寺僧集団について」(『年報中世史研究』一三号、一九八八年、後に同『中世寺院の権力構造』、岩波書店、一九九七年に所収)によれば、それは学衆身分のひとつである。君達・修学者は中世寺院の房に一般的な身分呼称であったとみてよいであろう。

(23) 黒田日出男『[絵巻]子どもの登場』(河出書房新社、一九八九年)が、中世寺院における児の身分差や、多様な童の存在形態を指摘したように、座主房にも「児共」を筆頭とする童の身分序列があり、後にふれるように様々な童と童形がいた。それらの詳細については、本書第四章を参照。

(24) 註(18)に同じ。

(25) 拙稿註(5)。

(26) 三綱層と、その身分標識としての呼称については、富田正弘「中世東寺の寺官組織について―三綱層と中綱層―」(『京都府立総合資料館紀要』一三号、一九八五年)によるところが大きい。
(27) 元木泰雄「平安後期の侍所について」(前掲註(8))。
(28) 但し「侍所」の名称は、久安五年「雑事日記」、観智院本『年中行事』ともに見えない。
(29) このうち僧に供侍する童子については、『僧尼令』にすでに規定がみられる。
(30) 「醍醐寺一年寺用相折事」(『雑事記』巻三・一一所収)によれば、この料米の所進も「御厨子所沙汰」である。
(31) 観智院本「年中行事」の四月「一日上醍醐座饗事」によれば、「政所御沙汰」の饗は一日に設けられ、菜の所進の庄は、牛原北・同南・大野木・柏原・中夾・庄林・曽禰・郡・志紀北・同南・柏原納所・若江などで、久安五年「雑事日記」とは若干の異動がある。
(32) 観智院本によれば、曽禰庄所進の「度海藻」は釈迦堂八講料として「供所下之」と、供所が分配にあたっており、久安五年「雑事日記」の正月「供所例進」によれば、「供所」は郡庄所課であるところの「御料餅鏡一枚」「御酒一瓶子」以下を調進していることが知られる。こうした活動から、供所は御厨子所の管轄下にあって、庄からの所進にもとづいて、供物や饗膳を調備する機関であったとみられる。
(33) 菊池京子「「所」の成立と展開」(『史窓』二六号、一九六八年)。
(34) 註(33)論文。一方貴族の家では、進物所・膳所・贄殿がこうした食膳の調備にあたる所である。渡辺直彦「藤原実資家「家司」の研究」(同『日本古代官位制度の基礎的研究』、吉川弘文館、一九八七年)。『執政所抄』によれば、忠実家における日常的な調膳の機関には「贄殿」や「釜殿」がみえる。
(35) 御厨子所の諸設備については第五節を参照。
(36) 木手については具体的な職掌は明らかではないが、久安五年「雑事日記」によれば、「大炊木手」もみえて、座主房のみならず、寺家の台所方の職である大炊に属する木手も存在したことが知られる。大炊の役が飯や仏供米の調備であるので、木手は炊飯にかかわる仕事、竈に関する仕事に携わったのではないだろうか。
(37) 治承三年「醍醐座主御拝堂日記」(前掲)には、小寺主のうちに「一得」の名がみえる。
(38) ここにみえる「大黒天神」は座主房内の大黒天神である。比番役勤仕のために、番法師に大黒天神仏供があてられたのは、厨に奉仕する番法師と比番に対して、大黒天が厨神であったことを背景とするものであろう。丹生谷哲一は、「山伏ツブテと大黒ツブテ」（同『検非違使』所収、一九八六年、平凡社）において三宝院の大黒天の例に福神の性格を見るが、『叡岳要記』上によれば大黒天は「政所大炊屋」にまつられる「政所本尊」であり、同時に厨神であった。三宝院の大黒天も厨神の性格が濃厚であったとみられよう。

(39) 寿永三年六月、定俊は「当寺所司勾当定俊為使、以寺解行向鎌倉」と寺家の使いとして、円光院領牛ヶ原庄の地頭との相論のために鎌倉に下向しており、寿永三年には、比番役と鎌倉下向の際の二つの失敗によって追却されたことが知られる。

(40) 文治三・四年「東寺長者雑記」（醍醐一〇三函八九）による。

(41) 久安五年「雑事日記」によれば、勾当・専当・知事が「所司」とみえるが、それは他寺の例でいえば、下所司にあたる。

(42) 千楽は、応保二年乗海の「円光院別当御拝堂日記」（『雑事記』巻九）に大僧都御房（元海）の時の政所法師として名が見え、天承二年元海の「醍醐寺座主御拝堂日記」（醍醐一一三函六、『雑事記』巻七他）によれば、小寺主であったことが知られる。

(43) 自治承五年「寺家雑事等記」の元暦二年九月二十三日条によれば、座主勝賢の任僧正賀申の供の中には「政所法師八人小寺主」とみえて、いずれも政所法師が小寺主であったことが知られる。

(44) このうち荒布以下の海藻は、仁安元年「曽禰御庄役雑事」（『雑事記』巻一一）によれば、年四回にわたって醍醐寺領伊勢国曽禰庄からの所進によるものである。

(45) 東京大学史料編纂所所蔵の謄写本による。同書の性格については永村眞「『寺家雑筆至要抄』（醍醐寺所蔵）」（『日本仏教史学』二二号）を参照。

(46) 建永元年八月の「醍醐寺三綱連署挙状」（『大日本古文書　醍醐寺文書』一―一八四、以下に『古文書』とする）に「上座法橋厳円」とみえ、承元二年十一月の「醍醐座主成賢挙状」（同一―一九五）によれば、この時修理別当に転じたことが知られる。

(47) さらに「小舎人所長職」に補任された「丹治婆裟丸」が童名であることも注目される。婆裟丸は建保六年の「成賢普賢延命法記」（『大日本史料』第四編一四）によれば、「大童子　婆裟丸」とみえて、成賢座主房の大童子であったことが知られる。大童子を長とする「小舎人所」とは、小舎人童によって構成される機関であったとみてよいであろう。

(48) 康治二年六月一日「大僧正定海譲状」（醍醐七六函五六）による。座主相伝の子院については註(5)拙稿。本書第四章第二節4を参照。

(49) 観智院本『年中行事』によれば、「一　下醍醐八講政所御分飯支配事　半分政所　半分御厨子所別当」と、十月の下醍醐の八講における座主得分の飯のうち、半分は政所すなわち座主分であり、残り半分が御厨子所別当の得分であるというように、御厨子所別当の得分にふれながら、一方ですでに存在していた房政所別当の得分についてはふれるところがない。それは成賢座主房において、御厨子所別当と房政所別当が兼任であり、同一人物であったならば、矛盾はないのである。

(50) さらに三宝院元日朝拝并御節供式において、「三ケ日敷紙等料紙三帖自御塗籠給之」と「御塗籠」から元三料の敷紙が支給され、また六月の無量光院三十講では、「紙三十枚、墨一廷、筆一管、折紙、拭布二丈、移花一枚、雑紙二帖、已上御塗籠沙汰」と、その用途のうち紙・墨以下が「御塗籠沙汰」である。

(51) 観智院本によれば九月の円光院理趣三昧垂布は、先にみたように「御塗籠」から布を賜り、「牛原納殿二人」が裁縫するとみえる。ところが自治承五年「寺家雑事等記」養和二年（一一八二）九月条によれば、「円光院理趣三昧垂布、今年不懸替、牛原南北柏原雖支配之、各預所依不堪不進之也」この時点での布の所課は、牛原庄・柏原庄の円光院領の預所であったことが知られる。おそらくはこうした預所の未進を契機に「御塗籠」沙汰が、成賢座主房において定例化していったものであろう。「御塗籠」沙汰は、寺領・院家領の預所の所課と所進にかかわる役割を果たしているのである。

(52) 保立道久「塗籠と女の領域」（同『中世の愛と従属』所収、一九八六年、平凡社）。

(53) 納殿は塗籠と共に家の家政機関に付随する収納室・納戸・蔵である。宮中の納殿は宜陽殿をはじめとして、蔵人所・綾綺殿・仁寿殿などの数箇所があり、累代の御物や書籍・衣服・調度以下を納め、それは蔵人所の管轄下にあった（菊池京子「所の成立と展開」前掲註(33)）。摂関家の納殿は『執政所抄』によれば、布・綿・香・紙などの軽物を納める蔵であり、年中行事用途の衣服や禄物布施被物の調達にあたる機関でもあった。『兵範記』仁平二年四月三日条によれば、納殿は「庄々所進」のものをとりまとめる沙汰をしている。

(54) そのひとつが正月の宝篋会であり、十二月の円光院・三宝院以下の衣物支給の記事である。

(55) また「注文」の十二月末尾には、「報恩院衣物」の記事があるが、建暦二年時には未だ「報恩院」は成立しておらず、この部分は後の補筆で書写の段階で本文に混入したものとみられる。

(56) 「納殿」の語はこれ以前には、観智院本に二ヵ所見られる。そのひとつは円光院垂布にみえる「牛原納殿」であり、それは牛原の納所とみられる。もうひとつは表7にあげた無量光院三十講の記事であり、「紙積料広折敷支配」が「自納殿催出」とみえる。しかしこの広折敷支配についても「納殿沙汰注文」にはみえず、観智院本によれば牛原庄の所出であることから、この納殿も牛原納殿すなわち納所をさすとみられる。したがって観智院本には座主房の機関としての「納殿」はみられないのである。

(57) 納殿は主に軽物を納める座主房の蔵であったが、一方で座主房の米蔵とみられるものに「御倉」がある。治承五年「雑事等記」によれば、治承五年に「一番僧供依無御倉納米、支配庄々了」とみえる。一番僧供は釈迦堂の修二月のための僧供であり、座主の負担である。そこで御倉は座主方の米倉であったことが知られる。御倉と関連して、「御倉町」が存在したことも知られる（『雑事記』巻三所収、久寿二年「醍醐寺在家帳」）。

(58) 三宝院の堂舎とその変遷については、永井規男「三宝院表書院」（『日本建築史基礎史料集成　第一六巻　書院一』、中央公論美術出版、一九七一年）、川上貢「三宝院の建築」（前掲註(1)）、西和夫「三宝院宸殿」（『日本建築史基礎史料集成　第一七巻　書院二』、中央公論美術出版、一九七四年）を参照した。但し正治の火災後の復興については、詳しくふれるところはない。

(59) 醍醐一二三函二・三および六。『大日本史料』第四編之七にも拝堂記として所収。

(60) 新座主成賢が前座主実継に対面した「御所西庇ノ二間所」も、小御所をさすとみられる。実継はこの後「萱房」に移住するが（『醍醐寺座主補任次第』）、それまでこの小御所が実継の居所であったとみられる。

(61) 『雑事記』によれば、座主房三宝院の主殿は寝殿であり、従前の座主拝堂の際に、饗の場として使われたのも「寝殿」であった。ところが、成賢『拝堂記』には寝殿はみえず、饗の場は「小御所」である。小御所は「北小御所」ともみられることから、寝殿を再建する計画で、まず付属の小御所が造られたともみることができる。しかし再興後の建暦二年の「慶嘉法橋記」（『新要録』巻二〇）によれば、仁和寺御室道法法親王の醍醐寺詣での際に、饗膳の場とされたのは三宝院であったが、そこには西四足門、灌頂堂、御廊、小御所などがみられ、やはり「寝殿」の語はみられない。そうしたことから、成賢のもとでの座主房三宝院は、寝殿に代わって小御所が中心であったともみられる。座主房の小御所は先に見たように、火災後程なく建立され、座主の居室や行事の場として機能していた。鎌倉期の住宅建築一般の中で、「小御所」が正規の「寝殿」に準じた性格を持ち、寝殿に準じた室礼と用法がみられることは、川上貢『日本中世住宅の研究』（墨水書房、一九六七年）所収の「中世住宅の概観」「中世寝殿平面の史的発展過程の考察」を参照。

(62) 醍醐寺所蔵の三宝院の指図については、山岸常人「醍醐寺院家の建築的構成」（稲垣栄三編『醍醐寺の密教と社会』所収、前掲註(10)）を参照。

(63) 清水六郎太所蔵。三宝院の指図の写真閲覧にあたっては、山岸氏のお世話になった。

(64) 三条白川房の沿革とその建築については、福山敏男「最勝四天王院とその障子絵」（同『日本建築史の研究』所収、綜芸舎、一九四三年）、杉山信三「白河御堂」（同『院家建築の研究』所収、吉川弘文館、一九八一年）、藤井恵介「三条白川房の熾盛光堂について」（稲垣栄三先生還暦記念『建築史論叢』所収、中央公論美術出版、一九八八年、後に同『密教建築空間論』、中央公論美術出版、一九九八年に所収）を参照した。また、『門葉記』写真版の閲覧にあたっては、藤井氏にご教示いただいた。

(65)　中世寺院の雑舎及び台所の施設については、参考とすべき先行研究は少ないが、こうした台所の設備について注目すべき史料に『慕帰絵詞』がある。そこにはいくつかの寺院の台所の光景が描かれ、そこで働く僧俗の姿が描きこまれている。巻八の大原の勝林院五坊のひとつ性智坊の台所の光景は、板敷に炉と厨子棚を配し、土間には竈が設けられている。ここからも中世寺院の房の台所は、規模の差はあれ、炉と厨子棚、竈及び水棚が基本的な設備であったことが知られよう。

(66)　『門葉記』寺院一によれば、十楽院の御厨子所も土間と板敷とみられる二つの空間からなっており、七間の対屋の中で中心的な位置を占める。

(67)　ちなみにここにみえる綱所とは、僧綱所ではない。中世後期の房にみえる「綱所」は、房主への取次所、あるいは受付に当たる施設であったことが明らかにされており（川上貢註(61)前掲書、第六編第六章）、慶長再興の三宝院でも、綱所は奏者所とも呼ばれていた（川上貢「三宝院の建築」前掲註(1)）。それは執務所から分化したものとみられるが、三条白川房の綱所も同様の施設であったとみられる。

(68)　御厨子所と侍所が隣接して設けられる例は、十楽院においても同様であり、『門葉記』寺院一によれば、桂林院の七間の雑舎の中にも、釜を備えた場（御厨子所）と大盤が置かれた場（侍所）は隣接して描かれている。

(69)　成賢座主房に関しても、こうした家政機関の場としての雑舎が御所に付随して設けられていたとみられる。

(70)　註(5)拙稿。

(71)　寛治五年（一〇九一）八月の定文が初見である。（『雑事記』巻二所収）。醍醐寺政所の発給文書の概略については、伊藤清郎「中世醍醐寺の研究」（『山形大学紀要』社会科学　一五巻一号、一九八四年、後に同『中世日本の国家と寺社』、高志書院、二〇〇〇年に所収）がある。

(72)　『古文書』一―一九五号。『新要録』巻一七にも引用されており、京都府教育委員会発行の『醍醐寺新要録』（一九五一年）には日付が「二月十九日」とみえるが、『古文書』によれば十一月のあやまりと知られる。

(73)　実は座主単署の醍醐寺政所の補任状は、これ以前にも一例みられる。保元元年七月十日の公文勾当職を補任した「座主権大僧都」が署判するものである（『新要録』巻一一所収、『醍醐寺種々類集』）。ところがこの年の六月十三日に座主職は前大僧都元海から権律師明海に譲られており、同日に明海が座主に補任されている。したがって七月十日の「座主前権大僧都」は矛盾しており、この文書には若干の疑問が残る。

(74)　三綱については、註(5)拙稿を参照。

(75) 註(5)拙稿。
(76) 註(2)拙稿。
(77) 醍醐寺所蔵。東京大学史料編纂所所蔵の謄写本による。
(78) 寺官の三綱と、院家の三綱は、実は呼称によって明確に区別されている。寺官の三綱の場合は、たとえば上座定延のように、三綱＋名で呼ばれるが、非寺官の三綱の場合は、国名＋三綱＋名で呼ばれているのである。
(79) そうした中で永村眞「「院家」の創設と発展」(前掲註(4))や、僧房の諸相を描く山岸常人「中世寺院の僧房と僧団」(『仏教史学研究』三二巻一号、一九八九年)などがあげられる。
(80) 服部文雄『僧房・方丈・庫裏』(『日本の美術』一六一号、至文堂、一九七九年)。
(81) 「中世の国家と天皇」(『岩波講座日本歴史』中世二、岩波書店、一九六三年、後に同『日本中世の国家と宗教』、岩波書店、一九七五年に所収)。
(82) 井原今朝男「摂関家政所下文の研究」(前掲註(8))。
(83) 渡辺直彦「藤原実資家『家司』の研究」(前掲註(34))。
(84) 中世初頭の諸大寺の寺務は、多くは僧正もしくは法印や僧都であり、俗官との相当も問題となる。
(85) さらに十二世紀の半ばの僧侶社会において、出自にもとづく序列が、僧侶社会本来の臈次にもとづく序列や、僧位僧官の序列中に、複雑にくみこまれていたことも知られたが、その詳細も今後の課題のひとつである。
(86) 元木泰雄「平安後期の侍所について」(前掲註(8))。
(87) 黒田俊雄『寺社勢力』(岩波新書、一九八〇年)第四章。但し座主房の例からみれば、遅くとも十二世紀半ばにはそれが確立していたことは明らかである。
(88) 永村眞「東大寺別当・政所の変容」(同『中世東大寺の組織と経営』所収、前掲註(4))、稲葉伸道「中世東大寺寺院構造研究序説」(『年報中世史研究』創刊号、一九七六年、後に同『中世寺院の権力構造』に所収、前掲註(22))、但しその分離の時期については、永村氏は十一世紀前半とし、稲葉氏は十二世紀末から十三世紀としており、両者の見解が異なる。
(89) 永村註(88)論文。
(90) 東大寺においてみられた、別当房政所に対する三綱の組織である公文所は、醍醐寺においてはその活動は顕著ではない。観智院本『年中行事』正月条には「自正月毎月消息紙三帖、自御塗籠公文所給之」と公文所がみられるが、座主房の公文所か、寺家の公文所か、この一例のみでは判断し難い。

(91)　註(5)拙稿。

(92)　座主の私的な房の存在を顕著に示すのが、座主の伝法灌頂の場であろう。座主とそれらの私房については、註(2)拙稿を参照。

(93)(94)　ともに『三宝院流嫡々相承次第』(東京大学史料編纂所所蔵の謄写本による)。

第二部　中世寺院の童と芸能

第四章　中世寺院の童と兒

はじめに

中世社会にはじつに様々な童が存在していた。中でも、最もバラエティーに富む童を擁していたのは寺院である。絵巻物に描かれた童たちの多くが寺院の童であるように、中世寺院には様々なタイプの童が存在し、生活していた。中世社会における寺院の存在の大きさが指摘されてからすでに久しく、この寺院童の分析なくしては、中世社会の童を語ることはできないといっても過言ではないだろう。にもかかわらず、つい最近までの研究では、堂童子や八瀬童子などの一部を除いては、(1)寺院童の生態は殆ど明らかにされてこなかった。中世の童研究は、多様な寺院童たちの姿を含み込むことなく進められてきたのであり、そこに童研究の問題と課題があるといえよう。

童研究は一九八〇年代に集中してめざましく進展してきたが、中でも注目されるのは、絵画史料を中心とした黒田日出男氏や網野善彦氏の研究である。(2)特に黒田氏は中世の身分制の中で童をとらえ、童は「人ナラヌ者」であり、下人の本質が童であること、同時に童は神に近い聖なる存在であったことに注目する。(3)さらに寺院童の存在にも注目し、童(子ども)と童子姿(童姿を強制された大人)の役割や意味を以下のように指摘している。(4)寺院の子どもの代表は「稚児」であり、その役割には扈従労働、見習い労働、舞童に代表される寺院行事への参加、僧侶の性愛の対象となるなどがある。そして牛飼童とならぶ寺院の童子姿の代表は「堂童子」であり、その童姿は雑役・雑用の奉仕者労働の者に強制された姿であり、彼らは身分体系の末端に位置し、聖なる存在に仕えるための姿であったと。

黒田氏の研究は、寺院童の姿をビジュアルな史料から描いたものであり、重要な指摘も数多く、興味は尽きない。しかしその中にはいくつかの問題点もまた含まれている。第一の問題は「稚児」の中にも身分差があったこと、「稚児」以外にも下層の童が存在したことを示唆しながらも、寺院の子どもの代表を「稚児」と一括するところにある。氏に限らず、従来寺院の子どもといえば「稚児」とするのが通例であった。しかし「稚児」とは寺院社会のいかなる階層の童をさすのか、今まで具体的に検討されることもなく、定義もないままに漠然と使われてきたといえる。「稚児」以外の子どもたちについてはその呼称すらはっきりしていないのが実情であり、寺院の童については、まずその呼称から明らかにしていかねばならない。

第二に黒田氏は、中世の寺院の中で童姿を強制された大人を「堂童子」とし、絵巻物にたくさん描かれている寺院の童姿をいずれもこの「堂童子」とするが、寺院の童姿（童子姿）の代表ははたして「堂童子」なのかという問題である。これも従来は寺院の童姿といえば、「堂童子」か「八瀬童子」としてきた研究の現状を反映している。(5)しかし絵巻の中の童姿は、いずれも実は「堂童子」ではなかったとみられるのであり、寺院の童姿の代表は何か、その呼称と役割を具体的に明らかにしていく必要がある。

第三に、童姿の意味がある。それは黒田氏が指摘するように、身分序列の末端にある者、雑用の奉仕者労働の者に強制された姿であり、かつそれは童の聖性にねざすのか。これも童姿の人々の生態を明らかにした上で再検討してみる必要があるだろう。

そうしてみると寺院童の研究には、ビジュアルな史料に文献史料をつなぎ合わせていく作業が必要なようである。そうした作業によって、それぞれの史料のみからは見えなかった寺院童の生態がより鮮明に見えてくるであろうし、それぞれの史料のみから描いた童の姿のズレを是正していくこともできるであろう。

さらに寺院童の専論である伊藤清郎氏の研究にもふれねばならない。[6]氏は中世寺院の童を寺僧の後継者たる「児・童」と、従童や神人身分の童子（童姿の大人）の二つに分類し、前者の存在形態を童舞を中心に概観する。そして伊藤氏が注目するのは、童舞において神をおろし、聖なる空間を現出する童の役割である。[7]しかし伊藤氏の研究にも寺内の童の呼称や階層性について具体的な分析がない故に、童の二分類からすでに疑問が持たれる。

そこで本章では、従来の絵画史料による解明を深めつつ、様々な史料から寺院童の存在形態を明らかにし、その機能や本質を追及していきたいのである。この寺院童の分析を通して、ひとつには寺院内身分や組織構造の観点から、寺院社会のもつ特殊性とその対極にある世俗社会との共通性を探っていくことができるであろうし、[8]寺院の童を探ることは、中世社会の童を探ることであり、また中世の童を探ることは中世社会の特質をとらえることにもつながるだろう。このように寺院社会の童を通して、様々な問題がとらえられると考えるのである。

以下に、第一節では寺院童が登場する中世の説話から童のイメージと生涯を読みとり、第二節では寺院内部の史料から寺院童の呼称を探して分類し、童の階層や役割を具体的に明らかにする。第三節では童の姿を公家新制・寺辺新制から探り、さらに絵巻の中にそれぞれの階層の童の姿を確認する。最後に寺院童の起源と展開にふれながら、その本質とは何かを考えてみたい。

第一節　説話世界の童と児

中世の説話集にはたくさんの寺院の童たちが登場する。『古今著聞集』や『宇治拾遺物語』をはじめ『発心集』『雑談集』や『徒然草』などがそれである。そこには僧と童の性愛や発心、童たちがひきおこす笑いなどが生き生きと描かれる。中世の説話は寺院童の生態を知る第一の手がかりなのである。ただ個々の説話集の夥しい研究の蓄積の中では、この寺院童の性格を的確にとらえてきたとはいえない。それ故に解釈が曖昧であったり、説話の意図するところを読みとれない例が見られる。そこでこうした童の存在形態を明らかにした上で、説話そのものの読み直しを試みる必要があるだろう。まずは寺院童の生態やイメージを読みとることから始めたい。

橘成季の『古今著聞集』(9)には仁和寺関係の説話がまとまって見られ、(10)その中に童の話がある。例えば三二三段には（巻八好色）紫金台寺御室（覚性）の「御寵童」の話がある。御室の寵愛を受けた千手と三河という二人の童は、酒宴の席に侍り今様をうたい舞う。「寵童」は仁和寺の華やかな御所で、御室に近侍して芸能や性愛にかかわる童であり、御室の気まぐれな寵愛がひきおこす童の発心の結末はさほど目新しくはないが、(11)語り手の目は美しく着飾った寵童の装束や所作に集中している。なお『古事談』四〇七（巻六の十九）の中では寵童は「兒」ともいいかえられていた。

五二四段（巻十六興言利口第二十五）には、北院御室（守覚）の「上童」が登場する。随身中臣近武の袴際に執着した御室は、近武に「上童」の袴の着付けを命じる。近武は童にわざと大酒を飲ませ、童は美しい装束を散々にしてしまう。この話に見る「上童」とは「何事のはれにてかありけん、上童を召し具せらるる事ありけるに」と、御室がハレの場に召し具す童であったが、注目されるのは上童と随身のとりあわせと、説話の背後に垣間みえる上童の装束や進退へのこだわりである。そして「この兒は無進退の人にて」と上童も「兒」と呼ばれていた。(12)

このように『著聞集』に描かれた仁和寺の童たちは「寵童」「上童」であり、彼らは「兒」とも呼ばれていずれも御室に近く侍る童であった。『著聞集』の仁和寺関係説話の成立には、北院御室（守覚）の房官の成海が関与しており、(13)その仁和寺童への興味は「寵童」と「上童」にあったことが知られるのである。

そして登場する寺院童のバラエティーという点では『宇治拾遺物語』(14)が筆頭であろう。巻一には著名な「兒」の話二題をのせており、十二段は「かひもち」を待ちこがれる「兒」、十三段は田舎育ちの「兒」と、いずれも叡山の兒の話である。七十八ノ二（巻五の九）には一乗寺僧正増誉が寵愛した「呪師小院といふ童」の話もある。『宇治拾遺物語』には院政期を中心とした説話群と散逸した宇治大納言物語を典拠とする説話のあることが明らかにされているが、これらはいずれも前者の典拠未詳の院政期以降の話である。[15] さらに、後者の中にも二十五段（巻二の七）に著名な池尾の禅珍内供の鼻の話がある。ある日内供の鼻を持ちあげる役をつとめたのは「中大童子にて、みめもきたなげなくありければ、うへに召しあげてありける」童であった。周知の如くこの話は『今昔物語』巻二十八の池尾禅珍内供鼻語と同源であり、『今昔』ではこれが「中童子」となっている。「中大童子」と「中童子」はどう違うのか。どちらが原形に近いかも問題となろう。

さて前者の院政期以降の話の中で最も注目されるのは、十五段（巻一の十五）の「大童子」の話である。越後国から鮭を馬に負わせて京に入ってきた者がいた。「粟田口の鍛冶が居たる程に、頂禿たる大童子の、まみしぐれて物むつかしう、うらゝかにも見えぬが、此鮭の馬の中に走入にけり」と大童子が馬の列にもぐりこんで、鮭を二つふところへひきいれる。みとがめられた大童子は腰に隠した鮭を露にして、鮭と女陰をかけた卑猥な言葉を投げて見物の笑いどよめきを引き起こす。

ここに登場する大童子はむさくるしく、胡乱くさい風体で、「頂禿たる」からかなりの年齢であることは明らかである。そして馬の列に走り入って鮭を盗む行為、それが露見するや「あはれ、勿体なきぬしかな」と叫ぶあたり、唐突に「女御、后」の高貴な女性をひきあいに出して暴言をはくその行動からは、今までに強調されてきた無頼の輩や反権威のイメージよりも、[16] むしろ大童子の権威を負った姿が見えてくる。

従来の解釈では、大童子は粟田口の鍛冶の童子か、牛飼童の類か、「京童部」の同類とみなされてきた。[17] いずれも大童子の存在を特定できずに、粟田口の「鍛冶」に注目して、粟田口三条小鍛冶の童とみたのである。しかし場として注目すべきは「粟田口」の方であろう。粟田口といえばすぐに思い浮かぶのは青蓮院である。青蓮院は三条白川房と呼ばれて天台座主行玄の弟子の七宮覚快親王の御所であり、[18] 当初は三条大路に面した三条白川（現在の五軒町）にあった。当時説話の読者は「粟田口」一帯といえば青蓮院を想起したと見られるのである。「粟田口の鍛冶」にいた大童子とは、青蓮院の大童子だったのであり、書き手は明記しなくてもそれとすぐ判ることを読者に期待していたとみてよいだろう。大童子のもったいぶった態度や一見唐突な比喩は、貴種を院主とする青蓮院という背後の権威によるものだったのである。

青蓮院、覚快親王といえば、一八二段（巻十四の八）の仲胤僧都の連歌の話にもつながってくる。仲胤といえば、『宇治拾遺物語』の描く院政期説話の笑いの世界の中心に位置し、説話の成立圏にもかかわるとされる人物であり[19]、ここにも大童子が登場する。青蓮院の座主（行玄）のもとに七宮覚快親王が訪れ、若い僧綱たちと庚申の一夜を過ごす。その場に仲胤僧都も臨席していた。そこに瓶子とりの「上童」の「いとにくさげなる」が登場する。ある僧がよんだ「上童大童子にも劣りたり」に、いならぶ僧にはやしたてられた仲胤が、「祇園の御会を待斗なり」と連歌をつける。この難解な連歌の付けかたをめぐって、従来様々な解釈が試みられてきた[20]。しかしこの連歌で問題となるのは上童と大童子のとりあわせであり、それぞれの存在形態と違いを明確に把握しなければ、この話は理解できない内容なのである[21]。

『宇治拾遺物語』の笑いの世界の中心には仲胤とともに大童子がいた。『古今著聞集』が平安末から鎌倉前期の仁和寺御室周辺の童を描いたのに対し、これはほぼ同時代の叡山関係の多様な童の生態を描きこんでいたのであり、その中核には仲胤説話が位置していたことが明らかであろう[22]。

さらに『発心集』[23]巻三にも奈良の都の「伊予僧都」に仕えた大童子の話がある。それは大童子の一生を語る説話としても注目すべきものである。「此の童火をともして車のさきに行くを見れば」からは、大童子の松明をかざしての扈従労働が知られ、「年ごろつかふ」「年もやうやう高くなりたり」からは大童子がかなりの年齢にいたるまで「宮仕へ」の身であったことが知られる。その生活は労働のかたわらに「朝夕に念仏を申す事、時の間もおこたら」ぬ日々であり、やがて伊予僧都から田をもらうと、自らは猿沢の池のほとりに「一間なる庵」を結んで他念なく念仏して暮らし、ついに「本意の如く」往生をとげる。ここに見る大童子の生涯は宮仕えから遁世への道であり、出家の道は閉ざされていたことを知ることができる。さらに大童子は「ふたり持ちたりける子」と、子をもつ妻帯者でもあった。

無住の『雑談集』(24)にも大童子を主人公とする説話がある。巻十の南都の「酸茎」の話がそれである。「或大童子ノ、信心マコトニ有リケルガ、キリークノ一字ノ真言ヲ、真言師ニ習テ、一心ニ誦シケリ、私ニアルクニモ、主ノ伴スル時モ、行住座臥、常ニ誦ケル」と、大童子は「キリーク」のただひとつの真言のみを唱え続ける。ここにも扈従労働を宗として、出家の道に入ることのできない大童子の姿がある。けれどもこの話の中心は「酸茎」の異名の由来にあり、殊勝な姿とは裏はらに大童子は猥雑な笑いを呼ぶものとして描かれている。この大童子の無知と信心は『発心集』の話に通じるイメージであり、その笑いは『宇治拾遺物語』の大童子の鮭の話にも通じる笑いであろう。

このように説話に見た大童子の生態は、高齢に達しても扈従労働に従事し、正式な出家の道は閉ざされて、仏道へのかかわりは信心と晩年の遁世のみであった。無知にしてひたむきなもの、それをとりまく猥雑な笑い、そして背後の権威。これが中世前期の人々が大童子にいだいたイメージであったとみてよいだろう。そしてこうした大童子説話は、院政期から鎌倉期にかけて集中してみられる。(25)なぜそれが院政期以降に登場してくるのだろうか。

さらにこれらの説話の中に描かれた様々な寺院の童たちは、今までにどのように類別されてきたのだろうか。従来の説話の解釈や頭注では、多く年齢による分類によって寺院童をとらえてきた。たとえば『日本国語大辞典』で大童子を「僧家で召し使う童子のうち、上童子の下、中童子の上にある者」あるいは「年齢のたけた童子」とするように、童を年齢によって大中小に分けたり、(26)その序列は上童子—大童子—中童子であるとしてきた。しかし年齢による分類は妥当なのか、上童—大童子—中童子の序列は正しいのか、様々な疑問がうかびあがってくる。児とは上童と中童子とは、中大童子とは大童子とは何か。その実態をいよいよ寺院の史料の中に見ていくことにしたい。

第二節　寺院史料にみる童と児

1　童の呼称と序列

説話世界の童と兒は、叡山・仁和寺や醍醐寺・興福寺の童たちだった。そこで醍醐寺・仁和寺・叡山の史料を中心に、童の呼称と序列から明らかにしていきたい。

まず醍醐寺の例をあげる。久安五年（一一四九）醍醐座主元海の「座主房雑事日記」[27]によれば、正月の年中行事には元日の「朝拝」と「節供」があった。節供は元三のハレの食事で、それにあずかるのは、

公達
兒共
修学者　侍
内侍　中童子　御厨子所　大童子
政所　舎人　牛飼　人従

らである。節供とは座主房内の私的な行事であり、「公達」以下が座主房のメンバーと知られる。[28]そしてこの中に「兒共」「中童子」「大童子」と「牛飼」の童たちがいる。中世寺院の内部を公私に分けるとすれば、房や院家は僧侶の生活の場であり、私的な部分にあたる。説話の中で僧に仕える存在として描かれていた兒や大童子は、僧のもとでこの房や院家に所属していたのである。

一方の朝拝とは、醍醐寺の職員が座主に拝礼する寺家の公式の行事であり、そこに列席する座主以下の供僧・三

綱・権官・所司・職掌・小寺主・堂童子・大炊らが寺家の職員であった。(29)この中に今まで中世寺院の童姿の代表ととらえられてきた「堂童子」がいる。兒共・中童子・大童子が房や院家に所属して僧に付く存在であったのに対し、堂童子は公の部分にあたる寺家に所属して堂につく存在だったのであり、(30)兒共・中童子・大童子と堂童子とではその帰属が異なるのである。

さて房の中の童たちの序列を節供の席次から見ると、童たちの頂点にたつのが兒共であり、房内の童たちの序列は兒共―中童子―大童子の順である。しかも兒共は座主に次ぐ席次を占める公達の次席に位置し、修学者や侍よりも上位に位置している。公達と修学者はともに座主の門弟の僧で、出自にもとづいて入室の時に決定される房内の身分を示す呼称である。(31)ちなみに座主元海の房では仁平元年（一一五一）に「君（公）達六人」「兒共一人」「修学者十三人」(32)という構成だったことが知られる。そして彼らに支給される一日分の米は、公達が各一升二合、兒共が一升、修学者が六合、侍は六合という配分であった。ここからも座主房の兒共は房内でも数少ない特別な存在であり、それは房内における一種の身分を示す呼称でもあったことが知られるのである。

こうして座主房の節供における童たちは兒共―中童子―大童子の序列にあったことがわかったが、他の史料から見るとどうだろうか。それはハレの隊列からも確認できる。

文治四年（一一八八）に醍醐座主勝賢が東寺長者に補任された時の記録を見たい。(33)表8に示したように、新長者の東寺拝堂の行列は勝賢が乗った「御車」を中心に、「前駈」と「上童」「中童子」「大童子」「法師原」からなっている。前駈の八人はいずれも醍醐寺の執行・三綱と勝賢の侍で、それぞれが「侍童子」や「侍従童」ともよばれる童を従える。(34)車のすぐ後に従うのは「上童一人」である。上童はさらに従男と「小舎人童一人」を従える。文治五年に勝賢が後七日御修法で大阿闍梨をつとめた時の記録(35)では、上童は「馬上兒一人延命殿」と「兒」と呼ばれていた。この「兒」は「殿」と呼ばれることから、「兒共」の「兒」と同じとみてよいだろう。座主房の「兒」はハレの行列の中で

表8　諸寺の隊列

寺	行事	隊列	出典
醍醐寺	文治四年三月廿日 東寺長者勝賢拝堂	・前駈八人 光遍童二人　長賢同　慶喜同 禅忠四人　成玄三人　厳円同 慶湛二人　定延六人 ・御車 牛童二人 ・上童一人 従男四人 小舎人童一人 ・中童子二人 ・大童子六人 ・法師原 ・前駈一人 ・車　宗遍法眼 ・中童子二人 ・大童子四人 ・前駈二人 ・車　実継 ・中童子二人 ・大童子三人 （以下略）	（『東寺長者雑記』による）
仁和寺	治承三年十月十日 仁和寺宮道法受戒	・先院殿上人十七人 ・次房官十人 ・次有職非職廿人 ・次御車 車副　四人 牛童 中童子 ・次上童四人 ・次侍六人 ・次大童子 ・次僧綱五人 ・次公卿四人	（『山槐記』）
叡山	建久四年三月廿三日 天台座主慈円拝堂	・先所守二人 ・次専当八人 ・次綱掌六人 ・次維那六人 ・次所司六人　已上二行 ・次房官十人 「童各四人相具之」 ・次有職四人 ・次三綱二人 ・次威従四人 ・次御車 「牛童二人」 「榻持　鎰取」 ・次上童一人　一法師 「郎等六人」 「童一人　舎人一人」 ・次御後　「次従僧二人」 ・次中童子二人 ・次大童子十人 ・「鎰取長二人」 ・次法師原三十人 ・次扈従権少僧都良尋 前駈八人 車 牛童二人 「上童二人」 中童子二人 大童子六人 榻持一人 法師原十人	（無動寺旧蔵『権僧正慈円天台座主行列』、「　」は『吉部秘訓抄』五）
叡山	建仁四年正月廿九日 天台座主真性拝堂	・専当八人 ・維那六人 ・所司六人 ・房官十二人　已上二行 ・有職六人 ・三綱二人　已上一行 二行 ・御車 院御車 御牛飼二人　御榻持 御笠持　雨皮持 ・上童 雑色六人 小舎人童一人 ・御後侍二人　二行 ・中童子四人　二行 ・中大童子一人 ・大童子長四人　二行 ・連八人 ・法師原三十人	（『門葉記』巻一七六）

は「上童」とみえるのである。

上童に続くのは「中童子二人」である。「大童子六人」はその後に「法師原」に先立って続く。節供にみた兒—中童子—大童子の序列は、ここでは上童—中童子—大童子とみえるのである。行列においてもやはり中童子—大童子の順だったのである。さらに行列の中で注目されるのは、「御車」のすぐ後に従うのは「牛童」も含めていずれも童であること、侍や上童がそれぞれに童を具し、扈従の僧綱以下も各々中童子や大童子を従えるように、童の列が重層的だったことであろう。

次いで仁和寺の例を見てみたい。『山槐記』治承三年（一一七九）十月十日条には、後白河院の皇子道法（後の後高野御室）が十一歳で東大寺で受戒した時の記事がある。その行列は表8に記した如くである。ここでは中童子が牛童とともに「御車」のすぐ後につき、侍が大童子の前につくという違いはあるが、基本的には上童—中童子—大童子の序列は同じとみられる。

叡山の場合はどうだろうか。建久四年（一一九三）三月の天台座主慈円の拝堂の記録[36]によれば、慈円の「御車」に先立つのは所守以下「房官」「有職」「三綱」「威従」らと多いが、車の直後には郎等と童をひきつれた「上童一人」が続き、次に後（侍）と「中童子二人」「大童子十人」「法師原三十人」が続く（表8）。行列の基本形は醍醐寺・仁和寺のそれと共通している。さらに建仁四年（一二〇四）正月の天台座主真性の拝堂の記事[37]では、より細かな童の分類がみられる（表8）。「御車」の後に小舎人童らを従えた上童が続き、その後、侍のあとには「中童子四人」「中大童子一人」「大童子長四人」「連八人」が続く。「中大童子」といえば『宇治拾遺物語』の禅珍内供の鼻の話にも登場していた。それが叡山の史料にみられるのであり、さらに大童子に「長」と「連」があるのが注目される。

以上にみてきたように、醍醐寺・仁和寺・叡山の史料からは「兒」「上童」「中童子」「中大童子」「大童子」「侍童子」「小舎人童」などの童たちの呼称とその存在が知られた。僧の周囲をいかに多様な童たちが囲んでいたか、ハレの行列が最もよく示しているのである。彼らは僧に仕えて房に所属する存在であった。童たちの序列は重層的であるが、その中核となるのは房の中では兒―中童子―大童子であり、行列の中では上童―中童子―大童子である。童の序列は今までにいわれていたように上童―大童子―中童子や、大―中―小ではなかったのである。そして醍醐座主房の兒に見たように、中世寺院の房の中で兒といえば、僧に仕える童を漠然とさすのではなくて、房内の童たちの中でも特定の階層の子どもをさす呼称だったのである。

2　兒と上童

兒とは房の中のどのような階層の童をさしていたのだろうか。仁和寺の御室の場合を見て見たい。守覚法親王の『右記』(38)の「老若甲乙消息事」の中には房中の序列に関して次の条がある。

一、房官與修学者列座上下相論事侍諸大夫列也（中略）、房官俗姓雖勝修学者、是二族法師也、修学者俗姓雖劣房官、浄行禅侶也、共有可賞事上者、（中略）、然者一方公達并童形座下、房官一列可着歟、又三十以前房官若党不可着已灌頂修学者上座、（中略）、又其品雖為平衆、於続一流之師跡輩者、不及同日論也、又房官或御乳母子或外戚或時執権等沙汰外事也、因何競之哉、良家分禅侶上座、不可有子細云々、

房官と修学者の座次について定めたもので、ここからは付帯条件を除いて公達―童形―房官―修学者―侍という房のメンバーの序列が知られる。それは醍醐寺座主房に見た公達―兒共―修学者―侍の序列とほぼ共通しており、御室の「童形」は序列から見ると、醍醐座主房の「兒共」と同じである。『右記』の「童形等消息事」の結語には「已上条々為年少者、註之」とあり、「童形」とは房内の子供の中でも、ことに兒をさすとみてよいだろう。

表9　仁和寺宮（道助）受戒の行列と行粧

行列次第	装束	沙汰
・殿上人二十人 左兵衛左清親　左衛門権佐親房　越後守定高　左少将通時　左少将雅清　右中将公雅　前兵衛佐家衡　右京大夫有能　（左中将宗経） 左少将公棟　兵部権大輔家宣　左衛門佐経時　右少弁顕俊　左少将忠清　内蔵頭親定　右中将公氏　左中将実宣 右中弁範朝　右少将隆仲　左少将伊時		
・房官九人 宗耀　覚寛　長尋　任円　祐円　隆佐 宗賢　顕縁　頼円	其従等皆尽美折花 付菊紅葉、置水押鋳類也 従等皆同	
・非職五人 実紹　尊□　能厳　能経　真雄		
・有職十六人 道禅　覚能　隆禅　顕寛　行遍　覚全 覚助　覚紹　□□　□□　宗全　行厳 □遍　経遍　経覚　□□		
・御車	宮御下向鈍色御装束 御登壇日布御法服	七条女院可被調達 〃
御車副八人 仕丁二人	白張　縹衣　黄単	院年預調進 〃
楊持一人 御牛飼	虫襖　欵冬衣　黄単	〃 〃
・中童子八人 祇王　次郎　亀王　松王　徳王 乙王　伊王　金剛	二藍上下　結紅葉付之 紅打衣　黄衣 同単	七条院御沙汰 翌日装束本所沙汰
・上童四人 文殊　福王　真如　薬叉王（丸）	顕文紗赤色上下付菊枝 金銅類云々 欵冬衣　黄単　合袴	自院被進之、大宮 中納言所課 翌日装束本所沙汰

　兒の出自はどうだろうか。「一、管絃音曲等事」では今様や白拍子を御所中の児童が嗜むことについて、「自公達以下俗姓事、此曲清華家子孫等、痛難備眉目之能芸也」と清華家などの子孫についてそれを禁じているのが注目される。御室の兒の中には清華家の子供が含まれていたのである。さらに先の条では房官の中でも御室の「乳母子」や「外戚」、「執権」が特別な位置を占めていたことが知られたが、この房官の子供にも御室の兒を見ることができる。

　菩提院行遍の口伝を記した『参語集』[39]によれば、行遍は後高野御室（道法）のもとで「長寿殿」と呼ばれる「兒」であり、御室の「御寵童」となったことが知られる。この行遍の父仁尊は北院御室（守覚）の執事

・侍六人	帯　扇　沓	
俊紹　成兼　賢俊　□円　厳縁　最兼		
・御童子三十人		
牛　真殊　千王　乙王　伊王　四郎	大童子十二人　白張	
七郎　禅師丸　太郎丸　次郎丸　鶴丸		
十八人散所		
・扈従僧綱五人		
円楽寺法印親覚　左大臣法印覚教		
大納言法眼寛俊　左大臣法眼道雲		
石山法眼玄深（公源）		
・扈従公卿		
二位大納言兼良　春宮大夫公継		
左衛門督通光　大宮中納言公経		
参議雅親　三位定通		

注『明月記』建永元年十月二十六日条、『光台院御室御伝』（『仁和寺史料　寺誌編二』）、『御八講部類記』所収「御受戒事」（『伏見宮御記録』利六一）、『仁和寺御入寺御出家部類記』所収「御出家記」（『伏見宮御記録』利五四）より作成。

であり「奉行無双の人」であった。仁（任）尊は守覚の房官であり[40]、行遍は房官の子が御室の兒となり、寵童となった例なのである。

兒がハレの行列の中で上童の役をつとめたことは前節で醍醐寺の例を見たが、仁和寺の例を光台院御室（道助）の出家・受戒の記録から見たい。光台院御室は後鳥羽院の第二皇子長仁親王。宮は七条女院の猶子となってその御所で養育されており、建仁元年（一二〇一）十一月、六歳で後高野御室（道法）のもとに入室し、建永元年（一二〇六）十月十七日に十一歳で出家、二十六日に東大寺で受戒する。その入室・出家・受戒についてはいくつかの記録がある[41]。

それらによれば、受戒のための東大寺下向に供奉した人々は表9に記した如くである。まず殿上人二十人が騎馬で、それぞれに舎人・童・随身を具して進む。次に房官九人、次いで非職有職の僧合わせて二十一人が騎馬で従う。その後が道助の「御車」である。車には車副八人と仕丁二人、榻持一人と牛飼、さらに中童子八人がつく。中童子も騎馬である。次いで騎馬の上童四人、騎馬の侍六人が、その後には「御童子」三十人が従う。さらに扈従の僧綱五人と公卿六人の車が続く。この隊列の規模は先に見た師の後高野御室（道法）の治承三年の受戒の列にほぼ等しく（表8を参

照）、その先例にならったものと知られる。そして行粧の沙汰は後鳥羽院と七条女院が中心となっていた。(42)

この時の上童は「文殊丸成海子、福王丸景暁子、真如丸隆寛子、薬叉丸左衛門尉範国子」と、その名が知られる。(43)このうち「文殊丸」の父の「成海」とは『古今著聞集』の橘成季に仁和寺の説話を提供したとみられる成海その人である。(44)成海は「北院御室近習」(45)であり後高野御室（道法）の法親王庁の「執事別当」(46)であったが、「来十月中旬之比、可有若宮御出家事、今日依吉日召法眼成海被沙汰始之、可奉行之故也」(47)と、この度の宮の出家受戒にあたってその奉行をつとめていたことが知られる。この時北院の御所の修理の沙汰に加わったのは先に見た菩提院行遍の父の「法橋任尊」(48)であり、上童「真如丸」の父の「隆寛」も成海の同僚の房官であった。(49)上童の役は主に児がつとめる役であり、このように御室の児には房官の子というひとつの階層があったことが明らかである。『仁和寺諸院家記』（心蓮院本）によれば、成海には仁和寺僧となった四人の子息がいた。(50)このうちの覚瑜と教禅の二人は仁和寺の院家真光院の門流を継いでおり、この二人も御室の児であった可能性が高い。

先に見たように、『古今著聞集』五二四には北院御室（守覚）が随身中臣近武の袴際に執着して、上童に着付けるように命じた話があった。この話には房官の子が御室の児となって行列の上童をつとめるという前提があったのであり、他ならぬ成海の子が宮の受戒というハレの場で上童をつとめていたのである。説話の背後には上童の袴際や進退に執着した房官成海の目があったことが明らかだろう。

さらに御幸に供奉する役といえば随身もいた。長仁親王（後の光台院御堂）が建仁元年十一月に入室した時に、後鳥羽院の随身中臣近武が車の後について仁和寺にやってきた。その場には北院御室（守覚）もいた。(51)近武といえばこの五二四の話にも登場しており、高倉院や後白河・後鳥羽院に仕えた随身である。(52)守覚も成海も近武をしばしば目のあたりにしていたのである。上童と随身は貴人に扈従し隊列を飾る点で共通している。房官と上童と随身と、御室の行列と行粧をめぐる三者のつながりを背景にしてこの話はなりたっていたといえよう。

さてこの受戒の上童の中でさらに注目されるのは「薬叉丸左衛門尉範国子」である。それは後鳥羽院の下北面の橘範国の子だったことが知られる。[53] この受戒の行列の上童について後鳥羽院は「先々北面輩子童等被召進、而今度無其仁、仍装束許可有御沙汰、於其仁者可被儲本所也」[54]と、先例によって院の北面の子童を召し具す予定であったが、今回は適当な子童がいなかったので、「本所」つまり仁和寺御室が上童を出すことになり、その装束ばかりを院が沙汰することになったというのである。ここからは御室の上童に院の北面の子が召し具される例があったことが知られる。

その先例といえば、師の後高野御室（道法）の受戒の例に他ならないだろう。『山槐記』によれば治承三年の上童四人は「能盛養子、盛信子、実清子、康信子」で、受戒の記録によれば「五郎丸因幡守能基養子、　大舎人大夫定親子、　十郎丸故検非違使康信男、　六郎丸故摂津守盛信男、　薬師丸左馬允貞清男」[55]であった。このうち六郎と十郎は安元二年（一一七六）四月二十七日の後白河院の延暦寺御幸にも「馬上童」として扈従していた。[56] そして五郎丸の養父能基は能盛の子であり、藤原能盛といえば後白河院の下北面の一人で、今様を学んで院の側近にあったことが明らかにされている。[57] また十郎丸の父康信は鳥羽院の下北面源近康の子で後白河院の下北面であり、[58] 六郎丸の父盛信も同じく後白河院の下北面であったとみられる。[59] このように治承の受戒では院の下北面の子が上童を勤めていたのである。

但しこの度の上童は御室の沙汰であったので、左衛門尉範国の子「薬叉丸」は御室の児であったとみてよいだろう。そうしてみると、御室の児の中には房官の子とならんで院の北面の子がいたことが知られるのである。仁和寺の御室が院の皇子であれば、院に仕える北面の子が御室に祇候することも当然考えられるわけだが、院の北面の子と御室の房官の子は実はその役割においても共通していた。そのひとつが「上童」や「騎馬童」として行列に供奉することであり、もうひとつは「御寵童」となることである。房官の子の中には菩提院行遍の例でみたように御室の寵童となるものがおり、一方北面に祇候する童の中にも白河院の時から院の寵童となるものが多くみられた。[60] また後鳥羽院の西面や下北面にも童名の者がかなり祇候しており、西面の童の中にも院の「御寵童」がいたことが明らかにされている。[61]

さらに『参語集』によれば、かの行遍は「奉公之次第ありくしくて」「自児童御所中の被取奉行なり」と御室の身辺にかいがいしく仕え、幼少の頃から御所中の雑事を「奉行」していたという。行遍が御室の使う「御手巾」をいつも「あぶりかわかして」渡していたように、貴人の身辺には兒ならではの雑用があったのである。おそらくは院の北面や後鳥羽院の西面の童たちもこの御室の兒と同じような役を担っていたのではないか。童のうちから貴人のそば近くで奉仕するという点において房官の子も北面の子も共通した役を担っていたのである。

兒の階層を知るために御室の房官の出自についてもふれておきたい。一概に房官といってもその出自は様々である。例をあげれば房官成海は皇后宮亮藤原成隆の息である。(62)『山槐記』によれば、治承三年の受戒に供奉した房官のうち「実暹　皇后宮亮顕憲子」は藤原顕憲の子、「教賢」は兵衛佐藤原隆教の子、「行賢　下野前守源有国子」は下野守有通の子であり、(63)その父はいずれも従四位上から従五位下であった。さらに先にあげた『右記』によれば房官の下には侍がおり、侍は「諸大夫列」であった。治承三年の行列によれば侍は惣在庁・威儀師・従儀師・上座らから成るが、この侍の子にも兒がいたとみられる。(64)さらに下北面が六位以下であれば、侍の子の下には下北面の子が位置することになる。御室の兒の出自はこのように六位あたりを下限としていたとみられよう。

以上に見てきたように御室の兒の階層がどうやら明らかになってきた。上は清華家などの子、中間には房官の子、下には侍の子や院の北面の子がいたとみられるのである。中世初頭の御室の兒には清華家の子—房官の子—侍の子—下北面の子という諸階層があったのである。そして院や天皇の子で将来御室の嫡弟として門流を継ぐ皇子の待遇は兒とは別格であろう。また鎌倉前期の仁和寺ではまだ数は少ないが、摂関家の子息も別格であった可能性が高い。

さらに注目されるのは房内の兒の席次である。先に見た『右記』からは公達—童形（兒）—房官—修学者—侍という序列が知られた。兒は房官や侍や北面の子であっても、兒として御室に出仕する時は、その父よりも上席に座すことになるのである。先にあげた『右記』の記事では列座の上下は「俗姓」の優劣と「二族法師」か「浄行禅侶」かの種別、已灌頂をはじめとする僧職、さらに臈次による。列座上下はこれらの複合的な要素によって定められるのである。しかし兒の位置は少なくともそれらとは異なっている。兒としての出仕は出自以上の待遇を伴うこともあったのであり、それは童の奉仕者の一つの特権でもあったのだろう。

御室の兒に対して叡山の例を見てみたい。叡山の兒についてはおもしろい史料がある。森暢氏が紹介した個人蔵の「兒絵」の絵巻である。(65) 巻首には「兒絵　光信筆」とあり、十六人の兒の肖像が描かれ、それぞれの人物に童名と出家名・出家年が記される。原本ではないが、内容は出家年によれば鎌倉末～南北朝期であり、僧名から叡山の兒たちであることが明らかにされている。兒たちの名は以下の如くである。

安躰十五 文保二 出家尋慶、　慶高十八 文保二 出家詮誉、
幸登十六 文保二 出家道増、　彦太　元服中原師言、
尊菊十七 文保二 元服藤原貞泰、　千阿荷十七 文保二 出家良俊、
皐影、　賀々十九 元亨二 出家教雅、
弥千代十七 元亨二 出家泰深、　登々十六 元亨三 出家泰運、
御房十五 元亨四 出家泰春、　秋賀十七 正中二 出家房守、
中将十九 嘉暦元 出家俊重、後遁世、　慶音　元服、
佳々十七 延文元 出家泰源、　気徳十六 延文元 出家顕煕、

兒たちの殆どは出家して僧となるが、中には元服した例も見られる。いままでこの兒たちが叡山の兒であることは指摘されながらも、どの階層に属するのかは明らかにされてこなかったが、実は彼らの多くは青蓮院門跡の房官の子と知られる。『門葉記』巻一七五によれば、元弘元年（一三三一）十二月の入道親王尊円の参内の行列の中に、房官として道増・泰春の名がみえ、暦応二年（一三三九）の座主補任の時には房官泰深・泰春・良舜（俊）を具していること

が知られる。そして『尊卑分脈』から泰深・泰運・泰春は兄弟であることが明らかにされており[66]、この家は覚快親王以来の「青蓮院門跡」の房官の家であった[67]。青蓮院の児もやはり房官の子が中枢にいたのである。さらに児の中には中原師言のように下級官人の子も含まれていた。児の階層は仁和寺御室とほぼ同じであったとみてよいだろう。

3　中童子

児に対して中童子はどのような童だったのか。建長四年（一二五二）八月の醍醐寺の寺家三カ条新制[68]には次の一カ条がある。

垂髪直垂事、

右不論児・童部、不簡四季、可着浅黄也、但於童部者、一年中可用二具、於児者、其多少非沙汰之限矣、

これによれば「垂髪」は「児」と「童部」に分けられており、垂髪の日常の装束は浅黄色の直垂を着用すべきこと、童部にはその枚数制限があるが、児には制限がないことが知られる。児と童部とは明確に区別されていたのであり、この童部の代表が中童子である。

先に見たように、中童子は房内の序列では侍の下に位置し、ハレの行列でも侍の次に位置していた。管見の限りではその出自を明確に示す史料は見あたらないが、この新制には「有職以下所従童部等、不可着張衣用塗足駄事」の条があり、「右近来有職已下所従之童部等、出家之後者、恣着張衣、猥用塗足駄、無左右、存侍法師之儀之条、依無旧例停止之」と有職以下の童部が出家後に座主房の「侍法師」のように張衣や塗足駄を着用することを禁じているのが注目される。ここからは中童子にも出家の道があること、座主房の中童子と有職以下の中童子では差はあるものの、基本的には出家しても侍にはなれなかったとみられる。中童子は児とともに座主房内の子どもでありながら、その出自が大きく異なっていたとみるべきだろう。

中童子はどのような役を担っていたのか。醍醐座主房や仁和寺御室の中童子を中心に、児の役と比較しながら見ていきたい。

その第一には行列の供奉の役がある。中童子が上童や大童子とともにハレの行列の行粧に欠かせない存在であったことはすでに見てきた。ふたたび建永元年（一二〇六）の光台院御室（道助）の受戒記によると、上童は顕文紗の赤色の上下に菊の枝や金銅の飾りをつけたいでたち、中童子は二藍の上下に紅葉を飾る装束であった（表9）。そして当日の上童と中童子の装束は後鳥羽院と七条院の沙汰であり、その色目と付物はかねてから院と女院と御室のもとで相談の上に調えられたのである。[69] 中童子も上童とともに行列の華であり、美々しく行列を飾る役割を担っていたことが明らかだろう。ちなみにこの時の大童子の装束は「白張」つまり白の布衣であり、上童・中童子との違いが明らかである。

第二には陪膳の役がある。醍醐座主房の例をあげる。治承三年（一一七九）座主実海の拝堂記[70]によれば、座主拝堂の後に座主房三宝院では座主と三綱三人が列席して以下のように饗が催された。

座主寝殿母屋向南三綱三人庇同北

御料手長大弐公乗覚　陪膳肥後公慶湛
筑前公宝真　民部公祐円

三綱陪膳中童子

この時三綱の陪膳をつとめているのが中童子であり、場は三宝院寝殿の庇である。陪膳の役から見ると、中童子は明らかに上仕えの童なのである。中童子の陪膳は枚挙にいとまがないほど事例は多くあり、拝堂の饗を始め、元日朝拝の陪膳、東寺長者になった座主に東寺三綱が初参した際の陪膳など、ハレの饗の場においてそれは見られる。但しそのいずれにおいても、中童子は三綱や所司（勾当・専当・知事）らの陪膳をつとめ、座主の陪膳は勤めていない。座主の陪膳を勤めるのは手長の僧たちなのである。一方中童子が下部の陪膳をつとめることも稀である。久安五年の

「座主房雑事日記」によれば、朝拝の時に三綱・権官・所司の陪膳は中童子だったが、職掌・小寺主・堂童子・大炊ら下部の陪膳は政所法師の役であった。この時の座席は「座主母屋、供僧庇、三綱庇、権官庇、所司大侍、下部小舎人所」である。中童子が陪膳を勤める場は三宝院寝殿であり、座主のいる母屋を除いて、庇や広庇などがその場であった。この陪膳の場が上仕えの中童子が祗候する場であり、いいかえれば出入り可能な場であったと見てよいであろう。

陪膳の役は接客の役の一部である。接客といえば兒もその役を担っていた。『右記』によれば、「一、接入参客事、若出世当番衆、若童形房官等所役也」と、接客は禅侶の当番か、童形や房官が勤める役であった。『右記』の童形が兒をさすことは先に見た如くである。ここでの客とは「其客或親王、或執柄家類、世華家等接之時、自妻戸入之、於其已下緇素者、自直間入之」らであり、兒や房官がもてなすべき客とは、親王・摂関家・清華家が中心であったとみられる。

観智院本の『醍醐寺年中行事』(71)によれば、「客人御共蔵人五位并侍以大侍為座、陪膳中童子」と、醍醐桜会の客人の御供の蔵人五位や侍の陪膳をつとめるのが中童子である。桜会には院の御幸の例もあり、それに対して貴種をはじめとする客人をもてなすのが兒や房官の役であったとみられる。兒と中童子では同じ接客の役を担いながらも対応する客の身分が異なっていたのであり、その祗候する場が異なっていたとみるべきだろう。座主房三宝院の場からいえば、母屋は兒、庇は中童子だったのではないか。

中童子の役で第三にあげられるのは、法会における役である。一例をあげると、『宝池院前大僧正(定済)入壇資記』(72)によれば、文永元年(一二六四)六月に醍醐寺遍智院定済から、定勝法眼が伝法灌頂を受けた時、「持幡」童の役をつとめたのは「乙有殿」であった。同じく文永八年に公然法眼が伝法灌頂を受けた時の「持幡」は「竹王、松王」である。殿と呼ばれるのが兒であることは先にもふれた。それに対して、「竹王、松王」は中童子であったとみられる。室町期の史料だが『海人藻芥』(73)には「持幡童事、宮以下大臣息阿闍梨勤仕之時ハ、侍ノ子ノ兒勤之、大中納言ノ息以下阿闍梨勤仕之時ハ中童子也」と、大阿闍梨の出自によって持幡童は児か中童子を用いたとみえる。但し実際は大阿闍梨よりも受者の出自によったようである。児が持幡をつとめた定勝は前左大臣藤原実雄の子、中童子が持幡をつとめた公然は従三位藤原実文の子であった。

伝法灌頂の「持幡童」とは、「執蓋」や「十弟子」とともに伝法灌頂の師主である大阿闍梨につき従う役である。醍醐座主勝賢を大阿闍梨とする治承三年の『三宝院伝法灌頂私記』(74)によると、持幡童二人は「着襲装束・天冠糸鞋・持玉幡」と天冠をかぶり糸鞋をはき玉幡を捧げて大阿闍梨の前を歩む。仁和寺の例でも持幡の装束は「総角　闕腋」であった(75)。つまり持幡童は伝法灌頂という密教の最重要な儀式の中で大阿闍梨を荘厳する役なのであり、その装束は童舞の装束に近い。この持幡童の役は童の聖なる役だったのである。そしてそれは、児と中童子が大阿闍梨や受者の出自に応じてそれぞれに勤めた役であった。

以上のように中童子の役は、供奉と陪膳と持幡童がその主なものであった。中でもハレの行列と行粧における役割、接客、伝法灌頂における持幡の役については児と共通した役でもあったが、その勤仕にあたっては児と中童子の間に明確な区分があったことが明らかである。一方の児の役は中童子に比べるとはるかに多様で複雑である。前節で見た御室近辺の雑事をはじめ、『右記』によれば外典や管絃の学習をはじめ、詩歌会や和歌会への出仕と出詠、酒宴などの会合に侍るのもその役のひとつであり、さらに「一、児童常随寺院例役事可有之」と、涅槃会・御影供・灌仏会以下の法会における仏前の「捧物一種」も児に課された役であった。児と中童子、両者の役の共通した部分は、房内の子どもであることにねざした部分であり、異質な部分は児と中童子の房内における身分差によるものであったといえよう。

4　大童子と御童子

中童子に対して大童子はどのような存在だったのだろうか。

ハレの行列の中では大童子は中童子の後に位置し、その装束は上童や中童子の色目鮮やかに付物を飾るのに対して「白張」であった（表9）。このことは大童子が容姿で行列を飾る役ではないことを示している。「白張」といえば車副や仕丁や雑色などに見られる装束であり、醍醐寺では座主拝堂の際に「職掌二人」が「白張装束冠捧白杖」(76)である。白張は貴人の行列の中でも末端に近い身分の俗体の大人の装束であり、寺家の職員では職掌が着用したことが知られる。俗体と異なるのは大童子には被り物がないことであり、それは大童子が垂髪であったことを示している。

大童子には別名がある。「御童子」がそれである。表9によれば、行列中の「御童子」は大童子のことである。叡山の例をあげると「御童子長二人、毘沙王丸、禅師丸」(77)も大童子の長であり、大童子を御童子と呼ぶ例は醍醐寺にも同様に見られる。但し大童子のすべてが御童子とよばれた訳ではない。それがみられるのはいずれも御室や座主の場合であり、「御」からも寺院の貫主の大童子をとくに御童子と呼んだものとみられる。

御童子とも呼ばれた大童子はどのような役を担っていたのか。醍醐寺の例を中心に見ていきたい。第一にあげられるのは座主拝堂の時の役である。拝堂には釈迦堂の中で座主補任の官符を披露する儀式があり、そこで「(御官符)大童子一﨟延命丸ニ入蘿筥テ持之」(78)と、官符持ちの役をつとめるのが大童子（御童子）の一﨟である。また拝堂に先立ち官符を持参した「大使」「小使」らに対して大湯屋で饗が催されるが、この時寺家から与えられる禄物は多く馬であり、「御馬引役大童子二人、千手丸、鶴王丸」(79)と馬引役をつとめるのが大童子であった。こうした例は醍醐寺のみならず数多く見ることができる。(80)

第二に座主が大阿闍梨を勤める後七日御修法における役がある。文治五年（一一八九）に大阿闍梨勝賢のもとで御修法の雑務にあたったのは「大行事醍醐寺上座大法師定延、請使延命丸、小行事重厳、膳初田国貞[81]」らである。大行事とは名の如く法会の雑事全般の責任者。大阿闍梨の所属の寺の執行や房人が勤める役で、定延は醍醐寺の執行であった。小行事と膳（柏手）は東寺の中綱と職掌が勤める役[82]。請使は「本供物請[83]」ともいい、この延命丸は「御房大童子長[84]」つまり座主勝賢の大童子の長であった。延命丸は建久三年（一一九二）にも請使をつとめており、建保三年（一二一五）には大阿闍梨成賢のもとで「婆娑丸」がそれを勤めている[85]。婆娑丸も後に述べるように成賢の大童子の長とみられる人物であり、請使は大童子（御童子）の長が主に勤める役だったのである。

後七日の「本供」とは仏供と御明に使用する米と油をさし、米は播磨国と紀伊国、油は摂津・美濃・美作の所済で、行事官（行事弁）の沙汰である[86]。本供を伴僧らに分かつのは大行事の役、請文を発給したり仏供や御明を調整するのは膳や小行事の役である。そして「本供物請」とは「以二郎丸為本供請使遣行事所、令沙汰供米御明等事[87]」とあるように、本供物を行事官から受け取る使いであった。さらにこの大童子の請使の役は後七日御修法のみではなかった。建長八年（一二五六）憲深の北斗御修法で「請使」と「立預」をつとめたのは「御童子土用丸」であり[88]、大童子は請使や立預という収納の使いを種々の法会の中でつとめていたことが知られる。

第三に大童子（御童子）の注目すべき役としてあげられるのは小舎人所長職である。

座主法印房政所
　補任　小舎人所長職事
　　丹治婆娑丸
右人補任彼職之条如件
　建永二年六月廿一日
別当上座大法師在判[89]

と、建永二年（一二〇七）に座主（成賢）房政所の補任状によって丹治婆裟丸が小舎人所の長職に補任された。婆裟丸はこの後大童子とみえる。小舎人所は房政所の管轄下の家政機関のひとつであったことは先にふれたことがある。[90]表8でみたように、行列の中には上童に従う「小舎人童」がおり、これが座主房の小舎人所に属する童だらう。さらに大童子自体も小舎人所に所属していた可能性が強く、大童子の「長」とは小舎人所の「長」をもさしたとみられる。座主房の小舎人所とは、小舎人童や大童子などの房内でも下層の童や童姿の者が祇候する場と機関であって、大童子長が管轄していたことが知られるのである。

第四にあげられるのは荘園の定使職である。

下　柏原大野木庄

補任定使職事

御童子婆裟丸

右人補任彼職之状如件、庄宜承知勿違失故下

貞永元年七月十三日[91]

御童子婆裟丸は貞永元年（一二三二）に新任の座主賢海の御判下文によって円光院領近江国柏原・大野木庄の定使に補任された。さらにこの時大野木庄の収納使にも御童子が補任されている。[92]円光院は座主直轄の子院であり、円光院領は座主房の年中行事費用のかなりの部分を負担していた。[93]その預所は寺家三綱であったが、[94]御童子が定使や収納使を勤めていたのである。定使や収納使に補任された御童子は、おそらくは座主房の使者として現地に下向し、これらの庄が負担する座主房用途の催促と徴収に直接にあたったものとみられる。[95]

第五に法会における頭役がある。[96]毎年恒例の醍醐寺釈迦堂修二月には、荘厳頭や番頭や大仏供頭などの頭役があり、三綱所司以下が輪番で勤める。中でも大仏供頭役とは壇供餅を負担する役であり、「大仏供頭次第」[97]によるとそれを

勤仕するのは寺家の職掌・小寺主と座主房の政所法師、さらに童名の者たちであった。たとえば文治四年には「延命丸大童子長　三千七百枚」と勝賢の大童子長延命丸がそれを勤めていた。修二月の大仏供頭役は寺家の「下部」と呼ばれる職掌・小寺主と、大童子が勤める役だったのである。

第六に大童子には使いの役がある。一例をあげると、九条道家の子法助が金剛定院御室（道深）から伝法灌頂を受けた時、御室の命で護摩支具を護摩師房円法印の許に届けたのは「御使御童子得寿丸」であった。[98] 大童子（御童子）は日常的にも様々な使いを勤めていたとみられよう。

以上に見てきたように、大童子（御童子）には行列の供奉、拝堂の官符持ち、馬引役、後七日の本供物請や法会の立預、荘園の定使や収納使、小舎人所の統括、法会における頭役、使いの役があった。これらは供奉や馬引や使いを除いてはいずれも長の役である。一方大童子には中童子に見られる陪膳の役は少ない。[99] 馬引の役が象徴するように大童子は下仕えだったのであり、上仕えの中童子とは職掌が異なるのである。大童子と中童子とは階層が異なるとみてよいだろう。中童子と大童子とは従来考えられてきたように年齢による分類ではなかったのである。

説話に描かれた大童子はいずれも「頂禿げたる」とか「年もやうやう高く」といった童姿の大人や老人であった。大童子といえばそれが目立ったことは確かであろう。中山忠親の『貴嶺問答』[100] の中にも「号大童子者、年齢及七旬、如載露瓶、白髪纔残、頃極見苦者也、自何比出来者哉」とあるように、十二世紀末には老いた大童子の姿がここかしこに見られたのである。しかしそのことは大童子の中にも子どもや若年の者がいたことを否定するものではない。説話の中の大童子は一生の奉公であり、仏道とのかかわりはその一途な信心と遁世にあった。大童子には原則として出家の道がなく、寺の中にある限りは老年になっても童姿で役を勤めたが、中童子には出家の道があり、元服する道も選択しえたとみられる。中童子には童姿のまま大人になる必然性はなく、中童子が年たけて大童子と呼ばれるわけではなかったのである。

さて叡山には「中大童子」が見られた。表8によれば建仁四年の行列の中では中童子の後、大童子の長の前に位置している。その位置からは中童子とも大童子ともとれる存在である。しかし『門葉記』巻一八四の正和四年（一三一五）の青龍院宮慈道の「御拝賀次第」によれば、供奉の中大童子は「橘枳丸、幸徳丸」の二人であったが、二人は「御童子」といいかえられている。さらに幸徳丸は拝堂の際に、座主の履き物「御鼻広」を取り次ぐ役をつとめた。(101)鼻広といえば正元元年（一二五九）二品親王尊助の拝堂に「御鼻広」役をつとめたのは「貫御童子」である。これらのことから中大童子は御童子、つまり大童子の一種であったことが知られる。(102)

先に見た『宇治拾遺物語』の鼻の話には「中大童子」が登場していた。それは「うへに召しあげてありける」童で、法師に代わって内供の鼻をもちあげる役をつとめたが『今昔物語集』ではそれが「中童子」であった。「中大童子」と「中童子」のどちらが話として矛盾がないか、童の存在形態に即していえばそれは中童子である。僧の房で上仕えの童として陪膳を主な役とした中童子は、日常は主人の僧の手長を勤めることはなかったが、僧に代わってその役を勤めうるとすれば、それは中大童子ではなく中童子だったはずである。『宇治拾遺』と『今昔』との共通話が散逸した宇治大納言物語を典拠としているとすれば、より『宇治拾遺』が原典に近いと見るのが通説であろう。しかしこの話は『今昔』のほうがより原形に近かったとみるべきではないか。(103)

次に大童子の組織を見たい。大童子には「長」と「列（連）」の組織があった。そのことがいち早くみられるのは叡山においてである。安元三年（一一七七）覚快親王の拝堂の行列にすでに「大童子長一人」「列一人」が見られる。(104)醍醐寺では「長」をヲサ、「列」をツラと呼んでいたようである。(105)ツラは「連」とも「貫」ともみえ、行列の中では長の後に続く（表8参照）。そして長と連といえば行列の中の雑色にも見ることができる。一例をあげると、九条道家の子（法助）が金剛定院御室に入室した時の行列の中に、雑色の「長」と「連」が見えるのである。(106)雑色の長・連は本来は隊列を組む上での分類であったとみられるが、大童子（御童子）にも雑色と似た組織があったことが注目される。そして連を統括し、様々な役を担ったのは先に見たように長であった。その役割からも大童子長が大人であったことは疑いがないだろう。

大童子の出自はどうか。久寿二年（一一五五）の「醍醐寺在家帳」[107]によると「在家五百余家内、職掌十人、小寺主十一人、堂童子三人、小舎人所十一人、政所四十人、御厩舎人三人、牛飼四人、番匠四人、鍛冶四人、山作四人、已上重役輩九十四人」と、醍醐寺の四至内の里在家五百余家から職掌以下の寺家の職員と、小舎人所以下の座主房の構成員が出されたことが知られる。小舎人所のうちに先にみたように大童子が含まれているとすれば、大童子は里在家の出身ということになり、寺家の職掌や小寺主らと近い階層ということになろう[108]。そういえば先に見たように、職掌・小寺主とは共通した役も担っていた。

さらに南北朝期の醍醐寺には、大童子の世襲を見ることができる。貞和二年（一三四六）に座主菩提寺賢俊に供奉した大童子は、

一、　大童子事二人、

増長丸・〻〻丸兄弟也、増長丸帯剣、凡長二人也、然而増長帯剣異他、先例正和之例、松王丸増長父、被許帯剣了、今度依佳例、任申請免許了、絹赤地金襴両人当色也、大童子未着此絹、今度始云々、此外列二人、増長沙汰立也[109]、

と増長丸兄弟であり、それは大童子松王丸の子であったことが知られる。鎌倉初期の大童子の長には数代の座主に仕える者もいたが[110]、そうした中で遅くとも南北朝期までに大童子の家が成立していたのである。そしてここからは大童子の長の帯剣や過差な装束、列を統括するその役割を見ることができる。

さて大童子でもうひとつ触れておかねばならないのが散所との関係である。表9によれば仁和寺道助の行列には「御童子三十人」の中に「十八人散所」が含まれていた。散所が御童子（大童子）の役をつとめたのである。記事はこ

れのみで具体的な内容はわからないが、大童子が散所をひきつれた形のようであり、大童子の長が散所非人を統括する役も担ったのではないかとみられる(111)。

大童子はなぜ童姿だったのだろうか。黒田日出男氏によれば、童姿は雑役の奉仕者労働の者に課された身分標識であり、一方で貴人や聖なる者に仕えるための姿であったとする(112)。その役割から見るとどうか。先に見てきたように大童子には様々な役があった。それらの本質を一言でいえば扈従と使いであり、使いの中では収納の役が大きい。それは黒田氏のいう雑用的な奉仕労働に他ならない。また馬引や定使、本供物請などには童の人ならぬ力が期待された可能性はある。しかしいずれもが童姿の者のみが勤めた役ではない。牛飼童とは異なって馬にかかわる役が童姿に限らぬことは周知のことであるし、定使・収納使も童姿のみの役ではない。後七日御修法の本供物請も俗人の勤仕の例がある(113)。大童子の役の多くはいずれも俗人や下層の僧が勤めることもありえた役なのである。供奉や使いの役といえば大童子の役割は諸家の雑色と近く(114)、醍醐寺の例では寺家の職掌や小寺主と共通した役があった。諸家の雑色や寺家の下部とも似た役割を担いながら、なぜ大童子のみが童姿なのか。それを解く鍵は行列の中にあると考える。次節以下で見ていきたい。

第三節　公家新制の童・絵巻の中の童

公家新制の中には諸家の従者たちにまざって大童子と中童子が現れる。最も詳しい寛喜三年（一二三一）十一月三日新制を見たい。

一、可糺定上下諸人衣服員数并服飾過差事（中略）

諸家雑色、車副、牛飼、舎人、僧侶大童子、尋常時不可用絹裏狩衣袴、絹下袴一切停止、

但於雑色大童子者、一向可著白張、狩衣可用生張服、

小舎人童、諸衛随身、僧侶中童子非制限[115]、

上下諸人の衣服の過差を禁じた条文の中で、大童子は諸家雑色・車副・牛飼・舎人とともに絹裏の狩衣袴・絹下袴の着用を禁じられている。中でも雑色とともに白張を規定されていることが注目される。大童子は公家の行列の中では雑色に対応する存在だったのである。この条は「(諸家)雑色已下僧侶大童子、尋常時不可著狩襖并絹裏袴絹下袴等、小舎人童不在制限、僧侶中童子准之」という建久二年（一一九一）三月二十八日新制[116]をうけた内容だが、雑色と大童子の白張の規定は寛喜の新制に初めて見られるものであった。さらに大童子と雑色は寛喜新制の中では京中の騎馬の規制についても同格である[117]。前節で見たように両者はいずれも長と連の組織をもち、その役割においても類似していた。雑色は帯刀しており、警護の役も担っていたとされるが[118]、実は大童子にも帯刀の例があった[119]。大童子は貴族社会の雑色にあたる存在だったとみてよいだろう。一方公家の小舎人童に准ずるのが、新制にみるように中童子であった。

さらに寛喜新制の所従に関する規定の中では「僧正従僧三口、中童子二人、大童子四人、法務并天台座主、興福寺別当准之、僧都従僧二口、中童子二人、大童子二人、法印准之」と僧の従僧・童子の数が制限されている。この員数は建久・建暦の新制と次第に制限が強化されていった結果である。ここからは表8でみたような拝堂や受戒のハレの行列のものものしい実態とは別に、僧の行列の基本形が従僧・中童子・大童子であったことを確認することができる。中童子・大童子は僧の供の基本要員であり、両者に共通した本質的な役割は僧の供奉にあったのである。

大童子や中童子の装束を寺辺新制から見るとどうだろうか。先に見た建長四年（一二五二）の醍醐寺三ヵ条新制によれば「不論兒・童部、不简四季、可着浅黄也」と兒や童部の日常の装束は浅黄色の直垂と規定されており、この童部の代表を中童子とみた。同様な文言は弘長三年（一二六三）十月十七日の太政官牒[120]に見ることができる。十六ヵ条からなる太政官牒は弘長三年八月十三日新制の宣旨をうけて興福寺に出されたものであり、その一ヵ条に「一、応停

止衣装等過差事（中略）、兒童二衣二小袖直垂裏并紅紫二色衵、中童子直垂不論四季可用浅黄、小袖綾唐綾紫并大口（中略）、已上停止之」がある。但し太政官牒の内容は必ずしも宣旨と一致せず、興福寺側からの奏状に基づいてそれを認可するかたちで出されたものであることはすでに明らかにされている。[121]確かに弘長新制の宣旨には「僧侶中童子衣、可停止紅紫二色、雑色・大童子不可著用綾唐綾練貫并紅紫衣」とはあるが、中童子の浅黄についての規定はなく、それは興福寺側の申請によったものとみられる。鎌倉中期の醍醐寺と興福寺では、中童子は原則として浅黄色を常用することが定められていたのである。浅黄色には薄黄・緑・薄縹の諸説があるが、無品親王も浅黄の袍を着用するなど、無位を象徴する色でもあった。[122]一方ハレの中童子の装束は二藍の狩衣で（表9）、外出には兒とともに水干を着用する場合が多かった。[123]

さて今までに見てきたことをもとに、絵巻の中に大童子や中童子の姿を探すことができる。延慶二年（一三〇九）成立の『春日権現験記絵』[124]から見たい。

巻十五の五段（図4）は詞書に「中室の法泉房といふかくしやう有けり、兒とも・しゆうかく者おほくとりをきたるに、房中煙たえて、弟子ともうへなんとしければ」とみえて、房の中の食事の光景を描く。懸盤の食膳を前にする垂髪と僧は詞書から兒と修学者と知られる。一方縁で陪膳を勤める垂髪はその役割から中童子とみられる。兒が小袖袴で丈の長い垂髪であるのに対して、中童子は直垂に元結の位置も異なっており、兒と中童子ではかきわけがあることに気づく。

巻十一の一段は恵暁法印の房の中である（図5）。母屋に臥せるのが主人の恵暁、その傍らで看護する小袖袴の垂髪は紛れもなく兒だろう。そして縁で蔀戸を上下する垂髪は黄色地に黒の模様の直垂を着る。母屋の兒と明らかに役の異なるこの童は中童子とみて間違いないだろう。兒と中童子の髪形と装束のかきわけは巻十五の五段とも共通している。さらに縁の外に箒を手にして立つ直垂の垂髪の老人、これが大童子であろう。先に明らかにしたように、兒と中

図4 『春日権現験記絵』巻15の5段（宮内庁三の丸尚蔵館蔵）

図5 『春日権現験記絵』巻11の1段

図6 『春日権現験記絵』巻11の2段

図7 『春日権現験記絵』巻4の4段

童子とでは母屋と庇のように祇候の場が異なるのであり、中童子の上仕えに対して大童子は下仕えであった。この場面では児と中童子と大童子の姿がそれぞれの祇候する場と役割によって、明確に描きわけられているのである。

扈従の場ではどうか。巻十一の二段は恵暁法印が講師をつとめた興福寺維摩会の講問論議を描く（図6）。中でも講堂の西、鐘楼の脇に立つ一団に注目したい。それは講師に扈従してきた一行とみられる。紅の狩衣に垂髪の二人が中童子、白張の垂髪が大童子、白衣の僧が法師原（下法師）であろう。

巻四の四段では教縁僧正と公円法橋の春日社参の道中を描く（図7）。輿の中が教縁と公円。輿を担ぐのは力者法師（法師原）。先の輿につく白張の垂髪二人、後の輿につく白張の垂髪一人がその装束から大童子と知られる。一人は頂の禿げた老体に描かれ、二人は若者や壮年に描かれる。うち一人が腰に小刀をさしているのが注目される。騎馬の僧は侍だろう。騎馬の水干の童は上童か中童子かはっきりしないが、ハレの行列ではないこと、遠路の中童子の騎馬の例は多く見られることから中童子とみられる。

このように絵巻の中でも児と中童子と大童子は装束や髪形、祇候の場や役割によって明確に描きわけられているのであり、識別可能なのである。そうしてみると絵巻の中でいままでに見落されてきた、あるいは堂童子とみられてきた童たちの中には、大童子や中童子がたくさんいるはずである。たとえば『年中行事絵巻』巻七の御斎会の巻では、昭慶門の前や小安殿の側で主人の僧を待つ大勢の童姿が描かれる。堂童子とされてきたこれらの童たちが中童子と大

図8 『年中行事絵巻』巻7御斎会

童子であることは今までに見てきたことから明らかであろう。中でも小安殿の側の童たちの中には、白張に沓をはき、敷物を敷いて座る二人の髭をたくわえた垂髪がいる（図8）。僧の履き物の番をする他の大童子や法師原の中でも際立ったこの二人は大童子の長とみられる。その姿は白張の雑色とみられる者に近い。これらの絵巻の中の描き分けのように、現実の童たちも行列の中で、それとすぐに識別できる存在だったとみてよいだろう。

　中童子と大童子の本質的な役割は、新制の中に見たように僧の供奉にあるとみられた。僧に供侍する童、それが中童子と大童子なのであり、行列の中にこそ童姿でなくてはならぬ第一の意味があったとみられるのである。たとえば表8によっても僧の行列の中で、主の僧の近くやその背後に位置するのは、侍を除いては牛童をはじめ上童・中童子・大童子といずれも童たちであった。主の僧を取り囲むものは僧体の他は童姿でなければならなかったとみられよう。

　僧を取り囲む者の童姿は何にもとづくのか。僧をとりまく童の役には持幡童があった。持幡童は伝法灌頂の場で幡を持って大阿闍梨を荘厳する童であり、聖なる童の役であった。そのイメージは紛れもなく仏の眷属の童であろう[125]。さらに空海請来の真言五祖像の中、空海の師恵果の画像[126]にも供侍の童が描かれているのが注目される。僧を荘厳する童の背後には、仏を荘厳する聖なる童のイメージが存在し、それが祖師像の中の供侍の童へ、さらに持幡童へと展開していったものとみられる。僧を取り囲む者が童姿であったのは、ひとつには仏に仕える聖なる童の姿を現実に投影させたものとみることができるだろう。

僧に仕える童の法的な起源とみられるのは僧尼令「凡僧聴近親郷里、取信心童子供侍、年至十七、各還本色」の規定である。僧が供侍の童子を従えることを認めた僧尼令から、『延喜式』玄蕃寮式では「凡僧正従僧五人、沙弥四人、童子八人、大少僧都各従僧四人、沙弥三人、童子六人、律師各従僧三人、沙弥二人、童子四人」のように、僧綱らに従う従僧や童子の員数が規定されていく。(127) これらの従僧・童子が従僧・中童子・大童子の淵源とみてよいだろう。ここからは僧に近く供侍する者は原則として僧体か童姿に限られていたことが知られる。但し「童子」には中・大の区別はなかった。今まで見てきたように児・中童子・大童子とは階層による区分であった。ともに僧尼令の「童子」を起源としながらも、児・中・大の区別は童の階層分化によって成立したものとみられるのである。

童の階層分化の時期はいつなのか。それを明確にすることは難しいが、十世紀末から十一世紀初頭の成立とされる『宇津保物語』国譲り中には「若法師十人、大童子三十人ばかり」(128) とすでに大童子があらわれている。十一世紀は仁和寺をはじめとして、貴種の入寺に伴う僧侶の階層分化が進行していった時期とみられる。(129) この僧侶社会の階層分化に伴って「童子」にも児・中童子・大童子以下の階層が成立したものとみられよう。

そうした中で出家の道を選択しえた児・中童子に対して、大童子の出家の機会は次第に失われていった。出家の機会を狭められた大童子は、僧に供侍する者は僧か童でなければならないゆえに、老年に至るまで童姿で僧に仕えることを余儀なくされたとみられるのである。老年の大童子の姿が目立つようになったのは、『貴嶺問答』に見たように十二世紀頃のことであった。老年の大童子の増加は童の階層分化の確立を意味するだろう。それはやがて大童子の世襲化と大童子の家の成立につながっていった。また大童子が童姿を強いられた背後には、供侍の集団が僧や子供のみでは完結しえない現実の問題もあったとみられる。大童子の長が小舎人所を管轄したように、童たちを統括する大人が不可欠であり、主人の僧に供侍しながらそれを可能にしえたのが大童子の童姿だったのではないか。

おわりに

寺院史料に見る童たちの代表は、兒・中童子・大童子だった。彼らは僧に仕え房や院家に所属する存在であり、寺家の公人ともいわれる堂童子とは異なる。房内での童たちの序列は兒―中童子―大童子であり、行列の中では上童―中童子―大童子であった。序列は従来考えられてきた上―大―中や大―中―小ではなかったのである。

中世前期の寺院における兒とは、房内の特定の階層の子どもをさす呼称であり、従来使われてきたように、寺院の子どもを漠然とさす語ではなかった。兒の階層は仁和寺御室の例でいえば、上には清華家の子孫、中間には御室の房官の子、下には御室の侍の子や院の下北面の子がいた。その下限は六位あたりの子とみられる。兒には様々な役があったが、中でも房官の子の兒が中心となって行列の上童をはじめ御室の身辺の種々の雑事をつとめていた。その中には御室の寵童となるものもいた。

中童子は「童部」ともよばれて、兒とは出身階層を異にするとみられる房内の子どもである。中童子は供奉と陪膳を主な役割とする上仕えの童であった。中童子には行列を飾る役や陪膳にみる接客、伝法灌頂での持幡童など兒と共通した役もあったが、兒と中童子では接する客の身分や祗候する場が異なるのであり、両者の間には明確な身分差があった。

大童子は中童子に比べると多様な役を担う下仕えの童たちであった。大童子と中童子は従来いわれてきたように年齢による分類ではない。大童子の中でも御室や座主に仕える大童子は御童子と呼ばれており、その役を醍醐寺の例で見ると、座主拝堂の官符持ちや禄物の馬引役、後七日御修法の本供物請や法会の立預、座主房の小舎人所の統括や、荘園の定使や収納使や法会の頭役などがあった。大童子には長と連の組織があり、先にみた役の多くは長が担っており、長は童姿の大人であったとみられる。一方扈従を主な役割とした連には子どもがいたとみられる。中童子と大童子も階層による童の分類だったのである。

公家新制の中で大童子は諸家の雑色に対応し、その装束や役割からも大童子は貴族社会の雑色に近い存在だったとみられた。中童子・大童子の役割の本質は僧の供奉にあったとみられ、僧を囲む童姿は仏の眷属の聖なる童に由来し、かつ僧尼令の供侍の童子を起源とするとみられる。供侍の童子が十世紀末から十一世紀の僧侶の階層分化に伴って兒・中童子・大童子に階層分化していったものとみられるのである。そうした中で下層の童である大童子の出家の機会は失われつつあり、僧に近く供侍するものは法体か童姿が原則であった故に、大童子は老年に至るまで童姿での奉仕を余儀なくされていったのである。

大童子が大人になっても童姿であったのは、雑役の奉仕労働のみによるのでもなければ、人ならぬ者として童の聖なる力を期待されたためのみでもなかった。背後には房内の童の階層分化があったのである。やがて南北朝期には大童子の世襲がみられるようになる。

説話世界には様々な寺院童たちが登場していた。説話の中の「兒」は必ずしも童の階層を示す呼称として厳密に使われているわけではないが、そこには多様な童たちの生態が描き出されていた。『古今著聞集』の仁和寺童への興味は上童と寵童にあった。その背後には御室の房官と兒・上童・寵童のつながりがあり、房官成海の目があったのである。また『宇治拾遺物語』は叡山の童たちを多彩に描きこんでおり、その中心には仲胤説話が位置していた。そして院政期からこの『宇治拾遺』をはじめとする大童子説話が多く登場してくる。そのことは、童の階層分化が院政期までにすでに確立していたことを示している。さらに説話の中の大童子は無知でひたむきな信心をもち、権威を背負いながらも、猥雑な笑いを提供するものと描かれていた。こうした大童子のイメージは出家から疎外されて童姿を余儀なくされながらも、僧に供侍して様々な役を担った大童子の実像がもたらすものであった。中世の人々にとって僧の行列といえば、着飾った馬上の上童や中童子よりも、実は大童子の姿が目をひいたのではないか。老人や大人や子どもも入り混じった集団で僧に供奉する童姿の下部たち。大童子は中世の人々にとって、僧の行列のひとつのかおであり、僧侶社会の象徴でもあったのだ。中世寺院の童姿の代表は、堂童子ではなくて、大童子だったのである。中世の説話や絵巻物のここかしこに描かれた大童子の姿がそのことを明確に物語っているであろう。

最後に『宇治拾遺物語』一八二の仲胤の連歌の話にもどりたい。「上童大童子にも劣りたり」とは上童（児）と大童子の身分差を背景とするとそのコントラストがみえてくる。上童と大童子の階層の差を美醜で逆転してみせたのである。それに対する仲胤の付け句は「祇園の御会を待斗なり」である。祇園御会とは、指摘されているように上童（児）の祇園御霊会の馬長（馬上童）の役をさすのであろう。[130] 但しその役は年に一度のみの児が活躍できる場でもなければ、児の役の年内最後のチャンスでもない。それは院宮や公卿が競って風流を競う場なのであり、あまたある上童の役の中でも最高のハレの舞台であり役であったとみるべきだろう。祇園の御会を待つかいがあるのはえらびぬかれた児のみであった。仲胤の連歌の心は「連歌だに付かぬ」につきるのである。「付かぬ」のは連歌のみでない。付くはずもない祇園御会の馬長の役に逆に象徴されるのはどんな役も「付かぬ」であり、醜い容貌の仲胤に上童を付けようと目くばせする僧綱たちの好奇の視線の中で、仲胤はこの上童には人も「付かぬ」、自分も「付かぬ」といってみせたものであろう。

寝殿の母屋に着飾って祇候する児と庇に祇候する中童子、庭上に白張で侍する大童子。そして行列の中で主人の僧を取りかこむ上童・中童子・大童子たち。彼らがこそ中世寺院の童と童姿を代表する存在だったのである。中世社会の童と童姿の意味は、彼らを除いて考えることはできないのである。

註

（1）従来、寺院童として主にとりあげられてきたのは、稚児と堂童子と八瀬童子にすぎない。稚児については小松茂美「『芦引絵』の流行と享受」（『続日本絵巻大成　芦引絵』所収、中央公論社、一九八三年、後に同『日本絵巻聚稿』下、中央公論社、一九八九年に所収）、堂童子については稲葉伸道「中世の公人に関する一考察」（『史学雑誌』八九編一〇号、一九八〇年一〇月、後に同『中世寺院の権力構造』、岩波書店、一九九七年に所収）、および中野千鶴「護法童子と堂童子」（『仏教史学研究』二七巻一号、一九八四年一〇月）、八瀬童子については池田昭『天皇制と八瀬童子』（東方出版、一九九一年）などがある。

（2）黒田日出男『〔絵巻〕子どもの登場――中世社会の子ども像――』（河出書房新社、一九八九年）、同「「女」か「稚児」か」（『月刊百科』二七一号、一九八五年、のちに同『姿としぐさの中世史』、平凡社、一九八六年に所収）。同「「人」・「僧侶」・「童」・「非人」」（『人民の歴史学』七一号、一九八二年四月）、同「「童」と「翁」」（『歴史地理教育』三五九・三六〇号、一九八三年一一月・一二月）、後にともに同『境界の中世　象徴の中世』（東京大学出版会、一九八六年）所収、など。網野善彦「童形・鹿杖・門前」（『新版絵巻物による日本常民生活絵引』所収、平凡社、一九八四年、後に同『異形の王権』、平凡社、一九八六年に所収）。童についての今までの研究は伊藤清郎註(6)論文に詳しい。その他に歴史学の分野からではないが近年の研究で注目されるのは、阿部泰郎「慈童説話と児（上）（下）」（『観世』、一九八五年一〇・一一月、後に同『湯屋の皇后』、名古屋大学出版会、一九九八年に所収）、松岡心平『宴の身体――バサラから世阿弥へ――』（岩波書店、一九九一年）、及び註(1)にあげた論文がある。

（3）「「人」・「僧侶」・「童」・「非人」」、「「童」と「翁」」（前掲註(2)）。

（4）『〔絵巻〕子どもの登場』（前掲註(2)）。

（5）前掲註(1)。

（6）「中世寺社にみる「童」」（中世寺院史研究会編『中世寺院史の研究』下所収、法蔵館、一九八八年、後に同『中世日本の国家と寺社』、高志書院、二〇〇〇年に所収）。

（7）なお童舞についても伊藤氏とは見解を異にしているが、それについては本書第五章を参照。

（8）本稿は寺院内の諸階層への関心から出発しており、起点となったのは拙稿「中世初頭の醍醐寺三宝院――座主房の組織と運営――」（稲垣栄三編『醍醐寺の密教と社会』所収、山喜房佛書林、一九九一年）、本書第三章である。

(9)　西尾光一・小林保治校注の新潮日本古典集成『古今著聞集』上下（一九八三・八六年）による。
(10)　仁和寺関係説話については、拙稿「中世初期の仁和寺御室――『古今著聞集』を中心に――」（『日本歴史』四五一号、一九八五年一二月）を参照。
(11)　阿部泰郎前掲註(2)論文。
(12)　『著聞集』の「児」と「童」の使い分けはいまひとつ明確ではないが、その用法は『徒然草』に近いとみられる。『徒然草』五三段には仁和寺の「童」が、五四段には御室の「児」が登場し、御室に近侍する上層部の童が「児」、「童」はそれ以下をさすと読める。
(13)　拙稿註(10)論文。この点については、第二節2でもふれる。
(14)　三木紀人・浅見和彦他校注の新日本古典文学大系『宇治拾遺物語　古本説話集』（岩波書店、一九九〇年、以下に新大系本とする）による。
(15)　小峯和明「宇治拾遺物語の表現時空」（『国文学研究資料館紀要』一五号、一九八九年三月）は巻一の一二や巻五の九にみえる「ひしめく」の語に注目し、それが院政期以降に頻出する集団の動きを表す中世語であり、類話をみない説話に集中して現れることを指摘する。これによって「ひしめく」をキーワードに、院政期以降の説話を識別できることになった。なお巻五の九については小峯「宇治拾遺物語論」（『国文学研究資料館紀要』一六号、一九九〇年三月）を、巻一の一二・一三については三木紀人「宇治拾遺物語の内と外」（註(14)前掲書所載）を参照。
(16)(17)　小峯和明「宇治拾遺物語の表現時空」（前掲註(15)）、新大系本の頭注、渡辺綱也・西尾光一校注　日本古典文学大系『宇治拾遺物語』（一九六〇年、以下に旧大系本とする）の頭注など。
(18)　三条白川房については福山敏男「最勝四天王院とその障子絵」（同『日本建築史の研究』、綜芸社、一九四三年）、藤井恵介「三条白川房の熾盛光堂について」（稲垣栄三先生還暦記念論集『建築史論叢』、中央公論美術出版、一九八八年、後に同『密教建築空間論』、中央公論美術出版、一九九八年に所収）。
(19)　谷口耕一「宇治拾遺物語における仲胤僧都の位置」（日本文学研究資料新集六『今昔物語集と宇治拾遺物語』、有精堂、一九八六年）。
(20)　「御会」と五位をかけて、あまりに憎げな童なので、せいぜいが祇園会の稚児の五位の格式がやっと（旧大系本補注）。これには五味文彦「馬長と馬上」（同『院政期社会の研究』、山川出版社、一九八四年）に批判がある。五味氏は「祇園の御会を待つ」は祇園御霊会の馬長として騎乗することを意味し、それは稲荷・今宮と続いた最後の馬長のチャンスとする。つまりこんな上童では祇園の馬長を待つしかないとの解釈になるが、これも私見とは異なる。谷口耕一氏（前掲註(19)論文）は、心は「連歌だにつかぬ」なのだから、「この憎々しい上童は大童子より劣っていることだ。年に一度きり稚児の活躍できる祇園の御会がやってくるまでは、連歌さえつかないのだから」とするが、これにも異論がある。また新大系本の注では、上童は年とった大童子にも見劣りがすると、上童と大童子の年齢の差でとらえるがこれも異なる。

(21)　この点から従来の解釈はいずれもあたらないと考える。私見はおわりにで述べる。

(22)　一五の大童子の話も青蓮院から仲胤関係説話とみられ、一二・一三・一五・一八二はいずれも叡山の童の話としてつながってくる。このことは『宇治拾遺物語』の成立圏ともかかわるとみられるがここではふれない。『宇治拾遺』の成立圏を叡山関係者にもとめる説には、先の仲胤をはじめ慈円をあてる説もある（三木紀人前掲註(15)論文）。

(23)　三木紀人校注　新潮日本古典集成『方丈記　発心集』（一九七六年）による。

(24)　三木紀人校注『雑談集』（三弥井書店、一九七四年）。

(25)　さらに大童子が主人公ではないが、大童子が登場する説話もある。『発心集』巻六には一乗寺僧正増誉の話に捨子の養親となった大童子夫妻も登場し、『古今著聞集』二六四、三九五にも「大童子」が登場する。

(26)　たとえば十八世紀の『顕密威儀便覧』には小童子・中童子・大童子がみえ、説話の頭注にはこの分類をあげる例もみられる。しかし少なくとも中世前期の寺院には小童子や、年齢による小・中・大の区別はみられない。

(27)　『醍醐雑事記』巻一一所収。

(28)　前掲註(8)拙稿。

(29)　醍醐寺の職員については拙稿「房政所と寺家政所——十二世紀前半の醍醐寺と東大寺——」（『仏教史学研究』三一巻二号、一九八八年一一月）、本書第二章を参照。

(30)　稲葉伸道「中世の公人に関する一考察」（前掲註(1)）。中野千鶴「護法童子と堂童子」（前掲註(1)）。中野氏によれば、寺院の童姿を代表するのは聖なる堂童子ということになるが、本稿では堂童子を寺院の童姿の代表とはみていない。

(31)　前掲註(8)拙稿。

(32)　仁平元年六月一三日「御房中相折米注進状」（『醍醐雑事記』巻一一所収）。

(33)　「東寺長者雑記」（醍醐寺所蔵聖教一〇三函八九、『三宝院旧記』四〔東京大学史料編纂所所蔵謄写本〕にも収録）。醍醐寺所蔵聖

教は、東京大学史料編纂所所蔵の写真帳による。

(34)「侍童子」の呼称は天承二年「東寺長者補任日記」（醍醐寺一〇三函九〇）などにもみえる。

(35)『後七日御修法記文治五覚洞院』（醍醐一〇一函四―七）。

(36)山門無動寺旧蔵『建久四年四月三日権僧正慈円天台座主行列』（叡山文庫所蔵）、『吉部秘訓抄』五所引の「建久四年三月二十三日経房記」。および『門葉記』巻一七三。

(37)『門葉記』巻一七六。

(38)『群書類従』第二四。

(39)『国文東方仏教叢書』随筆部。

(40)『山槐記』によれば、仁（任）尊は治承三年十月の道法の受戒の行列にも「房官」として前駈をつとめている。

(41)『御八講部類記』所収「御受戒事」（『伏見宮御記録』利六一、以下に史料aとする）、『仁和寺御入寺御出家部類記』所収「御出家記」（同利五四、以下に史料bとする。ともに東京大学史料編纂所所蔵の謄写本による）、『光台院御室御伝』（『仁和寺史料』寺誌編二）、『明月記』建永元年（一二〇六）年十月二十六日条など。いずれも『大日本史料』第四編之九に所収。

(42)例えばこの時の「御車」は後鳥羽院の車で、車副や牛飼の装束も院の年預の調進であった。さらに房官十人と上童四人が乗った馬は舎人・居飼をつけた「移馬」であった。装束の沙汰については表9を参照。史料aおよび史料b所引の「仁和寺記」建永元年九月十一日条による。

(43)史料a。

(44)成海については前掲註(10)拙稿を参照。

(45)『明月記』嘉禄二年九月四日条。

(46)『仁和寺諸院家記』（心蓮院本）（『仁和寺史料　寺誌編一』）。

(47)(48)史料b所引の「仁和寺記」建永元年八月十日条。

(49)史料b所引の「本所記」によれば、建仁元年十一月の宮の入寺の時に、仁和寺御所には法橋隆寛も三綱らとともに祇候していた。

(50)覚瑜、隆教、教禅、成禅がそれであり、『尊卑分脈』によれば、この他に覚弘と女子二人がみえる。

(51)史料b所引の「本所記」建仁元年十一月二十七日条。

(52)高倉院の随身としての近武は『山槐記』治承四年四月二十七日条に御厩案主・右召次として御随身に加えられたとみえ（中原俊

章註(111)論文)、後白河院の随身としては『明月記』建久三年三月十九日条の後白河院死去の記事にも「御随身近武」とみえる。
(53)範国は『明月記』承元二年五月九日条の新日吉小五月会の的立役の中に「左衛門尉橘範国」とみえ、的立役は前年の小五月会から「北面五位可立的由有仰事」(『明月記』承元元年四月二十八日条)と、後鳥羽院の仰せによって下北面がつとめていたことが知られる。
(54)史料b所引の「仁和寺記」建永元年九月十一日条。
(55)史料a所引。
(56)『吉記』安元二年四月二十七日条。『参軍要略抄』(『続群書類従』第一一下所収)。
(57)米谷豊之祐「後白河院北面下﨟」(大阪城南女子短期大学『研究紀要』一一巻、一九七六年、後に同『院政期軍事・警察史拾遺』、近代文芸社、一九九三年に所収)。正木喜三郎『太宰府領の研究』(文献出版、一九九二年)第四編第三・四章「怡土荘預所考」によれば、能盛の妻は仁和寺円城房成俊女で、能盛は法金剛院領筑前国怡土荘預所でもあり、仁和寺と深くかかわっていた。
(58)『尊卑分脈』。嘉応二年四月の後白河院の南都への受戒下向の供奉の中に「左衛門尉康信」とみえ(『参軍要略抄』)、院の下北面であったとみられる。
(59)『兵範記』仁安元年十月十日条によれば、憲仁親王の立太子の行列の供奉に「摂津守盛信」とみえる。彼も後白河院の下北面であったとみてよいだろう。
(60)吉村茂樹「院北面考」(『法制史研究』二号、一九五三年三月)。
(61)平岡豊「後鳥羽院西面について」(『日本史研究』三一六号、一九八八年一二月)。
(62)『仁和寺諸院家記』(心蓮院本)及び『尊卑分脈』。
(63)『尊卑分脈』。
(64)室町末期の史料だが『驪驢嘶余』では侍法師「児ノ時長絹」とみえて侍の子までが児となると見える。
(65)森暢「児絵について」(同『鎌倉時代の肖像画』所収、みすず書房、一九七一年)。また小松茂美前掲註(1)論文も詳しくふれている。
(66)小松前掲註(1)論文。
(67)青蓮院門跡の房官の家については、伊藤俊一「青蓮院門跡の形成と坊政所」(『古文書研究』三五号、一九九一年一二月)を参照。
(68)『醍醐寺新要録』巻二二。

(69)　史料a所収「仁和寺記」建永元年九月十一日条。
(70)　『醍醐雑事記』巻九、醍醐一二三函所収。
(71)　醍醐寺文化財研究所『研究紀要』九号所収。
(72)　『続群書類従』第二六上。兒が「持幡童」をつとめた例は仁和寺にも多くみられる。光台院御室（道助）が道法から伝法灌頂を受けた時の持幡童は「文殊、威徳」であり、文殊が房官成海の子の兒であったことは先にふれた如くである。
(73)　『群書類従』第二八。
(74)　『続群書類従』第二六上。
(75)　『金剛定院御室御入壇記』（『仁和寺記録』二八）。
(76)　『醍醐寺座主拝堂日記 建仁三 遍智院』（醍醐一二三函六）。但しそれ以前は「赤狩衣」に「白杖」と見える。
(77)　『門葉記』巻一〇〇。貞応三年北山最守受戒。
(78)　註(76)に同じ。
(79)　『醍醐寺座主御官符請并御拝堂等次第日記』（醍醐一二三函二）。
(80)　一例をあげると、仁治二年の東大寺別当定親拝堂記でも馬引役は大童子であった。
(81)　『後七日御修法日記 文治五 先師胎蔵界』（醍醐一〇一函四―六）。
(82)　小（少）行事については富田正弘「中世東寺の寺官組織について」（『資料館紀要』一三号、一九八五年）を参照、柏手については『後七日御修法日記 文治五 覚洞院』（醍醐一〇一函四―七）による。
(83)　『御質抄』末（『続群書類従』第二五下）。
(84)　「修二月頭并大仏供頭次第」（『醍醐雑事記』巻六所収）文治四年条。
(85)　『大日本史料』第四編之三及び一三。
(86)　仁平三年閏十二月「真言院後七日御修法用途物等事」（『醍醐雑事記』巻八所収）、及び、『御質抄』本。
(87)　『永治二年真言院御修法記』（『続群書類従』第二五下）。
(88)　「北斗御修法用途注文案」（『大日本古文書　醍醐寺文書』一―二二五号）。『参語集』四によれば、立預は「或は奉行人、或は雑掌の許へ行向ひて、沙汰しめぐる者」であった。
(89)　『寺家雑筆至要抄』（東京大学史料編纂所謄写本による）。

(90)　前掲註(8)拙稿。
(91)(92)　註(89)に同じ。
(93)　観智院本『醍醐寺年中行事』による。
(94)　「醍醐座主成賢拝堂禄物注文案」(『大日本古文書　醍醐寺文書』一―一九八号)。
(95)　こうした大童子（御童子）の役は、稲葉伸道前掲註(1)論文が指摘した堂童子の役とも類似している。
(96)(97)　『醍醐雑事記』巻六。
(98)　『寛元御灌頂記』(『仁和寺文書』一六)。
(99)　大童子の陪膳や勧盃の例は、いずれも場は三宝院寝殿ではない。文治四年東寺長者勝賢のもとに東寺所司が初参した時、勧盃は「延命丸　大童子長」であったが、その場は三宝院の車宿であった。(「東寺長者雑記」)。大童子が寝殿に昇ることはなかったのである。
(100)　『群書類従』第九。
(101)　『門葉記』巻一七四。
(102)　中大童子は行列の中の位置やその役割から、大童子の子供をさした可能性が高い。なお叡山に対して、鎌倉期の醍醐寺や仁和寺では中大童子は見られない。『醍醐雑事記』巻九には一ヵ所「中大童子」の記述がみられるが、鎌倉期の写本大通寺本で確認したところ「中」の字は後筆と知られた。『雑事記』の写本については安達直哉「『醍醐雑事記』について」(稲垣栄三編『醍醐寺の密教と社会』前掲註(8)所収）を参照。
(103)　『宇治拾遺物語』が中大童子とするのは、或は成立圏ともかかわるのだろう。註(22)を参照。
(104)　『門葉記』巻一七三。
(105)　『醍醐寺新要録』巻二〇。
(106)　『玉蘂』暦仁元年四月十日条。
(107)　『醍醐雑事記』巻三。
(108)　醍醐寺では寺家の職掌・小寺主・堂童子は「下部」とよばれて執行の管轄下にある（前掲註(29)拙稿)。
(109)　『醍醐寺新要録』巻二〇。
(110)　たとえば勝賢の大童子長延命丸は、成賢拝堂の時にも「大童子一﨟延命丸」と見え、勝賢の弟子成賢にも仕えたことが知られる。

醍醐寺のみならず延暦寺にも同様な例が見られる。師から弟子へ、房や院家の相伝に伴って大童子も継承されたものとみられる。

(111) 散所の統括者としての大童子長に近いのは或は随身とみられる。随身が召次長や雑色長に補され、かつ散所の管理者でもあったことは、中原俊章『中世公家と地下官人』(吉川弘文館、一九八七年)第四章第三「随身の役割と散所」が明らかにしている。醍醐寺の山階散所については、丹生谷哲一『検非違使』(平凡社、一九八六年)第三章を参照。

(112) 『〔絵巻〕子どもの登場』(前掲註(1))。

(113) 『東寺長者続紙』(東京大学史料編纂所所蔵謄写本)。

(114) 諸家雑色の役割については中原俊章前掲註(111)論文によれば、任国や荘園に派遣される「使者」の役と、警護役が主なものであった。

(115) 『大日本史料』第五編之七、水戸部正男『公家新制の研究』(創文社、一九六一年)。

(116) 『大日本史料』第四編之三、水戸部正男前掲書。

(117) 「一、可停止乗車騎馬過差事」に「王臣家雑色僧侶童子、年過六十之者聴之」とみえる。

(118) 中原俊章前掲註(111)論文。

(119) 貞和二年の醍醐座主賢俊の大童子長増長丸兄弟は座主の許によって「帯剣」しており、その父松王丸も帯剣を許されていた(『醍醐寺新要録』巻二〇)。大童子の長の中にはかかる例もあった。

(120) 旧内閣文庫所蔵大乗院文書。稲葉伸道「公家新制と寺辺新制」(名古屋大学文学部『研究論集』史学三二号、一九八六年、後に同『中世寺院の権力構造』前掲註(1)に所収)に全文紹介されている。

(121) 稲葉前掲註(120)論文。

(122) 『玉葉』建久二年十二月十四日条。『今鏡』第八。

(123) 一例をあげると元応二年(一三二〇)禅助僧正の高野詣の上童の装束は「水干榿桜、下濃織物袴」で、中童子は「水干袴」であった(『醍醐寺新要録』巻一九)。

(124) 『続日本の絵巻一三・一四』(中央公論社)による。

(125) 『春日権現験記絵』巻一一の四段には天蓋を捧げて地蔵(春日三神)に供奉するみずらに闕腋袍の童が描かれる。この聖なる童はまさに現実の持幡童の装束である。さらに仏の眷属の童といえば善財童子などにもそのイメージを求めることができる。善財童子は文殊菩薩の眷属のうちにも見え、文殊にはさらに八大童子の眷属もいた。持幡童については、本書第九章を参照。

(126) 教王護国寺蔵。これについては森暢「真言七祖像の系譜」(同『鎌倉時代の肖像画』前掲註(65)所収)を参照。
(127) これに先だち『類従三代格』延暦十七年六月十四日の太政官符が僧綱以下の従僧・沙弥・童子の員数を定めており、『延喜式』の員数はそれとほぼ同じである。
(128) 角川文庫。この史料については千本英史氏の御教示による。
(129) 僧侶社会の階層分化の時期とその過程については、詳細な分析を必要とする課題であろう。
(130) 五味文彦前掲註(20)論文。

〔追記〕本稿発表後、丹生谷哲一氏「中世における寺院の童について」(大山喬平教授退官記念会編『日本社会の史的構造　古代・中世』、思文閣出版、一九九七年)が出された。

丹生谷氏の論文は、それまでの童研究を整理、批判し、南都寺院の古年童の実態を検討したものである。そして拙稿について、「堂童子と中童子・大童子の区別も不分明であったこれまでの常識を完全に打破した画期的な研究」で、「重要なことは(中略)「大童子」という童の身分的特徴を明確にした点である」と評価されながらも、拙稿の第二節4で検討した大童子と御童子の関係については、「御童子と大童子を同一視したのは誤り」であると批判された。

丹生谷氏の説によれば、御童子は大童子の下位概念であり、大童子から分化したものであって、「列大童子」「座大童子」と同じものとされる。しかしながら氏も指摘されているように、大童子長＝御童子長であることから、大童子と御童子は同一の集団とみなされるのであり、さらに『門葉記』一七四(『大正新脩大蔵経』巻一二、六一二頁)には「貫御童子」もみえる。この「貫御童子」は列大童子のこととみられ、御童子も長と列からなる集団であり、氏の指摘される列＝御童子説には疑問が残る。また氏の説では御童子の「御」の語義も明らかではない。

仮に、氏の指摘するように、御童子が大童子の下部集団の呼称であったとしても、氏のあげられた史料はいずれも鎌倉後期以降のものであり、鎌倉前・中期にはいまだ大童子の階層分化は明確ではなかったとみられよう。

以上のように、大童子と御童子の関係については、さらに詳細な検討を必要とすると考えるが、現時点では、初出稿のままとしたい。

第五章　中世醍醐寺の桜会

はじめに——桜会と童舞のイメージ——

中世醍醐寺の数多の法会の中に、桜会とよばれる法会がある。それは満開の桜の下で行われた行事の故にその名があり、中世には童たちがあでやかに舞う童舞で著名な法会だった。

この桜会は、鎌倉時代の説話や絵巻の中に数多く描きこまれてきた。中でも橘成季の『古今著聞集』には、桜会を舞台とした二つの説話を載せている。その一つは巻五（和歌）の二一一段、仁和寺の佐法印が醍醐の桜会を見物し、美童をみそめて和歌をよみかけた話。もう一つが巻十六（興言利口）の五三三話、「うとめ増円」の話である。

この増円、醍醐寺の桜会見物の時、舞の最中に見物をばせずして、釈迦堂の前の桜の本にて鞠をけたるほどに、醍醐法師におひちらかされて、からきめ見たりけり、方々にげのがれにけれど、よくきらはれたるによりて、うとめ増円とぞ人はいひける

桜会の見物にやってきた増円法眼は、呼び物の舞の見物にも加わらず、釈迦堂の下で蹴鞠に興じて醍醐法師に散々に追われる。この話は前段の五三二段とともに、増円を主人公とする増円説話の一つである。そして従来の『古今著聞集』の研究では伝未詳とされてきた増円だが、彼は慈円の側近の叡山の僧であり、この話は鎌倉初期の桜会闘諍の話であったことが明らかになる。(1)

さらに『古今著聞集』と同じく建長年間（一二四九～五六）に成立した『十訓抄』にも桜会の話があった。それは後に『古今著聞集』巻五の一九八段に抄入された次の話である。

醍醐の桜会に、童舞おもしろき年ありけり。源運といふ僧、その時少将の公とて見目もすぐれて、舞もかたへにまさりて見えけるを宇治の宗順阿闍梨見て、思ひあまりけるにや、あくる日、少将の公のもとへいひやりける、

（後略）

これも桜会の童舞の美童をみそめて、見物の僧が歌を贈る話で、先に見た『古今著聞集』の二一一段と同じパターンである。そして今まで未詳とされてきた少将公源運とは、後に述べるように、十二世紀半ばの醍醐座主元海のもとにいた醍醐寺僧であり、同寺の鎮守清瀧宮に奉仕した僧であったことが知られる(2)。

このように説話世界の醍醐桜会は、童舞を目当てに諸寺の僧が見物に群参し、そこでは僧と童たちの思いが行き交い、和歌を詠みあう場であった。時にそれが僧たちの闘諍をひきおこし、様々な説話が生まれたのである。説話に見る醍醐桜会は、童を主人公とする芸能の場であり、僧の日常に埋没していた童をめぐる性愛の世界が表出する場だったといえよう。

鎌倉後期に成立した絵巻の中にもこの桜会が描かれていた。『天狗草紙』の東京国立博物館所蔵「東寺・醍醐・高野」の巻(3)がそれである。真言の寺々の寺院案内的な性格を持つとされるこの巻(4)では、下醍醐の釈迦堂と清瀧宮が描かれ、その間には満開の桜の老木の下に舞台を描く。そして舞台上では「狛桙」の舞を舞う童たちの姿が描かれる。さらに舞台をとり囲むたくさんの見物の裹頭の僧たち。退場する舞童に戯れかかる一人の裹頭の僧の姿も描かれる。それは見物の僧と舞童がおりなす晴れやかにして喧騒な情景であり、説話に見た桜会のイメージと共通している。鎌倉時代には、やはり醍醐寺といえば桜会、桜会といえば童舞だったのである。

童舞で名を馳せた中世醍醐寺の桜会とはどのような法会だったのだろうか。桜会は正式には清瀧会といい、醍醐寺

の鎮寺、下醍醐清瀧宮の法会である。そして鎌倉時代にはかくも著名であったにも拘らず、南北朝期には途絶えてしまった法会である。現在の醍醐寺でも、毎年四月に桜会とよばれる年中行事法会が盛大に勤修されているが、華やかにくりだす豊大閤花見行列が象徴するように、それは慶長三年（一五九八）の秀吉の醍醐の花見にちなむ行事でもあり、近世以降に調えられたものである。(5) 桜会は中世前期の法会だったのである。そのためか、著名なわりには桜会の具体的な内容が明らかにされることは稀であった。桜会はいかなる次第と会場で行われた法会だったのか。その整備の画期はいつで、だれの手によるのか。そしてそれはいかに変化していったのか。中世前期の醍醐桜会の姿を、同寺に残る史料から掘り起こしてみようというのが本稿の目的の一つである。

そして桜会の呼び物であった童舞は、いつどのように舞われたのか。本稿の主たる関心はこの童舞にある。童舞とは童が舞う舞楽のこと、つまり舞楽の一部である。童舞が醍醐寺に限らず、中世寺院の行事の中に数多く見られることは周知のことであろう。(6) 童舞は中世前期の寺院の芸能には欠かせないものであった。それにも拘らず、童舞の実像は今までに意外なほどに明らかにされていない。従来童舞については、舞楽の歴史の中でふれられてはきたものの、(7) それのみを論じた研究はきわめて少なかった。それればかりか、中世寺院の法会と舞楽の関係についても、四天王寺聖霊会などの現行の法会に連なる舞楽や地方の寺社に伝わる舞楽を除くと、研究は少ない状況なのである。(8) それは雅楽そのものが中世前期にすでに衰退期を迎えるとされること、新たに台頭してきた猿楽や田楽が中世芸能史研究の主役の座を占めていることによるであろう。(9) けれども中世前期には、舞楽が寺院の芸能に占める位置はきわめて大きく、中でも童舞が重要な位置を占めていたとみられるのである。

童舞についての研究といえば、僅かに寺院史の研究の中で、伊藤清郎氏が中世寺社の童を童舞を中心に論じており、童舞の意味を「神降し・招魂・鎮魂」ととらえる。(10) しかしながら中世寺院の童舞の本質は、それらのものではなかったと本稿では考える。そのことは、童舞の法会における位置を探ることによって明らかになるであろう。寺院の童舞は本来は法会の一部であり、一連の法会の中から童舞のみを取り出して語ることは、かえって童舞の本質を見失うことにもなると考えるのである。中世寺院の童舞の意味は、まず法会の中でとらえなければならないであろう。

本稿の童舞への関心は、寺院童への興味から出発している。中世における童をめぐっては近年多くの研究があり、先に拙稿でも寺院童について、童たちの呼称と役割、その階層性について以下のように見た。寺院童の代表は兒・上童・中童子・大童子であり、これらの童たちは僧に仕え房や院家に所属する存在である。彼らの序列は房や院家の中では兒—中童子—大童子であり、行列の中では上童—中童子—大童子となる。童たちの区分は年齢によるのではなく、出自によるのである。[11]それでは童舞の担い手は、いかなる階層の童なのか。童舞の意味とその担い手について探ることは、寺院童の本質をさらに明らかにしていくことにつながるだろう。

中世前期に童舞で鳴らした醍醐桜会。そして中世後期の芸能の世界でも、醍醐寺には花があった。猿楽である。室町初頭に醍醐清瀧宮の楽頭となって猿楽を演じたのは世阿弥であり、父観阿弥が一躍その名を馳せたのも世阿弥のデビューも清瀧宮においてだった。[12]中世芸能史の流れの中で醍醐寺が占める位置はきわめて大きく、中世を通して清瀧宮が芸能の場として重要な役割を果たしていたのである。[13]さらに声明の世界に目を移せば、醍醐寺流の声明は仁和寺相応院流と並ぶ二大潮流であった。[14]中世の芸能を語るのに、醍醐寺の芸能を欠かすことはできないのであり、醍醐寺の芸能の流れを探ることは、中世寺院の芸能の流れを明らかにすることにつながると考えるのである。

それでは中世前期の清瀧宮の宝前へ、桜会と童舞を探しにでかけたい。以下にまず、桜会の始行と史料を探り、その次第と会場を見、さらに童舞の位置とその変化を探って行く。そうして桜会と童舞の展開を跡付けて行きたい。

第一節　桜会の始行と史料

桜会は正式には「清瀧会」といい、下醍醐清瀧宮の法会である。[15]

醍醐寺の伽藍は周知の如く上醍醐と下醍醐に分かれており、それぞれに清瀧宮が勧請されていた。上醍醐に清瀧宮が勧請されたのは寛治三年（一〇八九）四月四日のこと、下醍醐に遷宮されたのは承徳元年（一〇九七）四月十七日のことである。[16]それはいずれも座主勝覚の手によるものだった。それまでは、醍醐寺の鎮守として「惣社」が下醍醐の五重塔の東にあったが、この惣社も新たに勧請された清瀧宮の中に遷し置かれることになり、[17]清瀧宮が醍醐寺の「鎮守」となったのである。[18]これが醍醐寺鎮守清瀧宮の始まりであった。

この下醍醐の清瀧宮を会場として清瀧会が始められたのは、白河院政期の永久六年（一一一八）三月十三日のことである。『醍醐雑事記』（以下に『雑事記』とする）によれば、これ以前には治安二年（一〇二二）二月に始行された「釈迦会」という法会があり、それをこの年に前座主勝覚が清瀧会に改めたのだという。

清瀧会の前身の釈迦会はその名の如く、下醍醐の伽藍の金堂にあたる釈迦堂における法会であり、釈迦堂の礼堂や堂の前庭に舞台を設けて舞楽も行われる盛大な法会であった。[19]それが前座主勝覚によって、その会場を釈迦堂から、さらに南西に位置する清瀧宮に移し、「清瀧会」と名を改められたというのである。[20]つまり釈迦のための法会から清瀧の女神のための法会へと転換したのが清瀧会だったのである。それではなぜ永久六年に釈迦会から清瀧会に改められたのだろうか。

そこには水を司る女神の存在があったとみられる。清瀧宮の祭神は裟竭羅龍王の第三女の女神であり、准胝・如意輪観音の化身とされる。[21]そして『雑事記』によれば、上醍醐では寛治三年の遷宮以前から、この女神のために二季御読経を行っており、さらに小野僧正仁海の時に、請雨経法の勧賞に女神に正一位を授けられたという。[22]『醍醐寺縁起』[23]によれば、延喜二年（九〇二）にこの女神が降臨して、「祈雨之時」には孔雀経や仁王経を読み、或は孔雀経法・仁王経法を修せと空海に宣下したと伝える。このように清瀧の女神は醍醐寺の鎮守であると同時に、雨を祈る女神であった。そこで注目されるのが、永久五年（一一一七）六月の勝覚による神泉苑での請雨経法である。

『永久五年祈雨日記』[24]によれば、うち続く炎旱のために白河院から神泉苑での請雨経法の命を受けた勝覚は「効験忽難至」として一度は固辞するが、結局は領状して修法を始める。そして四日目の夕方のこと、「巽方有陰雲、少時之間、周遍一天（中略）、于時雲雷数声、雨脚滂沱」とその法験によって雨が降り始めたのである。勝覚の父左大臣源俊房を始め、一家の人々は感涙にむせび、慶賀の人々は数を知らず、その勧賞に勝覚の弟子の醍醐座主定海は権律師に補任される。そしてこの陰雲が現れた巽の方とは、都の南東の醍醐寺をさしていた。同書によれば「醍醐人々於清瀧峯祈請之間、俄片雲現峯上云々」と、請雨経法の法験は清瀧の女神の加護によるものだったという。ここに翌年の永久六年三月に、釈迦会を改めて清瀧会とした意味が見出せる。つまり清瀧会は清瀧宮への祈雨の報恩に始まる法会だったのである。[25]

このように勝覚によって始行された清瀧会は、平安末から鎌倉初期にかけて隆盛期を迎える。そしてその時期には比較的豊富な史料が残されている。それらを以下に紹介しておこう。

まとまった史料としてまずあげられるのは『桜会類聚』と『醍醐寺雑要』である。[26]このうち『桜会類聚』は、表10に示したように、保延六年（一一四〇）から弘長二年（一二六二）の桜会（清瀧会）関係の記録を集めたものである。奥書によると、慶長九年（一六〇四）に上醍醐釈迦院の古本をもって、座主義演が「期当会之再興於後年、故令類聚了」と当時絶えて久しかった桜会の再興を期して、自ら類聚したものと知られる。同じ義演の編纂にかかる『醍醐寺新要録』に収録されていない記事が殆どであり、中でも文治五年（一一八九）と建久五年（一一九四）の二つの「清瀧会式」

表10　『桜会類聚』所収記事

文書・記録名	年月日	座主	備考
清瀧会	保延六年（一一四〇）三月十六日	座主定海	『雑事記』巻七に同じ
清瀧会客人御儲支配事	文治三年（一一八七）二月二十四日	座主勝賢	清瀧会は二月二十七日
清瀧会御幸日記	文治四年（一一八八）三月十一日	〃	
清瀧会式	文治五年（一一八九）	〃	
清瀧会式	建久五年（一一九四）	座主実継	
桜会御出次第	建長六年（一二五四）三月二十四日	座主憲深	
桜会新制	建長六年	〃	
桜会料米事	弘長二年（一二六二）五月	座主定済	
桜会童舞装束等事			

が注目される。[27]この「清瀧会式」は法会の次第を記した記録であり、鎌倉初期の清瀧会がいかなる内容でとり行われたか、その実際を知ることができる基本的な史料である。

次いで『醍醐寺雑要』は表11に示したように、応保二年（一一六二）から元暦元年（一一八四）に至る清瀧宮と清瀧会関係の記録や文書を集めたものである。これも義演の書写奥書をもつが、『桜会類聚』とは異なって、「以地蔵院法印深賢自筆之本、書写了」と、鎌倉中期の醍醐寺地蔵院の深賢本がすでにあり、それを義演が筆写したものと知られる。その内容は冒頭に下醍醐の清瀧宮の殿舎について記し、歴代の座主が勤めた清瀧会の「清瀧会日記」や、治承二年（一一七八）の「清瀧会式」、清瀧会の舞台や楽器、舞装束を書き連ねた「清瀧会可入楽器等事」など、『新要録』に収録されていない詳細な記事を多く載せている。

さてこの『醍醐寺雑要』は、表11にも示したように、その記事の大半が座主勝賢の任中のものである。勝賢は藤原通憲（信西）の息で、三度にわたって醍醐座主を勤めていた。[28]その任中の清瀧会の記録や文書が中心に集められており、「清瀧会日記」の中では勝賢の時代を「御任」と記している。つまり『醍醐寺雑要』は座主勝賢のもとで編纂された下醍醐清瀧宮と清瀧会の記録なのであり、それは三度目の座主任中の元暦元年頃に編まれたものとみられるので

表11　『醍醐寺雑要』所収記事

文書・記録名	年月日	座主	備考
御節供田所当支配	応保二年（一一六二）三月十九日	座主勝賢	勝賢初度座主任中
桜会客人饗式	長寛三年（一一六五）二月九日	座主乗海	
不断経結番	天承元年（治承か）　八月二十七日		治承二年十月以降か
清瀧宝殿所在物	治承二年（一一七八）十月	座主勝賢	勝賢第二度座主任中
清瀧会式	治承二年（一一七八）十一月式	〃	
清瀧会客人御儲支配事	治承三年（治承二か）十一月十一日	〃	
清瀧会雑役所司請定	治承四年（一一八〇）三月二十一日	座主実海	
清瀧会舞人楽人交名事	治承		
清瀧会職衆請定	寿永三年（一一八四）二月十三日	座主勝賢	勝賢第三度座主任中
清瀧会日記	〜寿永三年（一一八四）二月二十二日	〃	
清瀧会引頭等請定	寿永三年（一一八四）三月六日	〃	二月か
清瀧宮長日例時結番事	元暦元年（一一八四）正月　日	〃	四月か
御油座神人事	元暦元年（一一八四）七月十三日	〃	
四月御遷宮卅講并百種供養			
清瀧会雑事			供花事・仏経等事・布施・禄物
清瀧会可入楽器等事			
毎朝理趣三昧結番事			
清瀧宮彼岸不断経番事	（元暦元年九月以前）	〃	
毎月御遷宮供養法交名		〃	

ある。[29]

さらに「清瀧会日記」と関連して、醍醐寺所蔵の『醍醐寺座主補任次第』（醍醐一一七函三）にも清瀧会に関する記事がある。同寺に伝わる補任次第には諸本があり、同書は江戸時代の写本ではあるが、鎌倉初期の座主実継を「当任」とし、実継までの記事を載せる。これに数代の座主の清瀧会についての裏書がある。

加えて醍醐寺所蔵五一七函一四にも『桜会作法并清瀧会』の外題をもつ巻子一巻がある。尾題には「桜会作法并清瀧会　慈心院」とあって上醍醐慈心院に伝来した本と知られるが、書写年代は鎌倉後期とみられる。その内容は二つに分かれており、それぞれ①「当寺桜会職衆等法則」、②「清瀧会式」の内題をもつ。

このうち①「当寺桜会職衆等法則」は末尾に「已上桜会作法ニ付私記也、已上任賢阿闍梨記之」とあり、任賢阿闍梨記と知られる。任賢といえば、勝賢の灌頂の弟子で醍醐の声明師として著名な人物である。[30]そして冒頭の「惣法会之儀式ハ別記古有之、□此記ハ為初心人令存知、如形所私記也」からは、初めて清瀧会の職衆を勤める人たちに、作法と進退を記したものと知られ、その内容からは、職衆のうちの讃衆・梵音衆・錫杖衆のために書かれたものとわかる。さらに「本ハ職衆三十僧也、自貞応元年三十二人也」の記事から、その成立は貞応元年（一二二二）以後とみられる。[31]

一方②は年欠の「清瀧会式」である。冒頭には「伊賀都維那禅忠所持本書写之了、是ハ寺家之日記也」とみえて、都維那禅忠所持の「清瀧会式」であったことが知られる。さらに紙背には「建仁七年（ママ）二月廿六日作法如此」の書き込みをもつ清瀧宮の拝殿の図もある。禅忠が醍醐寺の三綱となったのは、勝賢の三度目の座主任中であり、死去したのは元久二年（一二〇五）六月のことである。[32]この年欠の「清瀧会式」も鎌倉前期のものであり、さらにその記述からは、後に述べるようにいつの清瀧会式かが明らかになる。

以上にみてきたのが清瀧会の基本史料であり、その中には治承二年・文治五年・建久五年・年欠の四つの「清瀧会

表12　清瀧会（桜会）年表

年月日	名称	座主	出典	備考
治安二年（一〇二二）二月晦日～	釈迦会	座主覚源	A B D	
天永三年（一一一二）三月二十四日	釈迦会	座主勝覚	A B D	
永久元年（一一一三）三月二十五日	釈迦会	〃	A B D J	
永久六年（一一一八）三月十三日	改清瀧会	座主定海・検校勝覚	A B D	
元永三年（保安元年）三月七日	清瀧会	座主定海	A B D	
保安二年（一一二一）	〃	〃	B	
三年　三月十四日	〃	〃	B	
四年　三月十八日	〃	〃	A B	
五年（天治元年）閏二月十四日	〃	〃	A B	
天治二年（一一二五）三月九日	〃	〃	B	
大治元年（一一二六）三月十七日	〃	〃	B	
二年　二月十八日	〃	〃	A B	Aは二月二十七日
三年　三月二十二日	〃	〃	A B	Aは三月十二日
四年　三月七日	〃	〃	A B	Aは三月十九日
五年　三月一日	〃	〃	A B	Aは二月二十六日
天承元年（一一三一）三月七日	〃	〃	B	
長承元年（一一三二）閏四月二十四日	〃	〃	B	
二年　三月二十一日	〃	〃	B	
三年　三月十三日	〃	座主定海	B	
保延元年（一一三五）十二月二十三日	〃	〃	B	
二年　十月三十日	〃	〃	B	
三年　十一月九日	〃	〃	B	
四年　十月十八日	〃	〃	B	
五年　三月十六日	〃	〃	B	

六年	三月十六日	〃	〃	ABC	Aに記録あり
永治元年（一一四一）	三月六日	〃	〃	B	
康治元年（一一四二）	三月二十六日	〃	〃	B	
二年	閏二月二十七日	〃	〃	B	
仁平四年（一一五四）	三月五日	〃	〃	BD	
保元四年（一一五九）	三月十六日	〃	座主実運	BD	
永暦二年（一一六一）	三月十八日	〃	座主勝賢（初任）	BD	
応保三年（一一六三）	三月十日	〃	座主乗海	BD	
長寛二年（一一六四）	三月九日	〃	〃	B	
三年	二月二十七日	桜会	〃	B	Bに桜会客人饗式あり
永万二年（一一六六）	二月二十六日	清瀧会	〃	B	
仁安二年（一一六七）	三月二十三日	〃	〃	B	
三年	四月三十日	〃	〃	B	
四年	三月十七日	〃	〃	B	
嘉応二年（一一七〇）	三月二十八日	〃	〃	B	
三年	二月六日	〃	〃	B	
承安二年（一一七二）	三月十一日	〃	〃	AB	Aに後白河院御幸記あり
三年	三月七日	〃	〃	B	
四年	三月十二日	〃	〃	B	
五年	三月二十四日	〃	〃	B	
安元二年（一一七六）	三月十六日	〃	〃	B	
治承元年（一一七七）	十一月五日	〃	〃	B	
二年	十一月二十日	〃	座主勝賢	BD	Bに清瀧会式あり
三年	三月一日	〃	〃	BD	
四年	三月三十日	〃	座主実海	BD	Bに清瀧会所司請定あり
寿永元年（一一八二）	十二月十九日	〃	座主勝賢	BD	
二年	三月十日	〃	〃	B	

三年（元暦元年）	二月二十二日	〃	〃	B	Bに清瀧会職衆・引頭請定あり
元暦二年（文治元年）	三月　十七日	〃	〃	A	Aに七月十一日清瀧会会料に大和国葛上庄寄進
文治二年（一一八六）			〃		Dに建久七年まで勝賢が毎年行うとあり
三年	二月二十七日	〃	〃	C	Cに清瀧会客人御儲支配あり
四年	三月　十一日	〃	〃	C	Cに清瀧会御幸日記あり
五年		〃	〃	C	Cに清瀧会式あり
建久元年（一一九〇）			〃		
二年			〃	K	
三年			〃		
四年			〃		
五年	三月	〃	座主実継	C	Cに清瀧会式あり。『仲資王記』に関係史料あり
六年			〃		
七年			〃		
八年			〃		
九年	三月　十　日		〃	D	前日に重源施入の唐本一切経供養あり
正治元年（一一九九）		〃	〃	D	Dに正治二年・建仁元年は行わずとあり
建仁二年（一二〇一）		〃	〃	D	
建仁□年	二月二十六日	〃桜会	座主成賢か	E	E裏書。建仁七年二月二十六日とあるが、建仁七年は疑問
建仁三年	二月二十九日	桜会	〃	L	後高野御室桜会見物
					Pによれば承元五年は桜会なし
建保二年（一二一四）	二月二十八日	〃	〃	M	後高野御室桜会見物
四年	四月　十一日	清瀧会		Q	Pによれば建保五年も桜会なし
承久四年（一二二一）	二月二十四日	桜会	座主定範	F N	後高倉院童舞御覧
貞応元年（一二二二）		〃	〃	E	Eの桜会職衆等法則に貞応元年の割注あり

嘉禄元年（一二二五）	二月二十八日	〃	〃	O	
延応二年（一二四〇）	三月　十七日	桜会	座主実賢	H	三宝院文書にも関連史料あり
建長四年（一二五二）		〃	座主憲深	I	Pによれば建長五年は桜会なし
建長六年（一二五四）	三月二十四日	〃	〃	C	Cに桜会新制あり
弘長二年（一二六二）		〃	座主定済	C	C桜会料米事あり
文永七年（一二七〇）	三月二十七日		〃	G	
弘安元年（一二七八）	三月　二十日	〃	座主定勝	G	
二年（一二七九）	二月　二十日	〃	〃	G I	
五年（一二八二）		〃	〃		
九年（一二八六）	三月　二十日	〃	座主道性	G I	Pにも関連史料あり

〔出典〕A『醍醐雑事記』B『醍醐寺雑要』C『桜会類聚』D『醍醐寺座主補任次第』E『桜会作法并清瀧会』F『教訓抄』G『続教訓抄』H『下清瀧宮類聚』I『続門葉和歌集』J『長秋記』K『玉葉』L『建仁三年具注暦』M『御室相承記』N『承久三・四年日次記』O『明月記』P『醍醐寺新要録』Q『諸記纂』

式」を見出すことができた。そこでこれらの史料をもとに、清瀧会の執行された日時を探して書きあげたのが表12である。これをもとに清瀧会の流れを見てみよう。

これによれば、永久六年の始行から正治元年（一一九九）までは、数年を除いて、清瀧会はほぼ毎年行われていたことが確認できる。ところがそれ以後は確認できる回数が激減する。それはいままで見てきたような史料の残存状況にもよるのであるが、どうもそれのみではない。たとえば先にあげた『醍醐寺座主補任次第』によれば、実継の座主任中、正治二年は頼朝の死去のため、建仁元年（一二〇〇）は「不静寺家」によって清瀧会が行われなかったことが知られる。さらに承元五年（一二一一）と建保五年（一二一七）にも行われていないことがはっきりしている。[33] 要するに建仁以降には、清瀧会を行わない年が目立って増加しているのである。このことから、清瀧会は始行から正治頃までを盛期として括ることができる。

さらにもうひとつ、清瀧会の変化を知る手掛かりとなるのはその呼称である。清瀧会が桜の開花の下での法会だった故に「桜会」と呼ばれたことは先にふれた。そして『古今著聞集』を始めとする説話や絵巻からは、清瀧会の名よりも「桜会」の名で中世社会に知られていたことがわかる。しかし「桜会」は寺内での正式な呼称でもなければ、当初からの通称でもなかった。表12がそのことを示している。

表12の典拠史料のうち、寺内の史料に「桜会」の名が現れるのは長寛三年（一一六五）の「桜会客人饗式」が最も早く、この例を除くと、始行から正治頃までは、寺内ではほぼ清瀧会の名で呼ばれていたことが知られる。またその月日を見ても、保延年間（一一三五〜）と治承・寿永にかけては、時に十月から十二月にかけて行われていたことも知られる。故に「桜会」よりも清瀧会の名で呼ばれていたのであり、この頃の清瀧会は桜の開花よりも、毎年の勤仕が重要視されていたとみられよう。

しかしながら鎌倉初期までには、すでに寺の外では「桜会」の名で通っていた。建久五年（一一九四）といえば醍醐寺の中では「清瀧会式」が残っている年であるが、『仲資王記』によれば、この年の「醍醐寺桜会之間」に、叡山と南都の大衆が蜂起した事件を載せており、清瀧会はすでに「桜会」として知られていたことを示している。やがて「桜会」の名は寺内にも定着していく。たとえば建暦二年（一二一二）八月の「納殿沙汰注文」[34]は、醍醐座主房の軽物の蔵である納殿が沙汰する年中行事用途の書き上げであるが、その中でも清瀧会は「桜会」と書かれている。そして表12に見られるように、寺内でもこの後「桜会」の名が定着していく。それは呼称のみの問題ではなくて、先にみた勤仕の状況とも合わせみると、正治頃を期に清瀧会から桜会へと展開していったことが伺われるのである。

清瀧会から桜会へ。それはどのような法会だったか。以上にあげた史料をもとに、いよいよ具体的に見て行くことにしたい。

第二節　桜会の次第と会場

永久六年（一一一八）に勝覚によって始行された清瀧会はどのような内容の法会だったのだろうか。

清瀧会は、醍醐寺所蔵の『醍醐寺年中行事』[35]によれば、「桜会事、被仁王経講讃之、彼経為政所御沙汰、兼日被摺写之」と、それは仁王経を講讃する法会であり、鎌倉初期の観智院本『醍醐寺年中行事』[36]よれば、「新写供養経事、仁王経十部新翻古訳隔年」と、隔年に仁王経十部を新摺していたことが知られる[37]。仁王経といえば、清瀧の女神が祈雨に読経を求めた経典だった。やはり清瀧会は祈雨の報恩に始まり、祈雨に関わる法会だったのである[38]。

残念なことに、勝覚の時代の清瀧会の具体的な内容を知る史料はなく、それを知りうるのは保延六年（一一四〇）の次の史料からである。

> 三月十六日、行清瀧会色衆廿八人、（中略）、
> 引頭威従二人、勝助、円厳、行事二人、厳秀、相春、請僧捧物自前斎院付綿鞠於桜枝、被置左右請僧之幄、於導師咒願者、各被物一重所相加彼鞠也、
> 童舞蝶、鳥、五常楽、延喜楽、紺州、古鳥蘇、賀殿、地久、於陵王納蘇利者、昨日試楽舞之、仍今日不令舞之、
> 俗舞安摩、二舞、太平楽、蘇合、新鳥蘇、北庭楽、（中略）、
> 雨止後、陵王納蘇利及秉燭炬松明於舞台令舞之、（中略）凡楽人舞人并廿九人也、
> （『雑事記』巻七[39]）

これによれば、色（職）衆として二十八人の僧が出仕して、十曲もの童舞や俗舞が二十九人の楽人や舞人によって演じられたこと、そして前斎院禎子内親王や権大納言源雅定ら、醍醐寺のゆかりの人々を「客人」に迎え[40]、前斎院からは、請僧の捧物に桜の枝につけた綿鞠が出されるなど、華やかな法会がくりひろげられたことが知られる。そして

寿永三年（一一八四）の清瀧会でも、『醍醐寺雑要』によれば、咒願師・導師以下、唄師二人・散花六人・讃衆四人・梵音六人・錫杖六人の二十六人の職衆と、寺家の三綱が勤める二人の「引頭」と「楽行事」がおり、左舞・右舞の舞人と楽人ら十八人余りが出仕していた(41)。このように平安末期の清瀧会は、かなりの規模で勤修された舞楽を伴う法会であったことがわかる。

前節でも見たように、平安末から鎌倉初期には四つの「清瀧会式」があった。このうちの最も早い治承二年（一一七八）十一月の「清瀧会式」から法会の次第を見て行こう。

まず寅の刻（午前四時）に乱声、卯時（午前六時）に集会鐘を鳴らす。衆僧は集会所の中門に集まり、楽人等が長尾宮を迎える。次いで楽人等は導師や衆僧を迎えに集会所に赴き、そこで発楽。「万秋楽」を奏でる中を、導師・衆僧は行列して舞台に向かう。

次に導師以下が舞台に昇り、そこで「頌」を唱える。次いで「蘇合　破」が奏され、「供花」が始まる。左右の舞人がこの供花を持ち、舞台から拝殿の階下の僧に「伝供」する。「供花」が終わると楽を止め、楽人は楽屋に入る。やがて「供舞」が始まる。この時は「男舞」で、「万蔵楽」と「延喜楽」が奏された。

次いで「廻杯楽」が奏され、唄師が唄座につき「唄」発音。散花師が舞台に登って、「散花」が始まる。次いで「大行道」。舞人や楽人が左右から楽行事を先頭に行列し、舞台と拝殿を中心に行道をする。やがて諸僧が本座に着き、舞人等が楽屋に入った後に、「一曲」が奏される。

そして「讃」。讃衆が舞台に登ると楽は止み、讃衆が讃を唱える。次いで梵音衆が舞台に登り「梵音」を頌す。次いで「錫杖」。錫杖が終わった後に、導師が「啓白」、「誦経」。次に布施を引く。後に導師が高座を下りて衆僧も退出し、法会はここで終わる。

治承二年の「清瀧会式」にみられる法会の次第は、このように唱頌・供花・伝供・唄・散花・大行道・讃・梵音・

表13　清瀧会の次第

治承二年（一一七八）「清瀧会式」次第	会場
・寅刻乱声　神分	
・卯時集会鐘を打つ	
・衆僧集会所に着す	中門
・長尾宮御迎	
供御　廻杯楽	
・導師・衆僧を迎う	
楽人列立して集会所へ	
発楽　万秋楽	
・行列、衆僧等舞台に登り列立	舞台
・惣礼頌	舞台
・発楽　蘇合破	
供花	
左右舞、舞台を経て、	舞台

文治五年（一一八九）「清瀧会式」次第	会場
・初後夜神分乱声	
・卯刻集会鐘を打つ	
・衆僧集会所へ	釈迦堂 礼堂
・長尾宮御迎　楽人列参	
吹安楽塩、供御　十天楽	
・入御乱声	
・振鉾　左右　童	
・導師・衆僧を迎う	
楽人列立して集会所へ	
発楽　万秋楽	
・列行	舞台
・唱頌	舞台
衆僧舞台を下りて拝殿の座	拝殿
楽人楽を止め楽屋に入る	
・発楽　蘇漠者破	
導師咒願高座に登る	拝殿
諸僧惣礼	
・発楽　蘇合破	
供花	
左右童人供花を捧げ持ち、	舞台
舞台を経て、	

建久五年（一一九四）「清瀧会式」次第	会場
・初後夜神分乱声	
・卯刻集会鐘を打つ	
・衆僧集会所へ	釈迦堂 礼堂
・長尾宮御迎　楽人列参	
吹安楽塩、供御　十天楽	
・入御乱声	
・振鉾　左右　男	
・導師・衆僧を迎う	
楽人列立して集会所へ	
発楽　慶雲楽	
・列行	舞台
・唱頌	舞台
衆僧舞台を下りて拝殿へ	拝殿
楽人楽を止め楽屋に入る	
・発楽　裹頭楽	
導師咒願高座に登る	拝殿
諸僧同惣礼	
・発楽　五常楽破　下楽急	
供花	
左右童舞供花を捧げ参向	小舞台
	外

年欠「清瀧会式」次第	会場
・初後夜神分乱声	
・卯刻集会鐘を打つ	
・衆僧集会所へ	釈迦堂 礼堂
・長尾宮御迎　安楽塩	
供御　十天楽	
・入御乱声	
・振鉾　左右	
・導師・衆僧を迎う	
楽人列立して集会所へ	
発楽　慶雲楽	
・行列	舞台
・唱頌	舞台
衆僧舞台を下りて拝殿へ	拝殿
楽人楽を止め楽屋に入る	
・発楽　裹頭楽	
導師咒願高座に登る	拝殿
・発楽　五常楽　上破　下	
楽急	
供花	
左右童舞供花を捧げ参向	小舞台
	外

拝殿階下に列立、即伝供、	拝殿
錫杖・梵音衆同じく伝供、	
所司等舞殿に祇候し、宝前	舞殿
の机に居う	宝前
楽を止め、舞人楽屋へ還る	
・供舞　男	舞台
万歳楽　延喜楽	
・発楽　廻杯楽	
唄師唄座に著き、唄発音	
分花筥	
・散花師舞台に昇る、諸僧これ	舞台
に随う	
散花師発音	
・発楽（大行道）鳥向楽	
先ず楽行事、次童舞次男舞、	
楽人等舞台を経て拝殿前で	舞台
左右に相交わる	拝殿
舞人等拝殿前で左右に相分か	拝殿
れ、舞台を経て楽屋に入る	舞台
一曲、	舞台
・発楽　宗明楽	
讃衆舞台に昇り、讃を唱う	舞台
発楽　越天楽	
・発楽　秋風楽	
梵音衆舞台に昇り、梵音	舞台
発楽　白柱	
・発楽　採桑楽	

拝殿の階下に列立、即伝供、	拝殿
錫杖・梵音衆同じく伝供、	
所司等舞殿に祇候しこれを	舞殿
宝前の机に居える	宝前
楽を止め、舞人楽屋へ還る	
・発楽　廻杯楽	
唄師唄座に著き、唄発音	
分花筥	
衆僧拝殿より下立つ	
・散花師衆僧を引頭して、舞	舞台
台に登る	
散花師発音	
・大行道　鳥向楽	
先ず楽行事、次童舞人、	
次楽人等、舞台を経て、	舞台
拝殿前より左右に分かれ、	拝殿
宝前で輪を作し、	宝前
舞台辺を廻り、元の如く宝	舞台
前で相分かれ、拝殿前で舞	守前
人楽人等、一曲、	拝殿前
楽屋に入る	
・発楽　宗明楽	
讃楽舞台に昇り、讃を唄う	舞台
発楽　越天楽	
・発楽　秋風楽	
梵音衆舞台に昇り、梵音	舞台
発楽　白柱	
・発楽　採桑楽	

拝奥の階下に列立、伝供	拝殿
伝供畢りて楽屋に還入	
・行事舞　男	舞台
万歳楽　正喜楽	
・発楽　永隆楽	
唄師着座、唄発音	
・散花　分花筥	舞台
散花師衆僧を引頭して、	
舞台に登る、発音	
・大行道　鳥向楽	
先楽行事、次童舞人、	
次楽人等、舞台を経て、	舞台
拝殿前より左右に分かれ	拝殿
宝前で輪を作し、	宝前
舞台辺を廻り、元の如く	舞台
宝前で相分かれ、拝殿前	宝前
で舞人楽人等、一曲、	拝殿前
楽屋に入る	
・発楽　宗明楽	
讃衆舞台に昇り、讃	舞台
発楽　越天楽	
・発楽　秋風楽	
梵音衆舞台に昇り、梵音	舞台
発楽　白柱	
・発楽　採桑楽	

拝殿階下に列立、伝供	拝殿
伝供畢りて楽屋に還入	
行事舞　比舞略之	舞台
万歳楽　延喜楽	
・発楽　永隆楽	
唄師着座、唄発音	
・散花　分花筥	
散花師衆僧を引頭して、	
舞台に登る、発音	
・大行道　鳥向楽	
先楽行事、次童舞人、	
次楽人等、舞台を経て、	舞台
拝殿前より左右に分かれ	拝殿
宝前で輪を作し、	宝前
舞台辺を廻り、元の如く	舞台
宝前で相分かれ、拝殿前	宝前
で舞人楽人等、一曲、	拝殿前
楽屋に入る	
・発楽　宗明楽	
讃衆舞台に昇り、讃	舞台
発楽　越天楽	
・発楽　秋風楽	
梵音衆舞台に昇り、梵音	舞台
以下欠	

錫杖衆舞台に昇り、錫杖 発楽　竹林楽 ・導師啓白、誦経等 布施を引く ・発楽　千秋楽 導師等高座を下りる	舞台	錫杖衆舞台に昇り、錫杖 発楽　竹林楽 ・導師啓白、誦経等 布施を置く ・発楽　千秋楽 導師等高座を下り、衆僧退 出 ・入調	舞台	錫杖衆舞台に昇り、錫杖 発楽　竹林楽 ・導師啓白、誦経等 ・発楽　千秋楽 導師等高座を下り、衆僧 退出 ・入調	舞台		

錫杖・導師啓白・誦経から成っており、それにともなって、雅楽が奏され、舞が奏される形式だったのである。表13は治承二年・文治五年・建久五年・年欠の四つの「清瀧会式」から法会の次第を書きあげたものだが、そのいずれもがほぼ共通している。平安末から鎌倉初期の清瀧会は、毎年この形式で行われていたことが知られよう。

さて舞楽を伴う法会の形式といえば、代表的なものに「舞楽四箇法要」とよばれるものがある。それは唄・散花・梵音・錫杖の順の四種の声明とその作法によって構成される法会であり、古代から最も大規模な法要として勤修されてきたという。[42]小野功龍氏によれば、古くは天平勝宝四年（七五二）の東大寺大仏開眼供養会にすでに原型が見られ、平安前期の貞観三年（八六一）までにかかる形式が整備されたとされる。[43]現行の法会の中では、毎年四月の四天王寺聖霊会の舞楽大法要がそれである。[44]今まで見てきたように、平安末から鎌倉初期の清瀧会も、唄・散花・梵音・錫杖の順の声明に讃を加え、法会の進行に奏舞奏楽を伴うのであり、舞楽四箇法要を基本型としたことが知られる。

桜会は舞楽四箇法要の形式をふまえて行われた大法会だった。『残夜抄』[45]によれば、「大法会」には舞楽がつきものであり、「常楽会、放生会、天王寺・仁和寺の舎利会、醍醐桜会、此等皆同躰《マヽ》なるにとりて、常楽会は日本国第一の大法会」と、興福寺常楽会や石清水八幡の放生会とならぶ「大法会」に醍醐桜会があげられており、それは舞楽法要として名高かったことが知られる。

それでは冒頭にあげた仁王経の講讃はどこで行われたのか。表13によれば、四箇法要の後に、「導師啓白、誦経等」があった。仁王経の講讃そのものは確認できないが、仁王経にかかわるとすればこの部分であろう。[46]そこでは講讃よりも、むしろ隔年に仁王経を新写し、それを清瀧宮の宝前に捧げることが主目的だったとも考えられる。[47]

さて表13にあげた四つの「清瀧会式」を比較してみると、法会の次第はほぼ共通しているが、いくつかの異なる点もある。そのひとつが奏楽の曲目である。たとえば導師・衆僧を迎える「迎楽」が文治五年には「万歳楽」であったが、建久五年では「慶雲楽」だった。導師・咒願の「登楽」は文治五年では「蘇漠（莫）者」で、建久五年には「裏頭楽」だった。以下大行道・讃・梵音・錫杖に伴う楽は共通するものの、それ以外は異なる場合が多い。楽の曲目については、大行道の「鳥向楽」などの四箇法要の後半部を除いては、未だ限定されていなかったようである。

そうした中で気づくのは、年欠の「清瀧会式」と建久五年の「清瀧会式」の曲目の一致である。両者は前半部分の楽も含めて、奏楽はすべて一致しており、その他の細部についてもほぼ等しい。年欠の「清瀧会式」は、建久五年の「清瀧会式」を写したものだったのである。そうなると「清瀧会式」は治承二年・文治五年・建久五年の三種が伝来することがわかった。それでは清瀧会はどのような会場で行われたのか。この三つの「清瀧会式」から見て行こう。

表13によれば、主な会場となるのは「舞台」「拝殿」「宝前」である。衆僧の座は拝殿に設けられ、唱頌や散花・讃・梵音・錫杖などの主な作法は舞台で行われる。そして舞台の側には、楽人舞人が退入する「楽屋」がある。この三つの会場はどこにあったのか。

下醍醐の清瀧宮は釈迦堂の南西に位置している。義演筆の「下醍醐伽藍図」[48]（図9）によれば、清瀧宮では宝殿・舞殿・拝殿が西東に並び、拝殿には「御子屋」が付属していた。けれどもこれは鎌倉期の清瀧宮の建築とは若干異なっている。『醍醐寺雑要』によれば平安末・鎌倉初期の清瀧宮には、

清瀧宮宝殿一宇檜皮葺　三間　庇在正面

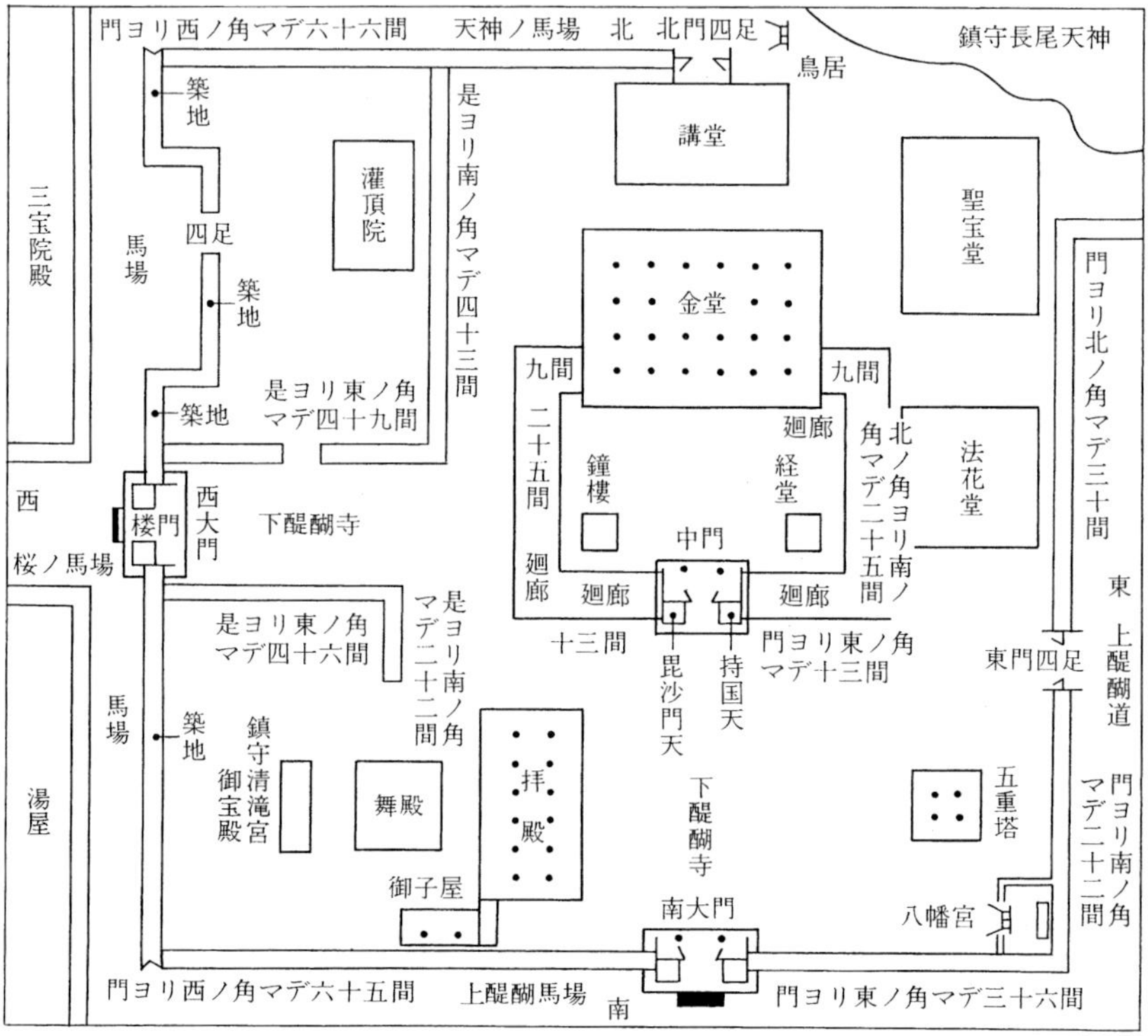

図９　下醍醐伽藍図（森蘊「醍醐寺の庭園」『仏教芸術』42号より）

（中略）

同拝殿一宇檜皮葺五間四面　正面日隠一間
西三間又庇為舞殿
元拝殿舞殿狭少也、治承二年九月比造立之、
同不断経所一宇二間
同雑仕一間檜皮葺
楽屋一宇檜皮葺　五間
已上治承二年十月新造立之、

と、西に三間の宝殿、その東には五間四面の拝殿があって、それに不断経所や雑仕の間や楽屋があったこと、さらに拝殿の西三間の又庇を舞殿と呼んでいたことが知られる[49]。それを「下醍醐伽藍図」と比べると、宝殿・舞殿・拝殿が西東にならぶ位置関係は等しいが、舞殿と拝殿が一つの建物だったこと、さらに不断経所以下の付属の建物が異なっていたことがわかる。

「清瀧会式」の中で「宝前」といえばこ

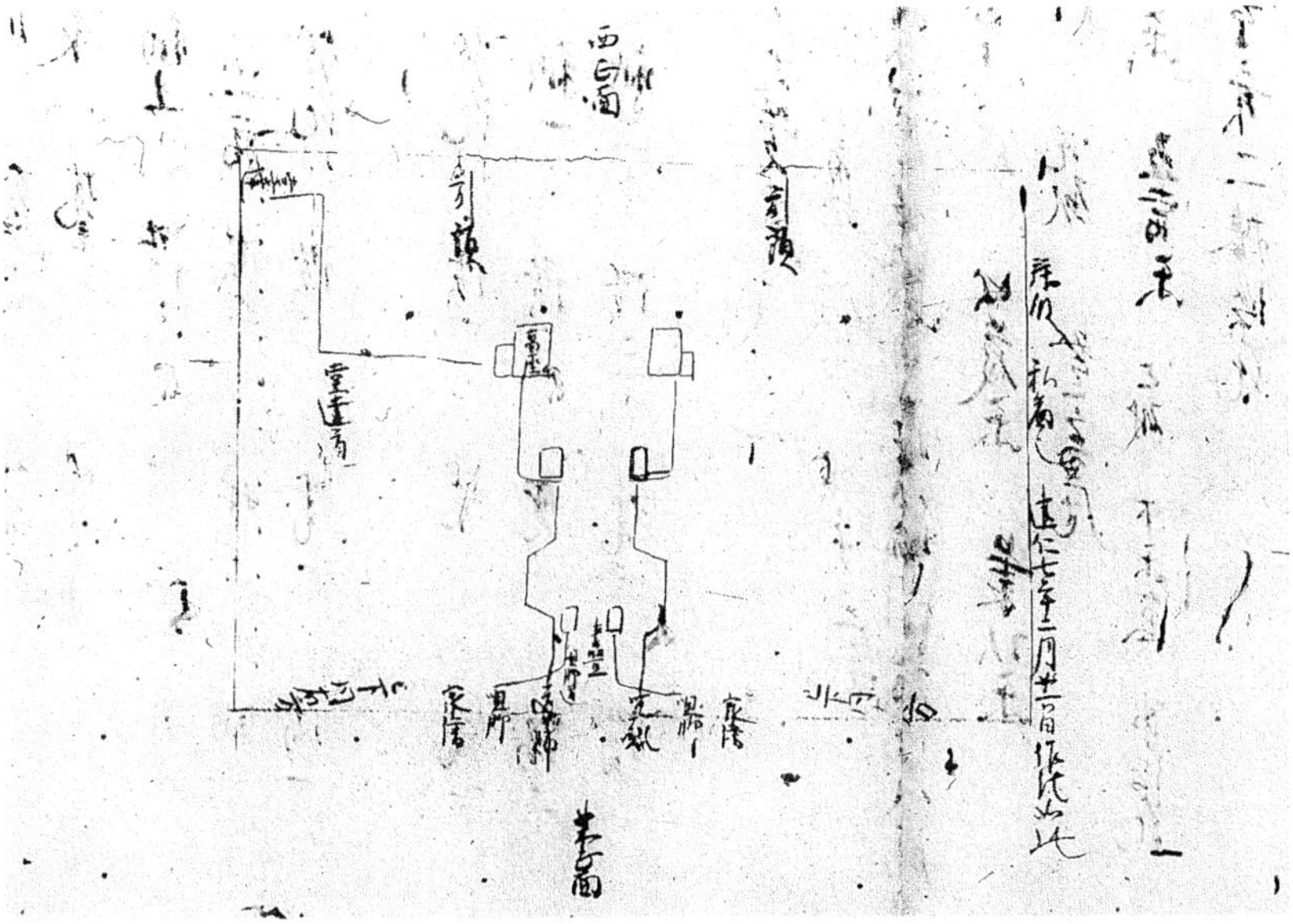

図10　清瀧宮拝殿（清瀧会）図（醍醐寺所蔵　517函14）

の宝殿の東正面をさしていた、そしてこの宝殿は、承徳元年（一〇九七）に建立されて以来、久安六年（一一五〇）と保元二年（一一五七）の二度にわたって修造されており[50]、一方拝殿は、治承二年九月に増築され、不断経所以下の付属屋もこの時新造されたことが知られる。時の座主は勝賢。下醍醐清瀧宮の拝殿と付属の建物は座主勝賢によって整備されていたのである。さらに拝殿については、清瀧会の時の室礼を伺わせる以下の史料がある。

一　拝殿荘厳
幡四十流　花鬘廿枚
花筥廿四枚　同机一前
高座二基　前机二脚
唄座半畳二枚　経机
供花机二前　鐃鉢二具
請僧座料畳　十一帖
客座畳　十三帖

（『醍醐寺雑要』所収「清瀧会可入楽器等事」）

清瀧会の当日、拝殿は幡や花鬘で飾られ、導師・咒願が昇る高座が置かれ、前机や半畳が置かれる。さらに衆

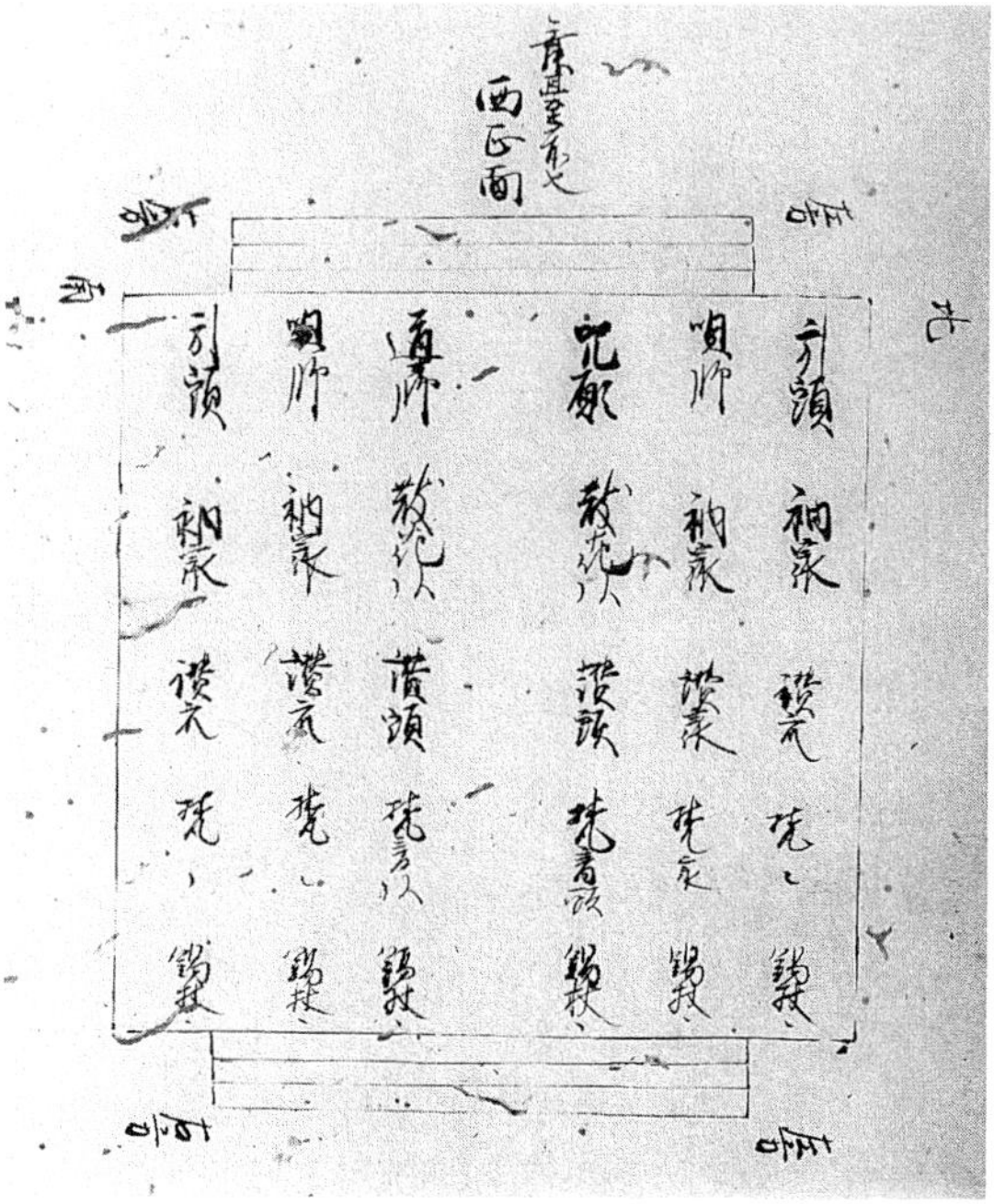

図11　清瀧会舞台図（醍醐寺所蔵　517函14）

僧の座の畳も敷かれる。拝殿はこのようにまず衆僧の座であり、導師・咒願の高座、さらに唄の座が設けられる会場であった。この僧の座を示す清瀧会拝殿の指図も残っている（図10）。

それでは清瀧会の最も主要な会場であった舞台とは何か。「清瀧会式」によれば、衆僧は集会所から行列してきて、まず舞台の上に列立する。そして唱頌や花供や伝供、散花や讃や梵音・錫杖など、法会の主要な作法がいずれも舞台の上でなされるのである。むろん舞楽もこの舞台の上で奏される。舞台はどこに設けられたのか。

それは供花と伝供の流れからはっきりする。「清瀧会式」によれば、まず舞人が供花を捧げて舞台から拝殿の階下に行く。拝殿では錫杖衆や梵音衆がそれを受け取り、リレーして、舞殿でそれを所司に渡す。そして所司がそれらを宝前の机に据えるのである。つまり舞台―拝殿―拝殿の舞殿―宝前の順で供物は伝送されるのであり、舞台が舞殿とは異なることはいうまでもなく、舞台は拝殿の東に設けられていたことが明らかである。

この舞台が拝殿側の西を正面としており、東西に階が設けられていたことは「桜会職衆等法則」[51]にある指図からも知られる（図11）。そして『醍醐寺雑要』によれば「一、舞台、立台　地敷　檻欄雁歯　金物」と、清瀧会の時には、台を立て地敷を敷くなどの設備がなされていた。それではこの舞台は常設だったのだろうか。「桜会職衆等法則」によれば、「舞台之前之登階ヲ登テ、小舞台ノ下ヲ経テ、舞台ノ後ヨリ小舞台ノ上ニ登テ」と、舞台の上にさらに「小舞台」が設けられていたことが知られる。そういえば小舞台は建久五年の「清瀧会式」にも見られた（表13）。さらに清瀧会の時ではないが、建長五年（一二五四）の清瀧御神楽の時にも「舞台之上昇居小舞台、張地敷、居高欄」と、舞台の上に小舞台が造られていた。[52] そうなると舞台の本体は常設であり、清瀧会の時に仮設の小舞台をその上に造り、さらに飾りを施したとみられるのである。

そして『雑事記』巻十によれば、元暦二年（一一八五）の清瀧会に「今年改舞台石、被立板」と、舞台を改造したことが知られる。常設の舞台を石から板に改めたと読めるが、これも座主勝賢によるものだった。拝殿と舞台と、両方の会場が座主勝賢によって整備されていたのである。

さらにこの舞台を描くものがもうひとつあった。『天狗草紙』である（後出三二一・三頁図13参照）。それは桜の木の下に仮設とおぼしき舞台を描き、楽屋一宇を描く。そこに描かれた清瀧宮の宝殿と拝殿が、鎌倉時代の実際の規模とは異なるように、舞台の施設も実際の清瀧会の舞台とは異なるとみられる。けれども幕を引きめぐらした楽屋に集う楽人たちや、舞の準備をする童、さらには見物の裹頭たちなど、絵巻は鎌倉末期の桜会の雰囲気をよく伝えているといえるだろう。

第三節　童舞の空間

1　供養舞から入調へ

清瀧会は先にみたように、清瀧宮の拝殿と舞台を会場とし、舞楽四箇法要の形式をふまえて行われた大法会だった。

表14　桜会の舞楽

年月日	座主	舞楽	舞人	典拠
永久元年（一一一三）三月二十五日（釈迦会）	勝覚	童舞　五常楽・登天楽・龍(陵)王・納蘇利、 男　安摩・蘇合・退宿徳・散手・帰徳、	二郎童（納蘇利） 光則・季貞・行高	『長秋記』
保延六年（一一四〇）三月十六日	元海	童舞　蝶・鳥・五常楽・延喜楽・紺(甘)州・古鳥蘇 賀殿・地久、 陵王・納蘇利、 俗舞　安摩・二舞・太平楽・蘇合・新鳥蘇・北庭楽、	童舞十四人か 光時・行貞・行則・則助 近方・元秋・忠時・成方	『雑事記』巻七
白河院ノ御時		童舞　五常楽、	行高	『教訓抄』巻三
治承二年（一一七八）十一月 清瀧会式	勝賢	供舞　男　万歳楽・延喜楽、 （男　一曲）	（左　光近・光重 右　忠節・近久）	『醍醐寺雑要』
元暦元年（一一八四）頃か	勝賢	童舞装束　襲装束八具、 青海波・陵王・狛桙・納曾利、		『醍醐寺雑要』
元暦二年（一一八五）三月十七日	勝賢	童舞　陵王・散手、	肥後三郎	『雑事記』巻十一
文治五年（一一八九） 清瀧会式	勝賢	振桙　童、		『桜会類聚』
建久二年（一一九一）	勝賢	童舞　左　賀殿・蘇合・太平楽・三台・馬頭・龍王、 右　地久・古鳥蘇・狛桙・皇仁・新摩訶・納蘇利、		『玉葉』四月十三日
建久五年（一一九四）三月 清瀧会式	実継	振桙　男、 行事舞　男　万歳楽・正（延）喜楽、		『桜会類聚』
年欠 清瀧会式		振桙 行事舞　万歳楽・延喜楽、		『桜会作法 并清瀧会』
桜会職衆法則		行事舞　左右各一也、但用否不定歟、 入調　安摩・二舞、		『桜会作法 并清瀧会』

承久四年（一二二二）二月二十四日	定範	男舞 輪台、 児舞 青海波、 童舞 左 賀殿・蘇合・三台・太平楽・散手・陵王、 右 地久・古鳥蘇・皇仁・狛桙・貴徳・納曾利、 男舞 抜頭、 新末鞨、	近真・光成 児二人 童舞人左右各六人 定近 好氏・久行・好継・景康	『教訓抄』巻十
建長四年（一二五二）	憲深	童舞	報恩院吉祥丸 宝池院鴨王丸	『続門葉和歌集』
弘安九年（一二八六）三月二十日	道性	童舞 青海波、	報恩院杉王丸	『続門葉和歌集』

それでは最も著名だった童舞は、この舞楽法要の中で、いつ、どのように演じられたのだろうか。

残念なことに、清瀧会（桜会）の舞楽に関する記録は管見の限りではまとまったものがない。そこで今までに見てきた「清瀧会式」を始めとする史料から、その舞楽の演目を探して書き上げたのが表14である。

これによれば、保延六年（一一四〇）三月の清瀧会では、「童舞」に「蝶（胡蝶）・鳥（迦陵頻）・五常楽・延喜楽・紺(甘)州・古鳥蘇・賀殿・地久」左右合わせて八曲が舞われており、さらに「雨止後陵王納蘇利、及秉燭炬松明於舞台令舞之」と、夜になってから陵王・納蘇利の二曲の童舞が舞われたことが知られる。そしてそれらとならんで「安摩・二舞・太平楽・蘇合・新鳥蘇・北庭楽」の六曲が「俗舞」として演じられていた。『雑事記』によれば、この「俗舞」は狛光時以下、狛・多・豊原氏の専門の舞人によるものであり、「俗舞」とは、「童舞」に対して「男舞」とも呼ばれる大人の舞だったことが知られる。

それではこの「童舞」と「俗舞」は清瀧会の次第の中でいつ舞われたのか。小野功龍氏によれば、法会の中の舞楽には二種があった[53]。それは次に引用する『残夜抄』[54]にみられる分類である。

又乱声して舞人ほこをふる。まづ左。次右。次左右あはせる。これをば莚舞とも云。（中略）其後師子こまいぬ舞事もあり、菩薩そりこあり。又鳥蝶もまふ。所にしたがひてやう〳〵あり。法会の舞とてあり。又供養の舞とも云。それはてゝのちに、入調となづけて、安摩二舞とて有。其後の舞は、何にても思々に期に臨時に随てあんめり。

つまり法会の舞楽には、「法会の舞」・「供養の舞」とも呼ばれるグループと、「入調」とよばれる舞のグループがあり、前者には莚舞（振鉾）・師子・こまいぬ・菩薩・蘇利古・鳥・蝶などがあり、後者では安摩・二舞をはじめとして、様々な曲が舞われたというのである。

小野氏によれば、前者の供養舞は四箇法要の中で献供や散花などに伴って奏される舞であり、法会の進行と密接なつながりを持ち、法会の中で儀式作法を分掌するものであるという。これに対して後者の入調の舞は、四箇法要が終わって後に、参拝者の法楽のために演じられる余興的な舞であったとされる。それでは清瀧会の童舞は、供養舞と入調の舞のどちらにおいて舞われたのだろうか。

先程の保延六年の例を見ると、童舞のうち鳥・蝶が供養舞であったことは疑いがない。たとえば『江家次第』にみえる永保三年（一〇八三）法勝寺塔供養の次第[55]によれば、舞楽四箇法要の供養舞が振鉾・師子・菩薩・鳥・蝶の五曲であったように、迦陵頻（鳥）・胡蝶（蝶）は平安期を通して代表的な供養舞だったからである。

それでは保延の清瀧会の五常楽以下の童舞についてはどうか。『雑事記』巻七の記事からは、これらが供養舞か入調の舞かははっきりしない。但し陵王と納蘇利の二つの童舞は、夜に入ってから演じられていることから、入調以降の舞だったことは明らかである。一方俗舞を見ると、「安摩・二舞」から始まっており、安摩・二舞といえば、入調の舞楽の始めを飾るきまりものであったことが先にあげた『残夜抄』からも知られる。この俗舞は入調の舞だったのである。そうしてみると、保延六年の清瀧会では陵王・納蘇利を除く童舞の多くが供養舞であり、俗舞が入調の舞であった可能性が高い[56]。

そうであれば、法会における童舞の演目の多さと、供養舞を童舞のみで演じたという二点において、保延六年の清瀧会は特筆すべき法会だったということになろう。そして表14にあげた『長秋記』によれば、清瀧会に先立つ釈迦会でも童舞が演じられていた。十二世紀前半の清瀧会は釈迦会の童舞の系譜をひきながら、舞楽四箇法要の形式をふまえ、さらに供養舞として童舞を発展させていったものであろう。

ところが治承二年（一一七八）の「清瀧会式」によると、それが大きく変化していることが知られる（表14及び表13を参照）。そこでは「舞人楽人等左右歩列、行列次第先楽行事各一人、次童舞、次男舞上﨟懸鶏楼一鼓」と、行道の中に童舞人の姿を見ることができるものの、保延に見られた蝶・鳥の童舞も確認することができない。そして伝供の後に、

供舞　男　万蔵楽　延喜楽

と「供舞」つまり供養舞が舞われている。治承二年の「清瀧会式」から確認できる供養舞は実はこの二曲のみであり、さらにそれは童舞ではなく男舞であったことが知られる。すなわち供養舞が童舞で構成されていた保延の清瀧会から、治承の清瀧会では供養舞は男舞となり、その曲目も減少していることが知られるのである。

次いで文治五年（一一八九）の「清瀧会式」によれば、「入御乱声」に次いで、「振桙　左右　童」と振桙（鉾）が童によって行われていた。そして惣礼の後の花供では「左右童人等捧持供花、経舞台列立拝殿下、即伝供之」と供花と伝供に童が登場し、大行道にも「童舞人」が加わるにもかかわらず、振鉾以外には、四箇法要の中での童舞を確認することはできない（表13）。

建久五年（一一九四）の「清瀧会式」ではどうだろうか。舞楽と童舞が見える箇所を抜きだして見ると、

振桙　左右　男　（中略）

供花左右童舞二行捧供花漸参向、列立拝奥階下、即伝供之、（中略）

伝供畢、即如本引還入楽屋畢、
行事舞　男　万蔵楽、正（延）喜楽、（中略）
大行道　鳥向楽
舞人楽人左右歩列次第、先楽行事、次童舞人、次楽人等経舞台自拝殿前左右相分、

と、この時の振鉾は男舞であり、やはり供花・伝供や大行道に童舞人が加わるにも拘らず、作法の後に舞を奏した記載がないことに気づく。先にふれた永保三年の法勝寺供養式に代表されるように、舞楽四箇法要の中では、伝供の後にそれに加わった菩薩や迦陵頻・胡蝶の舞人が順に舞を奏するのが通例だったようであるが、この清瀧会では、法要の進行に伴って伝供の後に舞われたのは、万蔵楽と正（延）喜楽の二曲のみであり、童舞は確認することができない。

そうしてみると、これらの「清瀧会式」は或は舞楽については別記を持ち、舞楽の内容を省いた次第であるとの指摘もあろう。しかしそうであれば、「供舞」や「行事舞」の記載もないはずであり、基本的には「清瀧会式」は行われた舞楽を含む記載であったと考えられる。従って清瀧会の童舞は、平安の終わりから鎌倉初期にかけて、四箇法要の進行に伴って奏される舞、つまり供養舞の主役の座を追われたとみられるのである。

さらに注目されるのは、年欠の「清瀧会式」(57)の次の記事である。前節で見たように、これは建久五年の「清瀧会式」を写したものだったが、そこには建久五年の式に見られない割注がある。即ち左右の童舞が供花を捧げ、伝供を終えて楽屋に還った後に「行事舞　万蔵楽・延喜楽」が奏されるが、これに「此舞略之」と割注がつけられているのである。さらに鎌倉前期の「桜会職衆等法則」にも、行事舞について「左右各一也、但用否不定歟」と割注がある。そこで鎌倉前期には、供養舞が略される場合があったこと、童舞のみならず供養舞そのものが法要の中から省かれるようになっていたことが知られるのである。鎌倉前期の清瀧会では、四箇法要の進行に伴って楽を奏し、童舞人等による供花や伝供、大行道の作法は残ったものの、四箇法要の中で演じられる供養舞は、童舞・男舞を問わず姿を消し

つつあったのである。

しかしながら、清瀧会（桜会）の童舞は姿を消したわけではなかった。すでになくなったものであれば、鎌倉中〜後期の説話や絵巻に桜会の童舞がかくも描き込まれることはなかったであろう。桜会の童舞は、以下にみていくように、鎌倉前期に実は最盛期を迎えていたということができる。

『玉葉』の建久二年（一一九一）四月十三日条には、この童舞について興味深い記事がある。当日は、中宮任子のいた大炊殿で「童舞事」があった。南庭に楽屋を飾り、東西南北に幔を引きめぐらし、中宮や九条兼実らの公卿、殿上人、女房たちが見守る中で童舞が演じられる。そしてこの童舞は「醍醐僧正勝賢童舞也」であった。時に勝賢は醍醐座主である。

> 次舞、不振桙、左、賀殿・蘇合・太平楽・三台・馬頭・陵王、右、地久・古鳥蘇・狛桙・皇仁・新摩訶・納蘇利等也、中終事了、召童舞於西壺、給扇、

この時舞われたのは左右合わせて十二曲、六番の番舞である。醍醐座主勝賢の童舞であれば、これはこの年の三月の清瀧会の童舞の演目だったとみてよいだろう。保延の清瀧会の童舞に比べると、さらに演目は増えており、醍醐桜会の童舞は法会を離れ、寺を離れて出張公演するほど著名になっていたのである。そして注目されるのは「不振桙」と、舞に先立つ振桙（鉾）が行われなかったことである。振鉾とは法会の開始に先立って、会場を鎮め邪気を払うために演じられるものである(58)。この振鉾がなかったことは、童舞が鑑賞の舞としてのみ舞われたことを意味しているとみられるのである。

『教訓抄』(59)の中にも似た記事があった。承久四年（一二二二）二月二十八日のこと、

> 於一院、醍醐ノ童舞御覧、高陽院殿、東西広御所楽屋、中門立唐太鼓・鉦鼓、（中略）、童舞人左右各六人、男舞人、定近、近真、光成。右、好氏、久行、好継。（中略）、児二人「青海波」児舞也、牆代笙 敦通、篳篥 盛兼、笛 公

広、琵琶菊若、童舞者、左「賀殿」「蘇合」「三台」「太平楽」「散手」「陵王」。右「地久」「古鳥蘇」「皇仁」「狛桙」「貴徳」「納曽利」。男舞、「抜頭」定近、「新末鞨」好氏、久行、好継、景康、と、後高倉院が高陽院殿に醍醐の童舞を呼んで舞わせたこと、この時披露された童舞も先に見た建久二年の醍醐の童舞と同じ六番十二曲であり、演目も「青海波」と、「散手」と「貴徳」の一番を除いては同じだったことがわかる。そして『承久三・四年日次記』(60)によれば、「是去二十四日、醍醐寺桜会可有臨幸之処、臨期令止給之間、座主法印定範相具所参也」と、醍醐座主定範が桜会に御幸をとりやめた院のために引き連れてきたものであり、この童舞の演目こそが数日前の桜会の童舞そのものであったことが知られる。そして建久二年の童舞と演目において多く共通するのは、鎌倉前期の桜会の童舞が毎年この演目で舞われていたことによるとみられる(61)。

このように鎌倉前期には、醍醐桜会の童舞は桜会という法会から独立して、寺から離れて演じられる程著名であり、一つの芸能として鑑賞されるまでに至っていたことが明らかである。桜会の童舞は鎌倉前期には確実に隆盛期を迎えていたのである。そうであれば、童舞は桜会の中でいつ舞われたのだろうか。

そこで気づくのは、今まで見てきた「清瀧会式」には、いずれも「入調」について記載がなかったことである。それは治承二年のみならず、四つの「清瀧会式」に共通している。そこでこれらの十二曲の童舞は、桜会の入調において舞われたものと見て間違いないだろう。たとえば『猪隈関白記』によれば、承元二年（一二〇八）十月二十四日の吉水大懺法院供養も舞楽四箇法要に讃を加えた形式で行われており、「今日安摩二舞胡飲酒之外童舞也」とその舞楽の多くが童舞であったことが知られる。そして童舞の中でも供養舞として舞われたのは供花の後の「迦陵頻」と「胡蝶」のみであり、導師・咒願師が退出した後に、入調に舞われたのが「安摩」「二舞」「万蔵楽」「地久」「胡飲酒」「林歌」「青海波」「崑論八仙」に「陵王」「納蘇利」であり、そのうちの安摩・二舞・胡飲酒を除くすべてが童舞なのであった。つまり童舞の殆どが入調の舞だったのである。

入調とは、四箇法要の後の法楽や余興として参拝者のために奏される舞楽であった(62)。桜会の童舞はこの入調の舞だったのである。供養舞から入調の舞へ。桜会（清瀧会）の童舞は平安末期から鎌倉初期にかけて、四箇法要におけるその位置を変え、鎌倉前期には入調の舞として様々な曲目を加え、隆盛期を迎えていた。鎌倉時代になると、平安時代の供養舞の曲目のうち、菩薩や師子などの数曲が失われ、変わって一般の舞楽曲の中から新たに供養舞に加えられる曲目が増えていくことが指摘されている(63)。けれども桜会の舞楽からは、鎌倉期には供養舞そのものが省略されていく傾向があったこと、そうした中で入調の舞の充実がはかられ、中でも童舞が入調の舞として注目され、隆盛期を迎えたと指摘できるのである。そして同様な傾向は先にあげた大懺法院供養、つまり叡山系の舞楽法要にも見られた。

桜会の童舞は聖なる舞、神降ろしの舞ではなくて、法会の中でも娯楽性の強い入調の舞、つまり余興の舞だった。童舞は聖なる空間を現出したり、必ずしも聖なる空間で舞われるものではなかったのだ。先に見た建久二年の醍醐の童舞御覧のように、舞楽に先立って会場を清める「振鉾」も舞われぬままに、時として院や中宮の御所の庭で奏されるものであり、桜会の童舞は、鎌倉前期にすでに法会を離れて鑑賞される芸能として存在していたのである。

2　入調から延年へ

鎌倉時代の桜会の童舞は、舞楽法要の後の入調の舞だった。それでは桜会から中世寺院の童舞へと目を広げてみると、「童舞」といえば具体的にどのような舞をさしたのだろうか。

この童舞をめぐっておもしろい史料がある。『東大寺続要録』所収の建暦二年（一二一二）三月の「華厳会式」がそれである(64)。今までに主に「延年」の史料として注目されてきたものだが(65)、それを童舞の史料として読み直して見たい。

華厳会とは奈良時代に始行された華厳経を講讃する法会で、その起源を天平勝宝四年（七五二）の大仏開眼供養会とする説があるほど、東大寺では主要な大会である(66)。建暦二年の東大寺別当は勧修寺の成宝。東大寺東南院には、後に醍醐座主となる定範僧都がいた。別当成宝は、治承の兵火後に再建されて程ない大仏殿での華厳会の興隆に熱心で、「為継絶跡興廃会」と、勧修寺から「児共修学者」らを連れて東大寺に下向した。三月十三日のことである。

そして成宝は、造東大寺長官藤原宗行が華厳会に下向してくることを聞き、「為持成長官」と称して、みずからが「童舞一両」を結構しようと寺家に申し入れる。「寺家驚此儀又喜悦、即大衆蜂起」と、それを聞いた東大寺の大衆は蜂起して驚喜する。ところが長官宗行の下向は院の最勝講のために沙汰やみとなり、このために童舞も中止になる。それを知った大衆は、使者をたてて「可有童舞之由」を別当に申し請う。

ここから知られるのは、童舞は別当の「結構」であり、長官に対する「持成」つまり饗応の舞だったこと、さらにそれが大衆の待望の舞でもあったことである。それではこの童舞はいつ舞われたのか。「華厳会式」によれば、東大寺の華厳会は、舞楽四箇法要の形式で行われていた。そしてその舞楽は、

振桙
供養舞　曾利古・鳥・蝶・万蔵楽・延喜楽・菩薩（今年不舞）・賀殿・地久・五常楽（今年不舞）

と振桙（鉾）に始まり、供養舞に曾利古以下の演目があった。ほぼ同時期の醍醐桜会に比べると、この年の華厳会の供養舞の演目はかなり多く、古典的な供養舞である鳥や蝶も舞われていたことが知られる。これらの供養舞のうち、童舞だったのは鳥（迦陵頻）と蝶（胡蝶）のみ。鳥・蝶の童十二人が、菩薩とともに供花伝花の作法を行った後に、曾利古・鳥・蝶の順で舞が奏されたのである。けれども「華厳会式」のいう「童舞」、つまり別当が「結構」し、大衆が待ち望んだ「童舞」とは、この鳥や蝶の供養舞のことではなかった。

さて四箇法要を終えて、別当と定範僧都以下の僧綱たちが座を立ち、堂から退出しようとした時、中門のあたりで見物の裹頭が政所（別当）成宝に以下のように申し述べた。

今年華厳会儀式越前代、厳重絶古今、寺之繁昌、所之面目也、爰粗如承及者、御共少人中、廻雪落梅之達者令坐

給、枉欲申請童舞、若又有許容者、如然事ニハ、必魔縁相競、押男舞先可有作也、

お供の少人（童）の中に、舞の名手がいると聞き及び、枉げて童舞を所望申し上げると。さらに東南院僧都（定範）に向かって次のように云った。

今年会式長吏興行、其上申請童舞一両、而雖為本寺貫主、自洛陽之辺御下向、寺家争不奉持成哉、然者以長《（定か）》寿殿為対揚、欲申請散手、可有其用意云々、

別当成宝がわざわざ下向し、その上童舞一両を結構するというのに、寺家が遇さずにいられようか。その対として「長（定）寿殿」に「散手」を舞ってもらいたいと。定範はこの「衆命」によって童舞を出すことを了承する。童舞の結構を知った大衆や見物の諸人は「入興含笑」してどよめく。

やがて童たちは舞装束を調え、寺務（成宝）や供奉の僧綱らが着座して、大仏殿前で「入調」が始まった。そこで演じられたのは以下の舞楽である。

入調始之、兒共著楽屋之間、且始男舞、
先安摩二人、次二舞、
次散台、次皇仁、次太平楽、（中略）、
次胡徳楽、
次陵王亀王殿、
次落蹲長寿殿、弥若殿、
次散手定寿殿、此兒者於東南院著装束、

ここで「陵王」「落蹲」「散手」の三曲の童舞が舞われたのであり、大衆が待ち望んだ「童舞」とはこの入調の舞だったのである。そして「抑醍醐権僧正勝賢之任、云此大会云臨時法会、其時童舞及数度」と、かつて醍醐座主勝賢が

東大寺別当だった時にも、この童舞が数度結構されていたという。このように「童舞」といえば、舞楽四箇法要の中の供養舞のきまりものであった胡蝶や迦陵頻をさすのではなくて、入調の童舞を具体的にさしていたのである。

さらにこの入調の始めに舞われたのは、「安摩」「二舞」のきまりものであり、それは「男舞」であった。大衆の説によれば「如然事ニハ、必魔縁相競、押男舞先可有作也」と、魔縁をさけるために男舞が入調の始めに舞われねばならないというのである。この入調に魔縁が相競う、とは次にあげる仁和寺菩提院行遍の『参語集』(67)二からもその意味が明らかになる。

一、安摩二舞事（中略）
又安摩は天《あま》天神二舞は丹《に》土地、庭也、地神。天神地神是れ也。此の二神影向して舞ひ給ふ也。入調と云ふは、入魔と云ふ事也、鬼に入るといふ事也。せめふせ至極舞ふ事也と云々。

入調とは「入魔」、つまり魔縁が相競う時空であり、それを責め伏せるために、天神地神が影向して舞うという、安摩と二舞が舞われるのだと(68)。入調が「入魔」である故に、何よりも優先してこの二曲が舞われたのである。そうしてみると入調とは、法会の中でもそれまでの聖なる空間を俗の空間へ導き、転化する部分であり、そこで舞われる安摩と二舞が聖と俗との境界の舞だったということになろう。そして鬼が競う境界でのこの舞は「男舞」でなければならなかったのである。そういえば舞の殆どが童舞だった承元二年（一二〇八）吉水大懺法院供養でも、「安摩二舞胡飲酒之外童舞(69)」と、安摩・二舞は男舞であった。童舞には魔をはらう力はなかったのである。

安摩・二舞が聖と俗の境界の舞であれば、その後の童舞は紛れもなく俗の世界の舞であった。童舞の結構を知って大衆が「入興」し「含笑」したように、また『天狗草紙』に舞童に戯れかかる裹頭の僧の姿が描かれていたように、童舞が呼び込む世界とは、聖なる世界ではなく、大衆と童がおりなす性愛の世界だったのである。

さて華厳会の入調の童舞が終わった後に、男舞が例年より少なかったことに飽きたらぬ大衆たちによって「延年」が始められた[70]。興福寺の猿楽と別当方の児共の白拍子と、延年は夜中まで続く。さらに翌日、別当成宝が帰路につこうとした時、大衆は重ねて別当に童舞を所望し、佐保河まで別当の一行を追い掛けて、ついにその上洛を引きとめたのである。こうして別当はふたたび東大寺に戻り、尊勝院の南庭に舞台を建てて「寺家沙汰」として童舞が始められた。

先陵王亀王殿、次落蹲長寿殿弥若殿、此舞以後児共為見物、為大衆之沙汰仰雅楽属有方、舞還城楽、

そしてふたたび「陵王」「落蹲」の童舞が舞われている。ここでの童舞は、法会の入調からも切り離されて、単独に大衆らの鑑賞を目的に演じられたのであり、注目されるのは前日と同様、童舞の後にこの日も延年が始められたことである。延年とは、最近の研究によれば、法会を始め寺院内での接待や饗応の宴、任官儀礼などの様々な折りに衆徒が開催した芸能の会であり、その担い手は衆徒と児であった。そしてそこでは児による白拍子や乱舞、衆徒による猿楽芸などが演じられる。さらに童舞も延年発生の当初からその一演目だったという[71]。しかしこの「華厳会式」から見る限り、鎌倉前期には童舞は未だ延年の一演目ではなかった。童舞は入調の舞であり、さらに法会を離れて単独に鑑賞される芸能であった。だが一方で、この童舞の後に延年が開催されたことは、童舞がやがて入調を離れて延年の中に取り込まれていくことを示唆している。

入調から延年へ。鎌倉前期の童舞はそのはざまに位置していたのである。先に見たように童舞が大衆の申請によるもてなしの舞であれば、衆徒が開催し、賓客に対する芸能による饗応を主旨とした延年に童舞が連なっていく必然性は充分にあった。童舞は、こうして供養舞から入調の舞へ、さらに延年へとその位置を変えていくのである。そうした中で童舞のもつ意味も大きく変わりつつあった。

供養舞の中の童舞は、迦陵頻や胡蝶に代表されるように、それは仏を讃え、仏に仕える聖なる童の舞である。そし

て入調へ、童舞は法楽とともに娯楽性を強めていく。童舞は聖なる時空での舞から俗の舞へと転化したのである。さらに法会から離れて独自に鑑賞される芸能となった童舞は、童の巧みな舞を主眼とするようになる。女でも男でもなく、刹那の美ともいえる童の美を。こうして童舞は鎌倉前期以降、延年に連なっていく。やがて童舞は、童賞翫を主目的とした延年の一演目となる。

3　童舞の担い手たち

供養舞から入調へ、さらに延年へと転換していった童舞は、だれに統括され担われてきたのだろうか。

先にみたように、建久二年の清瀧会の童舞は「醍醐僧正勝賢童舞」[72]と呼ばれており、承久四年に高陽院に桜会の童舞を具したのも座主定範であった。桜会の童舞は座主に率いられていたのである。そして次にあげる観智院本『醍醐寺年中行事』によれば、座主と童舞の関係がよりはっきりしてくる。

三月

一清瀧会

左右舞師各一人自参住之日相節并馬食下行之日数不定、

左師日別米一斗馬食大豆一升藁二束、

右師日別米一斗五升馬食大豆一升藁二束、

此外炭薪油時々宿所送之、

会了退出之時、左右師二人各絹三疋綿三十両給之、近代二疋二十両、

但近来二疋二十両云々、或他物随有計給之、

清瀧会（桜会）の童舞は「桜会童舞始習事　但可依花之遅速也」と、その年の桜の開花の時期をにらんで、二月初

旬頃に練習が始められる[73]。この童舞を教えるのが「左右舞師各一人」、つまり左舞・右舞の専門の楽人である。たとえば『続教訓抄』によれば、弘安元年（一二七八）に舞師を勤めたのは、『続教訓抄』の作者狛朝葛その人だった[74]。舞師たちは二月下旬か三月上旬の桜会までの長期間、寺中に住み込みで童たちに舞を教える。そしてこの舞師たちの醍醐寺滞在中の食料米から馬の餌以下の様々な用途と、会終了後の布施に至るまでを書きあげたのがこの史料なのである。

観智院本『醍醐寺年中行事』は、鎌倉初期の建永元年（一二〇六）頃の成立で、座主房方の年中行事書と呼びうる性格をもっていた。そこには座主房と座主直轄の院家、さらには寺家の年中行事が、座主関与分を中心に書きあげられている[75]。したがって桜会について書きあげられたこれらの用途も、座主沙汰分であったことが知られる。つまり童舞を教える左右舞師にかかる経費は、座主がその殆どを沙汰していたのである[76]。

座主は童舞教授の費用を沙汰するばかりでなく、その習練にも力を注いでいた。鎌倉前期の座主定範は、『明月記』によれば「定範法印為桜会令練習童舞入興之、翌日洗手之間、忽中風即時終命云々、無常之世不可驚[77]」と、数日後に迫った桜会を前に、まだ肌寒い日々を童舞の鍛練に熱中し、その最中に中風に倒れて死を迎えた。高陽院殿で後高倉院に童舞を披露した座主定範の童舞への熱意とその執着が知られる話である。このように桜会の童舞は座主主導の舞であり、それは座主が統括し、座主が率いる舞だったのである。

童舞を寺院の貫主が統べることは、醍醐寺のみではなかった。先に見た東大寺「華厳会式」でも、童舞は別当の「結構」だった。そして『玉葉』嘉応二年（一一七〇）閏四月十六日条によれば、この日皇嘉門院聖子の御所で童舞御覧のことがあったが、その童舞は「前大僧正被献也」と、三井寺の長吏で前大僧正覚忠が率いる童舞だった[78]。

舞左右各十、此外、先振鉾、又安摩、無答、舞童体、頗雖容顔不美、於舞者堪能也、

と、そこでは左右各十曲もの童舞が舞われたことが知られる。覚忠はかつて宇治平等院の執印別当を長く勤めた人物

である。平等院といえば宇治一切経会があり、それは『教訓抄』や『古今著聞集』によれば舞楽で名高い大法会であった。そこで覚忠の童舞とは、もとはこの一切経会の童舞だったとみられる。そしてこの童舞も貫主が統べる舞であり、しかも桜会の童舞と同じように、法会から切り離されて演じられるようになっていたことが知られる。

さらに慈円も童舞を率いていた。寿永元年（一一八二）二月に、管絃詩歌の「雑芸」をもって仏に捧げる報恩講を始めたことに代表されるように、(79)慈円の周囲には様々な芸能の世界があったことが知られるが、そのひとつに童舞があった。(80)たとえば先に見た承元二年（一二〇八）十月二十四日の慈円の吉水大懺法院供養では、安摩・二舞・胡飲酒の他はすべて童舞で演じられたのであり、これらも慈円が率いる童舞だったとみてよい。

このように平安末から鎌倉期の寺院では、貫主が童舞を率いていた。それは本来寺中の大法会である舞楽法要の勤仕のために、貫主が育成し、率いたものであったろう。やがてその童舞が平安末から鎌倉初期にかけて法会から離れ、寺からも離れて貴族社会で賞翫されるようになっていく。

それでは寺院貫主に率いられた童舞の担い手をみよう。再び東大寺の華厳会の例を見ると、建暦二年に陵王・落蹲を舞った「亀王殿・長寿殿・弥若殿」は、「華厳会式」によると別当成宝の共をした「上童三人」であり、成宝の上童であったことが知られる。彼らは勧修寺から成宝に供奉してきた「児共修学者」のうちの「児共」であった。

この「児」とは、寺院の童を漠然とさす稚児の意ではなくて、房内の特定の階層の童をさす狭義の児の意である。たとえば仁和寺御室の例でいえば、御室の「児」には上は清華家の子、中間には御室の房官の子、下層には御室の侍や院の下北面の子などがいた。「児」は出自にもとづく房内の童の地位を示す語であり、その出自は概ね父の六位あたりを下限としていた。(81)この「児」は行列の中では「上童」とも呼ばれたのであり、童名に「殿」をつけて呼ばれることが多かった。華厳会に「散手」を舞った定範僧都の「定寿殿」も、定範の「児」だったことがわかる。そしてこの定寿殿は「散手事、醍醐桜会之時舞之」(82)と桜会で「散手」を舞った舞童であった。

この狭義の兒は、僧に仕え、房や院家に所属する故に、しばしば院家の名をつけて呼ばれる。たとえば嘉元三年（一三〇五）に醍醐寺報恩院憲淳が監修して成立した『続門葉和歌集』[83]には、醍醐寺僧と童たちの和歌をのせており、そこに桜会の舞童が登場する。たとえば、建長四年（一二五二）の桜会の舞童には「報恩院吉祥丸」「宝池院鴨王丸」が、弘安九年の桜会に「青海波」を舞ったのは「報恩院杉王丸」であった。さらにいつの桜会かは定かではないが、「三宝院慈氏丸」が「さくら会まひけるわらわ」であったことも詞書から知られる。桜会の舞童が所属する院家名は報恩院や宝池院や三宝院であり、いずれも座主と関係の深い院家である。先に見た建長四年の座主は憲深。報恩院は彼の住房であり、宝池院は憲深の弟子で、彼に次いで醍醐座主となる定済の住房だった。桜会の童舞の担い手は、座主や座主の門弟の僧綱らの「兒」だったのである。

「兒」を担い手とした童舞。だが担い手は「兒」のみではなかった。『続教訓抄』第三冊によれば、

文永七年三月廿七日、醍醐桜会ノ日、一頭乙有、二頭毘沙王、二人入綾ヲ舞、但二頭ハ庭手バカリ也、彼兒座主定済寵童ニヨテ別ノ所望アル故也、

と、文永七年の桜会の賀殿の舞の時に、二人の童が入舞を舞ったこと、入舞は本来は一人の決まりだったが、座主定済のたっての要望によって「寵童」二人に舞わせたというのである。[84]この時の舞師は狛朝葛とその父光葛。朝葛は「尤興ナキ事ニナリ侍キ」と定済の横車ににがりきっていた。「寵童」が童舞の担い手となる例は、桜会のみならず数多く見られる。たとえば『古今著聞集』巻十五には八幡別当頼清が寵童二人に陵王と納蘇利を狛光季と多資忠に習わせた話や、白河院が狛則季に命じて、「御寵童二郎丸」に青海波の秘事を受けさせた話もみえる。「寵童」とは、主人である貴人の寵愛を受けた童であり、寺院の中でも出自を越えて「兒」に類することができる童は「寵童」のみであった。童舞の担い手の多くは狭義の「兒」と「寵童」だったのである。

座主やその門弟たちの「兒」や「寵童」によって担われた桜会の童舞は、寺中の子供によるいわば素人舞だった。

桜会に限らず、平安末から鎌倉期にかけて寺院の貫主に率いられた童舞の多くは同様な素人舞だったとみてよいだろう。桜会が専門の楽人の教授のもとで童舞の習礼に日数をかけたのは、そのためであった。

そしてこの素人の童舞に対するのは、楽人の子どもによる舞である。たとえば南都寺院の法会では、南都楽所の狛氏の子によって、童舞も多く担われていた。永久五年（一〇七三）の興福寺常楽会では、「入調二郎丸行高子　舞陵王了」[85]と入調に陵王を舞ったのは左舞の狛行高の子だった。また『教訓抄』巻五によれば、

宇治殿御時、平等院一切経会ニ正連童名峯丸　未元服、舞『胡蝶』、其躰殊ニ美ナリ、有御感、次日召之、御覧『帰徳』、

と、藤原頼通の時代に平等院一切経会に胡蝶の童舞を舞ったのは、山村義（吉）貞の息で、多正（政）資の女を母とする右舞人の山村正連だった。そうなると少なくとも十一世紀末までは、法会の供養舞としての童舞は、多くは楽人の子が舞ったのではないかと考えられる。けれども鎌倉初期の童舞の中には、明確に寺中の「児」や「寵童」が現われていた。童舞の担い手は楽人の子から寺中の童へと変化していく傾向にあったようである。[86]そのことは童舞が供養舞から入調の舞へと、さらに延年へと転換していくことと密接に関わっていたのではあるまいか。

第四節　桜会の展開

1　桜会の興隆

今までに見てきたように、永久六年に勝覚によって始行された清瀧会は、平安末・鎌倉初期の座主勝賢のもとで最盛期を迎えていた。そして童舞もである。

現存する三種の「清瀧会式」のうち、治承二年・文治五年の二つが座主勝賢の任中のものであり、もうひとつの建久五年も勝賢が検校の時代であった。さらに清瀧会関係の記録を集めた『醍醐寺雑要』も座主勝賢のもとで編纂されたものであり、そこからは治承二年の秋に、清瀧宮の拝殿と不断経所などの建物が増築や新造されたことも知られた。清瀧会は十二世紀末に座主勝賢によって興隆されたのである。それではなぜ勝賢は清瀧会を興隆したのだろうか。

まず治承二年の「清瀧会式」が十一月のものであることに注目したい。治承二年は勝賢が座主に還任した年である。この年の五月に前座主乗海が頓死し、その後を受けて座主に任ぜられたのが勝賢だった。(87)その就任後程ない九・十月に勝賢は清瀧宮を改造し、十一月に清瀧会を執行したのである。そしてこの年の清瀧会は、それまでの記録と比べると、童舞に関して変化が見られた。つまりそれ以前にすでに成立していたとみられる舞楽四箇法要の形式の清瀧会を、童舞に関して大きく変えたのが治承の清瀧会だったのである。例年であれば桜の開花にあわせて行う清瀧会を、季節を移してまで執行したことは、勝賢の清瀧宮と清瀧会に対する熱意を示すものであった。

冬に行われた清瀧会といえば、寿永元年（一一八二）も十二月だった（表12を参照）。そしてこの時も、勝賢が十月に三度目の座主に還任した直後の法会だったのである。勝賢が清瀧会を座主還任を飾る大法会と認識していたことは疑いがないだろう。そういえば勝賢の醍醐座主就任は、初度から異例づくめだった。勝覚以来、座主はいずれも源師房の子孫たちによって同族師資間で譲与されてきた。ところが勝賢はこの一族とは出自を異にしており、師資間の順当な譲与によった訳でもなかった。その背後には後白河院がいたのである。(88)勝賢は信西（藤原通憲）の子で、母は紀伊二位朝子。つまり後白河院の乳母子である。(89)勝賢の三度の座主補任は、常に「院奏」や「院宣」によるものだった。(90)それ故に寺内の反発も大きかったのである。そうであれば勝賢にとって、勝覚が建立し醍醐寺の鎮守と位置づけた清瀧宮と、勝覚が始行した清瀧会の興隆こそが、自らの座主就任の正統性を主張する拠り所と映ったのであろう。勝賢にとって醍醐座主就任と清瀧会の執行は不可分のものであり、それによって勝賢は自らが勝覚以来の正統な座主職の継承者であることを寺内外に示したものであろう。

勝賢の清瀧宮の興隆は清瀧会のみに止まらなかった。元暦元年七月十三日には、清瀧宮で七ケ日の「御社夏」が催され、田楽が宝殿の前庭で演じられている。「験競」や「宴（延）年」も加わったこの結構は、『雑事記』巻十によれば「自去々年天下騒動、而諸寺諸山遇追捕追討、各不静、醍醐一所依権現御加護全無事、為申其賀也」(91)と、源平の動乱期を清瀧権現の加護によって無事に経過したことへの報恩のためだった。この前年の十一月に後白河法皇は木曽義仲によって幽閉されており、勝賢はその心労のために上醍醐に籠って下山しようとせず、寺中は義仲の郎等の乱入に備えて、所々道々に垣や楯を構える有様だったという(92)。やがて年が明け義仲は死去し、後白河院の無事と寺中の無事を権現に感謝して「御社夏」が行われたのである。

さらに勝賢による清瀧宮の興隆といえば、式日遷宮の行事もあった。勝覚によって勧請された四月十七日を式日として、下清瀧宮では毎年遷宮の行事が行われていた。それを勝賢の時から「為寺中安穏」に毎月十七日に行うようになったというのである(93)。さらに四月十七日の遷宮の式日にも、勝賢の時から三十講の法要と百種供養も加わって法楽性の強い華やかな行事が行われるようになったという(94)。つまり勝賢にとっての清瀧宮は、「天下騒動」に対して「寺中安穏」のために権現に加護を祈る場でもあり、その祈願と報恩のために、様々な法会を行い、かつ芸能を披露する場だったのである。

この清瀧宮で披露された芸能の中心にあったのが童舞であった。勝賢のもとで清瀧会の童舞は、供養舞から入調の舞へと転化し、曲目を増やして充実し、勝賢に率いられて寺の外でも演じられるほど著名になっていた(95)。そして寺内でも清瀧会に限らず、しばしば童舞が演じられた。『雑事記』によれば、元暦二年四月十七日の遷宮の式日にも童舞が結構され、同年八月十八日には不断宝篋印陀羅尼供養の結願に、勝賢自らが導師となって清瀧宮で百種供養を行い、童舞八曲が結構されている(96)。勝賢のもとで、醍醐の童舞は最盛期を迎えたのである。

それではなぜ勝賢のもとで童舞はかくも最盛期を迎えたのか。興味深いのは次にあげる『雑事記』巻十の次の記事である。

同十八日（元暦二年三月）、座主御房為明日仁和寺円成房成俊十種供養導師令渡御、御布施美麗被物十重、（中略）、美絹十疋綿五十両、色々布三十段、果（裹か）物二、童舞陵王散手肥後三郎相具令舞之、

勝賢はこの年の清瀧会の翌日に、仁和寺円成房成俊の十種供養の導師として招かれ、その時に舞童の肥後三郎を具して、陵王・散手の二曲を舞わしめたというのである。

この十種供養の舞楽と僧名については金沢文庫に史料が伝わる(97)。それによれば、導師が法印権大僧都勝賢、咒願が権少僧都印性、請僧は権律師寛舜、法橋行宴以下八人であり、舞楽は次のように演じられたことが知られる。

左　万歳楽　春鸎囀　三台童　甘州
　　賀殿童　太平楽　奏王　抜頭
　　散手童　陵王童
右　地久　古鳥蘇　皇仁童　白浜
　　林歌童　狛桙　崑崙八仙　新靺鞨
　　貴徳童　納蘇利童

舞人は左方が左近将監狛則近等四人、右方は散位多忠節等四人で、左右合わせて二十曲もの舞楽が演じられた。そのうちの八曲が童舞であり、中でも左方の最後の二曲、散手・陵王を舞ったのが勝賢の童であった。この他の童舞は仁和寺の童によったであろう。成俊の十種供養は、仁和寺の童舞と醍醐寺の童舞が競演する場となったのである。そして導師の布施もまことに華美で過差なものであった。勝賢がわざわざ童舞を具してまで導師を勤めたこの仁和寺の成俊とはいかなる人物か。

円城房成俊は仁和寺の少別当であった[98]。そして心蓮院本『仁和寺諸院家記[99]』によれば、彼は仁和寺に「浄菩提院」という院家を建立しており、それが後白河院の御祈願所であったという。その供養は文治元年三月十九日、つまりこの日だったというのである。さらに成俊は浄菩提院を「御室御領」に寄進し、北院御室（守覚）と後高野御室（道法）が常に出入りしていたという[100]。成俊は守覚や道法に仕え、さらに二人の御室の父、後白河院にも近い人物だったのである。

そして「成俊女子　周防入道能蓮妻　伝領之[101]」と、成俊の女子は後白河院の下北面の藤原能盛（周防入道能蓮）の妻であり、さらに能盛の家系は祖父盛重以来、高階経敏・信西父子の家人であった[102]。

このように円城房成俊は、後白河院のみならず、後白河院の乳父信西にも近い関係にあった。勝賢が成俊の十種供養の導師に招かれたのはこうした関係によっていたのである。さらにいえば勝賢と守覚も付法の師弟の関係にあり、事相と教相の面でも声明の点でも鎌倉初期の仁和寺と醍醐寺は、両者のつながりによって密接な関係にあった[103]。この成俊の十種供養から知られることは、醍醐の童舞は仁和寺の童舞ときわめて近い関係にあったのではないかということであり、勝賢の周辺には、後白河院とその皇子の仁和寺御室、さらに父信西からひき継いだ芸能の世界が広がっていたということなのである。

信西といえば、保元三年（一一五八）に廃絶していた内宴を再興したことは知られているところだろう[104]。『今鏡』すべらぎ下によれば、

二十日内宴おこなはせ給ふ。百年あまり絶えたる事をおこなはせ給ふ。世にめでたし。（中略）舞姫十人、綾綺殿にて袖振る気色漢女を見る心地なり。今年はにはかにて、まことの女はかなはねば、童をぞ仁和寺の法親王たてまつり給ひける。

と、内宴の再興にあたって舞姫による女舞の復興も試みられたが、初年度は間に合わず、覚性親王の童が舞姫の代わ

りに舞ったというのである。そしてこの後、信西は女舞の習練に力を注ぎ、内教坊の妓女に舞を教え、翌年には「うるはしき女舞」を内宴で催したのである。『今鏡』は「通憲大徳、楽の道をさへ好み知りて、さもありぬべき女どもを習はしつつ、神の社などにも参りて、舞ひあへりと聞き侍りし」と、この女舞が内宴のみならず、あちこちの社で披露されたことを記している。舞姫のかわりに仁和寺御室の童が女舞を舞ったように、女舞と童舞は程近い位置にあった。信西による女舞の習練と勝賢による童舞の興隆において、勝賢のそれは、まさしく父の舞楽への造詣と熱意を受け継ぐものであったといえるだろう。

さらに勝賢は清瀧宮を中心に、醍醐寺に雑多な芸能の世界を展開していた。先に見たように元暦元年七月の「御社夏」には、「田楽」や「験競」が催されていた。田楽といえば、下醍醐の長尾宮でも毎年九月九日の「御祭」に田楽が奉納されており、その田楽に「田楽頭」を定めるようになったのも、勝賢の時からだという(105)。勝賢の下で醍醐寺は、童舞を始め様々な芸能の隆盛期を迎えていたのであり、それは信西と仁和寺御室の芸能の世界、さらに後白河院の雑芸の世界を背景としていたのである。

2　桜会の衰退

勝賢によって興隆された清瀧会と童舞は、勝賢の没後、座主定範によってその伝統は引き継がれていった。

定範が童舞の鍛練に熱中したことは先に見た如くであり、その頃までに清瀧会は寺内でも「桜会」の名で呼ばれるようになる（表12を参照）。醍醐の名高い声明師任賢によって「桜会職衆法則」が書かれたのもこの頃であった。定範は醍醐の童舞において、紛れもなく勝賢の後継者だったといえる。また童舞が入調から延年へとりこまれていくのも定範の時代からであり、桜会は座主定範のもとで、童舞を中心に、より娯楽性を強めていったとみられるのである。桜会の名の寺内での定着は、そのことを示しているのであろう。

表15　下醍醐清瀧宮の舞楽

年月日	座主	舞楽	舞人	典拠
元暦二年（一一八五）四月十七日 清瀧御遷宮	勝賢	童舞		『雑事記』巻十
元暦二年　八月十八日 不断宝篋印陀羅尼結願 百種供養於清瀧宮	勝賢	童舞　左右各四		『雑事記』巻十
延応二年（一二四〇）三月十五日 清瀧御遷宮	実賢	童舞　十四曲 若音四人　白拍子　大衆猿楽	舞童　十四人	『新要録』巻八
建長五年（一二五三）三月二十九日 清瀧御神楽	憲深	振舞　左右 初段　賀殿・地久 第二段　蘇合・皇仁 三段　喜春楽・白浜 四段　輪台・青海波 五段　抜頭・新靺鞨・陵王・納曾利	左舞人四人　左近将監光葛―陵王 左近将監定氏―抜頭 左兵衛尉真葛 右衛門志光忠 右舞人四人　右近大夫将監久行 右近将監久資 右兵衛尉久忠 右兵衛尉久氏	『新要録』巻八
康永三年（一三四四）四月十七日 清瀧御遷宮	賢俊	童舞　未刻より　十一番 延年	遊僧五人	『新要録』巻八

さらに座主定範以後、桜会と童舞は転換期を迎える。それは鎌倉中期の座主憲深の時のことである。『醍醐寺新要録』巻八が引用する「建長記」[106]によれば、建長五年（一二五三）三月二十九日のこと、座主憲深のもとで、「清瀧宮御神楽」が行われた。それは承元五年と建保五年の例にならった、桜会のかわりの御神楽であった。同書によれば、清瀧宮拝殿の西面五間に御簾を懸け、中三間と左右一間を「桟敷」とし、舞殿に「近衛召人座」と「人長座」を設けて御殿の壇上を「八女座」とし、御殿の中庭でかがり火をたいて「韓神」を歌い、八女が舞うというものだった。そし

て四月一日には、法要と舞楽が行われたのである。その次第は以下の如くである。

僧衆参拝殿、舞人・楽人等着楽屋、楽屋行事権上座慶実勤之、左舞人四人（中略、表15参照）、右舞人四人（中略）、楽人四人（中略）、午一点奉下長尾御輿（中略）、次吹調子、次舎利講、先惣礼楽、次惣礼迦陀、次導師登楽、次法用唄・散花・梵音・錫杖、次表白并式解脱上人五段式也、次導師下楽、次衆僧退散、

法要は舎利講が中心であり、「唄・散花・梵音・錫杖」からなる四箇法要を行い、舎利講は貞慶の「五段式」の講式から成っていたこと、そして導師の作法に従って楽が奏されたことが知られる。この内容からはかなり盛りだくさんの法要だったといえよう。注目されるのはその舞楽の位置である。衆僧が退散した後に、楽人等は楽屋に還り、しかる後に「振舞（鉾）」から始まって、「次初段　賀殿　地久」以下五段の舞が奏されたのである（表15を参照）。つまり法要の中に舞楽は組みこまれずに、会場を清める「振舞」も法要の後に行われていたのである。

同書によれば、「於講式段々、雖可交舞楽、重御評定之後、云僧衆長居、云調子之参差、頗以不宜之間、改本議、一向先被行講演、然後有舞楽、是猶被擬段々之舞者也」と、本来は五段の講式に舞楽を組み込むべきであるが、時間がかかりすぎること、調子を合わせるのが難しいために、先に講式を行い、舞楽は講演の後に催すことにしたと。けれども五段の講式に合わせて舞も五段としたのだという。しかしながら、これが桜会の代わりの法会であるならば、四箇法要の前後に舞楽を挟むことも可能なはずである。先に清瀧会の中から、鎌倉初期に供養舞が次第に姿を消していくことを見た。そしてここからは、本来の舞楽法要の中から、舞楽と法要が切り放されてきたことをはっきりと見ることができる。法要の中に舞楽を組み込む形式は、鎌倉中期には難しくなりつつあったことをこの史料は示しているだろう。

この時の舞楽は表15に示したように左舞人右舞人によっており、いずれも童舞ではなかったようである。そして五段目の「陵王」の時に至って、衆徒の「嗷々之詮議」によって狛光葛が「陵王」の「荒序」を舞ったことが注目され

る。ここでの舞楽は講式にちなんだものとはいうものの、その性格は「入調」の舞楽に近い、娯楽性の強いものだったのである。(107)

このように建長五年には、桜会にかわって「御神楽」と「舎利講」が催されており、童舞もなかったのだが、座主憲深のもとで桜会の童舞が廃れた訳ではなかった。憲深は桜会の興隆にも力を注いだらしいことは、翌建長六年に出された「桜会新制」と呼ばれる寺辺新制からも伺うことができる。(108)それは「可被禁断桜会舞童直垂以下過差条々事」にはじまる「一、直垂事」「一、革韈事」「一、会日所従事」の三ヵ条から成っており、その内容は公家新制を受けて、桜会の舞童についての装束・履物・所従の過差を禁じたものである。それは建長四年八月に出された「寺家三ケ条新制」に次ぐものだった。(109)

この「桜会新制」の第一ヵ条は、楽所始めから童舞の習礼の四十か五十余ヵ日の間、舞童の着る直垂の数を二具と定め、錦打物以下の過差を禁じたものだった。建長四年新制では「兒」の装束の多少は「非沙汰限」であったのに、兒を中心とした舞童たちの装束は、ここではっきりと制限されたのである。このことは逆に、当時桜会の舞童が寺中でいかにもてはやされ、華美な装束を身につけたかがわかる。おそらくは習礼の間、舞童たちは特別な存在となるのであり、舞童を抱えた座主や座主の門弟たちが競い合って舞童を飾ったことだろう。「此会之陵夷専在于舞童之花義」と「桜会新制」がいうように、舞童たちは寺中の花であった。

そして『続門葉和歌集』の中にも、この頃の桜会を歌ったものがあった。

建長四年のさくら会の後、舞童吉祥がもとへ仁和寺なりける僧の申しおくりける

よみ人しらず

いろいろにはなのすがたは見えしかどただ一枝に露ぞこぼるる

報恩院吉祥丸

たのまずよいろなき花の一枝に移ろふ露のなさけばかりは

勝賢から定範へと引き継がれた桜会の童舞は、建長年間に座主憲深のもとで、徒花を咲かせたのである。そして勝

賢・定範・憲深といえば、一つの系譜の上にあった。定範は勝賢と同じく紀伊二位所生の桜町中納言成範の子であり、憲深は成範の孫であった。鎌倉時代の桜会の童舞は、この系譜によって守立てられたのである。

さらに桜会の和歌で思い浮かぶのは、『古今著聞集』巻五（和歌）の二一一段、仁和寺の佐法印が桜会を見物し、寺中の美童に歌を詠みかけた話であろう。同様な話が『十訓抄』からの抄入説話にもあった。そして二一一段は登場人物から鎌倉前期の話であり、[110]冒頭にもあげた『十訓抄』の説話は以下にふれるように、平安末期の話と知られる。そこに登場する「少将の公」源運とは、久安六年（一一五〇）の座主元海による清瀧宮の修造に関わった人物であり、三月十七日の御遷宮では「御厨子之人、定実阿闍梨・祐源阿闍梨・源運阿闍梨」と、清瀧の御神体の厨子を担いだ一人であった。[111]さらに彼は「鏡曼荼羅一面、阿伽器四前、花瓶五口」や「礼盤一脚」以下、主要な備品の多くを清瀧宮に施入した施主だったのである。[112]十二世紀半ばの座主元海の時代といえば、先にみたように保延六年（一一四〇）の清瀧会の記録が残っており、そこでも多くの童舞が演じられていた。つまり『古今著聞集』と『十訓抄』の二つの桜会の説話は、ひとつは最盛期の桜会を描き、もうひとつは童舞が入調の舞へと転化する以前の桜会を描いていたのである。いずれも桜会のエポックをうまくとらえた話といえるだろう。

そして『古今著聞集』が橘成季によって編まれたのは建長六年のこと、『十訓抄』もその成立は建長四年である。建長年間といえば、先にあげた『続門葉和歌集』や「桜会新制」から、桜会と童舞が徒花ともいえる時代を迎えていたことを見た。そうした時代に『古今著聞集』も『十訓抄』も編まれたのである。最後の華やかな桜会の童舞を背景に、かつての桜会が描かれていたのであり、二つの説話の背後には建長の桜会が見え隠れしているといっても過言ではないだろう。

こうして建長年間に最後の輝きをみせた桜会と童舞であったが、建長五年に「清瀧御神楽」が桜会の代わりに催されたことに象徴されるように、この後衰退期を迎える。そして『桜会類聚』には年欠の「以桜会童舞装束等入置借上質物事」という話をのせている。

右、彼装束者、為寺家累代之重宝、而非座主進退之私物者也、即納置三宝院経蔵内、舞童着用之外、輙不取出之、但雖為流通物、於尋常之寺務者、或調加之或修復之、皆為残害之条未曾有之勝事也、

桜会の童舞の装束は寺家の重宝であり、三宝院経蔵に納められていたが、驚いたことに見るかげもなく破損して、日野薬師堂（法界寺）等の各所で発見されたというのである。この一件は、弘長二年（一二六二）閏八月の醍醐寺衆徒申状(113)によれば、座主定済の行為だったようである。定済といえば寵童に桜会の童舞を舞わせた人物であった。この話が仮に反定済派によるものだとしても、桜会の冬を語る史料であることにはかわりはないだろう。

そして鎌倉末期の『続門葉和歌集』によれば、

桜会ひさしくたえてまちどほに侍りしに永仁の秋の比、雨のいのりかへり申すとて童舞いとおもしろく侍りければ、楽屋のまへのさくらの枝にむすびつけ侍りける

と、永仁の頃（一二九三〜九）に桜会はすでに絶えて久しかった。そして祈雨の報恩に「永仁の秋の比」に童舞のみが催されたのである。こうして中世の桜会は姿を消した(114)。

おわりに

いままでに中世前期の桜会と童舞を尋ね探してきた。そして垣間見ることができたのは以下のことである。

桜会は永久六年（一一一八）に、勝覚によって祈雨の報恩に始められた法会だった。それは醍醐寺の鎮守清瀧宮に、前年の雨を謝すとともにその年の雨を祈り、寺中安穏のために加護を祈る、祈願と報恩のための法会だったとみられる。年中恒例の法会となった桜会は、鎌倉前期までは清瀧会の名で寺中では呼ばれていた。

清瀧会は下醍醐清瀧宮の宝前・拝殿と舞台を会場とし、舞楽四箇法要の形式をふまえて行われた大法会であった。拝殿を荘厳して衆僧の座とし、舞台では頌が唱えられ、続いて花供・伝供が、さらに唄・散花・讃・梵音・錫杖が奏される。そして法要の進行に伴って奏楽・奏舞が行われる舞楽法要だったのである。そこでは隔年に仁王経の新摺供養も行われていた。

この清瀧会は十二世紀末の座主勝賢のもとで最盛期を迎えた。勝賢は拝殿や付属の建物を造改築して清瀧宮の整備に勤め、清瀧会を興隆したのである。勝賢は三つの「清瀧会式」を残し、様々な清瀧会の記録を残した。勝賢の清瀧会興隆は、後白河院の介入によって成し得た醍醐座主就任の正統性を、寺内外に宣伝するものであったが、同時に勝賢は、彼の背後にあった後白河院や父信西の芸能の世界、さらには勝賢とつながりが深かった仁和寺の守覚法親王の芸能の世界に触れつつ、醍醐寺に華やかな芸能の時代を築いたのであった。そしてその中心にあったのが童舞である。

清瀧会の童舞は、本来は舞楽法要の中で演じられる供養舞であった。それが勝賢のもとで清瀧会の童舞は、供養舞から入調の舞へと転化したのである。供養舞が聖なる舞であれば、入調の舞は娯楽性の強い俗の舞である。入調の舞となった童舞は曲目を増し、法会を離れて童舞御覧の場に出張するほど著名になった。寺院の童舞が法会から独立した芸能となったのであり、勝賢のもとで清瀧会の童舞は最盛期を迎えていた。

こうした童舞の変化の背後には、舞楽法要そのものの変化があった。舞楽法要の中から、舞楽と法要が分離してくる傾向が鎌倉初期の清瀧会には見られたのであり、それは鎌倉中期に明確となる。法要の進行に伴って舞楽を奏する形式から、法要の後に舞楽を奏する形に変化してきたのである。童舞はそうした中で供養舞から入調の舞へ、さらには入調から延年へととりこまれていくのであった。

清瀧会は次第に姿を変えながら、鎌倉前期には桜会の名が寺内にも定着する。そして建長年間に座主憲深のもとで最後の輝きをみせた桜会も、鎌倉末期の永仁の頃までには姿を消してしまうのである。

そしてこの後の南北朝期にも、童舞のみは延年とかかわって清瀧宮の宝前で演じられている（表15を参照）。けれどもすでに童舞は寺院の芸能の花の時代を終え、やがて猿楽にその座を譲り渡すことになるのである。

桜会を通して、どうやら中世寺院の童舞の輪郭が見えてきたようである。今までに童舞といえば、子どもが舞う舞楽であって、御賀の後宴などに演じられるものであるとか、寺院の童舞は「神降ろし」の聖なる舞であるなどといわれてきたが、話はそう簡単ではないようである。

童舞には、貴族社会の童舞と寺院社会の童舞があった。このうち寺院社会の童舞は、本来は法会の中に位置しており、法会を離れて演じられる舞楽ではなかった。雅楽と法要の関係がこの童舞を規定していたとみられるのである。そして法要の中の童舞といえば、その代表は迦陵頻と胡蝶の舞であり、このうち迦陵頻の舞は、祇園精舎の供養の日に、迦陵頻が飛来して舞を奏したというといわれがあるように(115)、極楽世界において仏を供養する鳥の聖なる舞であった。法要の中に組みこまれた供養舞としての童舞は、紛れもなく聖なる舞である。しかしながら童舞の多くは、平安末期に供養舞から入調へその位置を変えているのである。

そして入調の舞とは、厳格な法要の後に、参拝者のために催される法楽の意味も含めた娯楽性の強いものであり、中世前期の寺院では、この入調を「入魔」の時と称し、魔を払うために天神地祇が影向して舞うという「安摩」と「二舞」の二曲が男舞で舞われる習わしだった。この二曲がそれまでの法要の聖なる会場を俗に転化する境界の舞であるとすると、その後に舞われた童舞は俗の世界の舞だったのである。

供養舞から入調の舞へと転化した童舞は、先にみたように童舞御覧の場で、貴族社会にも賞翫されるようになる。ここに寺院社会の童舞と貴族社会の童舞が接点をもつに至ったとみられる。童舞の担い手たちについて見ても、貴族社会の童舞の担い手が貴族の子弟を中心にしたのに対して、寺院社会の童舞は、初め楽人の子を中核に、やがて寺院の童を主な担い手としたとみられる。少なくとも平安末期の寺院の童舞の担い手たちは、多くが寺院の童であった。

童舞を率いるのは寺院の貫主であり、その「兒」や「寵童」が主な担い手となったのである。「兒」といえば、房や院家の中でも限られた階層の子どもであった。担い手からも、寺院の童舞が貴族社会の童舞に近いものになっていたことが知られるであろう。そしてその背後には、寺院社会の童の階層分化があった(116)。

中世前期の寺院の芸能の花は童舞であり、中世前期は寺院の芸能にとって童舞の時代ともいえる時代であった。聖なる世界の影を引き摺りつつ、性愛の世界へと誘う舞、それが中世前期の寺院の童舞だったのではないか。ありし日の桜会の童舞をしのびつつ、次の歌をもって結びとしたい。

いまはまた見てややみなんきよ滝の神のうしろにありし姿を　　よみ人しらず　　（『続門葉和歌集』巻七）

註

（1）増円説話と桜会闘諍については、本書第六章参照。『古今著聞集』は新潮日本古典集成及び日本古典文学大系によった。
（2）本章第四節2を参照。
（3）『続日本絵巻物大成一九』（中央公論社、一九八四年）による。
（4）上野憲示「『天狗草紙』考察」（註（3）前掲書所収）。
（5）現行の桜会は四月一日〜二十三日。開白に大般若転読が清瀧宮拝殿で行われ、期間中、豊太閤花見行列や奉納狂言が催される。
（6）『教訓抄』によれば、仁和寺舎利会や興福寺常楽会、平等院一切経会の童舞が醍醐桜会とならんで著名であった。
（7）たとえば舞楽全般について最も参考になるのは芸能史研究会編『日本の古典芸能二　雅楽』（平凡社、一九七〇年）だが、その中でも童舞は舞楽の一部としてふれられるにすぎない。
（8）四天王寺聖霊会については久保田敏子「四天王寺聖霊会」（『音と映像による日本古典芸能大系　第三巻』映像解説編、平凡社、一九九二年）、高橋美都『寺院における舞楽の伝統と生命力』（私家版、一九七八年）を参照。高橋美都氏には種々ご教示をいただき、閲覧の便宜を計っていただいた。舞楽と法会の関係については、小野功龍「供養舞楽と法会形式の変遷に就いて」（相愛女子大学『研究論集』一二巻二号、一九六六年二月）、同「雅楽と法会」（芸能史研究会編『日本の古典芸能二　雅楽』、前掲註（7））

があげられる。小野氏の研究は示唆に富むが、主な対象は平安末期までであり、鎌倉期についてはさらに研究が少ない現状である。猶、本稿脱稿後に、荻美津夫「鎌倉時代における舞楽の伝播について」(大隅和雄編『鎌倉時代文化伝播の研究』、吉川弘文館、一九九三年)を得た。

(9) こうした研究の動向は芸能史研究会編『日本芸能史二　古代―中世』(法政大学出版局、一九八二年)に伺える。

(10) 伊藤清郎「中世寺社にみる「童」」(中世寺院史研究会編『中世寺院史の研究』下、法蔵館、一九八八年、後に同『中世日本の国家と寺社』、高志書院、二〇〇〇年に所収)。

(11) 拙稿「中世寺院の童と兒」(『史学雑誌』一〇一編一二号、一九九二年一二月)、本書第四章参照。

(12) 『隆源僧正日記』応永三十一年四月二十日条(『醍醐寺新要録』巻八)による。

(13) 清瀧宮は、法会勤仕の場としても重要な位置を占めていた。この清瀧宮での法会全般については佐藤道子「醍醐寺の法華八講」(稲垣栄三編『醍醐寺の密教と社会』、山喜房佛書林、一九九一年)を参照。

(14) 新井弘順「真言声明慈業系大進上人流の展開」(註(13)前掲書所収)。

(15) 『醍醐雑事記』巻四。『醍醐雑事記』は中島俊司の校訂本をもとに、醍醐寺所蔵の慶延自筆本及び大通寺本で校訂したものを用いた。この諸本については安達直哉「『醍醐雑事記』について」(註(13)前掲書所収)を参照。

(16) 『醍醐雑事記』巻二・四。

(17) 『醍醐寺雑要』(東京大学史料編纂所所蔵の謄写本による)。

(18) 大治元年閏十月十日の清瀧宮修造のために栄爵を求めた醍醐寺解によれば、すでに清瀧宮は「当寺之鎮守」と位置づけられている(『雑事記』巻四)。

(19) 『長秋記』永久元年三月二十五日条に釈迦会の記事があり、当日の舞楽の演目まで知ることができる(表14を参照)。

(20) 『雑事記』巻四。『醍醐寺雑要』。

(21) 『醍醐寺新要録』(醍醐寺文化財研究所編『醍醐寺新要録』、法蔵館、一九九一年による)巻二。上醍醐の清瀧神の勧請をめぐっては様々な伝承があり、後世にはさらに多くの伝説を生むことになる。中でも『雑事記』によれば、勝覚の夢に吉祥天女の姿の清瀧明神が現れて、宝殿を建てる場所を示したといい、『下清瀧宮類聚』が引用する「堀河左大臣(源俊房)日記」によれば、清瀧明神が勝覚に降りて、その父源俊房に醍醐寺の仏法守護を約し、源氏の氏長者として当寺に帰依することを命じたという。上清瀧宮の勧請は女神の託宣によったのであり、座主勝覚の主導の下に、その父の左大臣源俊房の助力によって成し遂げられたのである。

そして座主勝覚の下で、清瀧を鎮守とし醍醐寺を村上源氏の氏寺とするという、中世醍醐寺の基本的な性格が形成された。
(22)『雑事記』巻四。
(23)『群書類従』第二四。
(24)『永久五年祈雨日記』には諸本があり、醍醐寺にも数種の写本がある。ここでは『大日本史料』に収録された本によった。
(25)後にも述べるように、清瀧会では仁王経が講讃されていたという。そのことも清瀧会が祈雨の報恩に始まるとすれば納得がいく。仁王経の講讃によってさらにその年の雨を祈る意味を清瀧会はもっていたとみられよう。
(26)ともに東京大学史料編纂所所蔵の謄写本によった。
(27)建久五年「清瀧会式」の奥には、応永二年十二月、室町殿御壇所東向書院において、明春の桜会再興を期して、醍醐所持の古本を書写したと見える。当年十二月は満済が醍醐座主に任ぜられた時である。座主就任を機に満済が書写せしめた「清瀧会式」を義演が類聚書写したものと知られる。
(28)『醍醐座主譲補次第』(『続群書類従』第四下)によれば、初度が永暦元年五月、第二度が治承二年五月、第三度が寿永元年十月の任であった。
(29)年記の下限は元暦元年七月であり、年欠の「清瀧宮彼岸不断経番事」によれば、元暦元年九月四日に死去したことが明らかな勝賢の弟子の「乗遍阿闍梨」の名がみえていることから、その成立は元暦元年九月以前と見られる。
(30)新井弘順前掲註(14)論文を参照。
(31)『血脈類集記』によれば、貞応二年十一月までは任賢の生存も確認できる。
(32)『醍醐寺三綱補任』(東京大学史料編纂所所蔵の謄写本による)。
(33)『醍醐寺新要録』巻八によれば、「承元五年正月十七日并建保五年四月十七日被行之(清瀧御神楽)、両度共依無桜会、被行之云々」とみえて、桜会のかわりに清瀧御神楽が行われたことがわかる。
(34)この史料については拙稿「中世初期の醍醐寺三宝院―座主房の組織と運営―」(前掲註(13)書所収)、本書第三章を参照。
(35)東京大学史料編纂所所蔵の謄写本による。慶長九年(一六〇四)の書写奥書をもつこの史料については、佐藤道子氏が一九八七年五月の醍醐寺研究会において「『醍醐寺年中行事』・『年中行事　上古』の成立と醍醐寺の悔過会」の題で報告され、同年中行事の成立を十三世紀初頭と指摘されている。
(36)田中稔氏による翻刻が醍醐寺文化財研究所『研究紀要』九号にあり、建永元年(一二〇六)頃に座主成賢のもとで成立したとされる。

(37) 清瀧会の仁王経十部のことは、『醍醐寺雑要』にもみえる。

(38) この仁王経の講讃が永久六年の始行時からのものであることを証明する史料はないが、『醍醐寺新要録』巻八によれば、祈雨のための清瀧読経の中で、仁王経の読経は比較的古例に属しており、鎌倉時代になるといずれも孔雀経読経になっていることが注目される。仁王経の講讃は、永久の始行時からと見てよいであろう。

(39) この史料は表10にもふれたように、『桜会類聚』にも収録されている。

(40) 前斎院禎子内親王は、白河院の皇女で中宮賢子の所生であり、賢子やその所生の太皇太后令子が上醍醐円光院の仏壇の下に納骨されたことは『醍醐雑事記』にみえて、すでに知られているところだろう。

(41) 寿永三年二月十三日清瀧会職衆請定、同年三月六日引頭等請定。表11参照。

(42)(43) 小野功龍「雅楽と法会」（前掲註(8)）。

(44) 四天王寺聖霊会については前掲註(8)論文による。

(45) 『群書類従』第一九。

(46) 佐藤道子氏の御教示による。

(47) そのことはいいかえれば、仁王経の講讃がより古式であり、治承二年までには、仁王経の新摺供養を中心として、講讃は行われない傾向にあったことを示すだろう。

(48) 中島俊司『醍醐寺略史』（醍醐寺寺務所、一九三〇年）、及び森蘊「醍醐寺の庭園」（『仏教芸術』四二号、一九六〇年）に翻刻がある。

(49) 『醍醐寺新要録』に「上古之図」と称される挿図があり、やはり西三間の又庇を「舞殿」としている。

(50) 久安六年の修造については『雑事記』巻八に詳しい記事があり、保元二年については『醍醐寺雑要』及び『醍醐寺新要録』巻八に記事がある。

(51) この史料については前節を参照。

(52) 『下清瀧宮類聚』本（慶長九年義演筆、東京大学史料編纂所の謄写本による）、及び『醍醐寺新要録』巻八。

(53) 「供養舞楽と法会形式の変遷に就いて」及び「雅楽と法会」（前掲註(8)）。

(54) 前掲註(45)。

(55)『新訂増補　故実叢書』による。
(56)表14によれば、鎌倉初期の清瀧会ではこのうちの「延喜楽」が供養舞のひとつであったことが知られる。
(57)醍醐寺所蔵五一七函一四。第一・二節を参照。
(58)小野功龍「雅楽と法会」（前掲註(8)）。
(59)『日本思想大系二三　古代中世芸術論』によった。
(60)『大日本史料』による。
(61)『醍醐寺雑要』所収の「清瀧会可入楽器等事」によれば、清瀧会の童舞の装束として、青海波・陵王・狛桙・納蘇利がみえる（表14）。少なくともこの曲目は平安末・鎌倉初期の清瀧会に毎年決まって演じられる童舞だったことがわかる。そういえば、『天狗草紙』に描かれた桜会の童舞も狛桙であった。
(62)註(58)に同じ。
(63)小野功龍「供養舞楽と法会形式の変遷に就いて」（前掲註(8)）。
(64)『東大寺続要録』巻六、諸会篇所収。『大日本史料』第四編之十一による。
(65)松尾恒一「延年発生基盤としての寺院法会」（『儀礼文化』一一号、一九八八年四月、後に同『延年の芸能史的研究』、岩田書院、一九九七年に所収）、及び註(71)論文。
(66)永村眞『中世東大寺の組織と経営』（塙書房、一九八九年）第一章第四節。
(67)『国文東方仏教叢書』随筆部所収。
(68)『教訓抄』巻二によれば、二舞は「地祇土神入酔狂舞乙姿也」とみえる。
(69)『猪隈関白記』承元二年十月二十四日条。
(70)以下も建暦二年「華厳会式」による。
(71)松尾恒一「延年発生基盤としての寺院法会」（前掲註(65)）、「南都寺院における衆徒の延年結構」（『芸能史研究』一〇三号、一九八八年一〇月、後に同『延年の芸能史的研究』に所収）、「延年発生の諸相」（『芸能』三一巻一号、一九八九年一月）、「園城寺延年開催の契機」（『芸能史研究』一〇六号、一九八九年七月、後に同『延年の芸能史的研究』に所収）、「延年風流」（『大系　日本歴史と芸能　第九巻　豪奢と流行』、平凡社、一九九一年）、「賓客来臨、任官儀礼と延年」（『儀礼文化』一五号、一九九〇年四月、後に同『延年の芸能史的研究』に所収）など。

(72)『玉葉』建久二年四月十三日条。
(73)『醍醐寺年中行事』(前掲註(35))。
(74)『続教訓抄』第二冊。『覆刻　日本古典全集』(現代思潮社)によった。
(75)註(34)拙稿。
(76)弘長二年には桜会料田として「大野木庄五十六石、三栖田二十余石」がみえ、そこから「舞人楽人之相折」を支出していたことが知られる(『桜会類聚』)。この大野木庄は座主直轄の院家である上醍醐円光院領であり、桜会に関する座主沙汰を支えたのは、これらの座主直轄の院家領であったとみられる。
(77)『明月記』嘉禄元年二月二十六日条。
(78)覚忠は『玉葉』によれば、しばしば皇嘉門院の御所に童舞を献じている。仁安二年十月十三日条・安元元年閏九月二十三日条など。
(79)慈円の報恩講については『玉葉』寿永元年二月二十二日条。
(80)『玉葉』建久元年八月二十七日条には兼実が慈円の童舞をよびよせて見た記事もある。慈円の童舞については本書第八章を参照。
(81)拙稿「中世寺院の童と兒」(前掲註(11))。
(82)建暦二年「華厳会式」(前掲註(64))。
(83)『国歌大観第六　私撰集編二』の東大寺図書館所蔵本による。
(84)定済のこの二人の寵童は、定済を大阿闍梨とする伝法灌頂で「持幡童」の役を勤めていたことが知られる。「持幡童」の役は大阿闍梨の「兒」か「中童子」が勤める役であり、それは受者の出自によってどちらが勤めるかが決まる(拙稿註(11))。『宝池院前大僧正(定済)入壇資記』(『続群書類従』第二六下)によれば、文永元年に「乙有殿」が「持幡童」を勤めた時の受者は定勝法眼。文永三年に「毘沙王殿」が同じ役を勤めた時の受者は殿僧都良済で、いずれも貴種だった。そうであれば、乙有殿・毘沙王殿の二人は、定済の「兒」でありかつ「寵童」であったことがわかる。「寵童」となる者は、出自を問われなかったが、概ね「兒」や上仕えの「中童子」が多く、「兒」の中でも中下層の侍や北面の子が多かったと見られる。
(85)『類聚世要抄』七(『大日本史料』による)。
(86)但し興福寺などは南都楽所の存在によって、楽人の子の童舞がかなり後まで残ったとみられる。四天王寺も天王寺楽所の存在故に、同様なことがいえるだろう。一方で醍醐の桜会の前身、永久元年の釈迦会でも童舞があり、『長秋記』によればその舞童は

「早旦於勧修寺令舞二郎童　納蘇利」と、勧修寺でも舞を披露していた。この「二郎童」は源師時の子であり、殿上人の子が舞う例も平安末期にあった。

(87)『醍醐座主譲補次第』（前掲註(28)）。

(88)(89)(90)　勝賢の座主就任とその母については拙稿「鎌倉時代の寺院機構―鎌倉初期の醍醐寺と座主職をめぐって―」（高木豊編『論集日本仏教史四　鎌倉時代』所収、雄山閣出版、一九八八年）、本書第一章を参照。

(91)(92)『雑事記』巻十所収「自治承五年至于文治元年寺家雑事等記之」による。

(93)『醍醐寺年中行事』前掲註(35)。

(94)佐藤道子「醍醐寺の法華八講」（前掲註(13)）。

(95)第三節1を参照。

(96)註(91)に同じ。

(97)『金沢文庫史料』二三三、この史料については新井弘順氏に御教示頂いた。

(98)『仁和寺侯人系図』（『続群書類従』第七下）。

(99)奈良国立文化財研究所編『仁和寺史料　寺誌編一』所収。

(100)(101)『仁和寺諸堂記』（註(99)前掲書所収）。

(102)この能盛は仁和寺領の筑前国怡土庄の預所にも補任されていた。さらに能盛の子の能基は『仁和寺侯人系図』に名が見えており、院の下北面の中でも、特に仁和寺御室に近侍した家系だった。正木喜三郎氏『太宰府領の研究』（文献出版、一九九一年）第四編第二・三・四章を参照。

(103)中世初頭の仁和寺と醍醐寺の関係は、付法や芸能など、様々な点から考察されるべき問題と考える。声明については新井弘順前掲註(14)論文を参照。

(104)五味文彦「信西政権の構造」（青木和夫先生還暦記念会編『日本古代の政治と文化』、吉川弘文館、一九八七年、後に同『平家物語、史と説話』、平凡社、一九八七年に収録）。信西と白拍子舞については、同「信西と芸能」（『国文学』第三七巻一四号、一九九二年一二月）を参照。

(105)『醍醐寺年中行事』（前掲註(35)）。長尾宮は下醍醐の伽藍の北にあたり、その祭神は三所あり、そのうちの一所が清瀧権現である。それ故に清瀧会の開始に先立ち「長尾宮迎」がなされるのである。長尾での芸能は、九月九日御祭の一つ物や相撲、田楽など様々であり、醍醐寺の中では清瀧宮に次ぐ芸能の場であった。
(106)『下清瀧宮類聚』本（前掲註(52)）にも所収。
(107) そして舞楽が終わり、伶人と蓮蔵院の垂髪たちが帰りかけた時、蓮蔵院の門前で大衆と出会い、両者は蓮蔵院の南庭になだれこんで、「両方会合」して延年に及んだのであった。この時も舞楽の余韻から延年へと流れていったのである。
(108)『桜会類聚』所収。
(109)『醍醐寺新要録』巻二二所収。この新制については註(11)拙稿を参照。
(110) 拙稿「中世初期の仁和寺御室—『古今著聞集』の説話を中心に—」（『日本歴史』四五一号、一九八五年一二月）。
(111)『雑事記』巻八。
(112)『醍醐寺雑要』には彼の施入した所在物のリストがあり、源運は清瀧会に関わった重要人物の一人と知られる。『伝法灌頂師資相承血脈』によれば、源運は金剛王院流の聖賢の門弟で、治承四年八月に死去とみえる。
(113)『鎌倉遺文』八八四七号。
(114)『義演准后日記』慶長十年正月二十日条によれば、「上古ハ桜会トテ、花盛ニ大法会被執行之、建武以来歟退転、無念〻〻」とあるが、永仁にすでに絶えていたことが明らかだろう。
(115)『教訓抄』巻四。
(116) 拙稿「中世寺院の童と兒」（前掲註(11)）。

〔追記〕本稿発表後、仁和寺円成房成俊の十種供養については、仁和寺紺表紙小双紙研究会編『守覚法親王の儀礼世界』全三冊（勉誠社、一九九五年）によって、守覚法親王の製作による仁和寺蔵紺表紙小双紙中に、成俊唐本一切経・花供・十種供養次第の五帖の次第が存在することが明らかにされ、翻刻がなされている。またこの五帖については、菅野扶美氏「後白河院の供花の会と仁和寺紺表紙小双紙」（『東横国文学』二七号、一九九五年三月）が考察している。

さらに、中世初頭の仁和寺と醍醐寺の関係については、拙稿「中世初頭の仁和寺御流と三宝院流—守覚法親王と勝賢、請雨経法をめぐって—」（阿部泰郎・山崎誠編『守覚法親王と仁和寺御流の文献学的研究　論文編』所収、勉誠社、一九九八年）が、勝賢と守覚法親王の法流の伝授の具体相を検討している。

第六章　中世寺院の児と童舞

はじめに

中世の「ちご」や童舞といえばその代表は寺院であり、寺院の「ちご」といえば、とりあげられてきたのはまず僧の性愛の対象としてであった。たとえば『宇治拾遺物語』や『古今著聞集』には、比叡山や仁和寺の「ちご」の説話をのせており、僧と「ちご」の恋を描いた『稚児観音縁起』や『芦引絵』などの絵巻や、醍醐寺に伝わる『稚児草紙』の存在も知られているところであろう。僧と「ちご」の男色は中世の説話や絵巻、そして物語に多くの題材を提供しており、それらをひろうだけでも実に豊富な例がそろう。それ故に寺院の「ちご」といえばまず男色と見られてきたのであった(1)。

それらは僧の日常に埋没していたことが描き込められたものであり、男色が中世寺院の中で日常的なことであったのはいうまでもない。ただ問題は「ちご」の実像を今一つ明らかにしえないままに、実像よりもイメージを増幅して「ちご」の世界を語ってきたことにあろう。しかし寺院の童を「ちご（稚児・兒）」と一括して呼ぶことも実は妥当ではなく、その呼称すら曖昧なのである。「ちご」は中世寺院の中でどのような位置にあり、その存在は僧にとっていかなる意味をもっていたのか。そして「ちご」をとりまく性愛の世界が表出し、寺院生活の日常に潜む男色が公然とその場を得るのはいかなる時であったのか。様々な史料の背後に見え隠れするそれらのことを、歴史の立場から明らかにして行くことにしたい。

第一節　兒の実像

中世の寺院には様々な童たちがいた。先に拙稿でもふれたところだが、その代表が兒・上童・中童子・大童子と呼ばれた童たちであり、これらの童たちは寺院の中でも院家や房と呼ばれる空間で生活していた。(2)

平安末期の醍醐寺の三宝院を例にあげると、三宝院は座主の房であり、そこでは座主のもとに公達・兒共・修学者・侍・内侍・中童子・御厨子所・大童子・政所・舎人・牛飼といった人々が生活しており、これらが座主房の構成員である。(3)中世寺院の組織は大別すると寺家と院家から成っており、寺家の公に対して院家や房は僧侶の私的な生活の場であり、兒・中童子・大童子という童たちはこの院家や房に所属する童であった。

院家（房）内の公達を始めとする様々な呼称は、公達と修学者がともに院（房）主を師とし、修学を旨とする僧侶でありながら、公達が貴族の子弟であったように、その別は出身の家柄によっており、それらは身分を示すものである。中世の寺院には僧としての年臈に出自が加味された序列があり、院家内でも年臈と出自に浄行か否かの別も加わる複雑な序列が見られた。その中で兒とは、公達に次ぐ席次と待遇を受ける存在であり、それは院家（房）内でも数少ない特別な童をさしていたことが知られる。そしてこの兒は時に上童とも呼ばれていた。

このように兒とは寺院童の総称ではなくて、狭義には院家や房に所属する特別な童をさしていたのだが、彼等はどのような階層の子どもだったのだろうか。仁和寺の菩提院行遍の口伝を記した『参語集』によれば、行遍は後高野御室（道法法親王）に仕えた「長寿殿」という兒であった。彼の父任尊は北院御室（守覚法親王）の執事の僧であり、行遍は御室に仕える房官の子であったことが知られる。房官とは貴種の僧に仕えて房や院家の事務・雑務を司る僧であり、御室の房官は中下級貴族の出身者が多く、彼等は修学者などの浄行の禅侶とは異なり、世俗に関わる妻帯の僧であった。さらに一口に御室の兒といってもその中にも階層があり、上は清華家などの貴族の子から、中間には行遍のような房官の子が、その下には御室に仕える侍僧の子や、院の北面の武士の子らがいたことが知られる(4)。御室に兒として出仕できたのは、どうも父親が六位以上の子だったようである。そして仁和寺では兒たちの中心にあって様々な役割を担っていたのが房官の子の兒であった。

それでは兒たちの役割にはどの様なものがあったのか。まずあげられるのは僧の行列の中での役割である。僧綱や貴種の僧は朝廷の仏事などの公的な場に出仕する時、或いは受戒などのハレの儀式に臨む時に威儀を正し行列を従える。たとえば建永元年（一二〇六）十月の仁和寺の光台院御室（道助）の受戒の行列を見ると(5)、まず先頭に殿上人二十人が、次いで御室の房官九人、非職の僧五人、有職の僧十六人が騎馬で続き、次に御室の乗った牛車が登場する。それには車副八人に仕丁や牛飼がつき、騎馬の中童子八人が従う。さらにその後には上童四人と侍僧六人が騎馬で、その後には御童子と呼ばれた大童子三十人が徒歩で従う。この大規模な隊列の中で、御室の車を取り囲むように上童・中童子・大童子の童たちが従っていたのである。

中でも上童は房官の子の兒たちが勤める役であり、この時の上童は顕文紗の赤色の狩衣の上下に菊枝や金銅の飾りをつけるという鮮やかないでたちで、それは御室の父の後鳥羽院からこの日のために賜わった装束だった。馬上の上童は行列の花だったことが知られよう。そして中童子は兒よりも出自が劣る上仕えの童たちであったが、その装束は二藍の上下に紅葉の付物、これも上童には及ばぬものの目立つ装いであった。さらに大童子は大人になっても童姿でいることを余儀なくされた下仕えの者たちで、童のみでなく大人や老人も混ざった集団であったが、その装束は白張であった(6)。

これらの童たちは主人の僧を荘厳する役を担っていたといえるのであり、ことに行列の中では上童とも呼ばれた兒は、華美な装束で行列を飾り、主人の僧を荘厳する装置であったといえよう。一方の大童子は容姿で行列を飾るものではなかったが、上童—中童子—大童子の序列をもった童たちの隊列は僧の行列には欠くことのできない存在であった。鎌倉時代に度々出された公家新制にはその過差を制限する規定が含まれており、例えば寛喜三年（一二三一）令[7]では、僧正や法務・天台座主などがハレの日に従える従類の員数は、従僧三人・中童子二人・大童子四人までと制限されていた。それにも拘らず過差な行列が絶えなかったのは、行列が僧のステイタスを示すものだったからであり、中でも華美な童たちこそが僧のステイタスシンボルだったからである。

さらに兒の役割には主人の僧の身辺の雑用や、陪膳・接客などの役もあった。院家や房の中ではその身分によって祗候できる場が違っており、兒は主人の僧の居室内に立ち入ることができ、その側近に祗候できる童であった。そして僧の傍らで兒が勤めた雑用とは、例えば菩提院行遍が御室の兒として、小用の度に濡れた手巾をあぶり乾かして渡していたように、食事から手水の用に至るまで様々な身辺の雑事に及んでいた。それらは例えば食事には手長とよばれる給仕の僧が介在したように、すべて兒のみですむ訳ではなかったが、兒は側近の僧とともにこれらの諸用を勤め、酒宴や来客の折には客の身分に応じて陪膳や瓶子取りを勤めるのであった。[8]

狭義の兒は特権をもった童たちであり、たとえば仁和寺では房官や侍の子の兒であっても、兒として出仕している間は父よりも上席に座し、その処遇も父に勝る存在となる。[9] そして彼らは将来得度して僧となるものも、元服して男となるものも含まれていたが、兒のうちは化粧を施した顔に垂髪の姿で、中童子には許されることのない装束の過差が日常的に認められた存在であった。そして院家内での肉食すらも、『右記』によれば僧たちの「紅桃之寵愛」によって半ば公然と行われていたという。それらは貴人の側近くに仕える童の奉仕者としての特権でもあった。

さて北院御室（守覚法親王）の『右記』には、「童形等消息事」という条々があり、それは仁和寺の狭義の兒の心得を記したものと知られるが、その内容は黎明の早起きに始まり、食事後の楊枝の使い方から廊下の歩き方まで、日常の細々とした事項に及んでおり、そこからも御室の児の役割とあるべき姿を知ることができる。それによれば「落飾の事、十七若しくは十九をもってその年限を定むべきなり。然るに翠黛の貌、紅粉の粧は僅に四五年間なり。相構えてその程寸陰を競って外典を学び、緇襟の後は内典を嗜むべし」と、入室から落飾までの僅か四、五年が児としての出仕期間であり、その間に児が第一になすべきことは外典の学習にあった。それに管弦を嗜み詩歌会への出仕など、諸芸の学習が加わるのである。

この『右記』で最も注目されるのは「師匠に奉仕し、毫釐もその命に違うことなかれ」と、師匠に対する児の絶対的な服従を説くことである。時には師弟の関係を父子に擬え、ある時は君臣に擬える『右記』であるが、そこに垣間見えるのは師匠の僧に絶対的な服従を強いられた児の姿である。師の僧と児との関係は、師弟というよりも児の階層によっては主従関係に近い。さらに「常に序有り才有る僧に馴昵してこれに親貴すること父母のごとくせよ」あるいは「禅侶に親近し、涓塵もその志を失うことなかれ」と、院家に祗候する僧たちへの馴昵を説き、それへの服従を説く。児に求められたのはまず服従であった。さらに詩歌会の出仕には児の装束は特別に誂えた美麗なものを着るべきこと、詩歌に堪能な児であっても数多詠むことを禁じ、「風情之絶妙」「露詞之幽玄」を求めることを記すように、児たちに求められたことは、華やかな装束と容姿でもってその場を飾り、その身に風情と幽玄をかもしだすふるまいであった。

児は童の奉仕者としての特権を持つ半面で、師主の僧に絶対服従を強いられる存在だったのである。彼等が師主の側近に祗候し、その服従故に寝室にまで奉仕するのは当然の成り行きであったろう。そして父母のように馴昵する僧に対しても、同じ奉仕を強いられるのであった。

第二節　童舞の光景

鎌倉中期の説話集、橘成季の『古今著聞集』五三三段にはこんな話がある。

増円という僧がいた。醍醐寺の桜会見物に出かけたが、舞の最中に見物もしないで釈迦堂の前の桜の本で鞠を蹴っており、醍醐法師に追い払われてひどい目に遭った。あちこち逃げ回ったがよくよくの嫌われ者で、「うとめ増円」と人は呼んだと。

説話の舞台は醍醐桜会。それは桜の開花の時期に行われた醍醐寺の法会で、正式には清瀧会といい、鎌倉時代には寺中の童たちのあでやかな童舞でその名を知られていた。同じ『古今著聞集』二一一段に仁和寺の佐法印が桜会見物のついでに寺中の童を見初めた話があるように、桜会は諸寺の僧が見物に訪れる場であり、僧たちの目当ては寺中の美童にあった。(10)

そして「うとめ増円」の話の背後には、こんな世界が広がっているのが見えてくる。主人公の増円は今までの注釈では未詳とされてきた人物だが、彼は本名を「覚明」といい、延暦寺の僧で青蓮院の房官であり、青蓮院の院主で天台座主でもあった慈円（慈鎮）の側近の僧であった。(11)増円の主人の慈円は童舞に凝って様々な童舞を率いていたことが知られる。(12)そこで増円は慈円の命を受けて、桜会に美童を探しに来ていたとみられよう。

しかし増円はせっかくの舞も見ずに、童舞の会場に程近い釈迦堂の前で蹴鞠に興じていた。それはこの年の桜会の童舞には見るべき美童がいないという、増円の露骨な意思表示であったと見られる。そして怒った醍醐法師に増円は散々に追われて「からきめ」をみる。説話はここで終わっているのだが、実はこの話には以下の顚末があった。『仲資王記』によれば、建久五年（一一九四）三月三十日のこと、叡山并びに南京大衆が蜂起すと云々、是れ醍醐寺桜会の間、三位法橋覚明見物、狼藉出来の故なり、と、三位法橋覚明の桜会見物の間に狼藉が起こり、ついに比叡山と南都の僧らの蜂起に及んだというのである。この三位法橋覚明こそが増円のことであり、「うとめ増円」の話は建久五年に実際にあった事件で、それは比叡山や南都の僧たちをも巻き込んだ桜会闘諍へと発展していたことが知られるのである。さらに『仲資王記』によれば、この事件の責任を問われた「醍醐寺執行法橋」が淡路国に配流される結末に至っていた。

「うとめ増円」の話からは、桜会の華やかな童舞の光景の背後には、僧たちの熱い視線が行き交い、執心が交錯して殺気にも似た雰囲気が醸し出されていたのを見ることができる。美童を見初めて賞翫してもそれを拒否しても、舞童に働きかける一人の僧の挙動がたちまちに周囲の僧たちを闘諍へと駆り立てるエネルギーとなるのであった。こうした桜会の光景は鎌倉時代の絵巻『天狗草紙』にも描かれていた。それは満開の桜の老木のもと、舞台上では「狛桙」の童舞が舞われ、舞台を取り囲む見物の裹頭の僧たちと、舞童に戯れかかる一人の僧の姿が描かれる。そして舞台の手前には、それを見てどよめく僧たちの姿。それは「うとめ増円」に見た桜会と同じ世界を描くものであった。

さらに鎌倉末期に醍醐寺で編まれた『続門葉和歌集』にも桜会の舞童に僧たちが詠みかけた和歌をのせる。例えば建長四年（一二五二）の桜会の舞童吉祥のもとへ仁和寺僧が送った歌、

いろいろにはなの姿は見えしかどただ一枝に露ぞこぼるる

それに対し報恩院吉祥丸の返しは、

たのまずよいろなき花の一枝に移ろふ露のなさけばかりは

と、戯れかかる僧の求愛をかわす。こうしたパターンは『古今著聞集』二一一段の仁和寺佐法印の話と同じであり、桜会の舞童を見初めて歌を詠みかけるのは、桜会という場で公然と行われた僧の童への求愛の形式であった。桜会の童舞は僧の日常生活の中に潜む男色の世界が、その日ばかりは公然と姿を現わす空間だったのであり、それは僧と童

のおりなす性愛のハレの場であったといえよう。

中世寺院の童舞については、それを聖なる舞、神降ろしの舞とする説もある。[13] それは近年の中世史研究には童のもつ聖性に注目したものがあり、寺院の兒に限らず中世の童は人ならぬ者で、神に近い聖なる存在と見ており、[14] 童舞も聖なる舞と見られたのである。しかし説話や絵巻に描かれた桜会の童舞が呼び込む世界は性愛の世界であった。

別稿でもふれたが、桜会は醍醐清瀧宮の法会で、舞楽四箇法要の形式をふまえて行われた大法会であった。[15] 舞楽四箇法要とは唄・散花・梵音・錫杖の声明と作法に舞楽を伴う形式の法要であり、その舞楽には法要の進行に伴って奏される供養舞と、法要の後に参拝者の法楽のために奏される入調の舞の二種があった。[16] そして供養舞のうちには「胡蝶」や「迦陵頻」の童舞を含むのが通例であった。それでは桜会の童舞はこの法要の中のどこで舞われたのか。

「うとめ増円」の事件があったのは建久五年のことであったが、ちょうどその年の桜会の次第を記した「清瀧会式」[17] が残っている。それによれば、供養舞として舞われたのは「振鉾」と「万歳楽」「延喜楽」でいずれも男舞であった。そこで桜会の童舞は供養舞ではなく、入調の舞楽として舞われたことが知られる。桜会の童舞は法要の後に参拝者のために奏される余興の舞楽であり、やはりそれは神降ろしの聖なる舞ではなかった。

入調の童舞の光景は、建暦二年（一二一二）の東大寺華厳会に詳しい記録が残されている。[18] 華厳会は華厳経を講讃する法会で、この年に別当成宝が復興した舞楽四箇法要の大法会であった。法要を終えて別当と僧綱たちが退出しようとした時、中門の辺で見物の裏頭がこう言った。

御共少人之中、廻雪落梅達者令坐給、枉欲申請童舞、

別当のお共の兒に童舞の名手がいると聞き及び、枉げて童舞を所望申し上げると。さらに東南院定範僧都に向ってこう言った。別当の童舞に答えて別当をもてなすために、定範の兒「定寿殿」にも「散手」を舞ってもらいたいと。別当も定範も大衆の命によってしぶしぶ童舞を出すことを承諾する。それを聞いた大衆と見物の人々は笑みどよめく。

やがて大仏殿前で始められた入調の舞楽は男舞に始まり、別当成宝の三人の兒による「陵王」「落蹲」と定範の兒の「散手」が舞われたのであった。

ここから知られることは童舞が別当の結構であり、別当の兒を担い手としていたことである。それが狭義の兒であったことは、彼等の名が「亀王殿」のように「殿」をつけて呼ばれること、彼等を「上童」と称することからも明らかである。さらに別当のみならず、童舞は別当をもてなすために寺内の僧綱がその兒をもって結構するものでもあった。しかもそれは大衆の要求によって、その見物のために奏されたのである。裹頭の寺院大衆たちが群参し見つめる中で、その切なる要望と期待を受けて入調の童舞が舞われていた。

さらに入調の後、まだ童舞に飽かぬ大衆たちによって楽屋の前で延年が始められ、兒による白拍子や興福寺の猿楽が暁まで続いた。翌日も大衆は重ねて別当に童舞を所望し、帰りかけた別当の一行を追い止めて、今度は尊勝院の南庭で童舞が結構された。この時も見物の裹頭が群れ集まり、童舞の後には兒のために男舞が大衆の沙汰として舞われ、また延年に及んだのであった。ここでの童舞は法会の入調の舞楽を離れて、延年に連なる位置を占めていたことが知られる。さらに翌日には大衆は別当の兒「弥若殿」の笠懸を所望し、別当は致し方なく承諾する。この兒の技と「馬上之振舞」は喩えようもなく、大衆は感悦の余り今一番の勝負を申し請い、一の的の紅扇に東南院の兒「定寿殿」に甲冑を着せて立たせ、尽きざる興を堪能したのであった。

延年は近年の研究によれば、法会や賓客饗応、任官儀礼などのおりに衆徒が開催した芸能の会である。(19)また延年の主体となった大衆とは寺僧集団の総称であり、鎌倉初期には衆徒もほぼ同義であったといい、(20)彼等は集会の際には袈裟で頭を覆う裹頭の姿で現れ、時には強訴にも及ぶ集団であった。この寺院大衆の中にも上は僧綱から様々な階層があったのだが、兒を擁することができるのは別当や院家の主の僧綱など限られた僧のみであり、多くの僧にとって兒が高嶺の花であったことは確かであろう。そして華厳会にみる限り、延年の主眼はこの兒の賞翫にあったといえよう。

児を従えることのできぬ大衆にとっては入調の舞楽とそれに続く延年が児賞翫のハレの場となるのであり、それは自らの要求によって勝ちとる空間でもあった。また児を身辺に従える僧にとってはそれは他の児を見初める機会ともなる。

さらに童舞や延年の場での大衆の姿は絵巻にも描かれるように、袈裟で頭を包む裹頭姿であった。それは大衆の集会の場における姿と同じであり、その作法にも共通した要素があったという(21)。集会において僧たちが名を隠し身分を隠して平等な集団の一員となるように、童舞と延年という場においても裹頭姿になることによって大衆は形式的にせよ非日常的な存在となるのであり、そうなることによって成し得たのが常には望み得ない身分を越えた児賞翫であり、名を隠した児への求愛だったのではないか。

第三節　舞童と寵童

鎌倉時代に醍醐桜会と並び称された法会に仁和寺の舎利会があり、これも童舞で名高い法会である。舎利会が始行されたのは康治二年(一一四三)十月のこと、高野御室(覚法法親王)が寺中恒例の法会が少ないことを嘆き、崇徳院の近臣藤原教長に語らって始めたもので、舞楽四箇法要に様々な童舞を供養舞として組込み、それを毎年演目を変えて舞うという、童舞に趣向を凝らした法会であった(22)。そして覚法が率いた童舞の背後にはこんな寵童たちがいた。

舎利会始行の前年の康治元年三月四日のこと、宇治平等院の恒例の一切経会が鳥羽法皇・高陽院泰子の臨席のもとで盛大に行われていた。藤原頼長の『台記』によれば「仁和寺宮童二人、舞龍王二郎、納尊七郎」と、この日の入調の舞楽には覚法法親王の童二人が「陵王」「納蘇利(落蹲)」を舞っており、このうち二郎は左舞人狛光時の子で「美貌をもって寵あり」と、覚法の寵童であった。そして「今日の舞進退優美、万人目を属く」とその優美な舞は人々の目をひいた。覚法は舞人の子を寵童とし、自らが率いる童舞の担い手としていたのである。

覚法の寵愛を受けた舞人の一人には狛則康もいた。彼も二郎と同じく狛光時の子であったが、『本朝世紀』によれば御室は彼を寵愛する余り、鳥羽院の北面の武士源則遠の養子とし、院の北面で元服させたという。[23] それは童の出仕者が元服して男となった後も、貴人の身辺に近侍するためにとられた措置であり、院の北面の武士の子が童の時は院に寵童として仕え、元服の後にも北面に祗候して近習となる例にならったものであった。[24] さほどに覚法は則康を寵愛したのである。

ところが康治二年十二月三十日のこと、則康は突如改姓の申文を提出して狛の旧姓に復し、左舞人の列に連なることになった。時に二十二歳。この前年には左兵衛尉に任ぜられており、元服して数年を経ていたものとみられる。なぜ彼は御室のもとを離れて舞人の家に帰したのか。『本朝世紀』の藤原通憲（信西）は、則康が本姓に復して伶人の役を勤めるに至ったことを「末代の善政」と評するが、それは御室の寵愛が彼から離れたことを物語っていよう。先にみた康治元年の平等院一切経会では、美貌の寵童二郎が「陵王」を舞い、人々はそれを賞翫していた。すでにもう一人の狛光時の子が御室の寵愛を得ていたのであり、それと入れ替わりに則康は寵愛を失ったのであろう。こうして則康は舞人としての道を歩むことになる。

ところが彼の舞は、ことに「陵王」の評判がよくなかった。『台記別記』によれば久安三年（一一四七）三月二十八日のこと、前関白忠実の七十賀で則康が舞った「陵王」を、摂政忠通は「美ならず」と酷評している。同じ頃「陵王」で名をあげたのが一族の狛則助であった。則康は左兵衛尉に任ぜられていたために、兄の光近や則助を越えて、父光時に次いで左舞人の二者の地位にあった。しかし鳥羽法皇は則助の方を贔屓にしており、上臈の光時や則康を差し置いて則助に「陵王」を命ずることしばしばであった。[25] ある時は特別に則助に「陵王」を舞わせ、その期に及んで法皇は簾を巻上げて賞翫する程であった。[26] 院政期の男色の世界に舞人の存在は大きく、中世の舞楽は舞人賞翫という要素を除いては語れないものであるが、(27)その中にあっても男舞としての則康がもてはやされることはなかったのである。

そして久安六年六月のこと、則康は突如発狂して遁世する。その顚末は『台記』六月二十四日条に「左兵衛尉狛則康出家記」として記し残されており、語り手はかの狛則助である。

十二日の午の刻、私（則助）が奈良の光親（近）の家を訪ねると、そこには光親の父光時も同居しておりまして、則康も来て皆で酒杯を重ねていました。すると則康が酔って兄光親に絡み、逃げる光親を逆上して追回し、髻を摑みました。怒った光親は則康と殴り合いになり、互いに枕を投げ合う有様で、私が間に入って漸く光親を奥へ連れて行きました。しかし則康は怒りに堪えず、光親の財物を壊して怒鳴りました。「自分だって昔は、お前らに恩を施したではないか。笑うなら笑え」と。そして大声で叫びながら門を出て行ってしまいました。光時の従者が追いかけて止めると、衣裳を脱ぎ烏帽子をとって暴れわめくので、従者二人が腕や手を摑んで漸く家に連れ帰りました。その後も、則康は再び弓矢を帯し腹巻を着て飛び出しましたが、東大寺辺で僧に止められて一旦は家に帰りました。そして十四日のこと、新薬師寺辺で無縁の聖人と出合い、忽ちに髪を剃って仏門に帰依し、今は中川辺に住んでいるということです。時に二十九歳でした。

『楽書補任』によれば、その出家は「道心にあらず、病にもあらず、酒狂と云々、又私主君仁和寺宮堪当故か」というが、その狂乱の背後には覚法法親王の寵愛を失い、御室の新たな寵愛が身近な童に移るのを目の当りにしなければならなかった則康の憤りが、そして本姓に帰したものの、舞人として名をあげることのできぬ彼の焦りを見ることができるだろう。御室の新たな寵童二郎は先にも見た如く光時の子とされるが、実子の少なかった兄光親（近）の養子となっていた可能性も高いとみられるのであり、光親に向けられた則康の怒りは、二郎に向けられたものともみられよう。

さらにこの前年の十二月にはかつての養父源則遠が死去しており、『本朝世紀』久安五年十二月二十七日条によれば鳥羽院の北面に日夜近侍し、大酒飲みで時には酔って失態もあったという人情味溢れたこの人物の死は、則康に華やかな過去との決別を告げるものであったろう。則康と御室を結ぶものはもはやなかった。御室の寵童となって、元服して男となるまでの数年を御室の御所で過した則康は、少年の美の時代が自らの中で終わりを告げたことを、それに伴う境遇の変化を受け入れることができなかったのである。

師主の僧の寵愛を受けた童は、寵童として特別な童となる。先にみたように院家（房）内の童には兒―中童子―大童子という序列があったが、寵童はこうした童たちの身分序列を越えることのできる存在であった。そして菩提院行遍が兒として出仕した後高野御室の寵童となったように、多くは側近に祗候した兒の中から寵童に選ばれたものとみられるが、中には上仕えの中童子から寵童になる童もいたと見られる。寵童たちは寝所に奉仕することを旨として、主人の寵愛を得ている間は、朋輩の兒に勝る処遇を得たのである。

寵童の特権とは少年の肉体にねざすものであり、それは男となる寸前に最も鮮やかに香気を放つ肉体でもあろう。伸びやかな手足に張りつめた肌を、瞬時に消えて行くその香気を人は惜しみ、いとおしんだのであろう。寵童は自らの肉体の変化とともに、身分を越えた様々な処遇から滑り落ちて行くのであった。そして少年の宿命ともいえるその事実を受け入れることのできぬ者たちの辿る末路が則康の生涯に見たものだったのである。(28)

特別な存在といえば、舞童もそうであった。鎌倉時代の桜会の舞童は寺中の兒たちであり、その年の桜の開花の時期をみはからって二月初旬に楽所始があり、左右の舞人を舞師に招いて練習が開始される。(29)そして習礼と会日までの四、五十日の間、舞童は寺中でも特別な存在となる。建長六年（一二五四）の「桜会新制」(30)によれば、この間の舞童たちの過差な装束を禁じ、会当日に舞童が多くの従者たちを引き連れることを禁じているが、このことは逆にその年の舞童に選ばれた兒たちが練習時から二重織物や唐織物の直垂などの過差な装束で飾りたてられ、寺中の花ともてはやされたことを語るだろう。舞童となるのは座主や僧綱たちの児であったが、文永七年（一二七〇）の桜会の舞童が座主定済の寵童であったように[31]、舞童には座主の寵童たちが多かった。

それは桜会にかぎらず、『古今著聞集』四八六段に石清水八幡宮の別当頼清が寵童の「小院」「石寿」に「陵王」「納蘇利」の舞を習わせた話に見るように、それは石清水放生会の童舞と見られるのだが、童舞を率いるのは寺院の長官たる別当であり、童舞の担い手は多くが彼らの寵童たちであった。また『古事談』巻六に高野御室（覚法）が寵童に箏・琵琶の秘曲を習わせた話に見るように、覚法は寵童たちに管弦も学ばせていた。寵童は寝所に奉仕するばかりでなく、飾り立てられた容姿とその幼い芸をハレの場で披露することが身に課された役割であったといえよう。そうして舞童となった寵童は師主の僧の掌中の玉から寺中の花となり、入調の舞楽や延年の場で大衆を性愛の世界に誘うのであった。

十二世紀半ばの仁和寺は、覚法法親王のもとで華やかな舞楽法要の隆盛期を迎えていた。舎利会を始行し、十種供養や花供そして舞楽曼荼羅供など様々な舞楽法要を行ったのが覚法であり、仁和寺の舞楽法要を大成したのは覚法法親王であったといってよいだろう[32]。そしてその花が童舞であり、童舞の担い手は覚法の寵童たちであった。覚法は美童を集め、ことに舞人の子たちを寵童として、管弦・舞楽を学ばせて華やかな舞楽法要の時代を築いたのである。

中世は童舞の時代であり、それを担ったのは僅かな美の時代を飾り立てられた寵童たちであった。その肉体の変化とともに一人が寵童の座を降りても、また次の寵童が現れて次々とそれは再生産されていく。こうした寵童たちによって中世の童舞の時代は担われていたのであった。

おわりに

童を従えるのは僧侶に与えられた特権である。僧に仕える童の法的な起源とみられるのは、僧尼令の「凡そ僧は、近親郷里に信心の童子を取りて供侍することを聴せ」であり、供侍の童子がその起源とみられる。やがて平安時代の半ば、僧侶社会に世俗社会の身分が持ち込まれて僧侶が階層分化して行く過程で、童たちも児・中童子・大童子に分化して行ったものとみられる。そうした中で、その出自と童の奉仕者である故の特権をもった児が登場したのである。児は師主である僧に供侍し、少年の姿を化粧と華美な装束で飾り立てられ、日常的には僧の身辺の諸事を勤め、ハレの場では僧を荘厳する役を担う童であった。一方で彼等が師主の僧に絶対的な服従を強いられた存在であったことも忘れることはできない。

児たちは師主の寵愛を得ると、さらに寵童として身分を越えた存在となる。僧は寵童に様々な芸能を学ばせ、十二世紀半ばに訪れた舞楽法要の隆盛と寺院童舞の時代に、これらの寵童が担い手となったのであった。童舞は初め舞楽法要の中の供養舞として舞われたものであったが、やがて娯楽性の強い入調の舞楽から延年へとその位置を変えて行く。

そして入調の童舞が呼び込む世界は、僧と児の性愛の世界であった。舞童が舞う空間は、僧の日常生活に埋没していた男色の世界が日の目を見る空間でもあり、言い換えれば寺院の別当や僧綱など限られた僧の日常においてのみ可能であった児との男色が、この日ばかりは見物の大衆に公然と許される世界だったのではないか。舞台上に舞う童の姿とそれを取り巻くように群れ集まった名と身分を隠した裹頭の僧たち。舞童に戯れかかり歌を詠みかける僧たちの姿は、そうした空間がその場に創出されたことを物語っていよう。

舞楽の中世は童舞の中世でもあり、それを切り開いた一人が仁和寺の覚法法親王であった。その華やかな童舞の時代の背後には、僅かな少年の美の時代を御室の寵愛に翻弄された寵童の末路が見え隠れしているのであり、そうした寵童たちの叫びも聞かねばなるまい。

註

（1）岩田準一『本朝男色考』（岩田貞雄発行、一九七三年）から、小松茂美「『芦引絵』の流行と享受」（『続日本絵巻大成　芦引絵』所収、中央公論社、一九八三年、後に同『日本絵巻聚稿』下、中央公論社、一九八九年に所収）、最近では細川涼一「中世寺院の稚児と男色」（同『逸脱の日本中世』所収、ジック出版局、一九九三年）など。ちごについては阿部泰郎「慈童説話と児」（『観世』五二巻一〇・一一号、一九八五年一〇・一一月、後に同『湯屋の皇后』、名古屋大学出版局、一九九八年に所収）、松岡心平「稚児と天皇制」（同『宴の身体』所収、岩波書店、一九九一年）、及び黒田日出男『〔絵巻〕子どもの登場』（河出書房新社、一九八九年）、伊藤清郎「中世寺社にみる「童」」（中世寺院史研究会編『中世寺院史の研究』下所収、法蔵館、一九八八年、後に同『中世日本の国家と寺社』、高志書院、二〇〇〇年に所収）も参照。

（2）寺院の童については、拙稿「中世寺院の童と兒」（『史学雑誌』一〇一編一二号、一九九二年一二月）、本書第四章による。

（3）『醍醐雑事記』巻一一。三宝院の組織については、拙稿「中世初頭の醍醐寺三宝院―座主房の組織と運営―」（稲垣栄三編『醍醐寺の密教と社会』所収、山喜房佛書林、一九九一年）、本書第三章による。

（4）註（2）拙稿参照。

（5）『伏見宮御記録』利五四・六一（東京大学史料編纂所所蔵の謄写本による）。

（6）大童子については、註（2）拙稿を参照。

（7）『大日本史料』第五編之七による。

（8）（9）　註（2）拙稿を参照。

（10）桜会については、拙稿「中世醍醐寺の桜会―童舞の空間―」（佐藤道子編『中世寺院と法会』所収、法蔵館、一九九四年）、本書第五章を参照。

（11）石川一「慈円の周縁」（『広島女子大学文学部紀要』二六号、一九九一年、後に同『慈円和歌論考』、笠間書院、一九九八年に所収）、及び伊藤俊一「青蓮院門跡の形成と坊政所」（『古文書研究』三五号、一九九一年一二月）を参照。

(12) 註(10)拙稿、及び本書第八章を参照。
(13) 伊藤清郎註(1)論文。
(14) 網野善彦「童形・鹿杖・門前」(『新版絵巻物による日本常民生活絵引』所収、平凡社、一九八四年、後に同『異形の王権』所収、平凡社、一九八六年)、黒田日出男前掲註(1)書、同「「童」と「翁」」(『歴史地理教育』三五九・三六〇号、一九八三年一一・一二月、後に同『境界の中世　象徴の中世』所収、東京大学出版会、一九八六年)など。
(15) 註(10)拙稿。
(16) 小野功龍「雅楽と法会」(芸能史研究会編『日本の古典芸能二　雅楽』所収、平凡社、一九七〇年)。
(17) 『桜会類聚』(東京大学史料編纂所所蔵の謄写本による)所収。この史料については、註(10)拙稿を参照。
(18) 『東大寺続要録』巻六。『大日本史料』第四編之十一。
(19) 松尾恒一「南都寺院における衆徒の延年結構」(『芸能史研究』一〇三号、一九八八年一〇月)、同「賓客来臨、任官儀礼と延年」(『儀礼文化』一五号、一九九〇年四月)、後にともに同『延年の芸能史的研究』(岩田書院、一九九七年)に所収、など。
(20) 稲葉伸道「鎌倉期の興福寺寺僧集団について」(『年報中世史研究』一三号、一九八八年、後に同『中世寺院の権力構造』、岩波書店、一九九一年に所収)。
(21) 松尾恒一註(19)論文。
(22) 舎利会については、拙稿「舞楽の中世―童舞の空間―」(五味文彦編『中世の空間を読む』所収、吉川弘文館、一九九五年)、本書第七章を参照。
(23) 康治二年十二月三十日条。
(24) そうした例は米谷豊之祐氏「院北面武士追考」(『大阪産業大学論集』人文科学編七〇号、一九九〇年、後に同『院政期軍事・警察史拾遺』、近代文芸社、一九九三年に所収)を参照。
(25) 『台記』久安三年八月十一日条など。
(26) 『台記』久安二年十月三十日条。
(27) 註(22)拙稿。院政期の男色の世界は五味文彦「院政期政治史断章」(同『院政期社会の研究』所収、山川出版社、一九八四年)、及び東野治之「日記にみる藤原頼長の男色関係」(『ヒストリア』八四号、一九七九年)を参照。
(28) 則康の出家については、角田文衛「狛則康の出家」(同『王朝の明暗』所収、東京堂出版、一九七七年)が、その要因を左舞の狛氏の継承の問題としてとらえている。さらに角田氏は寵童二郎を則康にあてられるが、康治元年に則康は二十一歳であり、その「童舞」には無理がある。別の童と見た方が良いだろう。十二世紀前半の仁和寺の童舞は、寵童となった楽人の子たちによって主に担われており、光近以後の狛氏の複雑な継承の背後には、こうしたことが大きな影を落としていたのではないだろうか。また寵童や兒の受難は説話や物語に様々に見られる。阿部泰郎註(1)論文によれば、兒をめぐる性愛を発端に兒の受難が描かれ、その受難故に兒は聖なる存在に転化するとされる。現実の世界の寵童たちの中には則康のような結末を迎えるものが多かったことは、細川涼一註(1)論文にも『大乗院寺社雑事記』をもとに描かれている。

(29)　註(10)拙稿参照。

(30)　『桜会類聚』所収。

(31)　『続教訓抄』第三冊。

(32)　拙稿「舞楽の中世」前掲註(22)。

第七章　舞楽の中世
――童舞の空間――

はじめに

舞楽にとって中世初頭はどのような時代だったのだろうか。

いままでに明らかにされてきた雅楽の歴史では、「仁明朝の楽制改革（八三三〜五〇）」をはさんだ承和〜貞観年間（八三四〜七七）が第一の画期であり、大内楽所の成立、左舞・右舞の楽家の成立を経て、摂関期がその全盛期とされてきた。そして院政期といえば、十二世紀初頭の大内楽所の機構的な整備と、南都楽所や四天王寺楽所の整備発展、さらに楽人の家の確立と楽書の成立などが注目されており、地方の寺社への舞楽の伝播が顕著になるのも院政期からであった。(1)

このように中期初頭の雅楽については楽所と楽人の動向を中心に研究が進められており、その点では積極的な評価もなされてきたのであるが、雅楽の全体像はいま一つ明らかではなく、一方で以下のような評価もなされている。平安後期に雅楽の和風化が完成して以来、楽人が伝統の保持に終始して新たな展開は見られず、平安末期の舞楽を伴う法会には形式化とマンネリ化が見られるのであると。(2) 雅楽を古代国家の荘厳のための礼楽と見る立場からは、それは古代国家の解体とともに衰微するものであり、十二世紀初頭以降がその衰退期ととらえられてきたのである。(3)

さらに芸能全般について見れば、院政期は特筆すべき時代であった。中でも後白河院政期は今様をはじめ田楽・猿楽・くぐつ・白拍子など雑多な芸能が開花した時代であり、中世芸能の第一期黄金時代とされることは周知のことであろう。いままでの芸能史研究によれば中世初頭は雑芸の時代であり、芸能の主役は古代国家の荘厳のための雅楽から猿楽や田楽へと移行し、やがて中世後期にはそれらの動きの中から能が主役の座を占めるとされてきた。こうした流れの中で、中世の舞楽は四天王寺を除いては見るべきものがないかのように見られてきたのである(4)。

しかし舞楽の中世は四天王寺以外に見るべきものがなかったわけではない。舞楽は寺院を中心に新たな動きを見せており、そこには童舞という花があった。醍醐桜会が童舞で鳴らしたように、鎌倉前期は大寺社がこぞって童舞の教習に力を注ぎ、その美を競った時代でもあった(5)。狛近真の『教訓抄(6)』によれば、承元三年（一二〇九）十二月に行われた仁和寺舎利会には数曲の童舞が舞われており、承久四年（一二二二）年二月二十八日に高陽院殿で後高倉院の「醍醐ノ童舞御覧」があったが、これは数日前に行われた醍醐桜会の童舞なのであった(7)。さらに承元二年十月の慈円の吉水大懺法院供養では、舞楽のほとんどが童舞という趣向であった(8)。このように中世の寺院では臨時・恒例を問わず法会の中で童舞の占める位置は大きく、それは芸能の花であった。寺院といえば、従来の研究も内裏や院御所とならぶ芸能の場として注目してきた空間ではあるが、そこでも興味の中心は猿楽の母体としての寺院にあり、舞楽の空間としては四天王寺を除いて充分な分析がなされてこなかった(9)。舞楽の中世の開幕を解く鍵は、どうやら寺院の舞楽と童舞にありそうである。それはいつ、どのように姿を現わしてきたのか。

中世寺院の舞楽の輪郭は、楽書のひとつ藤原孝道（一一六六〜一二三九）の『残夜抄(10)』に見ることができる。

第二、舞楽、これゆゝしく事こたいなり。（中略）これもしなぐ〳〵あり。大嘗会、大法会堂供養、同塔、常楽会、放生会、舎利会、朝覲行幸、内裏舞御覧、内宴、内裏楽所始、相撲節、社頭供日等、（中略）常楽会、放生会、天王寺・仁和寺の舎利会、醍醐桜会、此等皆同体なるにとりて、常楽会は日本国第一の大法会、次には八幡の放生会也孝道が女子に記憶にとどめるべき舞楽と教えたものは、その場に注目すると、内裏・院御所などにおけるものと寺社におけるものとがあり、寺社を場とするものは、臨時が堂塔供養の大法会、恒例が興福寺常楽会、石清水放生会、天王寺・仁和寺舎利会、醍醐桜会なのであった。そしてこれらが鎌倉前中期に舞楽を伴う大法会として名高かったことが知られる。中世の寺社の舞楽といえば、これらの大法会におけるものなのである。

それでは寺社の大法会をめぐって、舞楽の中世はいつ、どのように姿を現したのか。この『残夜抄』を手がかりに以下に見てゆくことにしたい。

第一節　先例の舞楽

『残夜抄』によれば、寺社の舞楽の代表にあげられていたのが堂塔供養の大法会であった。それは白河院政期から鳥羽院政期にかけて、院のおびただしい寺院造営に伴って盛んに行われたものであり、多くの例を見ることができる。そのひとつ久安三年（一一四七）八月十一日の鳥羽九体阿弥陀堂供養会を見てみたい。

『本朝世紀』によれば、この堂は民部卿藤原顕頼が鳥羽法皇の命を受けて、安楽寿院の南に造営した九体丈六阿弥陀を安置する堂で、この日、法皇・皇后得子・近衛天皇を迎え、仁和寺覚法法親王を開眼導師に、導師・呪願には権大僧都覚晴と大僧正行玄が参仕して落慶法要が行われた。その次第をまとめると以下のごとくである。

法皇入御　左右振桙、衆僧着座、導師・呪願登高座、供花十天楽、　菩薩蝶鳥供舞、唄廻盃楽、　散花大行道渋河鳥、(11)讃韶応楽北庭楽、　梵音壱弄楽、清胡子、　錫杖鳥向楽、白柱、　導師表白、導師呪願降高座宗明楽、　次左右奏舞左按摩、万歳楽、蘇合、秦王、散手、龍王、右地久、胡鳥蘇、王仁、帰徳、納蘇利、

法会は供花・唄・散花・讃・梵音・錫杖の順に進行しており、それは唄・散花・梵音・錫杖の四種の声明と作法に、奏楽奏舞を伴う舞楽四箇法要の形式をふまえており、貞観三年（八六一）の東大寺大仏御頭供養会依来、大法会に常

表16　鳥羽院政期の堂塔供養の舞楽四箇法要

年月日	供養会（願主）	形式（舞楽四箇法要）	作式	主な典拠
長承元（一一三二）二・二十八	法成寺塔供養（関白忠通）	調子　壱越調		舞・中
三・十三	白河得長寿院供養（鳥羽上皇）	調子音楽共に法勝寺供養に同じ	右大臣源有仁作式	中・得長寿院供養次第
十・七	白河宝荘厳院供養（鳥羽上皇）	調子音楽共に法勝寺供養に同じ	内大臣藤原宗忠作式	舞・中
〃三　八・二十七	園城寺金堂供養			長・中
保延元（一一三五）五・十八	仁和寺食堂供養		内大臣藤原宗忠作式	長・中・御室
〃二　三・二十三	鳥羽勝光明院供養（鳥羽上皇）	調子音楽共に法勝寺供養に同じ	右大臣源有仁作式	舞・中
十・十五	法金剛院御塔供養・金泥一切経供養（待賢門院）			中・法金剛院御塔供養習礼・御室
〃五　十・二十六	成勝寺供養（崇徳天皇）	調子音楽共に法勝寺供養に同じ		舞・成勝寺供養次第成勝寺供養式
康治二（一一四三）八・六	白河金剛勝院供養（皇后得子）	調子音楽共に法勝寺供養に同じ		舞・台・本・御室
十二・十八	興福寺内御堂供養（高陽院）		内大臣藤原頼長作式	舞・台・本
久安三（一一四七）八・十一	鳥羽九体阿弥陀堂供養（鳥羽法皇）	調子音楽共に法勝寺供養に同じ	内大臣藤原頼長作式	舞・台・本
〃四　七・十七	法性寺辺新堂供養（摂政忠通室）	調子音楽共に法勝寺供養に同じ		舞・台
〃五　三・二十	延勝寺供養（近衛天皇）	調子音楽共に法勝寺供養に同じ	内大臣藤原頼長作式か	舞・台・本
久寿元（一一五四）八・九	鳥羽金剛心院供養（鳥羽法皇）	調子音楽共に法勝寺供養に同じ		舞・兵・台
十・二十一	白河福勝院三重塔供養（高陽院）	調子音楽共に法勝寺供養に同じ	左大臣藤原頼長作式	舞・兵・台

〔典拠〕舞＝『舞楽要録』、御室＝『御室相承記』、長＝『長秋記』、台＝『台記』、兵＝『兵範記』、本＝『本朝世紀』

に用いられてきた法要の形式であった[12]。その舞楽は「振桙」に始まり、「菩薩」「鳥（迦陵頻）」「蝶（胡蝶）」の舞があって、さらに法要の後には十曲余の舞楽が奏されていた。そして『舞楽要録』[13]によれば、この時の次第音楽は承暦元年（一〇七七）法勝寺塔供養会とほとんど同じであったことが知られる。さらにこの法会は前々日に「可准御斎会」の宣下を得て行われたもので[14]、摂政忠通以下の公卿が出仕し、式部弾正、玄蕃寮・雅楽寮の官人、弁・少納言、外記らが出仕して行われた公家沙汰の仏事であり、その式次第は、『台記』によれば内大臣藤原頼長の作であった。鳥羽法皇が頼長に次第の作成を命じ、頼長はいったんは辞退したものの(15)、「猶必可制依勝光明院・宝荘厳院之例(16)」との仰せによって、「唯写勝光明院式(17)」して供養式を作成したのである。

頼長が写した勝光明院式とは、『中右記』によれば保延二年（一一三六）に右大臣源有仁が作成した式次第であり(18)、宝荘厳院式は長承元年（一一三二）に内大臣藤原宗忠が作った式であった。この宝荘厳院供養式は永久三年（一一一五）の蓮花蔵院供養式にならっており、さらにそれは承暦元年法勝寺塔供養式を継承したものであった(19)。つまり頼長が作成した供養式は、法勝寺塔供養式から蓮花蔵院・宝荘厳院へ、また勝光明院へと継承された次第だったのである。

表16は鳥羽院政期に舞楽四箇法要の形式でおこなわれた堂塔供養会を集めたものである。それによれば、そのほとんどが承暦元年の法勝寺塔供養式に等しい次第音楽であったことが知られる。これを先例としてつぎつぎと次第が再生産されていたのである。そして法要の進行に伴って奏される舞楽も「振桙」「菩薩」「鳥（迦陵頻）」「蝶（胡蝶）」など、その演目は固定化される傾向にあった。

このように堂塔供養会の次第から見る限り、先学の指摘のように十二世紀前半は舞楽法要の形式化、マンネリ化の時代(20)とみることができよう。しかし堂塔供養会の多くは院・天皇・女院の御願による「准御斎会(21)」の国家的仏事であり、その式次第はさきにあげた『台記』によれば、「一上」か「宿老」のうちの音楽の「才芸」ある者が先例により制するのであった。そしてこれらの供養会には、諸司の参加とともに左右の弁行事が置かれ、さらに左右楽行事が置かれていた。楽行事は左右近衛少将がつとめるのが通例であり、たとえば宝荘厳院供養会では左楽行事が左少将藤原教長、右楽行事が右少将藤原忠基であった(22)。楽行事は試楽の時から式次第に従って法会の奏楽・奏舞の進行にあたる役であり、法会の楽は形式的には近衛の楽行事の管轄下にあったことが知られる。御堂供養会の舞楽法要は、国家儀礼の中での先例の舞楽だったのである。

さらにこれらの堂塔供養会に類するものとして、延久元年（一〇六九）五月二十九日に始行された宇治平等院一切経会がある。それは三月三日を式日とする年中行事法会であり、『中右記』元永元年（一一一八）三月三日条によれば、殿下（藤原忠実）と内大臣忠通や太皇太后寛子など、氏長者と摂関家の人々をおもな参会者として行われていた。その次第は「振桙」に始まり、衆僧と導師・咒願を楽をもって迎え、供花と「菩薩」「胡蝶」の舞がある。ついで唄が発音、舞台では散花・大行道が行われ、さらに讃衆が舞台で讃を唱え、梵音・錫杖が奏される。そして導師表白、誦経などをもって法会の主要な作法は終わる。この後「入調」の舞楽として「安摩」「二舞」「紅白桃李花」「新鳥蘇」「青海波」「林歌」「採桑老」「胡徳楽」「蘇莫者」「蘇志摩」「抜頭」「崑崙八仙」が奏されていた。その次第はさきに見た堂塔供養の舞楽法要に等しく、これもオーソドックスな舞楽四箇法要であったことが知られる(23)。

この一切経会の行われた空間については、『山槐記』治承三年三月三日条に指図があり、それによれば阿弥陀堂の南に位置したとされる経蔵をおもな会場とし、当日は経蔵の扉を開いて中を荘厳し、廻廊の外に舞台を設け、舞台の北には参会者の座を設けて、東には太鼓・鉦鼓を置き、塔の前には左右の楽屋を設けていた。そして舞台から経蔵へと供花がおこなわれ、舞台では散花・大行道、讃、梵音、錫杖の作法と舞が奏されたのである。

さきの『中右記』によれば、左右楽行事には左少将源顕国・右少将藤原宗能が任ぜられており、源盛家・橘広房ら家司を行事に定めて法会は行われていた。平等院一切経会は摂関家主催の恒例の寺家年中行事法会でありながら、近衛をおもに楽行事としたのである。そして法要の進行に伴って奏された舞楽は「菩薩」「胡蝶」と定例化されたものであったが、法要の後に奏された「入調」の舞楽では、左舞の狛光則、右舞の豊原時元・時秋や大神元正らの他に、天王寺の秦公定（貞）が「採桑老」「蘇莫者」を舞っていた(24)。また平等院には楽頭がおかれており、当初は豊原時元が楽頭(25)で、さらに左舞人の中には宇治に住む一家もいた(26)。それは諸舞人の競演の場となっていたのである。そしてこの平等院一切経会こそが、後に見てゆく十二世紀半ばの寺院恒例の舞楽法要の先例となるものであった。

第二節　舞楽の新儀

十二世紀半ばの鳥羽院政期は、先例の舞楽の一方でさまざまな舞楽の新儀があらわれた時である。『残夜抄』に見られた内裏・院御所での舞楽もあわせて、その新儀を見てゆきたい。

まず『台記』によれば久安三年（一一四七）九月十二日のこと、鳥羽法皇は天王寺に赴き、念仏の後に金堂で舎利を礼拝し、舎利会を行った。この舎利会は舞楽を伴う法要で、法皇は久安元年から六年にかけて毎年これを行っており、[27]法皇は内大臣頼長にこう言った。「奏舞日、最初令奏無面形之舞、見舞人容貌之後、令奏有面形之舞、是古説也、又仰曰、此寺舞人之中、有容貌壮麗者、今日有其人哉」と、初めに舞人に面をつけずに舞わせてその容貌を見、しかる後に面をつけるのが古例であり、この寺には容貌壮麗の舞人がいると。その舞人の名は秦公方で、頼長によれば「法皇為人好美人故有此言」と、法皇の美男子を好む性癖故の発言であった。そして頼長自身もこの夜、公方を召して臥内に引き入れている。

『台記』のこの記事は頼長の男色関係をしめすものとして注目されてきたのだが、[28]法会の舞楽の中で一人の舞人に面の有無で二度舞わせるという趣向は、少なくとも「古説」ではなく、それは舞人賞翫を主眼とした舞楽の新儀であった。

さらに鳥羽法皇には贔屓の舞人がいた。その一人が狛則助である。『台記』によれば、天養元年（一一四四）正月五日の朝覲行幸では、左一者の狛光時が「龍（陵）王」の舞を辞退すると、法皇の命によって下﨟則助が二者の則安（康）を越えて「龍王」を舞っており、久安二年（一一四六）十月二十六日には法皇の御所に舞人を召し、「散手」「龍王」「貴徳」「納蘇」の同舞を、数人が舞って比較するという趣向の舞御覧が催された。同席した崇徳上皇が頼長に語ったところによると「一院則助龍王、光親散手有御感」と、法皇の目にかなったのが則助の「龍王」と光親（近）の「散手」であった。そして数日後の仁和寺一切経会では「左近将曹則助依去二十六日能舞、有別仰」(29)と、特別に法皇の仰せにより則助が「龍王」を舞っており、その期に及んで法皇は簾を巻き上げてそれを賞翫したのであった。

この鳥羽法皇の舞人賞翫に対して、崇徳上皇の舞楽はさらにさまざまな新儀を含んでいた。さきにみた久安二年十月二十六日の法皇舞御覧では、同曲を数人の舞人に舞わせる趣向であったが、こうした試みは、崇徳天皇の在位中の長承元年（一一三二）三月二十二日の「内楽所始」(30)以降に頻繁にみられる。たとえば、同年八月二十二日の内裏舞御覧では「陵王光時、乱序皆、荒序八切、入破二切、次又陵王光近、破二切、次又陵王則助破二切、」(31)と光時・光近・則助の三人に「陵王」を舞わせており、それは「此舞御覧偏両三輩器体御覧合料云々」(32)と舞人たちの器量を見るためであった。さらに『舞楽古記』によれば、長承三年閏十二月十四日の舞御覧では、崇徳天皇が「陵王」の荒序を五人の舞人に舞わせようと命じたところ、舞人たちは同日に数人の荒序は先例なし、と主張して沙汰やみになったという(33)。周知のごとく「陵王」は左舞の大曲であり、『教訓抄』巻一によれば「乱声一帖、囀二度、嗔序、荒序八帖、拍子八、入破二帖、拍子各十六」から成り、中でも荒序は『舞楽古記』によれば「道中最曲朝家宝物」といわれて、狛家に相伝の秘説があった。舞人の抵抗によって荒序を諦めた崇徳は、以下のように五人の舞人に「陵王」の破を舞わせ、「納蘇利」と番えて五番の舞楽を見た。

一番陵王光則破一切、　納蘇利忠方、　二番陵王光時破一切、　納蘇利近方、
三番陵王則助破一切、　納蘇利忠時、　四番陵王光近、破二切、　納蘇利成方、
五番陵王藤侍従為通、破二切　納蘇利源大夫師仲、　（『舞楽古記』）
次抜頭四位少将教長、　納蘇利元秋、時高、　（『荒序旧記』(34)により補）

注目されるのは、左舞人に加えて侍従藤原為通が「陵王」を舞って、番舞に源師仲が「納蘇利」を舞ったことであ

り、さらに左少将藤原教長が「抜頭」を舞ったことである。『教訓抄』巻一によれば「保延元年、依勅定狛光則奉教于為通侍従」と、為通が崇徳天皇の「勅定」によって狛光則から「陵王」の荒序の「二四八説」を授けられており、いっぽう源師時の子の師仲は、『長秋記』によれば右近将曹多忠方から「納蘇利」を習っており、「日来依天気如形習也」[35]と、これも崇徳天皇の命によっていたことが知られる。そしてこの直前の十二月三日に二人は装束をつけて初めて内裏で舞ったのである。師仲は時に十九歳、従五位上で、その舞は「其体神妙」で日ごろの「如蟷螂舞」くではなかったといい、為通の「龍王」は「甚優美」であったという[36]。為通と師仲はともに崇徳天皇の命で舞を学んだのであり、長承三年十二月には三度、閏十二月には二度と、内裏で行われた殿上人の舞楽御覧[37]では、いつも為通の「龍王」と師仲の「納蘇利」があった。さらに「抜頭」の藤原教長は崇徳の第一の近臣であり、『教訓抄』巻四によれば彼は狛季貞の弟子となって「抜頭」を学んだのであり、これも舞御覧でよく舞われていた[38]。

譲位後も崇徳院はしばしば院御所で舞御覧を行っており、『台記』によれば、天養元年（一一四四）十一月十一日には、先例に反して狛則助と光近の二人の「龍王」の荒序を見ている。しかしそれにも飽きたらず、崇徳院は頻りに中将為通を召し「龍王」を舞うように命じた。「雖習荒序、不覚之由辞申」と為通は荒序を辞退し、「雖辞申、依強仰舞之」としぶしぶ破のみを舞ったのである。この時頼長は「余於簀子命殿上人令候庭、是尊為通之故也、依為通申、令閉土戸、為不令下人見也」と簀子にいた殿上人に庭に降りるように命じ、土戸を閉じて、装束と面を付けた為通の「龍王」の破が舞われたのであった。為通が渋ったのは、この場が地下の舞人のみの荒序御覧の場であったためゆえだろう。頼長が見物の殿上人を庭に降ろしたのもそのためであった。為通は美貌の持ち主で崇徳天皇の寵愛を受け、頼長の愛人でもあったというが[39]、崇徳院のもとではこのように地下と殿上人が同じ空間で同一の舞を競演する舞御覧が盛んに行われていたのであった。

そして康治二年（一一四二）九月六日城南寺競馬でのこと、『台記』によれば、狛則助が「法皇仰」によって「陵王」の破二反を舞い、舞の最中に「向御所取鬚」という舞の手を見せた。すると崇徳上皇は「是極秘説」と頼長に説明している。『教訓抄』巻一によればこれは「髯取手」といって髯面をなでるような手であり、「陵王」の嗔序や荒序に用いられる秘事であった。頼長によれば「新院能所知食舞手也、常令問聞故左近大夫将監光則給、龍王等類、自令舞給云々」と崇徳院は舞の手に詳しく、狛光則に習って自ら「龍（陵）王」を舞うほどであったという。崇徳院の舞楽への関心は舞の手にあったのであり、一つの舞を数人の舞人に舞わせてその器量と舞の手を見ていたのである。そして最大の関心は「陵王」の秘事にあったことが知られよう。崇徳院のマニアックな舞楽への関心は、後白河天皇の今様狂いとも相並ぶものだったのである。

舞楽の新儀はさらにあった。『台記』によれば久安元年六月二十四日に「通憲入道常設法会、奏舞楽出家以前同奏、余難云、僭上也、通憲聞之、大夫士奏舞楽無憚由、成勘文送文」と、通憲は自ら法会を常設して舞楽を奏しており、頼長がそれを「僭上」と非難すると、「大夫士」が舞楽を奏しても憚りなしとの勘文を送りつけてきたという。通憲の舞楽法要とは、『教訓抄』巻二にみえる通憲入道の家での「極楽会」のことであろう。そこでは「団乱旋」の秘事が尽くされていた。

また同年二月には、左衞門督藤原家成が比叡山に登って舎利会を行っており、この時も頼長は「其身為諸大夫、如此奢侈、王化衰微之所致也、呼嗟悲矣」[40]と非難している。十二世紀半ばの舎利会は仁和寺や天王寺に見るようにいずれも舞楽を伴う法会であり、家成の舎利会も舞楽法要であったとみてよいだろう。舞楽法要といえば、さきに見た堂塔供養の大法会がその代表であり、多くが天皇・院・女院の御願や摂関家の仏事であった。頼長は「院第一ノ寵人」であった家成の出自を軽べつし、その成上がりの権力を敵視していたのであり、[41]家成が「諸大夫」の出でありながら舞楽法要を営むことを「奢侈」と非難したのである。さらに家成は八条堀川に九体丈六仏以下を安置した堂を建立しており、「結構体非凡人事歟」[42]とそれは壮麗に極めていた。そして長承二年（一一三三）十二月、院宣によってこの堂供養に阿闍梨をつとめたのは、仁和寺の覚法法親王であった。(43)それが舞楽を伴ったか否かは明らかでないものの、御室を阿闍梨に迎えての大規模な法会であったことは確かだろう。十二世紀半ばに舞楽法要は院・女院・摂関家から諸大夫へ、その裾野を広げつつあったのである。諸大夫によって担われた「僭上」の舞楽は、十二世紀半ばに現れた舞楽の新儀の一つであった。

十二世紀の半ばに、崇徳上皇の周辺で、先例の舞楽の中から新儀の舞楽がはっきりとその姿を見せ始めていたのである。

第三節　童舞の登場

『残夜抄』によれば、鎌倉前中期に舞楽法要として著名だったのは「常楽会、放生会、天王寺・仁和寺の舎利会、醍醐桜会」であり、「常楽会は日本国第一の大法会、次には八幡の放生会也」であった。これらは臨時の堂塔供養会に対して寺院恒例の年中行事法会であり、そのうち院政期以前に始まっていたのは興福寺常楽会と石清水放生会である。それらが院政期にいかなる展開をみせたのか、石清水放生会から探ってみることにしたい。

石清水の放生会は、貞観五年（八六三）八月十五日の始行と伝え、天延二年（九七四）八月に節会に準じて雅楽寮の官人が音楽を奏し、左右馬寮が十列の馬を、左右近衛府が馬乗に供奉することが定められたという。(44)そしてこの法会が大きな転換期を迎えるのは先学が指摘するように、後三条天皇の延久二年（一〇七〇）のことである。この時、納言・参議・弁以下の勅使が行幸の儀のごとく供奉することが定められ、放生会は「公祭」となったのであった。(45)

その次第は岡田荘司氏によれば、山頂本殿の三座の神を神輿に移し、行列を整えて山麓の下院（宿院）に遷幸し、そこで放生の儀式を行い、再び神輿が山上に還幸するというものであり、中でも勅使の一行が山下で神輿を宿院まで

表17　石清水八幡宮放生会の下院行事次第

保延元年(一一三五)(『長秋記』保延元・八・十五条)

・乱声。暁鐘程。

・上卿権中納言源師時極楽寺に着座。

此間四楽幄が乱声を発す。各振桙。舞台に昇らず。太鼓の前で振桙。神輿は已に下着。

・上卿以下立ちて行幸の儀に准じ、神輿を迎う。

雅楽楽人、高麗楽人、林邑菩薩、童楽童等参る。

・神輿入御の後、上卿以下は堂上の座に帰着。

此間雨降る。後又晴。

・無(ママ)曽利古の舞高麗舞人八人、忠方逝去、近方は服。よって右近将曹元秋を上首とす。

供花十二瓶、菩薩八人、鳥舞四人が供す。

仁安三年(一一六八)(『兵範記』仁安三・八・十五条)

・乱声。

・寅刻、上卿藤中納言忠親・参議平信範以下が極楽寺に着座。

此間四部楽が振桙三節。色衆僧徒は廊座に着く。神輿は鳥居の中に下御。別当法印慶清その由を上卿に申す。

・上卿以下起座し、宿院南門を出て、鳥居西北屋の前に列立。

・神輿の幄の前で奏楽楚駒、林邑・童・楽人・舞人・衆僧・諸衛・参議・弁・上卿・左右近少将等が前行して神輿三基は宿院へ。

神輿は南門から、舞台上を経て神殿へ。神を奉安して神輿宿院に安ず。

・上卿以下は堂上の座に帰着。

・神馬を南門に引出す。

・祝師が舞台の座に着き、祝を申す。拍手。上卿以下衆人拍手。

この間、宮人御幣三捧を宝前に捧げ、左右馬寮の馬を舞台南に引く。

・次御馬を舞台に廻らす。近衛が乗り、南門を出て馳す。

・次発楽。曽利古の舞舞八人・右舞人。

・次発楽。御酒を供す。

・次供花十四杯。菩薩・鳥・蝶が左右に分かれ、

『榊葉集』

・寅一点、四具楽合三節乱声。

新楽乱声三節、高麗乱声三節、林邑乱声三節、童楽乱声三節。

此間色衆調立し、上卿宰相弁史外記等礼堂に出着す。

次四具楽同音乱声の間、舞人一人庭に出て振桙。

・勅使上卿宰相弁史外記等、神輿御迎に参る。

次林邑・童楽頭、両楽行事舞人楽人等を引率して神輿を御迎。

本楽賀王恩・慶雲楽を奏す。童楽慶雲楽を奏す。

次新楽・高麗両楽行事、舞人楽人等を引率、色衆らと神輿を御迎、新楽慶雲楽を奏す。高麗・林邑・童楽同曲を奏す。

・師子前行、楽人舞人楽屋の鉾の前に立ち、衆僧僧座の前に立ち、上卿還向。

神輿宝殿に移し奉り、三楽を止む。林邑舞人二人舞台で一鼓。

・次高麗舞曽利古、次林邑乱声一節。

・御供を備う。

菩薩・鳥・蝶並立ち、供花十二杯を奉る。還間、

退時、菩薩舞。

・次供奉物、菩薩・鳥・蝶舞人等が供す。

終わって蝶の舞。

・次神主舞台で祝を申す。

此間、左近衛が御馬を廻らすこと八度。南門より出て馬場に向かう。

・次行道。唄師行道に加わる。余所の行道に似ず。

終わって、一雞婁舞台に昇り、鼓舞。

・新楽感城楽を舞う。

・讃。

・次高麗が登天楽を奏す。

・梵音。

舞台上を経て宝前に供す。次菩薩供舞八人。

次童楽一節。次いで発楽安楽塩。

小供十二杯を供す鳥・蝶がこれを捧げる。次鳥舞六人。

・次発打毬楽。御装束を奉る惣六十。法服以下皆具。神人楽人鳥蝶菩薩が皆舞台を経てこれを捧げる。次胡蝶舞六人。

この間諸司が上卿以下の餞を居える。

・次発楽河水楽。講師権律師覚珠・読師御殿預任覚が舞台を経て礼盤に着き、礼仏して高座に登る。

・次唄師左右各二口が舞台に登り着座。堂童子左右各三人が、花筥を東西の廊座の僧徒に分つ。

・次唄師発音。

定者少僧二口が火舎をとって舞台に在り。

・次散花師左右各二人が舞台に登る。次いで引道四人、左右師子舞台に登る。此間四部楽。

・次行道。楽人衆僧座に復す。舞人舞台に出て鼓舞。

・次感城楽を奉す。舞一曲。

・次讃衆二十四人舞台に登り、発音。

・次登天楽を奏し、即ち舞う。

・次梵音衆二十四人舞台に登り、発音。

菩薩舞を奏す。

次童楽乱声一節。

小供十二杯を供す。還閇、鳥舞。

・次同楽打毬楽、太食調。御装束・捧物等を奉る。

還閇、古蝶舞。

・禰宜三人御幣を御殿前に立つ。

・神主祝を申す。

此間、公家十烈御馬曳立つ。乗尻近衛舎人也。祝申すの後、御馬三回、各南大門を出て河原に馳す。

・次大行道

・次新楽乱声一度河水楽。

・次導師・呪願高座に登る。礼仏の時、衆僧惣礼。

堂童子花筥を曳く。唄師四人舞台に登り着座。

・定者二人舞台に登り、火舎を取り立つ。

・唄師発音。

・散花四人舞台に登り、発音。

次引道四人舞台に登る。次師子。楽行事舞人楽人を引率。

・行道。行道間　新楽裹頭楽、高麗蘇合序、林邑想夫恋、童楽五聖楽。

行道以後、新楽高麗舞人各一人舞台に登り、艶曲を尽す雞婁。

・次新楽舞一度感城楽。

・次讃衆舞台に登り、讃。

・次高麗舞一度登天楽。

・次梵音衆舞台に登り、梵音。

・次新楽承和楽を舞う。
・錫杖。
・次高麗綾切を舞う。
経を分つ。　　已上行事舞と称す。
・次表白。
・長慶子を奏し、導師法印證観・呪願等高座より降りる。
・勅楽の人々等中門に立つ。左賀殿、万蔵楽、右延喜楽、長保楽。
・次東遊、近衛左右五人、左駿河舞、右求子を奏す。
・次駒形舞を奏す。
・次童楽、左五常楽。右登天楽。
・次入調
安摩光則光時子、左蘇合、右新鳥蘇、左春鶯囀、右退宿徳、左秋風楽、右皇仁。
これらの間法具を徹す。
左三台、右地久、左太平楽、右狛桙、左北庭楽、右崑崙。
・乱声の間、関白（忠通）家の神馬、舞台を廻らす。
よって崑崙暫く出ず。
・次いで四楽乱声。舞台を破す。
・次散手、帰徳を奏す。

・次承和楽を奏し、即ち舞う。
・次錫杖衆二十四人舞台に登り、発音。
・次舞綾切。
・次講読師表白。
・講読師下座。此間発長慶子。諸僧退下。
・次別当以下宿衣を改め、東廊北座に着す。
・奏勅楽。左賀殿、右延喜楽、左万歳楽、右長保楽。
・次近衛東遊。駿河舞、求子。
・次駒形。童四人、水干装束。
・次童舞一曲五常楽歟。
・次安摩、二舞、左蘇合、右新鳥蘇、左三台、右皇仁、左可尋、右崑崙八仙。
次撤舞台。多勢人庭中に乱入、これを壊取る。
此間四部楽乱声。
次大童子百余人、柄振を取り庭中を掃除。
・次左散手光近、右貴徳を奏す。
此間検非遺使、前庭に柱松八本を立つ。昏黒に及ぶ。

・次新楽舞一度承和楽。
・次錫杖衆舞台に登り、錫杖。
・次高麗舞一度綾霧。
堂荘厳堂達八人舞台に登り、経を分つ。
・次導師表白。
・次新楽長慶子。
・導師呪願高座を下り、左右色衆退出。
但し官任の所司等は更に平袈裟で着座。
・次勅楽四度　唐二度賀殿、万歳楽、狛二度延喜楽、長保楽。
・次東遊　駿河舞、求子。
・次駒形陪従十人。
・次童楽舞二度但し随時これを用う。左感州、右登天楽。
・次入調舞随時有変改。
安摩、二舞、蘇合、新鳥蘇、秋風楽、古鳥蘇、打毬楽、進走禿、三台、退走禿、賀王恩、皇仁、北庭楽、崑崙八仙。
此間関白殿神馬、乗尻は馬允兵衛尉等なり。
・次四具同音乱声。舞台を破す。
厭舞（振桙）出る。左散手、右貴徳。

・次左右次将相撲の奏を取る。 ・次相撲十七番。 ・次陵王、納蘇利、還城楽、抜頭の四舞を奏す。此間、上卿参議と相談し、奉幣を俗別当に付して山上に奉る。 ・次神輿還御。	・次相撲奏。 ・次左右相撲十七番。 ・次陵王、落蹲、還城楽、抜頭。 次神輿還御。	・次相撲十七番相撲長近衛府。 次新楽　羅陵王　左、次高麗　納蘇利　右。 次林邑　還城楽　左、次童楽　抜頭　右。

迎えるのが行幸に準じた儀礼であった[46]。そしてこの一連の「祭儀」の中心は下院での行事にあり、そこでは神事と仏事が併せて行われていた。では名高かった放生会の舞楽はいったい「祭儀」のどの部分で行われていたのか。岡田氏が省略された下院における仏事の次第を見てゆきたい。

下院（宿院）行事について詳しい記録を残しているのは、『長秋記』保延元年八月十五日条であり、そこに見える次第は表17に書き上げたごとくである。その基本は、神輿迎えと神輿還御や神主の祝などを除くと、供花・唄・行道・讃・梵音・錫杖・導師表白などの仏事にあることが知られ、それは四種の声明と作法に奏舞奏楽を伴う舞楽四箇法要を基本形としており、それに神事を取り込んだ次第であったことが知られる[47]。放生会の名の由来は、導師表白の後に、分経された最勝王経十一部を講じ、あわせて魚貝の放生を行ったところにあった。

さて保延元年の放生会の舞楽法要は、さきに見た鳥羽院政期に定例化された堂塔供養の舞楽四箇法要と比べると大きく異なるところがあった。それは舞楽についてである。堂塔供養会では供花や唄・散花・梵音・錫杖の間に演じられる舞楽は、「振桙」「師子」「菩薩」「鳥」「蝶」にほぼ限られていた。しかし放生会では「曾利古」の舞が舞われ、供花と伝供の後に「菩薩」と「蝶」が、行道の後に「感城楽」、讃の後に「登天楽」、梵音の後に「承和楽」、錫杖の後に「綾切」の舞がそれぞれ奏されていた。そして『長秋記』によれば「已上称行事舞」と、それらが寺家では行事舞と呼ばれていたというのである。

表18　石清水放生会下院行事の沙汰人

下　院
　御供三備
　諸社御供六十前
　造花十二瓶
　小供十二瓶
　御装束六十一捧
　奉講最勝王経十一部
　　放生魚貝六十三万隻
　　　件放生、始自去年八月十六日、至今年八月十五日買放之
導　師　権大僧都隆承
呪　願
唄四口　（僧名略）
散花四口　（僧名略）
引道四口　（僧名略）
定座（者）二口　（僧名略）
取物四口　（僧名略）
衲衆二十四口
　別当前権大僧都法印大和尚位幸清（以下僧名略）
讃衆二十四口　（僧名略）
梵音衆二十四口　（僧名略）
錫杖衆二十四
分経衆八人

勅楽四度
　唐二度賀殿・万歳楽

『残夜抄』によれば法会の舞楽には二種があった。そのひとつが「振桙」「曾利古」「師子」「菩薩」「鳥」「蝶」などの舞で「法会の舞」「又供養の舞」ともよばれるものであり、もう一つが「それはてゝのちに、入調となづけて、安摩二舞とて有、其後の舞は何にても思々に期に臨時に随てあんめり」という入調の舞である。小野功龍氏によれば前者は法会の進行と関わり、法会中において儀式作法を分掌する舞であり、後者が四箇法要の後に参拝者を対象に法楽のために演じられる舞であった。(48)『長秋記』に見える「行事舞」とはこの「供養舞」のことであり、保延元年の放生会はさまざまな舞楽を供養舞として演じたところに一つの特徴があったといえよう。こうした自由な供養舞の演目は、同時代の堂塔供養会にはみられないものであった。

ついで注目されるのは、「童楽」の存在である。『長秋記』によれば保延元年の放生会の楽は、「新楽」「高麗」「林邑」「童楽」の「四楽」に分かれていた。それは後の『榊葉集』(49)により明確に見える（表17参照）。このうち「童楽」は法会の開始に四楽の一つとして乱声を発し、「童楽童」は他の楽人とともに神輿迎えに立ち、さらに入調に先

狛二度延喜楽・長保楽
十　烈
左右馬寮御馬十疋
乗尻近衛府舎人
音楽四具
新楽一具舞人八人・音声十人
行事伝燈大法師仁明
高麗一具舞人八人・音声十人
行事伝燈大法師祐源
林邑一具舞人八人・音声十人
行事伝燈大法師祐源
音楽（童楽か）一具
行事伝燈大法師長祐
東　遊
左右近衛府勤之
相撲十七番
奏取二人・相撲長二人・立合二人・筆指二人
左右近衛府勤之
左行事
権俗別当則正　権俗別当則行
右行事
権俗別当光吉　権俗別当末弘
（『宮寺縁事抄仏神事次第』所収　嘉禄二年八月十一日　石清水八幡宮護国寺注進状より）

立ち「左五常楽」と「右登天楽」の舞を奏していた。仁安三年の放生会の次第（表17参照）では、「菩薩」供舞の後に「次童楽一節、次発楽安楽塩、小供十二杯鳥蝶捧之」とも見える。これらのことから「童楽」は童による楽の演奏と奏舞であったことが知られる。四楽といえば、東大寺供養会などの限られた大法会では「四部楽屋」を設けて奏楽奏舞を行っており、その四部とは林邑楽・唐楽の新楽・同古楽・高麗楽であった(50)。それが十二世紀半ばの石清水放生会では新楽・高麗・林邑とならぶ楽として童楽が分類されていたのであり、それは童を楽人とし、舞人とする舞楽だったのである。こうした「童楽」の存在は、同時代の堂塔供養会の舞楽法要には見られぬものである。

　それではこうした特色ある舞楽法要は、だれの沙汰によっていたのだろうか。延久二年以後の石清水放生会が「公祭」であるなら、まず考えられるのは公家の沙汰である。しかし『長秋記』天承元年（一一三一）八月二日条によれば、右少弁藤原宗成が遷宮行事と放生会の弁の兼行について憚の有無を尋ねたところ、「二位中納言（源師頼）被申云、放生会供奉諸司、准行幸儀、従御輿許也、自余事属宮寺不令沙汰者、不可有憚」と、中納言師頼は上卿・参議・弁以下の供奉の諸司が関わるのは、行幸の儀に准じた御輿迎えの儀、つまり山をおりた御輿を仮屋から下院（宿院）に迎える儀ばかりであり、あとは宮寺の沙汰であると答えている。そして保延元年の放生会では、神輿が宿院に入御し、上卿が堂上の座に還着した後に「任式文、如法可行之由仰寺別当」と、上卿源師時から八幡別当に法会を如法に執行すべき指示が出されている。ここからも神輿入御後の法会の次第進行は、八幡別当の統べるところであったことが知られよう。

それでは舞楽はいずれの沙汰であったのか。表18は嘉禄二年（一二二六）八月十一日の放生会儀式次第注進状から、下院行事を沙汰人中心にまとめたものである。それによれば法会の左右の行事を勤めたのは宮寺の俗別当であり、四楽の行事も寺僧であった。すなわち行事舞（供養舞）・入調の舞楽ともに、舞楽は宮寺の統べるところであったことが知られる。これに対して近衛の沙汰とされたのが、「十烈」と「東遊」そして「相撲」である。そして「東遊」に先立って奏された「勅楽四度」もまた近衛によると見られる。さらに保延元年の次第によれば、「東遊」の後に「駒形」の舞が童によって奏されていたが、嘉禄の注進状によれば「駒形行事　神主正四位上紀朝臣兼範」と、これも宮寺の沙汰であった。以上のように放生会の舞楽はほとんどが宮寺の沙汰であり、そこに近衛による「東遊」や「勅楽」をはさんだものだったのである。

そして保延の『長秋記』によれば、「駒形四人奏舞」が終わると上卿のもとに宮寺所司が赴き「自是以後任上卿宣所令勤仕」と告げて、上卿の意向を受けて童楽と入調舞楽が始められている。これは安貞二年（一二二八）放生会の記録(51)によれば「入調楽任上卿意、令増減之故」とみえ、入調舞楽の増減のみに上卿の意向が反映されるところであったことが知られる。そして保延元年の入調舞楽は、童楽を加えると左右合せて十八曲もあり、同時期の堂塔供養の舞楽法要の入調に比べると大規模なものであって、これがのちに放主会の先例となったのである。

それでは保延元年の次第はいつ成立したものであろうか。表17によればそれは仁安二年（一一六七）の次第や室町前期の『榊葉集』にみえる次第と基本的に等しく、[52]ことに行事舞（供養舞）の演目も一致する。保延以後はこの次第で行われたことは確かなのであるが、保延に先行する次第は見えず、成立時期は明らかではない。そこでまず考えられるのは延久二年の「公祭化」の時である。舞楽四箇法要をメインに、神事を組込んだ基本形が成立したのは、おそらくこの時のことであろう。しかし保延の次第にみられた舞楽については延久までは遡らないと考える。その理由の一つは、延久元年始行の宇治平等院一切経会の次第にあり、さきに見たようにその舞楽には童楽やさまざまな供養舞は見られずに、それは放生会の舞楽とは大きく異なっていた。一方で次節でふれるように、保延の放生会は十二世紀前半のさまざまな寺院での舞楽法要と共通した特徴を持っているのである。

それでは保延の次第に見る舞楽はだれによって整えられたのであろうか。さきにも述べたように下院行事は八幡別当が次第進行を統べ、その舞楽も宮寺の沙汰であった。そして時の八幡別当は任清であったが、検校には父光清が補任されており、実権は光清にあった。[53]『長秋記』保延二年正月十九日条によれば、鳥羽勝光明院供養に先立ち舞装束の調達など準備が進められていたが、「蝶鳥童可調進之由、召仰光清如何、仰可召仰」と、権中納言師時は蝶・鳥の舞童を光清に調進させることを提案し、鳥羽院はそれを了承している。師時は保延元年の放生会に上卿をつとめており、石清水の童舞を目の当りにしていた。童舞は検校光清が率いていたのである。

さらに光清の父頼清も童舞を率いていた。寛治六年（一〇九二）二月二十九日の朝観行幸では「次召童舞八幡童云々、五常楽六人、長保楽六人、甘州（中略）、龍王童体優美、舞又甚妙、納蘇利二人」[54]と八幡童による童舞が舞われており、時の八幡別当が頼清だった。[55]そして『古今著聞集』[56]巻十五宿執にはつぎの話が見える。

八幡の別当頼清が寵童小院基政なり・石寿清方なりおのおの舞をならはせけり。小院をば光季につけて陵王をならはせければ、一事のこさずことごとくつたへたるよし、起請を書きてわたしてけり。石寿をば助忠につけて納蘇利をつたへけり。（四八六話）

それは頼清が狛光季・多助（資）忠を師として、寵童に陵王・納蘇利の舞を習わせた話で、ここに見える寵童小院とは、保延年間の大内楽所の笛一者で『龍鳴抄』の著者としても知られる大神基政であり、石寿は八幡所司の男で、笙笛をもって大内楽所に登用された藤井清方であった。この二人が頼清に寵童として祗候していたというのである。さらに『続古事談』(57)巻五にも「童ニテ八幡ニアリケル」基政が、「イミシキ天性」によって別当頼清に見込まれ、頼清が「米百五十石」を払って笛を奈良の楽人惟季に習わせた話をのせている。頼清のもとには楽人の子や楽に長けた八幡の所司の子が寵童として祗候しており、これらが八幡放生会の童楽・童舞の担い手となったものと見られる。

いっぽう『楽所補任』(58)によれば、永久四年（一一一六）から保延二年にかけて、小部清延、同清久、藤井清方、百済貞時、小部清兼らの石清水の楽人の名を見ることができる。十二世紀初頭までに石清水の楽の体制は整備されていたのであり、こうして、頼清のもとで育ちつつあった童舞と童楽が、十二世紀前半の光清のもとで開花したものとみることができる。放生会の舞楽は、頼清と光清のもとでさまざまな供養舞と童楽・童舞を組込んで、保延の次第に見られる形に整えられていったのであろう。

第四節　新たな舞楽法要

『残夜抄』にあげられた寺院年中行事の舞楽法要のうち、院政期に始行されたのが仁和寺の舎利会と醍醐桜会であった。まず醍醐桜会から見てゆきたい。

桜会は正式には清瀧会といい、醍醐寺の鎮守下醍醐清瀧宮の法会である。清瀧会が始行されたのは永久六年（一一一八）三月十三日のこと、それまで下醍醐の釈迦堂を会場として勤仕されていた釈迦会を座主勝覚が一新して会場も改め、清瀧会としたものであった。(59)これが年中恒例の法会として代々の座主に勤仕され、桜の開花のころの法会であったために鎌倉時代には桜会の名で知られたのである。

この清瀧会の次第は、治承二年（一一七八）の「清瀧会式」[60]によれば、唄・散花・讃・梵音・錫杖の順の声明と作法に奏舞奏楽を伴う舞楽法要であり、その原型は永久六年の始行時に整えられたものと見られた。ところが、法要に組込まれた舞楽については、じつは変化があった。さきに拙稿でふれたところであるが、十二世紀末の清瀧会は、次第の中から「菩薩」「鳥」「蝶」をはじめとする供養舞が省かれて、かわって入調の舞楽が充実する傾向にあった。そしてこの入調の童舞が座主勝賢の率いる童舞として、寺内外でもてはやされたのである。[61]それではこれ以前の清瀧会の舞楽はどのようなものだったのか。それを示す史料は少ないが、注目されるのは『醍醐雑事記』[62]巻七の保延六年（一一四〇）のつぎの記事である。

三月十六日、行清瀧会色衆廿八人（中略）、
童舞蝶、鳥、五常楽、延喜楽、紺州、古鳥蘇、賀殿、地久、於陵王納蘇利者、昨日試楽舞之、仍今日不令舞之、
俗舞安摩、二舞、太平楽、蘇合、新鳥蘇、北庭楽、（中略）、
雨止後、陵王・納蘇利及秉燭炬松明於舞台令舞之、

これによれば清瀧会で舞われたさまざまな童舞のうち、夜に演じられた「陵王」「納蘇利」を除くと、その多くが舞楽四箇法要の供養舞であったとみられる。そして供養舞に「蝶」「鳥」のみでなくさまざまな舞楽を組込むのは保延元年の石清水放生会にも見られた特徴であった。十二世紀前半の清瀧会は供養舞に様々な舞楽を取込み、かつそれが童舞で演じられたことに特徴があったのである。

さらに醍醐桜会とならんで『残夜抄』に名をあげられていた仁和寺舎利会は、『本朝世紀』によれば「二品覚法親王於仁和寺始行舎利会、有舞態楽懸、可為恒例事」と、康治二年（一一四三）十月十四日に覚法法親王が始めたものであった。『御室相承記』によれば寺中恒例の法会が少ないことを嘆いた覚法が参議藤原教長に相談したところ、教

長は随喜に堪えず、山城国富安庄・越前国石田庄の二ヵ所の家領を用途料に寄進し、「一寺満衆之評議」によって恒例の大会となったと伝える。それでは始行時の法会の様相を見てみよう。

『台記』によれば、天養元年（一一四四）十月二十日のこと、内大臣頼長は仁和寺に参向し、初めて舎利会を見物した。そして「舎利会之儀、異常法会、不能具記」と記している。頼長が法会の儀をこのように記すのは、前年の康治二年十月二十一日に、入道忠実・北政所師子・覚法法親王が参向して行われた天王寺の舎利会以来であり、その時も頼長は「法会儀異常、若古例歟」と記していた。彼が見た天王寺と仁和寺の舎利会は、少なくともそれまでのオーソドックスな舞楽法要とは異なっていたのであろう。仁和寺の舎利会には鳥羽法皇が女車に乗って私かに見物したことも頼長は記しており、始まって間もない舎利会は話題を呼ぶ法会だったことが知られる。

それでは舎利会の何が話題を呼んだのか。頼長は久安二年（一一四六）十月十三日にも舎利会見物に仁和寺を訪れ、延引のために覚法法親王の房で童舞を見ている。さらに久安四年十月十七日の舎利会を新院（崇徳上皇）が桟敷屋で見物し、その月の三十日に新院の御所で行われた舞御覧では「仁和寺法親王所献童舞左右各三曲[63]」が舞われていた。この童舞は数日前の仁和寺舎利会の童舞であったと見てよいだろう。舎利会の呼び物は童舞にあったのである。ではその童舞は法会の次第の中でいつ舞われたものであろうか。仁和寺の舎利会の次第と音楽は『舞楽要録』によれば、

調子盤渉調、　迎衆僧万秋楽、新古、　講読師登高座宗明楽、　供花秋風楽、
散花大行道鳥向楽、新古、　讃梵音錫杖已上用舞毎年相改、　講読師退下長慶子、

と、調子は盤渉調、法会の次第に唄の記載が落ちてはいるが、供花・散花・唄・讃・梵音・錫杖の順に進行し、その間に奏楽奏舞を行うもので、これも舞楽四箇法要の形式であったことが知られる。そして注目されるのは「讃梵音錫杖已上用舞毎年相改」である。讃・梵音・錫杖の間に舞を奏していること、つまり法会の進行に従って供養舞が多く演じられており、しかもそれは毎年演目を変えて奏されていたことが知られる。『教訓抄』巻十によれば承元三年（一二〇九）

十二月五日、後鳥羽院の御幸を得て行われた仁和寺舎利会では「有童舞、左賀殿、甘州、右地久、林歌、已供養舞、入調蘇合、太平楽、陵王、古鳥蘇、狛桙、納蘇利」と、供養舞に賀殿以下の四曲が舞われ、それらがいずれも童舞なのであった。仁和寺舎利会は舞楽四箇法要の中に供養舞としてさまざまな舞楽を組込み、しかもそれがすべて童舞であり、かつ毎年演目を変えて奏していたことが知られる。

それが十二世紀半ばにすでに定式化されていた堂塔供養の舞楽法要とは異なる趣向であったため、頼長の目には「異常法会」と映ったのであろう。しかしさまざまな供養舞と童舞というその特徴は、保延六年の醍醐清瀧会にもすでに見られるものであり、仁和寺舎利会はそれにさらに趣向を凝らしたものであったことが知られる。このように十二世紀前半は寺院年中行事として新たな舞楽法要が現れてきた時であり、その代表が醍醐寺の清瀧会と仁和寺の舎利会であり、その舞楽の中心は童舞なのであった。

さらに仁和寺の覚法のもとでは、これ以前にも寺内でさまざまな舞楽法要が行われており、そこにも童舞があった。その一つが天承元年（一一三一）三月十六日の「仁和寺宮十種供養」である。『長秋記』によれば覚法法親王・聖恵法親王が列座し、待賢門院が捧物を調進して、堂前では「童舞、五常楽、龍王、納蘇利、男舞両三度、余興不尽、仍更召童舞、亦龍王納蘇利」の舞が奏されていた(64)。『三僧記類聚』(65)によれば、それは故白河院のために北院経蔵で行われた舎利十種供養であり、経蔵の母屋中央に螺鈿の仏壇を立ててその上に舎利塔を安置し、供養物の机を置き、次第は菩薩十人による十種供養物の伝供、行道、導師説法であった。そしてその後に「振桙」「按摩」「二舞」と入調の舞が始められており、童舞は入調で舞われたことが知られる。ことに「陵王」の舞童は「元正子、九郎丸」であった。このように舎利を本尊として荘厳し、供物を捧げ舞楽を奏するのは舎利会と共通した要素でもあり(66)、この舎利十種供養が舎利会の前身であったとも見ることができよう。

さらに長承三年（一一三四）十一月四日の「仁和寺宮花供」では「供花後、右舞人四人取蘇利古、次安摩、次左方万歳楽、右地久、左散手、右帰徳、左龍王、右納蘇利」の舞が奏されていた[67]。このうち供花後の「蘇利古」は供養舞として舞われたとみられ、「安摩」以下の入調の舞の中には童舞も含まれていたとみられる。

そしてこれらの仁和寺の童舞は先例の舞楽法要にも影響を及ぼしていた。『本朝世紀』によれば康治元年三月四日の宇治平等院一切経会は、「此会被始行、漸及数十年未有叡覧、今日法皇始令結縁御」と、始行以来初めて院の臨幸を得て行われた法会であり、鳥羽法皇・高陽院を迎え、忠実・師子と頼長をはじめ多くの公卿・殿上人が祗候し、覚法法親王も列席して行われていた。平等院一切経会はさきにみたようにオーソドックスな舞楽四箇法要で、頼長はこの日も「法会儀式、一如例[68]」と記しており、法会の次第そのものに変化はなかったと見られるが、その入調の舞には以下のような趣向がこらされていた。

『台記』によればその一つが多忠時の胡飲酒、もうひとつは狛光時が「賀殿」「太平楽」に大饗にしか舞わぬ「更居衝」の手を舞ったことであり[69]、さらにもう一つの話題は光時と狛行憲（則）の「春鶯囀」にあった。「行則申云、光時当舞、急声二反、行則舞一反、第二切絶之由、所承也[70]」と、行則は急声第二反が絶えたと主張し、忠実の仰せによって第二反は舞わずに舞台に跪き、光時のみがそれを舞ったというのである。この話は『台記』と『教訓抄』を参照したとされる『古今著聞集』二八〇話にもまとめられており[71]、この日の一切経会は左舞の相伝をめぐって後世に話題を提供した会でもあった。そして入調の舞楽にはさらにもうひとつの話題があった。それはつぎにあげる『台記』のみに見られ、楽書や説話にとりあげられることのなかった童舞についてである。

今日、仁和寺宮童二人、舞龍王二郎、納尊七郎、抑二郎者、光時子也、以美貌有寵云々、今日舞、進退優美、万人属目、

と、覚法法親王の童二人が「龍王」「納尊（落蹲）」を舞ったといい、童のうち二郎は狛光時の子で覚法の寵童なのであった。そして仁和寺舎利会が始行されたのはこの翌年のことである。

またこれに先立つ永治元年（一一四一）二月二十八日、待賢門院御所の仁和寺法金剛院経蔵で一切経会が行われたが、それは「毎事被模宇治平等院一切経会」(72)と平等院一切経会を模したもので、その舞楽は「今日左右舞十二也、陵王、納蘇利、童舞也、陵王二郎舞之、納蘇利二郎近方子・七郎舞之」(73)と左右十二曲が舞われ、ここでも「陵王」「納蘇利」が童舞で舞われていた。陵王を舞った二郎は覚法の寵童の狛光時の子で、また納蘇利の七郎も平等院と同じであり、これに多近方の子が加わっていた。これも覚法法親王の童舞と見てよいであろう。(74)このように覚法法親王が率いていた童舞がこの直後に始行された舎利会の童舞として開花したものと見られ、十二世紀前半の仁和寺は童舞を中心とした舞楽の隆盛期を迎えていたのであった。

第五節　童舞の担い手たち

天王寺の舎利会にも童舞があった。『本朝世紀』久安五年（一一四九）十一月十五日条によれば、鳥羽法皇の舎利供養に「別当権僧正行慶調童舞備叡覧」と、別当行慶が童舞を調えていた。

行慶は白河院の皇子で平等院大僧正行尊の弟子で、仁平二年（一一五二）には園城寺長吏に補されており、(75)そこにも童舞にかかわる事績があった。それが新羅祭である。新羅祭は『新羅明神記』(76)によれば、園城寺の伽藍鎮守新羅明神の祟を鎮めるために、永承七年（一〇五二）九月に明尊僧正が一千の剣を童をもって神供に備えたのが始まりといい、二度目の祭礼は天治二年（一一二五）九月十九日に師の行尊によって行われていた。それは「自試楽之時、至祭礼之日、壮観無双、児童延金銀飾」と、童たちの過差で注目されており、行慶による祭礼は行尊に次いで三度目のもので、それも「仁平四年九月二十六日被行新羅祭祀、第三度于時僧正、祭使舞人等色々節々皆用童児、装束種々皆以金銀珠玉飾之、社司之児有致其役云々」(77)と、祭使・舞人等に社司の童子を用い、金銀珠玉で飾った装束で行列させるという、さらに大規模で華美なものであった。

行慶は行尊の門跡の継承者であり、彼が長承四年（一一三五）に天王寺別当に任ぜられたのも「大僧正依度々法験、以天王寺別当職永可付行尊大僧正門跡之由、鳥羽院賜御自筆之証状畢」(78)と、鳥羽院が行尊に帰依して、行尊の門跡による天王寺別当職の相伝を承認したことによっていた。行慶の率いた天王寺と園城寺の童舞は師の行尊の世界を引き継ぎ、展開させたものと見ることができるだろう。このように十二世紀半ばの大寺社には童舞があり、仁和寺は覚法法親王が、石清水は別当頼清・光清父子が、醍醐寺は座主勝覚の後継者の座主定海・元海が、四天王寺・園城寺では行尊・行慶がそれを率いていたのである。

それではこれらの童舞は、いかなる童たちを担い手としたのか。『残夜抄』に「日本国第一の大法会」とされた興福寺常楽会の例から見たい。常楽会は天平勝宝のころに始められ、貞観二年（八六〇）に尾張国の寿広が儀式次第を調えて、二月十五日の常楽会と翌十六日の法華会を併せ行うことになったというが、その次第をしめす史料は少ない(79)。『教訓抄』巻七によれば、この常楽会には決まった童舞があった。「汎龍舟」「清上楽」がそれである。そして『楽家録』(80)巻四四所載の十四世紀末の次第によれば、常楽会は振桙・供花・小供・大行道・梵音・錫杖・分経・読経の作法に奏楽がなされる次第であり、その舞楽は小供の後に「迦陵頻」、梵音の後に「感城楽」、錫杖の後に「延喜楽」が、さらに読経の後に「菩薩」と「清上楽」の童舞が奏されていた(81)。これらが供養舞とみられ、夕座には別当・権別当以下が出仕して入調の舞楽が奏されるのであった。常楽会の次第はさまざまな舞楽を供養舞として組込んだものだったのであり、童舞が供養舞の最後に舞われていたことは、保延元年の石清水放生会の次第とも共通している。

さらに『吉野吉水院楽書』(82)によれば、安貞二年（一二二八）の常楽会には「法会舞」に「振桙」「曽利古」「鳥」「感城楽」「延喜楽」などが舞われたとみられ、翌日の法華会では「法会舞」に「曽利古」「胡蝶」「央宮楽」「綾切」などが舞われたとみられる。十二世紀に遡る次第をしめす史料はないものの、さまざまな供養舞が法要の中に組込まれたこの次第は、放生会との共通点から遅くとも十二世紀前半に遡ると見ることができよう。さらにいえば、興福寺では童舞が十世紀末から、南都に下向した氏長者饗応のために舞われており[83]、常楽会の童舞は十二世紀前半に流行した寺社の童舞の先駆であったと推定することも可能であろう。

そしてその童舞は、『類聚世要抄』[84]第七によれば、

同（保安）四年（二月）十五日、予出常楽会、（中略）入調堂前、僧綱如朝座、（中略）陵王光則子、年十歳許童也、納蘇利忠方子、年十二三許童也、各法印絹二纏頭、但忠方子明暹已講被横皮（被）、頗不得心事歟、

と、保安四年（一一二三）の常楽会では、入調の舞のうち陵王・納蘇利が狛光則の子、多忠方の子によって舞われており、童舞が楽人の子たちを担い手としていたことが知られる。同書によれば康和五年（一一〇三）の常楽会では「光時并忠方等始為男舞云々」と、狛光時・多忠方が初めて男舞を舞ったことも知られ、彼らはそれまで童舞を演じていたと見られる。常楽会の童舞は南都の楽所の狛氏をはじめとする楽人の子たちによって担われていたのである。

楽人の子による童舞は興福寺のみにとどまらない。さきに見たように、天承元年（一一三一）三月十六日の仁和寺宮十種供養では、「陵王」の童舞を舞ったのは大神元正（基政）の子「九郎丸」であり、永治元年（一一四一）二月二十八日の仁和寺法金剛院一切経会では、「納蘇利」の童舞を舞った「二郎」は多近方の子であった。さらに康治元年（一一四二）年三月四日の平等院一切経会では、「仁和寺宮童二人、舞龍王二郎、納尊七郎」と覚法法親王の童が「龍王」と「納尊」を舞っており、そのうち二郎は狛光時の子で、「以美貌有寵」と覚法の寵童なのであった[85]。さらに『楽所補任』によれば、久安六年（一一五〇）左兵衛尉則康は「私主君仁和寺宮勘当」を被り二十九歳で出家したと見えるが、彼も狛光時の男で、「是仁和寺法親王被寵遇之間、於院北面加元服、即祗候北面之故也[86]」と覚法法親王の寵童として御室に祗候していたことが知られる。

さらに『古事談』[87]巻五によれば、八幡別当光清の子の成清は母の小大進の縁で花園左大臣源有房に祗候し、十二歳

の時に高野御室（覚法法親王）のもとに赴き「頗携絃管祗候、十六歳出家」と、管弦をもって御室に祗候し、御室のもとで出家したという。『古事談』の源顕兼は母が光清の女子であり、これも確かな話であろう。そして八幡といえば、さきに見たように大神元正（基政）も幼いころに八幡別当頼清の寵童として祗候しており、狛光季から「陵王」を習ったことが『古今著聞集』四八六話に見えていた(88)。さらには『古事談』巻六には高野御室が「御寵童供ノ師匠之料」に鳴瀧に家をつくって藤原孝博を住まわせ、常在・参川の二人の童に箏・琵琶を習わせた話もみえる。

このように覚法法親王のもとには、楽人の子が寵童となって祗候し、あるいは楽に堪える童を御室は身辺に集め、それらの寵童たちに童舞と管弦を習わせていたのである。そしておなじように楽人の子を寵童とし、童舞と童楽の修練に勤めたのが八幡別当頼清であった。八幡別当が修練した童楽と童舞は放生会に、御室の寵童の舞楽は法金剛院一切経会や平等院一切経会にその優美な姿を披露し、さまざまな供養舞を童舞として舞楽四箇法要に取り込んだ仁和寺舎利会に結集して、新たな舞楽の花となったのである。

それではこれらの寺社の童舞は、貴族社会でどのように認識されていたのか。さきに見た天承元年三月の仁和寺宮十種供養でのこと、『三僧記類聚』によれば入調では雨が降りそうだったので、さきに「陵王」「納蘇利」の童舞を舞わせ、続いて「退走徳」の舞が奏された。すると民部卿藤原忠教が言うには「童舞余興未尽、先年上皇御賀之試楽之日、陵王・納蘇利童有召、今度舞之不無其例、童子（今カ）一度可召也」と、御賀の試楽の先例によって、余興尽きざる「陵王」「納蘇利」の童を西壺に召し、もう一度舞わせて賞翫したのである。

その御賀とは忠教も参仕していた天永三年（一一一二）三月十六日の白河法皇六十賀を指すとみられるが、その試楽は記録を欠いており、先例を確認することはできない。しかし同様な例は康和四年（一一〇二）三月の白河法皇五十賀のおりにもあった。御賀後の二十六日に鳥羽殿北寝殿の南庭で法皇の童舞御覧があり、舞の後に「御感」のあまり南簀子敷の上で重ねて「龍王」「納蘇利」を舞わしめ、童たちを御前に召していた(89)。この御賀の童舞は三曲で、舞人は「胡飲酒」が内大臣源雅実の子（雅定）、「龍王」が参議藤原宗忠の子四郎童（宗重）、「納蘇利」が中納言藤原仲実の子（季輔）であった。時に雅定は殿上童だったが、宗重と季輔は試楽の日に昇殿を聴されたのである。[90]

そして天永三年の六十賀では、さらに大規模な六曲の童舞が大納言源雅俊の子をはじめとする童十人によって舞われており、[91]「七歳以後不可被免」[92]とその舞人はいずれも七歳以上の殿上人の子たちであった。そして御賀の後にはこの童舞が皇后や摂政忠実の東三条殿で場をかえて賞翫されたのである。[93]このように御賀の童舞は殿上人の子の舞であり、殿上童がその担い手であった。そしてその童舞では「容顔華麗、舞神妙」[94]や、「生年九歳、雖有年少恐、全無其失、誠是可云神妙」[95]と、童の容貌と幼いながらも失なく舞をこなす神妙な様が賞翫されたのである。十二世紀初頭の白河院政期はことに御賀の童舞がもてはやされた時代だったのであり、十二世紀半ばの寺院童舞隆盛の背後には、この御賀の童舞の隆盛と賞翫が大きく影響していたといえるだろう。

そして御賀に限らず、童舞といえば殿上の童たちを担い手とするものが始まりであった。『日本三代実録』によれば貞観五年（八六三）五月の神泉苑御霊会では、雅楽寮の伶人に楽を奏せしめ「帝近侍児童及良家稚子」[96]を舞人として「大唐高麗」の舞楽が舞われたのであり、貞観十六年三月の貞観寺供養会では「公子王孫年少者四十人」を舞人とする童舞があった。平安前期には、供養会の童舞も殿上の童たちによって担われていたのである。やがて十世紀末から十一世紀初頭にかけて左舞と右舞の家が固定し、舞人の家が確立するに及んで、供養会の中の「蝶」「鳥」などの定形化された童舞は舞人の子を担い手とするようになったと見られる。そして十二世紀前半にその姿を現した新たな寺院童舞にも、楽人の子たちが見られた。しかし十二世紀末の寺院童舞の担い手は、寺院の貫主に率いられた児と寵童であり、[97]それはやがて楽人の子から寺中の童へと変化してゆくのである。その変化の間に位置していたのが、仁和寺や石清水に見られたように、御室や別当の寵童となった楽人の子の存在であろう。それが楽人の子と寺中の童との接点となったと見られるのであり、その変化は仁和寺の童の世界を背景に推し進められたものと見られよう。

第六節　舞楽曼荼羅供

さきに見たように、鳥羽院政期に御斎会に准じて行われた堂塔供養の大法会は、そのほとんどが承暦元年（一〇七七）の法勝寺塔供養式にならった舞楽四箇法要であったが、これとならんで十二世紀前半に用いられたもうひとつの舞楽法要の形式があった。それが舞楽曼荼羅供である。

『大治三年曼荼羅供次第』[98]によれば、大治三年（一一二八）九月に法勝寺八万四千基小塔供養会が白河法皇・崇徳上皇・待賢門院の臨席のもとに、仁和寺覚法法親王を大阿闍梨として行われており、その次第をまとめると以下のごとくである。

三院入御　三節乱声、振桙、衆僧着座、大阿闍梨乗輿参上、発讃、大阿闍梨登高座奏音楽、持金剛衆行道、次着座、次唄、次散花、大行道、散花二人申対揚、次大阿闍梨開眼、度者使・御誦経使賜禄、前後供養讃、廻向方便、大阿闍梨下高座奏楽、次舞、左万歳楽、賀殿、陵王、右地久、延喜楽、納蘇利、次布施、

法会は唄、散花・大行道・対揚・前後供養讃・廻向等の次第から成っており、それは密の法要であり、曼荼羅供という真言の法要に奏楽奏舞を組込んだ形式であった。

曼荼羅供とは両部曼荼羅の諸尊を供養する法会で、真言では堂塔供養や新仏開眼、追善法要などに盛んに行われた法会である。そして曼荼羅供の中でも、大阿闍梨以下が威儀を正して庭上において大行進する庭儀の儀式に、奏楽奏舞を伴った庭儀舞楽曼荼羅供が最も盛大なものとされており[99]、大治三年の法勝寺小塔供養会はそれにあたる大法会であった。曼荼羅供は弘仁十二年（八二一）に空海によって始行されたといい、平安期の勤仕例は数多く見られるのであるが、舞楽を伴う例は以外と少ない。その確認できた例を書き上げたのが表19である。

その初例は『大治二年曼荼羅供次第』によれば、昌泰二年（八九九）の宇多法皇の仁和寺円堂供養会であった。そしてその勤仕例は、表19にしめしたように、十二世紀前半に集中して見ることができる。願主は白河院・鳥羽院をはじめさまざまだが、舞楽曼荼羅供が行われた場に注目すると、観音院・南院・無量寿院・法金剛院など仁和寺関係が多く、大阿闍梨を最も多く勤めていたのが覚法法親王である。さらにいえば、法勝寺小塔供養や仁和寺観音院供養会

表19　舞楽曼荼羅供

年月日	法会名	願主	大阿闍梨	典拠
昌泰二(八九九)	仁和寺円堂供養	宇多法皇		大・仁和寺諸堂記
保安三(一一二二)　四・二十三	法勝寺小塔供養	白河法皇	法務大僧正寛助か	大・舞・百練抄
三（十か）・十九	白河泉殿御塔供養	中宮璋子		舞・百練抄
天治元(一一二四)　十・一	仁和寺観音院宝塔供養	覚法法親王	法務大僧正寛助	大・御室
大治三(一一二八)　九・二十八	法勝寺八万四千小塔供養	白河法皇	覚法法親王	大・御室
大治五　十・二十五	仁和寺法金剛院供養	待賢門院	覚法法親王	大・舞・中・御室
長承元(一一三二)　八・十七	仁和寺南院三重塔供養	覚法法親王	聖恵法親王	大・舞・御室
保延元(一一三五)　一・二十八	仁和寺南院二階御堂供養	覚法法親王	聖恵法親王	大・舞・長・御室
〃三　十・十五	鳥羽安楽寿院供養	鳥羽上皇	覚法法親王	大・中・鳥羽新御堂供養式・御室
〃五　二・二十二	鳥羽東殿三重塔供養	鳥羽上皇	覚法法親王	大・御室
三・二十二	法金剛院南御堂供養	待賢門院	覚法法親王	大・御室
十一・二十三	仁和寺木寺無量寿院供養	覚法法親王	権僧正信證	大・御室
永治元(一一四一)　二・二十一	歓喜光院供養	女御得子	覚法法親王	大・舞・御室
康治元(一一四二)　六・二十九	宇治九体堂供養	前関白忠実	覚法法親王	大・舞・台・本・御室
久安三(一一四七)　三・二十七	前関白忠実七十賀曼荼羅供	前関白忠実	覚法法親王	大・台・本・御室
〃五　十・二十五	法務寛信堂供養	権大僧都寛信		舞
仁平元(一一五一)　六・十三	白河福勝院御堂供養	高陽院	天台座主大僧正行玄	大・本・門葉記

〔典拠〕大＝『大治二年舞楽曼荼羅供次第』、舞＝『舞楽要録』、御室＝『御室相承記』、長＝『長秋記』、台＝『台記』、本＝『本朝世紀』

に大阿闍梨を勤めた大僧正寛助は覚法の師であり、聖恵法親王や権僧正信證を大阿闍梨とした仁和寺南院と木寺無量寿院供養会も覚法を願主としていた。十二世紀前半の舞楽曼荼羅供は、多くが覚法法親王の関与するところだったのである。

それでは覚法主催の仁和寺の舞楽曼荼羅供を保延元年（一一三五）一月二十八日の南院二階御堂供養に見ておきたい。『御室相承記』によれば南院は覚法が母師子のために造営したもので、この時建てられた釈迦堂は、『長秋記』によれば「田中新御堂」ともよばれた一間四面二階堂であった。それは鳥羽院の御願寺に寄せられて、供養会には前関白忠実・北政所師子・関白忠通をはじめ、内大臣内藤原宗忠、民部卿藤原忠教らの諸卿が参会していた。そしてその次第は、

　左右振桙、次二（三か）品法親王率持幡僧・法螺・讃衆・衲衆等、乗輿参上、不行道、直着礼盤、衲衆等行道、次供花、菩薩蝶左右相分供之、依無舞台、其儀如形、供養事了布施、内大臣以下取之、次舞楽無舞台、左安摩、（中略）次万歳楽、地久、次春鶯囀、（『長秋記』保延元年正月二十八日条）

と「振桙」に始まり、大阿闍梨二（三か）品法親王（聖恵）が色衆を率いて輿に乗って参上、菩薩や蝶が供花を行っており、舞台を設けずに、法要の後に舞楽が奏されていた。そしてこの次第で気付くのは菩薩・蝶による供花である。さきに見た大治三年の法勝寺小塔供養の舞楽曼荼羅供では供花はみられず、仁和寺以外の舞楽曼荼羅供では、覚法が大阿闍梨を勤めた場合でもその次第には供花と供養舞は含まれていない。たとえば保延三年十月十五日『鳥羽新御堂供養次第』(100)によれば、安楽寿院の供養会も舞楽曼荼羅供であったが、その次第はさきに見た法勝寺小塔供養会に同じく、供花はなく、奏舞は入調にあたる舞楽のみであった。

菩薩や蝶による供花といえば、舞楽四箇法要の中で唄に先立って供花・伝供があり、その後に菩薩や蝶が供養舞を奏していた。保延元年の舞楽曼荼羅供に菩薩・蝶による供花が見られるのは、舞楽四箇法要の供花をとりこんだもの

であろう。そして鎌倉期の仁和寺の舞楽曼荼羅供の次第にも、唄や散花に先立って菩薩による供花と供養舞とが組込まれており、(101)それは覚法によって調えられたものと見ることができる。仁和寺に花供や十種供養を行い、康治二年(一一四三)には舎利会を始行してその供養舞に趣向をこらした覚法は、堂塔供養会においても新たな舞楽法要の隆盛をもたらしていたのである。仁和寺の舞楽法要は十種供養・花供から舎利会へ、さらに舞楽曼荼羅供に至るまで覚法によって調えられたものであり、仁和寺の法会と舞楽の中世は覚法によってもたらされたといってもよいであろう。この覚法がつくりあげた舞楽法要の世界が、やがて鎌倉初期の守覚法親王に引き継がれてゆくのであった。

さて先に上げた保延元年の舞楽曼荼羅供には、覚法の舞楽法要を支えた人物が姿を見せている。この時、前関白忠実は「准宇治一切経会有近衛司何事矣」(102)と、平等院一切経会にならって近衛の楽行事をおくことを進言し、民部卿藤原忠教の二息、忠基と教長が楽行事を勤めていた。教長といえばさきに見たように、仁和寺舎利会の始行に賛同して家領を寄進した人物である。そしてこの前後の仁和寺の法会には、いずれも民部卿藤原忠教が出仕し、忠基や教長が楽行事を勤めていた。(103)

この父子は覚法と縁が深く、教長の同母弟の寛倣は仁和寺寛助に入室し、その没後に覚法法親王の弟子となっていた。彼が覚法から伝法灌頂を受けたのは保延二年四月七日のことである。(104)一方で覚法は『御室相承記』によれば忠実の祖父師実の「養君」であり、師実没後はその息子の花山院家忠が後見したと見られ、(105)覚法のまわりには「故京極大相国(師実)一家人々」が祗候するところであった。鳥羽院の別当であった民部卿忠教もその一人であり、忠教は兄家忠の養子ともなって覚法に親昵したのである。さらに忠教父子は音楽に優れ、忠教は笛の名手で、子の忠基もしばしば御遊で笛を勤めていた。(106)また教長が崇徳上皇第一の近臣で、「抜頭」の舞を崇徳院の御前でたびたび舞ったことはさきに見たごとくである。(107)そして「荒序舞記」(108)によれば、保延二年三月七日には仁和寺南院で御室の舞御覧があり、

先散手光近序破各一返、貴徳忠時、次抜頭四位少将教長、次陵王光時、在荒序破一返、納蘇利忠時、荒序笛権中将忠基吹之、打物御室僧達打之

と教長が「抜頭」を舞い、忠基が「陵王」の荒序の笛を吹き、御室の僧が太鼓を打っていた。やはり彼らは舞楽と管弦をもって覚法に祇候していたのである。教長が家領の二ヵ所を舎利会の用途に寄進したのは、覚法に親昵した父忠教の死と弟寛慠の早世後のことであり[109]、それは二人の菩提に資するためでもあったと見られよう。

さらに崇徳上皇といえば、その生母待賢門院は覚法に深く帰依するところであり、大治五年（一一三〇）の法金剛院供養も保延五年の同院南御堂供養も、覚法を大阿闍梨とする舞楽曼荼羅供であった（表19）。そして待賢門院所生の五宮（覚性）が覚法に入室したのは保延元年三月のこと[110]、さらに待賢門院が法金剛院経蔵で一切経会を始行したのはさきに見たごとく永治元年（一一四一）二月のことで、そこでは覚法の童舞が舞われていた。待賢門院も覚法の舞楽を支えた一人だったのである。そしてその背後には、たびたびの舞御覧に舞人の器量と舞の手に執着し、新儀の舞楽を推し進めた崇徳上皇がおり、崇徳のもとでは覚法が献じた童舞も演じられていた[111]。

さらに覚法の舞楽曼荼羅供の背後にはもう一人の人物がいた。前関白忠実である。十二世紀前半の舞楽曼荼羅供はそのほとんどが堂塔供養会であったが、例外が忠実の七十賀の法会であった。『台記』によれば「未有賀礼行曼荼羅供、是故堂供養行曼荼羅供、奏楽儀可准行[112]」と、賀の法会に曼荼羅供を行った先例がないため、当日は曼荼羅供と奏楽のみで舞楽を翌日に行ったのであるが、それは「禅閤素渇仰秘密之教、被行未曾有之例[113]」と、忠実の密教への傾斜ゆえのものであった。その次第は『台記別記』によれば安楽寿院の次第と等しく、覚法法親王が大阿闍梨となっていた。さらにこれに先立つ康治元年六月二十九日には、忠実は鳥羽法皇・高陽院泰子を迎えて宇治九体堂供養会を行っており、これも覚法法親王を大阿闍梨とする舞楽曼荼羅供であった（表19）。忠実は管弦にすぐれ、『龍鳴抄』などの楽書にその言説が多く引用されており[114]、北政所師子は覚法の生母である。そして仁和寺南院はさきに見たごとく覚法が師子のために建てたものであり、そこでも舞楽曼荼羅供が行われていた。覚法の舞楽曼荼羅供の背後には、忠実と師子がいたのであり、忠実も覚法の舞楽法要を支えた一人と見てよいだろう。そして忠実と師子の背後には師子を嫡母とした頼長がいて、頼長も異父兄の覚法に親昵していた。[115] この頼長が舞楽法要の次第を作成していたことはさきに見たごとくである。

このように仁和寺の覚法の舞楽法要の背後には、藤原忠教と教長・忠基の父子、待賢門院、藤原忠実と師子がおり、さらには崇徳上皇と頼長もいた。十二世紀半ばの仁和寺の舞楽は、先例の舞楽と新儀の舞楽の世界とも密接に関わりながら、覚法法親王のもとで華やかな時を創っていたのである。そして保元の乱の足音が近付く中、それはやがて敗者となる人々が連なる世界でもあった。

おわりに

いままでに明らかになった十二世紀前半の舞楽の世界は以下のようなものである。

堂塔供養の舞楽四箇法要から見る限りでは、次第音楽と供養舞の固定化から、十二世紀前半を舞楽の形式化の時代と見ることもできる。しかし堂塔供養会の舞楽は国家儀礼の中の先例の舞楽なのであって、それが十二世紀前半の舞楽の世界のすべてではなかった。先例の舞楽の一方で、内裏や院御所では舞御覧を通してさまざまな舞楽の新儀が見られたのであり、その中心にいたのが崇徳院であった。崇徳天皇のもとで頻繁に催された舞御覧では同曲を数人に舞わせて舞人の器量と舞の手を見る趣向や、「勅命」によって舞を学ばせた殿上人に地下楽人と同曲を競演させるなど、さまざまな新儀が凝らされていた。崇徳は楽人の秘説秘伝に通じ、自ら「陵王」を舞うほど舞楽にのめりこんでいたのであり、それは後白河院の今様狂いにも匹敵するものであったといえる。さらに舞楽法要が諸大夫にまで裾野を広げて行われたのも十二世紀半ばにおいてであった。

そして寺社の舞楽には注目すべき動きがあった。保延元年（一一三五）の石清水放生会は舞楽四箇法要の形式をふまえて行われており、そこにはさまざまな供養舞と童舞・童楽が見られたのである。そしてそれは石清水別当の頼清・光清父子によって調えられたものと見られた。さらに十二世紀前半は寺院年中行事に新たな舞楽法要が姿を現した時であり、中世に舞楽法要として名高かった醍醐桜会（清瀧会）と仁和寺舎利会がそれであった。このうち清瀧会は舞楽四箇法要の供養舞にさまざまな童舞を組込んだ法会であり、康治二年（一一四三）に覚法法親王によって始行された仁和寺舎利会もさまざまな供養舞を取り込み、そのすべてを童舞でしかも毎年演目を変えるという趣向の法会であった。十二世紀前半の仁和寺では、覚法のもとで十種供養や花供などのさまざまな舞楽法要が行われており、童舞を中心とした舞楽の隆盛期を迎えていたのである。さらに天王寺の舎利会にも童舞があり、それは別当行慶に率いられていた。また興福寺の常楽会にも供養舞と入調の舞楽に童舞があった。十二世紀半ばは大寺社の舞楽法要の隆盛期であり、その中に新たな童舞がその姿をはっきりと現していたのである。

これらの寺社の童舞の担い手の多くは楽人の子たちであった。なかでも仁和寺では覚法法親王の寵童となった楽人の子が童舞の担い手であり、石清水にも同様な例が見られた。中世寺院の童舞は寺中の児や童たちをおもな担い手としており、やがて楽人の子から寺中の童へと担い手は変化してゆくのであるが、その間にあったのが楽人の子の寵童の存在であったと見られる。そして十二世紀前半の新たな寺院童舞の隆盛には、院政期の御賀における殿上人の童舞の盛り上がりが影響していたと見られよう。

また仁和寺の覚法法親王のもとでは、舞楽曼荼羅供という舞楽四箇法要にならぶもうひとつの舞楽法要も盛んに行われていた。仁和寺の舞楽法要の世界は、十種供養・花供から舎利会、そして舞楽曼荼羅供に至るまで、覚法法親王によって調えられていたのであった。そしてその舞楽法要を背後から支えたのが、藤原忠教・教長父子、待賢門院、藤原忠実と師子であり、さらにその背後には頼長と崇徳院がいたのである。

舞楽の中世は、どうやら十二世紀の半ばまでにその姿を現していたようである。その世界は先例の舞楽の一方でさまざまな新儀が見られ、さらにその中心は寺院年中行事の舞楽法要であり、その中の新たな童舞なのであった。この童舞がやがて中世芸能の花となってゆくのである。舞楽の中世は寺院によってもたらされたといってよいであろう。なかでもその中心にあったのが仁和寺であった。仁和寺の舞楽は覚法法親王を中心に、地下の楽人とその子たちが結集し、御室を中心とした童の世界とあいまって[116]舞楽の中世を創り上げていったと見られるのである。その背後にはやがて保元の乱の敗者となる人々がいた。舞楽の中世は、保元の乱の前夜にその敗者と密接に関わって姿を見せていたのである。そして保元の乱後、後白河院を中心とした新たな芸能のうねりの中で、崇徳院の愛好した舞御覧の舞楽はその後盾を失うのであるが、この寺院童舞は国家の礼楽でも讃仏のための舞楽でもなく、素人の寺院の童を担い手とする芸能として、雑芸の世界にも連なりながら新たな展開を見せてゆくのである。

註

(1)以上の流れは、林屋辰三郎『中世芸能史の研究』(岩波書店、一九六〇年)、荻美津夫『日本古代音楽史論』(吉川弘文館、一九七七年)、芸能史研究会編『日本芸能史1　原始・古代』(法政大学出版局、一九八一年)、芸能史研究会編『日本の古典芸能2　雅楽』(平凡社、一九七〇年)によっており、楽制改革については荻美津夫「雅楽―宮廷儀式楽としての国風化への過程―」(『岩波講座日本の音楽・アジアの音楽　第2巻』岩波書店、一九八八年)が研究史と問題点を詳述する。楽書については磯水絵「公家と地下楽家における音楽伝承」(『岩波講座日本の音楽・アジアの音楽　第4巻』所収)、同「楽書と説話」(『説話の講座3　説話の場』所収、勉誠社、一九九三年)、楽人については福島和夫「狛近真の臨終と聖宣」(『古代文化』三四巻一一号、一九八二年一一月)、地方伝播については荻美津夫「鎌倉時代における舞楽の伝播について」(大隅和雄編『鎌倉時代文化伝播の研究』所収、吉川弘文館、一九九三年)を参照。なお、本稿発表後に荻美津夫『平安朝音楽制度史』(吉川弘文館、一九九四年)を得た。

(2)林謙三「雅楽の伝統」(芸能史研究会編『日本の古典芸能2　雅楽』、前掲書所収)、小野功龍「供養舞楽と法会形式の変遷に就いて」(相愛女子大学『研究論集』第一二巻二号、一九六六年)。

(3)例えば荻美津夫『日本古代音楽史論』(前掲註(1))によれば、八世紀末から十世紀初が古代音楽の展開期、十世紀初から十二世紀初が成熟期、十二世紀初以降が衰退期とされる。
（4）芸能史研究会編『日本芸能史』（前掲註(1)）によれば、舞楽の歴史は「東洋的楽舞の伝来」（第1巻、原始・古代）で摂関期までを概観し、その後は「猿楽能の胎動」（第2巻、古代―中世）で四天王寺の舞楽を中心に述べられるにとどまる。こうした叙述は多くを林屋辰三郎『中世芸能史の研究』（前掲註(1)）に負っている。
（5）拙稿「中世醍醐寺の桜会―童舞の空間―」（佐藤道子編『中世寺院と法会』所収、法蔵館、一九九四年）、本書第五章。また中世寺院の童については拙稿「中世寺院の童と兒」（『史学雑誌』一〇一編一二号、一九九二年一二月）、本書第四章を参照。
（6）『日本思想大系　古代中世芸術論』による。
（7）拙稿「中世醍醐寺の桜会」（前掲註(5)）。
（8）『猪隈関白記』承元二年十月二十四日条。
（9）そうした中で四天王寺については小野功龍「雅楽と法会」（『日本の古典芸能2　雅楽』、前掲書所収）、川岸宏教「舎利会と楽舞」（四天王寺女子大学『紀要』第七号、一九七四年）、同「信仰と楽舞」（『仏教史学』第一二巻四号、一九六六年一〇月）、高橋美都『寺院における舞楽の伝統と生命力』（私家版、一九七八年）などが重要であり、童舞については伊藤清郎「中世寺院にみる「童」」（中世寺院史研究会編『中世寺院史の研究』下所収、法蔵館、一九八八年、後に同『中世日本の国家と寺社』、高志書院、二〇〇〇年に所収）があげられる。
（10）『群書類従』第一九所収。
（11）『本朝世紀』久安三年八月十一日条より作成。
（12）小野功龍「供養舞楽と法会形式の変遷に就いて」（前掲註(2)）、同「雅楽と法会」（前掲註(9)）。
（13）『群書類従』第一九所収。
（14）『本朝世紀』久安三年八月八日条。
（15）『台記』久安三年七月二十九日条。
（16）『台記』久安三年八月二日条
（17）『台記』久安三年八月六日条。
（18）保延二年三月二十三日条。
（19）『中右記』長承元年十月七日条。

(20)　小野功龍前掲註(2)論文。
(21)　「准御斎会」の仏事や公家沙汰の仏事の執行形態については、井原今朝男「中世国家の儀礼と国役・公事」(『歴史学研究』五六〇号、一九八六年一〇月、後に同『日本中世の国政と家政』、校倉書房、一九九五年に所収)、海老名尚「中世前期における国家的仏事の一考察」(『寺院史研究』第三号、一九九三年)を参照。なお初出稿後、遠藤基郎「御斎会・「准御斎会」の儀礼論」(『歴史評論』五五九号、一九九六年一一月)を得た。
(22)　『中右記』長承元年十月七日条。
(23)　『舞楽要録』によれば、「調子黄鐘調、　迎衆僧央宮楽、同音、　導師呪願参上安城楽、同音、　供花弄槍、同音、　唄廻坏楽、　散花大行道渋河鳥、　讃昇、重光楽、降、海青楽、　梵音昇、鳥向楽、降、白柱、　錫杖昇、宗明楽、降、越殿楽、　導師呪願退下長慶子、左右同音、」と『中右記』の記事と一致しており、法会は毎年この次第音楽で勤修されたことが確認できる。
(24)　『中右記』のこの記事は天王寺の「散所楽人」への卑賤視をめぐって注目されてきた史料でもある。林屋辰三郎『中世芸能史の研究』(前掲註(1))第二部第一章第三節、丹生谷哲一「散所の形成過程について」(『日本史研究』一二一号、一九七一年、後に同『日本中世の身分と社会』、塙書房、一九九三年に所収)など。天王寺舞人の一切経会参加はこの後も長く見られた。
(25)　『兵範記』久寿元年三月三日条。ついで仁平三年三月三日条によれば長者左府(頼長)の仰せによって豊原時秋が楽頭に任ぜられており、楽頭が氏長者によって任ぜられていたことが知られる。
(26)　宇治槇長者であった狛光則らがそれである。林屋辰三郎『中世芸能史の研究』(前掲註(1))第三部第一章第二節を参照。
(27)　川岸宏教「舎利会と楽舞」(前掲註(9))参照。
(28)　東野治之「日記に見る藤原頼長の男色関係」(『ヒストリア』八四号、一九七九年)、五味文彦「院政期の性と政治・武力」(『文学』第六巻一号、一九九五年一月)など。
(29)　『台記』久安二年十月三十日条。
(30)　『中右記』長承元年三月二十二日条。
(31)(32)　春日大社所蔵『舞楽古記』(東京大学史料編纂所所蔵の影写本による)。『舞楽古記』は春日社所蔵の狛氏伝来の楽書の一つで、紙背に嘉元元・二年の仮名具注暦がある。その内容から狛近真の子真葛の集めた記録をその子の季真が編纂して補筆したものと見られる。
(33)　「勅定曰、今日荒序五人可有御覧者也、可存旨頻被仰下了、爰伶人等奏聞曰、同日両人例未承及者歟、度々申上了、雖無先例希代勝事未曾有見物、重被仰下所也」。
(34)『伏見宮御記録』七（東京大学史料編纂所所蔵の謄写本による）。
(35)(36)『長秋記』長承三年十二月三日条。
(37)『長秋記』長承三年十二月三・十三・十七日条、閏十二月三・十四日条。
(38) 保延二年三月八・九日の舞御覧（『無楽古記』）など。
(39) 五味文彦「院政期政治史断章」（同『院政期社会の研究』所収、山川出版社、一九八四年）。
(40)『台記』久安元年二月二十六日条。
(41) 五味文彦「院政期政治史断章」（前掲註(39)）、および橋本義彦『平安貴族社会の研究』（吉川弘文館、一九七六年）を参照。
(42)『長秋記』長承三年八月二十一日条。
(43)『御室相承記』巻四（奈良国立文化財研究所編『仁和寺史料　寺誌編一』）。
(44)『日本紀略』天延二年八月十一日条（国史大系本による）。
(45)『朝野群載』巻一二。岡田荘司「石清水放生会の公祭化」（『国学院大学大学院紀要―文学研究科―』二四号、一九九二年、後に同『平安時代の国家と祭祀』、続群書類従完成会、一九八四年に所収）、伊藤清郎「石清水放生会の国家的位置についての一考察」（『日本史研究』一八八号、一九七八年四月、後に同『中世日本の国家と寺社』、前掲註(9)所収）。
(46)「石清水放生会の公祭化」（前掲註(45)）。
(47) 法会は宿院とその南庭がおもな会場であり、『兵範記』仁安二年八月十五日条によると、宿院南庭に蓋高座二基を立て中央に礼盤を置き、その南に舞台を飾っていた。そして東西の廊を衆僧の座とし、南門の東西各五間の廊を楽屋とし、宿院の西にある極楽寺の礼堂には上卿・参議・弁らの座が設けられていた。南門から入った神輿はこの舞台上を通って宿院（神殿）に至り、四箇法要のおもな作法と舞楽は舞台上でなされていた。
(48) 小野功龍「雅楽と法会」（前掲註(9)）。
(49)『石清水八幡宮史　史料第二輯』所収。
(50) 荻美津夫「林邑楽考」（『古代文化』三四巻八号、一九八二年八月）。
(51)『石清水八幡宮史　史料第二輯』による。
(52) 一部異なるのは、保延元年には供花・伝供と蝶舞の後に、神主の祝と左右馬寮の馬を舞台に廻らすが、仁安ではそれを神輿入御と上卿堂上の座に還着の後に行っている。
(53)『石清水祀官家系図』(『石清水八幡宮史』所収)によれば、光清が別当に補任されたのは康和五年十二月のこと、検校に補任されたのは大治三年十月であった。伊藤清郎「石清水八幡宮における紀氏門閥支配の形成について」(『歴史』四九号、一九七七年、後に同『中世日本の国家と寺社』、前掲に所収)によれば、光清以降別当から検校となって社務を執行する例が見られ、この後、御豊系紀氏が別当職を独占してゆくという。
(54)『中右記』寛治六年二月二十九日条。『為房卿記』同日条によれば舟楽に童舞が加わり、「召八幡童部為舞人」と見える。
(55)『石清水祠官家系図』によれば、頼清が別当の宣下を受けたのは、寛治元年八月のことである。
(56)新潮日本古典集成による。
(57)『群書類従』第二七。
(58)『群書類従』第四。
(59)桜会については拙稿「中世醍醐寺の桜会」(前掲註(5))を参照。
(60)『醍醐寺雑要』(東京大学史料編纂所所蔵の謄写本による)。
(61)前掲註(5)拙稿。
(62)醍醐寺所蔵自筆本および中島俊司の校訂本による。
(63)『台記』久安四年十月三十日条。
(64)仁和寺十種供養はこれ以前の天永二年十月十五日にも行われており、『長秋記』によれば「鳥、蝶、菩薩、振桙、安摩、太平楽、狛桙、散手、帰徳、陵王、納蘇利」の舞が奏されていた。
(65)東京大学史料編纂所所蔵の謄写本による。
(66)舎利会の輪郭については川岸宏教「舎利会と楽舞」(前掲註(9))を参照。
(67)『長秋記』長承三年十一月四日条。花供については北条文彦「長講堂の供花について」(『書陵部紀要』三七号、一九八五年)を参照。
(68)『台記』康治元年三月四日条。
(69)『本朝世紀』。「更居衝」は「賀殿」「太平楽」の急にある所作で、一者だけが舞う秘事という。磯水絵「楽書と説話」(前掲註(1))を参照。

(70)『台記』康治元年三月四日条。
(71)『古今著聞集』二八〇話については五味文彦「『古今著聞集』と橘成季」(同『平家物語　史と説話』平凡社、一九八七年)、同『武士と文士の中世史』(東京大学出版会、一九九二年)を参照。
(72)『兵範記』。『舞楽要録』下によれば、法会の次第と音楽は、平等院一切経会と同じものであった。
(73)『三僧記類聚』(前掲註(65))。
(74)法金剛院の供養には覚法が深く関わるところであり、この時すでに待賢門院所生の五宮本仁親王が覚法のもとで出家し、女院は諸事に法親王を頼むところでもあった。角田文衞『待賢門院璋子の生涯』(朝日新聞社、一九八五年)参照。
(75)『寺門伝記補録』巻一三(『大日本仏教全書　寺誌部四』)。
(76)(77)『新羅明神記』(東京大学史料編纂所所蔵の謄写本による)。本稿発表後、新羅祭については、松尾恒一「園城寺新羅社をめぐる祭祀と芸能」(同『延年の芸能史的研究』、岩田書院、一九九七年)がある。
(78)『寺門高僧記』四(『続群書類従』第二八上)。行尊については近藤潤一『行尊大僧正─和歌と生涯─』(桜楓社、一九七八年)を参照。
(79)常楽会の始行と次第については、新井弘順「涅槃会の変遷」(元興寺文化財研究所編『涅槃会の研究』所収、綜芸舎、一九八一年)に詳しい。
(80)『日本古典全集』所収。
(81)次第は新井弘順「涅槃会の変還」(前掲註(79))参照。
(82)『続群書類従』第一九上。
(83)例えば『小右記』永延元年(九八七)三月三十日条によれば、摂政兼家の春日詣の翌々日に馬場殿で寺家主催の饗があり、そこで「胡蝶」の童舞が舞われていた。
(84)東京大学史料編纂所所蔵のレクチグラフによる。
(85)『台記』康治元年三月四日条。本章第四節を参照。
(86)『本朝世紀』康治二年十二月三十日条。狛則康と覚法法親王については、拙稿「中世寺院と童舞」(『文学』第六巻第一号、一九九五年一月)、本書第六章でもふれた。
(87)現代思潮社古典文庫による。

(88)　本章第三節を参照。
(89)　『中右記』康和四年三月二十六日条。
(90)　『中右記』康和四年三月九日条。
(91)　『中右記』天永三年三月十八日条。
(92)　『長秋記』天永二年十月二十日条。
(93)　『中右記』天永三年三月二十二・二十四日条。
(94)　『中右記』康和四年二月二十日条。
(95)　『中右記』康和四年三月九日条。
(96)　『三代実録』貞観十六年三月二十三日条。
(97)　拙稿「中世醍醐寺の桜会」(前掲註(5))。
(98)　『続群書類従』第二六下所収。
(99)　『密教大辞典』(法蔵館、一九七〇年増訂)参照。
(100)　『続群書類従』第二六下所収「諸寺供養部類」による。
(101)　『舞楽曼荼羅供次第』(醍醐寺所蔵一七一函一号)など。これは義演書写本であるが、奥書には「北院御室御作也」とみえて、山崎誠氏の御教示によれば、仁和寺所蔵の守覚法親王の「紺表紙小双紙」中の『舞楽曼荼羅供次第』の写本と見られる。
(102)　『長秋記』保延元年正月二十八日条。
(103)　例えば大治五年の法金剛院供養会の右楽行事は忠基だった。
(104)　『血脈類集記』第五。『長秋記』によれば、長承三年二月十七日には覚法の譲りで法眼に叙されていた。
(105)　『仁和寺旧記』(『大日本史料』による)によれば、康和五年八月の覚法の仁和寺入室に大納言家忠が供奉しており、『御室相承記』によれば天仁二年四月に覚法が寛助から伝法灌頂を受けた時、布施取役を勤めたのが家忠であった。
(106)　忠教についてはたとえば『古今著聞集』二五九話、忠基は『今鏡』藤波の中、『中右記』長承三年三月十九日条などに見える。
(107)　本章第二節。教長については岩橋小弥太「藤原教長」(『国語と国文学』三〇巻一二号、一九五三年一二月)も参照。
(108)　『伏見宮御記録』七(東京大学史料編纂所所蔵の謄写本による)
(109)　寛敏は保延五年六月三十日に二十七歳で死去しており、忠教の死は永治元年十月二十五日のことであった。

(110)『長秋記』保延元年三月二十七日条。
(111)『台記』久安四年十月三十日条。
(112)『台記』久安三年三月二十日条。
(113)『台記別記』久安三年三月二十七日条。
(114) 磯水絵「知足院関白の音楽活動について」(『二松学舎大学人文論集』二一輯、一九八二年)。
(115) 橋本義彦『藤原頼長』(吉川弘文館、一九六四年)。
(116) 拙稿「中世寺院の童と児」(前掲註(5))。

〔追記〕本稿発表後、仁和寺紺表紙小双紙研究会編『守覚法親王の儀礼世界』全三冊（勉誠社、一九九五年）を得た。守覚法親王の製作にかかる仁和寺蔵紺表紙小双紙中に、「仁和寺舎利会次第」四帖と「曼荼羅供次第」六帖が含まれており、それらの翻刻と「基幹法会解題」によって、舎利会の次第と曼荼羅供の次第の全容が明らかにされている。

〔追記〕その後、頼長と音楽の関わりについては、荻美津夫「地下楽家豊原氏の系譜とその活動」(『日本歴史』五七三号、一九九六年二月）が言及している。

第八章　慈円の童舞

はじめに

鎌倉時代の芸能の花は、寺社の童舞にあった。

たとえば桜のもとで行われた醍醐桜会の呼び物は法楽に舞われた童舞にあり、少年たちのあでやかな舞姿は説話に様々な話題を提供し、鎌倉末期の『天狗草紙』の絵巻の中にもその姿をとどめている。(1)この桜会が醍醐寺恒例の舞楽法要であったように、鎌倉時代の童舞の多くは寺社の法会に舞われたものであり、この時代の著名な舞楽法要といえば、醍醐桜会の他にも興福寺の常楽会、石清水放生会、天王寺と仁和寺の舎利会などがあって、(2)仁和寺の舎利会も童舞で名を馳せていた。

これらの法会はいずれも十二世紀半ばまでに始められたものであり、いままでに舞楽の衰退期と考えられてきたこの時期は、じつは大寺社を中心とした舞楽の隆盛期ととらえられるのである。(3)その中に新たな童舞が姿を現しており、やがてそれが芸能の花となったのである。鎌倉前期は南都・真言・天台の大寺社が競って童舞を奏した時であり、桜会の童舞が醍醐座主に率いられていたように、それは寺社の貫主たる僧が統べる舞であった。(4)中でも童舞を率いた僧として知られるのは、醍醐座主勝賢、仁和寺の守覚法親王、三井寺の長吏公胤らであり、さらに同時代の山門にも童舞をよくした人物がいた。それが慈円である。

慈円については今までに多くの研究があり、思想と和歌を中心にその人物像が組み立てられてきたが[5]、彼が率いた童舞についてはさほど注目されてこなかった。本稿の目的は、この慈円の童舞の世界を具体的に掘り起こすことにある。慈円がいつ、どのような場で童舞を行ったのか。慈円にとってそれはいかなる意味をもつものであったのか。慈円の童舞は中世前期の芸能の世界を明らかにするためにも欠かせないものである。けれども慈円ばかりでなく、天台の童舞については今までにほとんど触れられることもなく、そのために大寺社を場としていた中世前期の芸能の世界のひろがりが不明なままであった。慈円の童舞を明らかにすることによって、それらが見えてくるであろうし、また童舞を通してもうひとつの慈円の顔も見えてくるであろう。『明月記』を手がかりとして、それらのことを探って行くことにしたい。

第一節　大懺法院供養の日に

十八日　天晴。風烈し。内大臣殿の御共して吉水に参る。権大夫殿同じく渡り給ふ。終日童舞あり。夜に入りて帰宅す。

『明月記』によれば、承元二年（一二〇八）十月十八日のこと、定家は内大臣九条良輔の供で慈円の吉水房に赴き、九条良平らとともに終日童舞を見ていた。数日後の二十四日条によれば、吉水の大懺法院の供養が後鳥羽上皇の御幸のもとに行われており、「法会儀式童舞等厳重々々」と童舞が奏されていたことが知られる。定家が見た童舞はその習礼とみられよう。

吉水大懺法院は慈円が上皇の御願に寄進したもので、この日の供養も「院御沙汰」によっていた。そして供養会の次第は『猪隈関白記』同日条に詳しく、乱声・振桙に始まり、衆僧着座、導師・呪願師が高座に登り、迦陵頻と胡蝶の童による供花が行われ、唄、散花、大行道、讃、梵音、錫杖と進行し、導師表白、御誦経、布施、導師・呪願師退出の後に、入調の舞楽という次第であった。

その次第も音楽も、鳥羽院政期に院の御願寺の堂塔供養会に常に先例として用いられていた承暦元年（一〇七七）の法勝寺塔供養式に同じく、オーソドックスな形式であったことが知られるが、(6)一方でその舞楽には先例によらぬ趣向が凝らされていた。『猪隈関白記』によれば、この日の舞は迦陵頻・胡蝶と、入調に舞われた安摩・二舞・万歳楽・地久・胡飲酒・林歌・青海波・崑崙八仙・陵王・納蘇利があり、「今日、安摩・二舞・胡飲酒之外童舞也」と、三曲を除いてはすべてが童舞という趣向なのであった。

このうち迦陵頻・胡蝶の童舞は、法会の儀式作法に組み込まれた供養舞と呼ばれる舞で、オーソドックスな舞楽四箇法要には必ず奏されるきまりものである。それに対してその他の童舞は、法要の後に参拝者の法楽のために奏された入調の舞楽にあたり、通例では男舞が中心であったものを、それを必要最小限の三曲にとどめ、(7)童舞をメインに奏したところにこの会の大きな特徴があった。この日の主役は童たちであり、定家が吉水房で終日見ていた童舞とは、これらの入調の童舞だったのである。

時に慈円は四天王寺別当であった。周知の如く慈円は二度にわたって天王寺別当の任にあり、初度は承元元年十一月の補任で、大懺法院供養を終えた直後の同二年十一月五日に、所労によって別当を辞している。(8)慈円は時に西山に居を移して半ば隠棲していたというが、(9)別当を辞さなかったのはこの日の供養のためであったろう。『教訓抄』巻十には吉水僧正房で「天王寺ノ童舞御覧」が行われたことを記しており、供養の日の童舞のうち、崑崙八仙については天王寺に大輪を作って舞うという伝えもあった。(10)そこには天王寺の童舞が含まれていたと見てよいだろう。慈円は天王寺の童舞も動員して、大懺法院供養を飾ったとみられるのである。

供養の日を様々な童舞で飾られた大懺法院とは、どのような場だったのだろうか。それはすでに知られているように、慈円が師の覚快法親王から伝領した三条白川の地に建てられており、やがて元久元年（一二〇四）に後鳥羽上皇の御願となって阿闍梨一口を置くが[11]、翌二年四月に最勝四天王院建立のために慈円はこの地を院に進め、吉水の地に改めて大懺法院を建立した。そして建永元年（一二〇六）七月には熾盛光堂を造営し[12]、承元二年十月のこの日に供養の時を迎えていた。

供養に際し後鳥羽院が捧げた長文の願文によれば、大懺法院は「阿弥陀堂」と「熾盛光堂」の二宇の堂から成り、阿弥陀堂では毎朝の法華懺法に夕の西方懺法を始め、阿弥陀護摩や舎利報恩会が毎年の勤めとして行われており、熾盛光堂は熾盛光・一字金輪以下の行法や不動護摩を長日の勤めとし、大熾盛光法と法花法を毎年の勤めとして、院の延命と国家安隠を祈る道場であった[13]。そしてさらに直接に大懺法院建立の旨趣を語るのは、建永元年の「大懺法院条々起請事」とともに伝わるもう一通の「発願文」であり[14]、それによれば保元以後の怨霊に満ちた乱世に、仏法の力によって怨霊を救い、それによって王法を扶助して安隠泰平を祈るのがその旨趣であり、大懺法院の場で済度すべき怨霊とは「就中崇徳院聖霊、知足院怨霊、浮済度之舟於追福之流」と、崇徳院と忠実なのであった[15]。慈円にとってまず鎮めるべき怨霊はこの二人の霊であったことが注目されよう。

崇徳院と忠実といえば、舞楽の中世に足跡をのこす人々であった。崇徳院は自ら陵王を舞い、楽人の秘説秘伝に通じて、先例の舞楽に様々な新儀をもたらしたのである[16]。十二世紀前半の舞楽の世界の中心にいたのが崇徳であり、それを支える一人が忠実であった[17]。大懺法院の供養に趣向を凝らした舞楽が奏されたことは、この二人の怨霊の存在とも無関係ではあるまい。遠く保元の乱以前にその婆を見せていた舞楽の中世が、大懺法院供養の日にあでやかに花開いて二人の霊の前に奏されたのである。

第二節　舎利報恩会の童舞

この大懺法院には年中恒例の舞楽法要が行われていた。舎利報恩会がそれである。(18)

廿八日　天晴。巳の時に直衣を着して座主御房に参る。大法会を修せらる。院の御沙汰として、公卿・殿上人を催さるべきの由、この両三日申さると云々、また毎年の儀たるべしと云々。

『明月記』建暦二年（一二一二）十二月二十八日条によれば、座主慈円の吉水大懺法院で、後鳥羽院の沙汰のもとに公卿・殿上人らが列席して大法会が修せられ、それが毎年の儀と定められていた。舎利報恩会はこの年に後鳥羽院の命によって、年中恒例の大法会となったのである。さらにそれは定家によれば「予案之、此会可擬仁和寺舎利会之由、可有御命」と、仁和寺の舎利会に擬えて行うようにとの院の命を受けた会であったという。

『明月記』によれば法会の会場は「懺法院」で、それは大懺法院の二つの堂宇のうち、阿弥陀堂とも大懺法堂とも呼ばれた堂がそれにあたる。「舞台新調、金銅照耀」と新調の舞台には金銅の金具が燦然と輝き、日暮れに陵王の乱声を聞いて退出したと定家は記す。そして法会には後鳥羽院の御幸こそなかったが、院の皇子の朝仁親王が乳父の尊長法印らを率いて渡御し、供奉の縁者や僧俗が御簾の中に群集して、法会の様を見物していた。定家のこの日の関心は、法会の次第や舞楽よりも親王を取り巻く人々の去就にあり、院の殿上人にも非ざる見知らぬ僧俗が親王を囲繞し、御簾も上げず簾中に群れ集まった仰々しくも場違いな様を苦々しく眺めていた。この親王こそが慈円のもとに入室し、慈円が門跡のすべてを譲ろうとした入道道覚親王の幼い日の姿である。

それでは舎利報恩会とはどのような法会だったのだろうか。この時に菅原為長が後鳥羽院の院宣によって記した「舎利報恩会記」(19)によれば、この会は供養の供具に善美を尽くし、百の法施に数多の伎芸を捧げるもので、世俗の文字の業と狂言綺語の過をもって仏の教えを讃歎し、教えを説く縁とするという白居易の一節にならい、これらのわざで仏神の法楽を飾り、我が君の御願を祈り、さらには「知恩報恩之廻向、先霊後霊之菩提」に資するための会であったという。

舎利報恩会の特徴は、舎利を本尊としてその徳を讃え、様々な供養物に加えて伎芸の詩歌を捧げるところにあり、この会が擬えた仁和寺の舎利会とは、康治二年（一一四三）に覚法法親王が始めた法会で、その呼び物は舞楽四箇法要の供養舞に組み込まれたさまざまな童舞にあった[20]。定家は「於法会舞楽事者、忽不知子細」としてこの日の舞楽については詳細を記さないが、『華頂要略』門主伝三によれば、この年の四月には慈円の願によって十禅師の宝前で、舞童八人が童舞を奉納しており、その翌日には大宮の宝前でも同じ童舞が奏されていた。そこでこの日の舎利報恩会にも童舞が奏されていたことは疑いがないであろう。この後、毎年十二月に行われた舎利報恩会には、詩歌とならんで時に童舞が奏されていたことが知られる[21]。

それでは舎利報恩会に童舞が奏されたのはいつからなのか。慈円が舎利報恩会を初めて行ったのは建久六年（一一九五）十二月十四日のことで、『三長記』によれば、天台座主慈円の三条白川房で、関白九条兼実らが渡御して行った「舎利報恩会」には「有童舞、入夜被講詩歌」と、童舞が舞われ詩歌が披講されていた。さらに翌日には、この童舞が内裏で後鳥羽天皇の「童舞御覧」に供されたのである。公卿殿上人が南殿の御前に祗候する前で、数曲の童舞が舞われ、さらに「青海波」の垣代にも舞童がたったといい[22]、舎利報恩会は当初から童舞を奏する法会であり、しかもその童舞はかなり規模の大きなものであったことが知られる。

そしてこの時のものと見られる慈円の「舎利報恩講（会）次第」が『門葉記』勤行六に伝わる。それによれば、吉日を選んで助成同心の人々に百種の財物や飲食の捧物を依頼し、前夜に堂を荘厳して、以下の次第で法会は進行する。

先懺法、次供養法（唱礼・九方便・讃・法施）、次講経（法華総釈・論談）、次法会導師并伽陀師等参堂、伶人等参候、先伝供、次総礼、次音楽、次伽陀、次導師登楽、則登礼盤、次唄、散花、梵音、錫杖、次表白、神分、次式文三段（毎段音楽）、次導師下座、次舞、次舞了披講歌、次狂言綺語神楽等興遊、次各退出、

次第は、先ず懺法に供養法、講経が行われ、次いで導師が入堂し、楽人も参候して伝供・総礼・伽陀と、唄・散花・梵音・錫杖の四箇法要が行われる。さらに導師の表白、神分、舎利讃嘆を唱え、ここで法会の主な儀礼は終了する。次いで法楽の部に入り、舞と詩歌の披講、それに神楽等の様々な芸能が奏される次第であった。童舞はこの法楽に舞われた入調の舞楽だったのである。

これ以前にも慈円は、寿永三年（一一八四）二月二十二日に観性法橋が勧進して九条殿の御堂で「以雑芸管弦詩歌等、奉供養於仏」という「報恩講」を年来の勤めとして行っていた。けれどもその「報恩講」では童舞が舞われた例はなく、これまでに慈円の「報恩講」や「舎利講」は「舎利報恩会」と同じものととらえられることが多かったが、「舎利報恩会」とは建久六年に会場を定め法会の次第を調えて、新たに始められた法会なのであり、それまでの報恩講とは一線を画する別の法会であると考えた方が良いだろう。(23) 先に見た舎利報恩講（会）の次第は、伝供・総礼から四箇法要という後世の舎利会にも通じる整った次第をもっており、入調にも様々な芸能を演じた舎利報恩会は報恩講をはるかに越える規模と意図をもつものであったとみられる。その意図するところは、先にも見た建暦二年の「舎利報恩会記」によれば、「知恩報恩之廻向」と、仏をはじめ師や親や王国から衆生に至るまでの数多の恩徳に報いることであり、さらに「先霊後霊」の菩提に資するためにも童舞をはじめ様々な芸能を法楽に演じたのである。

建久六年に天台座主慈円が自らの房で始めた舎利報恩会は、恒例の法会として以後この次第に沿って毎年行われるはずであった。ところが翌建久七年に九条兼実が政界から失脚し、慈円も職を辞して籠居を余儀なくされると、「報恩会」は一時中断したものとみられる。この間にも「報恩講」はしばしば催されており、(24) 慈円が天台座主に復任した

直後の建仁元年（一二〇一）三月二十五日にも『明月記』によれば、「今日、座主報恩講献歌、後聞、童舞於舞台白拍子、是世間之風歟、可哀」と「報恩講」が修され、法楽には舞台で児の白拍子が奏されていた(25)。

そして舎利報恩会が冬季恒例の法会として定着するのは、大懺法院が吉水に移転後の建永元年（一二〇六）のことであったと見られる。同年の「大懺法院條々起請事」では、「毎年仏事」として大熾盛光法をはじめとする八箇の大善のひとつに舎利報恩会があげられており、さらに『明月記』同年十一月二十八日条によれば、

一昨日和歌所輩、少々相伴いて吉水大僧正御房に向かふべきの由、長房卿の奉書あり。（中略）報恩会、昼に歌を講ずべきの由、本所の御命あり。（中略）儀式厳重。（中略）次いで舞太平楽、この間日入りをはんぬ。

と、定家は院の命によって和歌所の人々とともに吉水大僧正御房に行き、報恩会に歌を献じていた。「儀式厳重」とは大懺法院供養の時も定家は同じ表現をしており、この度の報恩会が次第にのっとって厳重に行われたことをさすのであろう。日暮れに及んで入調の舞楽も舞われていた。そうして先に見たように、建暦二年（一二一二）十二月に舎利報恩会は後鳥羽院の勅願の大法会となって、ここに熾盛光法とならぶ大懺法院の最も重要な仏事となったのである。

ところが承久二年四月の大懺法院の焼失と、翌年の承久の乱を期に、舎利報恩会の童舞は再び姿を消してしまう。焼失後の十二月一日には、舎利報恩会は双輪寺で行われており、「供養舞童、入調男」と供養舞には童舞があったことが知られるが、翌年十二月二十九日に大懺法院の鎮守新宮社で行われた同会は、「略儀」であって、以後その形式に定着し、もはや童舞は見ることができなかった(26)。

このように慈円の童舞は、白川房で舎利報恩会という法会の中で舞われ、次いで吉水大懺法院において、その供養会とそこでの恒例の舎利報恩会に舞われたものであった。そしてそれは大懺法院の焼失と承久の乱を境に姿を潜めてしまうのである。

第三節　如法経十種供養と童舞

さらに遡って慈円の童舞の世界を見てみよう。

慈円の没後程なく編まれた『慈鎮和尚伝』[27]によれば、慈円は生前に如法経を書写供養すること、三十余度に及んだという。如法経会とは、如法つまり仏の教えにかなった厳格な作法に従って、法華経などを書写供養するものであり、書写を終えた経には花や香などの十種の供具を捧げて供養する十種供養が行われるが[28]、慈円がかかわった如法経十種供養には、伝供の儀礼に舞楽装束をつけた「天童」と呼ばれる童たちが参加し[29]、さらに十種供養の後には童舞が奏される例があった。

『門葉記』如法経四によれば、建久六年（一一九五）八月に慈円は白川房で如法経を始め、九月十九日には日吉十禅師の宝前で十種供養を行い、童舞を奏している。そして翌二十日には大宮でも童舞が舞われていた[30]。また承元二年（一二〇八）七月に亡き九条家の人々のために始められた如法経会は、八月十七日に法性寺の最勝金剛院で十種供養が行われており、この時も童舞が奏されていた[31]。

慈円の三十余回に及ぶ如法経会の中で、童舞が奏された例は決して多くはないが、それが建久六年と承元二年に見られたことに注目したい。先にみたように建久六年十二月には舎利報恩会が白川房で始められており、また承元二年十月には吉水大懺法院の供養が行われていた。慈円の如法経会の童舞はそれらに先立つものだったのである。また建暦二年（一二一二）十二月に舎利報恩会が後鳥羽院の勅会となった時にも、先にみたように、それに先立つ四月九日に「於十禅師御前、有童舞、依座主御願也、舞童八人襲装束[32]」と、日吉十禅師の宝前で童舞が奏されており、それが舎利報恩会の童舞となったものとみられた。

そうなると慈円の童舞の先蹤は如法経十種供養ということになりそうだが、さらに遡ってみると、確かな史料に見える例は『玉葉』建久元年（一一九〇）八月二十七日条の「及晩、密々召法印童舞、於西壺見之」が最も早い。この時兼実は慈円の童舞を密かに自邸に呼び寄せて、西の壺でそれを見ていた。これがいずれの法会で舞われたものかは明らかではないが[33]、慈円が童舞に興味を持ち始めたのはおそらくはこの少し前あたりからで、建久元年以降にそれは増幅されつつ、建久六年の如法経会と舎利報恩会の童舞に至ったと見られるのである。

このころの慈円は、文治二年（一一八六）から建久二年に至るまで宇治平等院の執印別当の職にあった[34]。平等院には三月三日に行われる一切経会という名高い舞楽法要があり、かつて執印別当を勤めた慈円の異母兄の三井大僧正覚忠も童舞を率いていた[35]。執印別当への就任が慈円の舞楽への興味の契機となった可能性が高いだろう。そして建久三年十一月に天台座主に補任されたことが、さらにその後の童舞の世界につながったとみられるのである。

ちなみに慈円の雑芸には、観性法橋の影響も指摘されるところだが[36]、童舞にはその可能性は薄いとみられる。すでに知られているように、慈円の如法経会は観性と兼実の三者で相語らって行った例が多いが[37]、そうした中に童舞は見られず、それは建久元年の観性の没後に開花している。さらに童舞を率いることができるのは、担い手である児を房中に数多く擁することができる貴種の僧のみであり、それは師の観性ではなく慈円に可能なことであったろう。中世寺院の童舞が多く寺院の貫主の統べる舞であったのは、こうしたことにもよっていたのである。

このように慈円の童舞は建久年間にその姿を明確にしたのであるが、建久六年といえば舎利報恩会に先立つ九月に、慈円は無動寺大乗院で勧学講を始めていた[38]。叡山の修学の陵遅を嘆き、教学の興隆を期して百人の学侶を集めて始められた勧学講と、同心合力の僧俗を募り、入調に童舞をはじめ様々な芸能を奏した白川房での舎利報恩会は、対照的な法会でありながらも、ともに天台座主慈円が興した法会であり、慈円にとって建久六年という年は仏法の興隆に力を尽くし、功を為し遂げた年であった。一方でこの年の八月には関白兼実の期待も空しく中宮任子は女子を出産し、九条家の将来に暗雲が立ちこめ始めた時でもある。そうした不安をあたかも拭い去ろうとするかのごとく、十禅師の宝前で、また白川房の舎利報恩会に大規模な童舞が奏されたのである。

さらに吉水大懺法院供養の承元二年（一二〇八）と、舎利報恩会が勅会となった建暦二年（一二一二）は、ともに童舞が奏された年であったが、それは後鳥羽院と慈円の関係においてもひとつの画期であった。大懺法院供養の直前の十月七日には、院の皇子朝仁親王が慈円の房に入室しており[39]、皇子が実際に吉水房に渡り住んだのは『明月記』によれば、舎利報恩会が勅会となるひと月前の十一月二十九日のことであった。院の御願を修する大懺法院を場とした院と慈円の絆は、鍾愛の皇子朝仁親王の存在によってさらに強められたのである。慈円は自らの継承者と定めていた甥の良尋をすでに失っており、この幼い皇子を門跡の新たな継承者と定めて、承元四年十月には無動寺検校以下の諸職と、大懺法院を含む門跡のすべてをこの若宮に譲る譲状を認める[40]。

そうしてみると大懺法院供養も勅会の舎利報恩会も、慈円が門跡の命運をかけて行ったものであり、門跡の興隆を象徴するこれらの大法会に舞われた童舞には、法会を華やかに彩るとともに、門跡の興隆にかけた慈円の願いと見果てぬ夢が籠められていたものとみることができよう。

また慈円が大懺法院に童舞を奏した承元年間に、天台の大寺社の童舞は華やかな競演の時を迎えていた。『門葉記』によれば、承元四年十二月二十四日の大懺法院の舎利報恩会には、三井長吏の公胤僧正が童舞を召し進めたとみえており、公胤の率いる童舞はこの年の十月に行われた新羅祭の童舞であった。『新羅明神記』[41]によれば、新羅祭の翌日に社頭で舞われた童舞は、翌二十日には長吏公胤の「別願」によって日吉社に派遣されて舞われており、さらには「新羅祭并童舞奇妙之由」を聞きつけた興福寺衆徒の要請によって、十二月二十日には南都でも童舞を披露していた。それが二十四日の大懺法院の舎利報恩会にも舞われたのである。

そして同じころ、比叡山にもうひとりの童舞を率いた人物がいた。慈円の青蓮院門跡に対抗した梶井門跡の承円がそれである。三井の公胤の童舞が日吉社で舞を披露した時に天台座主であったのは彼であり、二度目の座主任中の建保六年（一二一八）三月二十九日には、日吉十禅師の宝前で自身の願による五部大乗経供養を盛大に行っており、そこで十二人の童による童舞が舞われ、(42)それは翌月二十五日の清涼殿の童舞御覧に供されていた。(43)さらに七月十三日には、先に焼失した延暦寺総持院の供養の舎利会が行われたが、勅使を迎えての大法会にも彼が率いる童舞が奏されていた。(44)

これに先立つ承元二年十二月には、修明門院重子を母とする院の皇子寛成親王が承円の円融房に入室しており、(45)それは慈円のもとに朝仁親王が入室した二ヵ月後のことであった。後鳥羽院は青蓮院門跡と梶井門跡に、腹違いのふたりの皇子をほぼ同時に入室させていたのである。承円が率いた童舞にも皇子を擁して門跡の興隆をはかろうとした承円の思いがこめられていたものとみられよう。建保二年以降に悪化した慈円と後鳥羽院の関係には、この承円が深く関わるところであったという。(46)

さらに承円が率いた童舞が建保六年の半年余りのものであったことは、童舞の担い手を知るうえで興味深い。醍醐桜会からも知られるように、鎌倉前期の童舞は寺中の素人の童たちがその担い手であり、ために左舞・右舞の専門の舞人を舞師として、修練に時を要するものであった。(47)担い手の童は房内の児や寵童たちであったが、(48)童舞には均整のとれた姿かたちに身のこなしの軽やかな童が、陵王のような一人舞であれば、さらに進退も美しく風情ある童が選ばれたものだろう。しかも数人で舞う曲には背丈や体形も揃った童が必要であり、童舞は面をつけずに舞う舞であれば、その容顔が選ばれることはいうまでもない。そうして選び抜かれた童たちは舞師のもとで修練を重ねても、日々生長する体軀をもつ少年たちに数年にわたって同じ舞を舞わせることは不可能である。童舞はその時限りの花であり、おそらくは同じメンバーでの童舞は、一人舞でない限りは半年から一年が限度であったのだろう。慈円の童舞にもある期間や画期がみられたのは、そうした事情にもよっていたのである。

『明月記』には醍醐座主定範法印が数日後に迫った桜会の童舞の修練に入興の余り、中風に倒れて絶命したことが書き記されており、(49)童舞にかけた僧の宿執ともいうべき思いが伝わってくる。童舞を毎年のように行うためには、それを率いる人間のなみなみならぬ熱意が必要だったのである。童舞にはそれを率いる者の内なる思いが籠められていたとみてよいだろう。

おわりに

慈円が童舞に興味を持ち始めた建久年間に醍醐桜会は座主勝賢のもとで最盛期を迎えていた。先にも別稿でもふれたが、『古今著聞集』五三三段には「うとめ増円」の醍醐桜会見物の話をのせており、それは建久五年の桜会闘諍事件を題材とすることが知られた。(50)増円は慈円の所従第一の僧であり、(51)この話は慈円が舎利報恩会を始行した前年のことであった。そうであれば、やはり増円は慈円の命を受けて桜会の童舞を見に訪れたのであり、それは舎利報恩会の舞童を探しにきたものと見られよう。

建久年間にその姿を現した慈円の童舞は、醍醐桜会に代表される鎌倉前期の真言・南都の大寺社の童舞の隆盛を背景として、それらにならうかたちで登場してきたものであった。そして建久六年に童舞が舞われた場は、白川房や内裏、日吉十禅師の宝前であり、それは舎利報恩会と如法経十種供養の法楽の舞であった。ことに舎利報恩会の童舞は詩歌とともに法楽を飾り、それをもって仏や先師や先祖らの恩に報い、先霊の菩提に資するという役をも担わされており、この年は慈円の初度の座主任中でも仏法興隆に功を奏した時であって、童舞はそれを彩るイベントでもあった。

この後、慈円の童舞はしばらくその姿をひそめるが、承元二年の大懺法院供養の日に、それまで大寺社に奏されてきた数多の童舞を凌ぐ規模と趣向で再びその姿を現す。さらに舎利報恩会は始行後に数度の退転の危機を経験しながらも、建暦二年には後鳥羽院の勅会の大法会となって、再び童舞を奏する法会となるのである。承元以降の慈円の童舞は、吉水に移転された大懺法院を主な舞台とするものであり、それは同院の供養と勅会の舎利報恩会に舞われた童舞が中心であった。

そして同じころ三井寺の長吏公胤も童舞を率いており、慈円に対抗した梶井門跡の承円も童舞を率いていた。天台の大寺社にも童舞の隆盛期が訪れており、公胤の童舞が日吉社や南都で舞われたように、それは相互に交流をもちつつ、競い合って舞楽の中世を飾っていたのである。舞楽の中世がその姿を見せたのは保元の乱の直前のこと、新たな舞楽の中心にいたのは崇徳上皇や忠実らであった。崇徳や忠実の怨霊を鎮める大懺法院で、供養の日に童舞のひとつの到達点ともいうべき童舞のオンパレードをみせたことは、舞楽の歴史にとって象徴的なできごとであったといえよう。

承元以降の慈円は、後鳥羽院が体現する王法と自らが象徴する仏法との相愛を願ってやまず[52]、それこそが天下の安寧と九条家の繁栄、さらには門跡の興隆につながるものと信じ、それを実現しうる場が大懺法院であり、そのあかしが朝仁親王のはずであった。承元以降の慈円の童舞はそうした切なる願いをこめて、王法と仏法の相愛を飾るべく舞われたのである。それは慈円の見果てぬ夢でもあった。けれども程なく院との関係は冷めはて、その夢は大懺法院の炎上と承久の乱によってあとかたもなく消えてしまう。こうして慈円の童舞は姿を消したのである[53]。

註

(1) 桜会については拙稿「中世醍醐寺の桜会―童舞の空間―」(佐藤道子編『中世寺院と法会』所収、法蔵館、一九九四年)、本書第五章による。

(2) 『残夜抄』(『群書類従』第一九所収)。

（3）拙稿「舞楽の中世―童舞の空間―」（五味文彦編『中世の空間を読む』所収、吉川弘文館、一九九五年）、本書第七章参照。
（4）拙稿前掲註(1)論文。
（5）中でも多賀宗隼『慈円の研究』（吉川弘文館、一九八〇年）、同編『校本拾玉集』（吉川弘文館、一九七一年）が重要であり、本稿も多賀氏の研究に負うところが大きい。
（6）舞楽法要の次第は拙稿前掲註(3)論文、及び『舞楽要録』（『群書類従』第一九）を参照。
（7）三曲のうち、安摩・二舞は入調のはじめに奏されるきまりもので、法会の聖なる空間を俗の空間に導く導入の舞であり、それは男舞として舞われねばならぬものであった。さらに胡飲酒を舞ったのは前大宮権亮源定仲だが、胡飲酒は土御門家に伝承があり、定仲がそれを継承していたからである。彼は仁平の御賀に十一歳で胡飲酒を舞った経歴もあった。
（8）青蓮院吉水蔵本『門葉記』門主行状一（『門葉記』は東京大学史料編纂所所蔵の写真帳及び『大正新脩大蔵経』による）。
（9）多賀『慈円の研究』前掲註(5)。
（10）『教訓抄』巻五。
（11）『明月記』元久二年正月一日条。
（12）註(8)に同じ。
（13）『門葉記』寺院四。
（14）『門葉記』勤行二。
（15）「大懺法院條々起請事」には、光明心院の阿闍梨二口という「怨霊遺財」を引き継ぐなど、平家の怨霊の姿もみえ隠れするが、発願文にみる如く、この二人の存在が大きいとみられよう。
（16）（17）拙稿前掲註(3)論文による。
（18）慈円の舎利講や報恩講については、谷知子「九条家の舎利講と和歌」（『中世文学』三七号、一九九二年）が和歌を中心に多くの事例をあげて検討されている。但し本稿とは見解を異にする点も多い。川岸宏教「舎利会と楽舞」（『四天王寺女子大学紀要』七号、一九七四年）も参照。なお、舎利報恩会については、谷知子「大懺法院の舎利報恩会と和歌」（久保田淳編『論集　中世の文学　韻文篇』、明治書院、一九九四年）もある。
（19）『門葉記』勤行二。
（20）拙稿前掲註(3)論文。また舎利会の次第は仁和寺紺表紙小双紙研究会編『守覚法親王の儀礼世界　本文篇1』（勉誠社、一九九九五年）参照。

(21)『門葉記』門主行状一。

(22)『三長記』建久六年十二月十五日条。

(23)慈円の没後ほぼ百年を経て編まれた青蓮院の尊円親王の撰にかかる『門葉記』は、慈円についての貴重な史料だが、法会の呼称についてはかなり混同があり、『門葉記』を見る限りでは三者は同じものととらえられる。しかしこの会には本文で述べる如き展開があったと考える。但し建久六年の舎利報恩会の次第の前半に懺法や講経が見えるのは、報恩会が報恩講の要素を継承したためともとれる。舎利会の次第については佐藤道子氏にご教示をいただいた。

(24)谷知子前掲註(18)論文参照。

(25)この日の報恩講は『門葉記』勤記五にも記事があり、入調には舞楽と「承信律師児白拍子会」があったと記す。おそらくは座主復任を祝して行われた報恩講とみられるが、そこでは童舞ではなく児の白拍子が目についたようである。伝え聞いた定家が眉をしかめたのは、白拍子が法楽に舞台上で奏されることが異例だったからであろう。

(26)『門葉記』門主行状一。

(27)『大日本史料』第五編之二による。

(28)如法経会については林文理「中世如法経信仰の展開と構造」（中世寺院史研究会編『中世寺院史の研究』上所収、法蔵館、一九八八年）を参照。

(29)十種供養の天童については拙稿「舞童・天童と持幡童」（藤原良章・五味文彦編『絵巻に中世を読む』所収、吉川弘文館、一九九五年）、本書第九章による。

(30)この如法経会は『玉葉』建久六年九月十五日条によれば、ある女房の夢想を兼実が慈円に語らって始めたもので、それは先母の菩提に資するためのものであったという。

(31)『門葉記』如法経四。

(32)『華頂要略』門主伝三。

(33)『華頂要略』門主伝三によれば、同月に慈円は如法経会を行ったとみえ、その十種供養の童舞であった可能性も高いが、確かなことはわからない。

(34)慈円の執印別当就任は『玉葉』によれば文治二年八月十五日のこと、氏長者兼実の推挙によっていた。

(35)『玉葉』仁安二年十月十三日条など。
(36)谷知子前掲註(18)論文など。
(37)菊池勇次郎「西山義の成立」(『源空とその門下』法蔵館、一九八五年)、多賀『慈円の研究』前掲註(5)。
(38)「天台勧学講縁起」(『門葉記』勤行二)。
(39)『門葉記』入室出家受戒一。
(40)『華頂要略』五五上、古證文集。
(41)東京大学史料編纂所所蔵の謄写本による。
(42)(43)『仁和寺日次記』(東京大学史料編纂所所蔵の影写本による)、『華頂要略』門主伝三。
(44)『仁和寺日次記』。『百練抄』によれば同月二十二日には、またしてもこの童舞が清涼殿で御覧に供されていた。
(45)『伏見宮御記録』利五四所収の「入道親王御入室記」(『大日本史料』による)。
(46)慈円の『一期思惟』によれば、院は座主承円を引級し、承円の慈円に対する行為には許し難いものがあったらしい。多賀『慈円の研究』前掲註(5)参照。
(47)(48)童舞の担い手については、拙稿前掲註(1)および註(3)論文を参照。寺院の童については拙稿「中世寺院の童と兒」(『史学雑誌』一〇一編一二号、一九九二年一二月)、本書第四章を参照。
(49)嘉禄元年二月二十六日条。
(50)拙稿「中世寺院の兒と童舞」(『文学』第六巻一号、一九九五年一月)、本書第六章参照。
(51)増円については石川一「慈円の周縁」(『広島女子大学文学部紀要』二六号、一九九一年、後に同『慈円和歌論考』、笠間書院、一九九八年に所収)、伊藤俊一「青蓮院門跡の形成と坊政所」(『古文書研究』三五号、一九九一年一二月)を参照。
(52)阿部泰郎「慈円と王権」(『天皇制【歴史・王権・大嘗祭】』所収、河出書房新社、一九九一年)、及び山本一「慈円と性愛」(『日本文学』四四巻七号、一九九五年七月、後に同『慈円の和歌と思想』、和泉書院、一九九九年に所収)を参照。
(53)慈円は建保元年九月に再び天王寺別当に任ぜられて、没年までその任にあった。以後は天王寺別当として舞楽法要にもかかわったとみられるが、独自に童舞を率いた形跡はない。天王寺別当としての慈円については、川岸宏教「四天王寺別当としての慈円」(『四天王寺学園女子短期大学研究紀要』六号、一九六四年)を参照。

第九章　舞童・天童と持幡童

——描かれた中世寺院の童たち——

はじめに

中世の絵巻物には、寺院の童たちの姿が数多く描かれている。それは『芦引絵』や『稚児観音縁起』といった兒の物語をはじめとして、寺社縁起や高僧伝など鎌倉時代に数多く作られた寺院を舞台とする絵巻物の中に、ときには場面の主人公として、ときには添景として童たちの姿態はさまざまに描き込まれてきた。

中世寺院の童といえば兒・中童子・大童子がその代表であり、僧に仕えて房や院家に所属するこれらの童たちは、僧に供侍し、僧を荘厳する存在であった(1)。それゆえに絵巻の中でも僧の日常をリアルに描くための装置として、童たちの姿が欠かせないものだったのであろう。これらの身分の異なる童たちは、絵巻物の中でも祗候の場や装束・髪形によって描き分けられていると見られた(2)。

さらに絵巻物の中の童たちは、日常の姿に加えていくつかの異なる姿に描かれていることに気付く。その一つが童の舞う姿である。『古今著聞集』をはじめとする説話集にも見られるように、鎌倉時代は童舞の時代であり、寺社の童舞は中世前期の芸能の花であった(3)。そしてもう一つは法会のシーンに描かれた童たちの姿である。それは幡を持って僧の行列を先導したり、捧物を持って行列に従う姿であり、ときにはこの世のものならぬ聖なるものを荘厳する童として描かれており、彼らは持幡童や天童と呼ばれていた。

絵画史料の中の子どもの姿を分析した黒田日出男氏によれば、絵巻物の中には日常的な労働や寺院行事に参加する「稚児」たちの働く姿が数多く見られ、さらに童子姿で化現した神仏が描かれることを指摘される(4)。絵巻の中の童たちの姿には、これに加えて聖なるものを荘厳し、神仏に添うように描かれた名もなき童の姿があることにも注目しなければならないだろう。そうした童の姿は絵巻物ばかりでなく、中世の仏画の中にもさまざまに描かれているのを見ることができる。

例えば文殊五尊像の中の善財童子や、毘沙門天三尊像に描かれた善膩師童子などの仏の眷属の童子たちがおり、来迎図や影向図の中に描かれた名もなき童たちの姿もある。鎌倉時代は稚児文殊像や若宮神像のように兒の姿で表現された神仏の画像がある一方で、仏の眷属や聖衆として多くの童たちの姿が仏画の片隅に描き込まれていた(5)。また中世の童子像といえば、聖徳太子像がその代表にあげられるが、童形の太子像のうち孝養像と呼ばれる一群にも童子を従えた像があり、その最古のものとされる著名な一乗寺蔵の太子像には十人もの童子が描かれていた(6)。

このように鎌倉時代はさまざまな童たちが描かれた時代であった。本稿が注目したいのは、主人公としてあるいは神仏として描かれた童たちよりも、むしろ添景として描かれた童たちの姿である。まず絵巻の中に童たちが舞う姿や法会の中での姿、神仏に付き従う姿を探し、さらに障屏画や仏画の中にもそうした童の姿を探してゆきたい。舞童・天童と持幡童をキーワードに、中世の絵画の中に描かれたもう一つの童たちの姿とそのモデルを考えてみようというのが本稿の目的である。

巻1の4段　石山寺蔵

第一節　童舞図の登場

中世前期は童舞の時代であり、寺社の童舞が芸能の花であった。鎌倉時代の絵巻物の中にはこの童舞の光景が描き込まれている。

まずあげられるのは『石山寺縁起』[7]巻一第四段の石山寺常楽会のシーンである。絵は右から石山寺の廊・舞台・仏堂を描き、画面中央の舞台では詞書に従って六人の舞童が舞う姿が描かれる（図12）。それは朱の高欄と青の地鋪の舞台に舞う舞童の装束と、楽屋の前に置かれた大太鼓や鉦鼓の色彩があいまって色鮮やかな場面であり、舞台上で舞われる舞は小松茂美氏によれば「汎龍舟」とされる[8]。この舞の伝承は失われており、装束から舞を特定することは難しいのだが、舞装束は丈の短い袍の上に虎皮の裲襠を着け、下襲の裾を短くからげた姿のようであり、指貫をはき脛には踏懸をまいて糸鞋をはく。髪は左右に振り分けた垂髪で天冠をかぶり、紐を垂らして挿頭をさし、手には桴らしきものを持つ。

堂の内部には舎利塔が安置され、この法会が舎利を本尊とすることをしめす。その前に向い合って置かれた高座二基には講師・読師とみられる僧が対座し、背後の上畳には衆僧が対座する。そのうち高座近くに座す十二人は黒の袍裳に緑の甲袈裟・横被の姿であり、入口近くの十人は黒の袍裳に錦の衲袈裟・横被

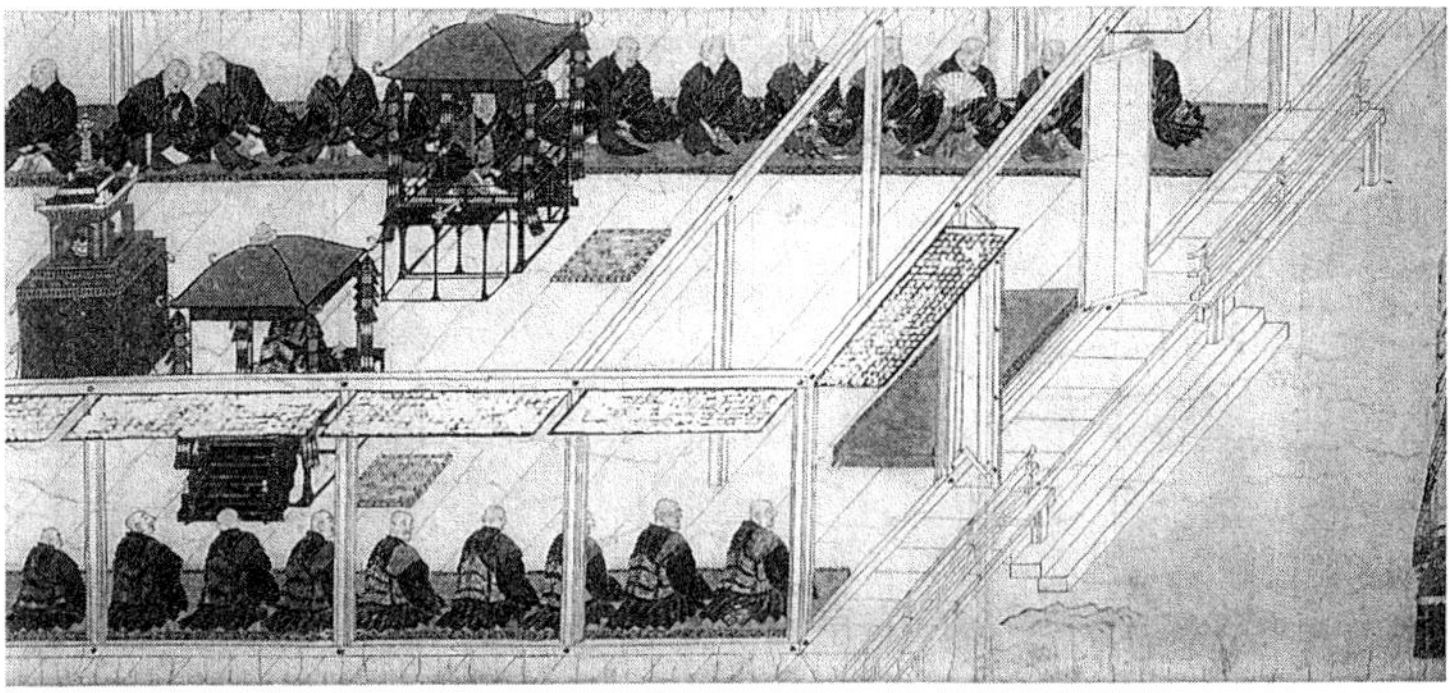

図12『石山寺縁起』

の姿で、甲衆と衲衆を描き分けたものと見られる。衆僧の中には檜扇を開いて談笑するものや、堂内から視線を舞台に注ぐものなど、くつろいだ表情も見られるが、講師・読師が高座に着くことから、法会の主要な儀礼が進行中であることを絵はしめしている。

そして法要の中の舞楽といえば、法要の進行に伴って奏される供養舞と、厳格な法要のあと参拝者のために奏される入調の舞楽とがあったが[9]、ここに描かれた童舞は、講師・読師と衆僧の着座から、供養舞が描かれたものと見てよいだろう。楽屋と舞台での奏舞と堂内での作法を一つの画面の中に描くのは、連続した空間を展開することによって、奏舞と作法が同時進行する法会の壮観を表現したものとみられるのであり、さらに舞台の傍らの古木のもとには見物の裹頭の僧や童の姿が盛儀を彩る存在として描かれていた。

詞書によれば石山寺常楽会は早くに廃絶しており、描かれた童舞は石山の童舞そのものではない。常楽会は釈迦入滅の二月十五日にその追慕のために営まれた法会であり[10]、この絵巻の描かれた十四世紀前半に最も著名だったのは興福寺の常楽会であった。藤原孝道の『残夜抄』[11]によれば、石清水放生会と天王寺・仁和寺の舎利会や醍醐寺桜会が鎌倉前期の著名な舞楽法要であり、中でも興福寺常楽会は「日本国第一の大法会」で、『教訓抄』巻四や『吉野吉水院楽書』によれば、常楽会と翌日の法華会の舞楽には「清上楽」「汎龍舟」や「五常楽」の童舞が舞われていた[12]。絵巻に描かれた童舞が「汎龍舟」である確証はないものの、『石山寺縁起』が『春日権現験記絵』と同じく高階隆兼工房の

東京国立博物館蔵

ものであるならば、この絵が興福寺常楽・法華会の童舞を念頭に描かれたものである可能性も高いだろう。

次いであげられるのは、『天狗草紙』(13)東寺・醍醐・高野の巻に描かれた醍醐桜会のシーンである（図13）。絵は東寺の光景から田園と霞を隔てて、醍醐寺金堂とおぼしき堂と中門を描き、やがて桜の老木にはさまれた舞台を画面一杯に描き、朱の高欄の舞台上で舞う三人の舞童と楽屋に退く舞童を描く。そして舞台の周囲には見物の裹頭の僧たちが、舞台の左には楽屋の幄舎が描かれ、中ではつぎの「陵王」の童とおぼしき舞童が装束を調える。さらに霞を隔てて下醍醐清瀧宮の拝殿と宝殿が描かれる。さきに拙稿でも触れたが、桜会は正式には清瀧会といい、永久六年（一一一八）に始行された下醍醐清瀧宮の法会で、舞楽四箇法要の形式を踏まえて行われた大法会であった。それは鎌倉初期の座主勝賢によって童舞を中心に興隆されており、その童舞は主要な法会の儀礼が終了して衆僧が退出したあとに、それまでの法会の聖なる空間を俗の空間に転じた舞台で舞われた入調の舞楽であった。(14)

この絵で注目したいのは、清瀧宮の拝殿・宝殿が舞楽のシーンと切り離されて、時間の経過をしめすかのように霞を隔て、舞台とは対照的に静まり返った空間として描かれることである。桜会は清瀧宮の宝殿・拝殿とその東に設けられた舞台を会場とし、衆僧の座は拝殿に、

図13 『天狗草紙』東寺巻

おもな作法は舞台上で行われるなど、三つの会場は一連の法会の中で切り放すことのできない空間であった。絵巻物であれば、石山常楽会に見たようにそれらを長い画面に一連の空間として表現することも可能であるのに、こうした表現は何によるのか。『続門葉和歌集』[15]によれば、「桜会ひさしくたえてまちどほに侍りしに永仁の秋の比、雨のいのりかへり申すとて童舞いとおもしろく侍りければ」と、『天狗草紙』が描かれたと見られる永仁のころ（一二九三〜九九）に桜会はすでに行われておらず、童舞のみが祈雨の報恩と関わって舞われていたことが知られる。絵は現実の桜会をそのままに描くものではなかった。

さて桜の花びらが舞う舞台では右舞の「狛桙」が舞われている。舞童の装束は青の筒袖の一幅の袍を着て長く裾を引き、上には毛縁の付いた裲襠を着て腰帯をむすび、細身の指貫をはいた姿である。髪は左右に振り分けて垂らし、天冠を付け、手にはこの舞特有の長い竿を持つ[16]。『醍醐寺雑要』[17]によれば、それは元暦元年（一一八四）ごろに座主勝賢のもとで編纂された清瀧宮と清瀧会の記録なのだが、清瀧会の童舞装束には「袍・半臂・下襲・表袴・大口・単衣・帯・糸鞋・襪・天冠」および「踏懸」からなる「襲装束八具」と、「青海波」「陵王」「狛桙」「納曾利」の「一舞装束」があったことが知られ、うち「狛桙」は「袍・袴・打懸・渉腰、已上各四具」からなっていた。この童舞装束の存在からも、「狛桙」は醍醐桜会に毎年のように演じられた舞だったことが知られる。絵巻に見る「狛桙」の舞が桜会そのものではないにしても、この絵は醍醐寺といえば桜会であり、桜会といえば童舞という共通の認識が鎌倉末期の社会にあったことをしめすものであり、さらにそれは十四世紀初頭の醍醐寺で実際に舞われていた童舞をモデルとしたものと見られよう。そして退場する舞童に戯れかかる一人の裹頭と、それを見てどよめくような動きをする扇をかざした僧たちの姿からは、童舞の舞われた空間が寺院大衆の児賞翫とそれへの求愛が公然と行われた場となっていたことを髣髴とさせるものであり[18]、この絵のしめすところはそうした光景を誘う童舞に顕密諸大寺への批判を込めたものなのであろう[19]。

鎌倉時代の絵巻物の中で童舞の図といえば、この二つが代表的なものであった。これ以前の院政期の絵巻物の中では、例えば『年中行事絵巻』（住吉家模本）[20]巻三では貴族の邸での闘鶏のシーンがあり、左方の楽屋の中では勝負舞の「陵王」の舞支度をする童の姿が描かれるが、その舞う姿はなく、それは画面の一添景にすぎない。舞楽の中世は保元の乱前夜にその姿を見せており、十二世紀前半の寺社の舞楽法要の中には新たな童舞が登場していた[21]。舞楽の中世は寺院によってもたらされ、その童舞が中世芸能の花となったのである。ところが童たちの舞う姿が絵巻物の画面の中心に登場してくるのは鎌倉時代も末ごろになってからである。それでは童舞を描く図は他にはないのか。童たちの舞う姿は、じつは比較的早くに障屏画の中に見ることができる。北野天満宮所蔵の絹本着色「舞楽図」[22]がそれである。

それは「北野宮内陣御衝立」で根本障子とも呼ばれ、表が「延年舞図」裏が「神楽図」という衝立で、現在では二面の額装となっているが、その画風から十三世紀半ばまでに描かれたものとされる[23]。さて表の「延年舞図」は桜や松の樹下で舞う舞童たちと、舞い踊る裹頭の僧たちの姿を描いたものである（図14）。画面の右上に楽屋の幄を描き、左上には「狛桙」を舞う四人の童が、左下には「納蘇利」の童二人を描き、右上には「陵王」を舞う童を、画面中央から右下にかけて輪舞する僧たちを描く。それは単に四つの舞を同一の画面上に並べたわけではなく、時間の経過を表現していると見られる。例えば三曲の童舞の順は「狛桙」「陵王」「納蘇利」が中世の舞楽では通例である。そうであれば、まず画面左上の「狛桙」に始まり、右上の「陵王」へと舞は経過し、次いで左下の「納蘇利」が舞われ、次いで裹頭の僧たちの乱舞が舞われたというのがその流れであろう。そして童舞の花は「陵王」にある。見物の裹頭や児たちの目は「陵王」の童に向けられており、童を取り巻くように桜の木の下には裹頭の僧が手に手に扇をかざし、はやしたてる姿が描かれる。

図14-1　舞　楽　図

また童舞のうち「狛桙」の舞童の姿に注目すると、左右に振り分けた垂髪を角髪に結って先を垂らし、天冠を被って紐を付け、青の袍の裾を引き、上に裲襠を着けて指貫をはいた姿であり、裲襠には染め分けた毛縁総がついており、前面と背面の丸

図14-2　同上（部分）

文も鮮やかで、同じ「狛桙」を描く『天狗草紙』よりも緻密な筆で装束を捉えている。そして両者の「狛桙」の装束は裾の長さや裲襠の表現など細部に異なる点が見られるものの、従来の研究が指摘するように、鎌倉時代に舞楽装束の形式が整いつつあったことをしめしており(24)、その丸文の表現には現行の舞楽装束の裲襠に近いものを見ることができる。さらに舞楽図の研究によればこの図が舞楽を独立した画材として扱った障屏画の現存最古のものであり、「陵王」の童の体をくの字に曲げたポーズや、「納蘇利」の童たちの前後に向き合う姿勢など、近世の舞楽図の原型ともなる舞姿がすでに見られるという(25)。

そして芸能史では、いままでにこの図を「延年図」として注目してきたのだが(26)、その主題は童舞にあると見られよう。社頭における童舞といえば醍醐寺の桜会に代表されるように、鎌倉時代には延年の主要な演目として舞われる以前に舞楽法要の入調の舞があり、あるいは遷宮などの行事に神前で奏されるものなどがあった(27)。例えば建暦二年の東大寺華厳会では、入調の舞楽に別当成宝の児による「陵王」「落蹲」と、東南院僧都定範の児による「散手」が舞われていたが、晩景に及んで雲霞のごとく集まった大衆たちの中から「一声」が上がり、楽屋の前で延年が始められたのである(28)。法要や神楽のあとの余興尽きざる童舞の中から、それを賞翫した大衆によって延年が自然に沸き起こった、そんな童舞から延年への流れを捉えたものがこの舞楽図なのではあるまいか。それは童舞図と呼び得るものであり、鎌倉前期が寺社を中心とした童舞の時代であったことを背景に、こうした童舞図が登場してきたのであった。やがて鎌倉末期に至って、それがようやく絵巻物の中にも姿を現してくるのである(29)。

第二節　舞童と天童

法会の中の童の役は童舞に加えてさまざまあり、それを絵巻物に見ることができる。鎌倉末期から南北朝期に描か

図15　『法然上人絵伝』巻9の4段　知恩院蔵

れたとされる知恩院蔵『法然上人絵伝（四十八巻伝）』には、そうした童の姿が数多く描き込まれている。その一つの巻九第四段から見てみたい。[30]

巻九は、文治四年（一一八八）に白河押小路殿で行われた後白河法皇の如法経会の一連の儀式を絵画化したもので、詞書によれば第一段が前方便を、第二段が料紙迎えを、第三段は押小路殿での筆立（写経）を、第四段は写経を終えて九月十二日に行われた十種供養の様を描く。如法経会とは如法つまり厳格な作法に従って『法華経』を書写供養する法会であり、十一世紀前半に横川を聖地とする円仁流の如法経会が成立し、平安末・鎌倉期にその作法が定着したことが明らかにされている。[31]そしてこの絵は鎌倉時代の円仁流の如法経会を描き出したものとして注目されており、それは四十八巻伝のみに見られ、他の諸本には見られぬものである。[32]

さて第四段の十種供養を描く段だが、絵は押小路殿の中門廊のうち、聴聞の僧俗が見守る中での法会の儀礼を描く。詞書に「正面の庭上に赤地の錦の地鋪をしきて、その上に机二脚をたてゝ、十種供養の具を安ず、天童二人舞童十六人東西よりすゝみ出て、供具をとりて、南の階下に参じて伝供をなす、衆僧正面の左右に立ちて伝供す。このあひた十天楽を奏す」とあるように、道場正面には赤地の錦の地鋪が二列に敷かれ、その上には幡を持って立つ二人の童を先頭に十二人の童が立ち並ぶ姿が描かれる（図15）。そして日隠の階上にも四人の姿があり、その奥には浄衣の袍裳に七条袈裟の僧衆の姿が見える。十種供養の具が置かれていたとおぼしき机上には何も描かれず、供養具は地鋪上の童たちから道場内の僧衆へ、すでに伝供され終えたことをしめしている。

その童たちの姿だが、十六人の童たちは菱文様の下襲と黒の半臂の上に窠文を施した闕腋袍を着けた姿で、足には踏懸を着け、髪は角髪に結ってその端を垂らし、天冠を着ける。それは舞楽装束の中でも平舞装束、あるいは襲装束と呼ばれる姿なのだが、際立って薄い袍に下襲や半臂の文様が透けて見える様を描く[33]。いっぽう白い龍頭の幡を持つ二人の童は、それぞれ朱と緑の闕腋の袍を着し、下には半臂を着て表袴を着けた姿である。そしてよく見ると右方の童の緑の袍の下には、下襲の菱の文様の跡があり、左方の童にはない踏懸を足に着けていることに気付く。つまり当初右方の幡を持つ童は他の童と同じ装束に描かれていたものを、あとで書き直したものと見ることができよう。ちなみに第五段の横川如法堂の経奉納の場では、幡を持つ童も他の童と同じ装束で描かれているのだが、ここでなぜ童の装束を描き直したのだろうか。それは「天童二人舞童十六人」という詞書に忠実に、幡を持つ二人の童が「天童」であることを鑑賞者にそれとわからせるためであろう。ではなぜ幡を持つ童が天童なのか。それは舞童とはどのようなちがいがあるのか。まず十種供養の次第から見てみよう。

十種供養とは、『法華経』巻四法師品第十に見える華・香・瓔珞・抹香・塗香・焼香・幡蓋・衣服・伎楽・合掌の十種を、写経を終えた法華経に捧げ供養する儀礼であり、その次第は嘉禎二年（一二三六）に大原勝林院宗快が作成した『如法経現修作法』[34]によれば、乱声、衆僧入堂、無言行道三回、総礼音楽、伽陀、伝供、十種の音楽および伽陀と進行し、導師が礼盤に登って唄・散花の二箇法用、神分表白、説法、六種回向と進み、導師が座を下りて伽陀、衆僧退下というものだった。その呼びものの一つが十種具の伝供の儀礼であり、それは庭上に高机二脚を立てて十種の供具を備え置き[35]、道場内には経を安置する宝座の左右に机二脚を立てておき、導師と経衆と結縁の人びとが、楽を奏する中に列をなして庭上から宝前へと供養具を渡し運ぶ儀礼であった。さらにもう一つは伝供を終えた十種具の一つ一つに音楽を奏し、伽陀を唱えて供養するという十種楽の儀であった。[36] しかも詞書に「伶人の上達部透渡殿に着す、地下の呂人日隠の西の腋に座して、沙陀調の調子をふく」とあって、絵には透渡殿で楽を奏する公卿たちと、その下には楽人たちが描かれるように、それは公卿・殿上人と地下の楽人の共演する音楽であった。如法経十種供養は参列者が楽にも参加する法会であり、その点では管弦講に近いものであったといえよう。

さてこのたびの文治四年の如法経会は『門葉記』如法経四[37]にも記事があり、それによれば殻断上人とも呼ばれた源空上人を先達に[38]、後白河法皇をはじめ妙音院入道師長らを聖人として、写経には慈円や観性法橋も召し加えられており、十二日の十種供養には「天童十八人」と右府已下の公卿が群参していたことが知られる。絵巻と異なるのは伝供に公卿たちも参加していたこと、十八人の童をすべて「天童」と呼ぶところである。さらにさきに『如法経現修作法』に見た如法経十種供養の次第は、遅くとも養和二年（一一八二）までには定例化されていたことが指摘されているが[39]、じつはそれには童たちの姿は見られず、円仁流の如法経十種供養に限っていえば、童たちが参加する早い例が文治四年のこのときなのである。そして『門葉記』如法経四には鎌倉中期まで、そうした例を多く見ることができる。

例えば建保二年（一二一四）五月二十九日に、後鳥羽上皇が高倉院の十三回忌の追善に行った吉水大成就院での如法経十種供養では、上人の筆頭を天台座主慈円とし、導師を聖覚としており、その日のうちに経を乗せた輿を清閑寺の墓所に奉納したのだが、その行列でも「天童」たちが十種具を捧げて僧衆の間に並んでいた。その行列次第は以下のごとくである。

灑水定円	散花俊雲	持幡遮那	花安居院	香北野	瓔珞横川	抹香弥若
灑水仁兼	散花祐真	持幡千手	花安居院	香善勝寺	瓔珞横川	抹香福寿

塗香得王　焼香良豪　幡蓋澄恵　衣服隆尋　散花浄心　散花成源　焼香全宗
塗香松　焼香什円　幡蓋宗宴　衣服承顕　散花快雅　散花慈賢　焼香静快

経を乗せた輿の行列は、灑水・散花の上人四人を先頭に、二列をなして持幡・花・香・瓔珞・抹香・塗香を捧げ持った童たちが続く。童たちのうち「安居院」「北野」とあるのはそれぞれ導師安居院聖覚と北野別当承信大僧都の童と見られ、持幡の「遮那・千手」や「弥若」「福寿」といった童たちはこの十種供養が天台座主慈円の沙汰によるものであったことから、慈円の児たちと見てよいであろう。[40]このように十種供養での童たちは幡や十種具を捧げ持って行列に列わり、伝供を行うのであり、それはいずれも「天童」と呼ばれていた。それではなぜこの童たちが舞童ではなくて天童なのか。それを解く鍵は伝供にあると考える。

伝供は舞楽法要の献供の作法として四箇法要に先立って行われるものであり、オーソドックスな舞楽法要では伴奏に十天楽を奏し、「菩薩」「迦陵頻」「胡蝶」の舞人によって供花の伝供が行われていた。[41]例えば院政期に舞楽法要の先例として重んじられた承暦元年（一〇七七）十二月の法勝寺塔供養会では、「次迦陵頻八人、胡蝶八人、菩薩十六人各捧供花、二行相分経舞台上、到御堂壇下、伝授於僧[42]」と「迦陵頻」「胡蝶」の舞童十六人と「菩薩」の舞人十六人によって供花の伝供が行われており、彼らは伝供を終えると、まず「菩薩」次いで「迦陵頻」「胡蝶」の順に舞台上で舞を奏したのである。その舞は伝供の作法と密接に関わる舞であり、それらは供養舞と呼ばれていた。[43]つまり伝供を行う童たちは本来「舞童」だったのである。そして十種供養といえば如法経十種供養ばかりでなく、のちに触れるように平安時代にはさまざまな十種供養があったのだが、それらの中でもかつてこの「菩薩」と「迦陵頻」が舞われていたらしいことを長承二年（一一三三）の大神基政の『龍鳴抄[44]』に見ることができる。「十種供養する時は、菩薩と迦陵頻とりをいふ也とをするなり、こてうはいまゝでにつくり物也、まづ菩薩はなを奉りてかへるにまうなり、鳥おなじ事也」と伝供のあとにそれらが舞われていた。そうであれば伝供の童を「舞童」と呼ぶ意味はわかったが、なぜそれが「天童」となったのか。

さきに見たように、鎌倉時代の円仁流の如法経十種供養には、「菩薩」「迦陵頻」の舞人もその舞も見ることはできない。そして如法経十種供養のみならず、鎌倉初期の舞楽法要では、醍醐桜会に見たように供養舞が略される傾向にあり、代わって充実してきたのが入調の童舞であった。(45)現に「菩薩」の舞は、『教訓抄』が書かれた鎌倉中期にすでにその伝承が失われており、(46)舞わぬ菩薩の役として残ったのは伝供と行道に加わる役であった。「菩薩」「迦陵頻」などの供養舞が省略されても、伝供の作法そのものが省略されることはなかったのである。それは四十八巻伝が十種供養の中でも伝供のシーンを取り上げて描くように、伝供が結縁や聴聞の人びとの眼前で繰り広げられる最も厳かにして華やかな作法だったためであろう。そしてそれをより華麗に彩るのが童たちの存在であった。それゆえに鎌倉時代の伝供に菩薩は見られなくなっても童たちの参加は残り、そうして彼らが「天童」と呼ばれたのである。つまり「天童」とは、本来は「迦陵頻」「胡蝶」の「舞童」であったが、それが法会の最中には舞わぬ童たちとなり、「舞童」ではなく「天童」と呼ばれるに至ったとみられるのである。

さらにいえば迎講などの行道に菩薩とともに参加する童も「天童」と呼ばれていた。『南無阿弥陀仏作善集』によれば、重源は建久八年（一一九七）から摂津渡辺別所で迎講を始めたといい、「天童装束卅具、菩薩装束廿八具」が重源によって施入されていた。(47)この「天童」は「菩薩」とともに迎講の聖衆に加わる童であり、聖なる「菩薩」に付随する童であるゆえに、「天童」と呼ばれたとも見ることができる。また建久六年十一月に重源が下醍醐栢杜堂で唐本一切経を施入したときにも十種供養が行われており、そこでも「天童十六人」が伝供に参加していた。(48)「天童」は鎌倉時代初頭のさまざまな十種供養や迎講に姿を見せており、それには重源や慈円が関わっていたことが知られる。

このように天童とは伝供や行道に参加する童であり、それは「迦陵頻」や「胡蝶」の舞童が本来の姿であった。「迦陵頻」は極楽世界で仏を供養する鳥であり、『教訓抄』巻四によれば、天竺祇園寺供養の日にこの鳥が飛び来りて舞を奏し、妙音天が楽を奏したという舞の由来から知られるように、それは聖なる舞と見られていた。そうであれば、そのイメージを負った「天童」も聖なる童の役と見られよう。そして「迦陵頻」や「胡蝶」は別装束ともいわれる特別な舞装束を着けるのだが、『法然上人絵伝』に見た天童はそれとは異なるものの、舞楽の襲装束をつけていた。舞わぬ童となっても天童は舞装束をつけたのである。天童の役は児や中童子らの寺院童が勤めた役と見られるのだが(49)、それは日常とは異なるハレの装束をつけることによって非日常的な存在となり、そうしたことによって聖なる童のイメージを法会の中に現出しようとしたものと見られよう。舞童には『天狗草紙』の桜会に見たように、寺院大衆を性愛の世界に誘う少年の舞う姿と、もう一つ舞わぬ天童の姿があったといえよう(50)。

舞わぬ童といえば、幡を持つ童、つまり持幡童も舞わぬ童であり、『法然上人絵伝』の中では彼らこそが天童であった。持幡童については次節で見てゆくことにしたい。

第三節　持幡童の肖像

『法然上人絵伝（四十八巻伝）』には夢想の中の天童の姿もさまざまに描かれている。その一つ巻三十八第一段は人びとが見た法然往生の夢想を描く段で、中でも一切経谷の袈裟王丸の夢は「童子玉の幡をさして、千万の僧衆香炉をとり、上人を囲遶して、西にゆき給ふとみる」と、幡を掲げ持った童を先頭に、法然が柄香炉を持った僧たちを従えて行列するところを描く(51)（図16）。法然の往生を先導するこの童は竜頭の幡という持ち物に注目すれば、まさしく夢想の世界

図16　『法然上人絵伝』巻38の1段

の持幡童である。

さてその姿は朱色の盤領の闕腋の袍の裾を長く引き、袖は白群の大袖の上にフリルのような袖を描く。袖口の表現から見ると、白の筒袖の衣の上に白群の大袖の付いた下襲を重ね、その上に鰭袖の付いた闕腋の袍を着けた姿と見ることができる。下半身は大口に表袴をはき、糸鞋をはく。髪は左右に振り分けて垂らし、赤い紐で結ぶ。それは鰭袖の闕腋袍という現実にはない装束を描いたものであり、さきに見た十種供養の持幡童の装束と比べると、特徴ある姿である。それは何によったのだろうか。

さらにもう一つ夢想の天童を描く巻八第八段は、「あるひとは天童上人を囲繞して、管弦遊戯すとみる」と、先導の童二人が香炉や供物を捧げ、中の一人が蓋を差し掛け、後ろの三人が笙・笛・篳篥を吹きながら法然を囲繞して歩く姿を描く(52)（図17）。後方の四人の童たちは色とりどりの筒袖に盤領の闕腋袍の下に半臂を着用し、表袴に糸鞋をはいて角髪に結った姿である。前の二人は大袖の衣の上に鰭袖の付いた盤領の袍を重ね、ことに先頭の童は下半身に裙を付けて蔽膝をつけ花先形の靴をはいた、これも不思議な姿である。

さらに持幡童といえば、鎌倉末期の高階隆兼工房の製作とされる『玄奘三蔵絵』(53)にも見ることができる。巻五第六段は那爛陀寺に入

図17　『法然上人絵伝』巻8の8段

った玄奘を大勢の僧侶や檀越たちが「幡蓋・華香をさゝげて」迎える光景を描くが、その中に集団を先導する二人の持幡童と、玄奘に蓋を差し掛ける童、さらに行列の先頭には十人の那爛陀寺の僧を先導する二人の持幡童の姿がある（図18）。童たちはいずれも角髪に結った髪に、緑や朱の華やかな文様の錦地とおぼしき筒袖の盤領の闕腋袍を着て腰帯を締め、下には半臂を着る。持幡童に先導される檀越らの行列は、あたかも如法経十種供養において、結縁の人びとが手に十種具を持って伝供の机に向う様を髣髴とさせるような光景である。さらに巻二第六段では、西域の高昌王の王宮に仕える童たちを描くが（図19）、料理を運ぶ二人の童はそれぞれ朱と緑の盤領の闕腋袍に表袴をはき、天冠を着けた姿であり、袍の色から想起されるのは舞楽装束の左右の色であり、天冠を付けて物を捧げ持つ姿からは、天童の伝供の姿を思い起させる。(54)

絵巻の中の天童たちに共通して見られるのは、聖なる存在を荘厳する童であり、それらが法会や夢中や異国といった非日常的な場面において描かれることだろう。その一方で、例えば『法然上人絵伝』などの絵巻に数多く描き込まれている寺院の童たちの日常の姿は、垂髪に直垂であったり、あるいは小袖に袴といった姿であり、建長四年（一二五二）の醍醐寺寺辺新制によれば、兒や中童子は四季を通して日常に浅黄色の直垂を着用すべきことが定められていた。(55)彼らは外出時には水干を、師主の僧のハレの行列に供奉する際には、付物で飾った華やかな狩衣で装ったのである。(56)いままで見てきた天童たちは、そうした日常とは異なる姿に描かれており、その一つが法会の中に見た舞楽の襲装束、もう一つが異国の童の姿であり、もう一つが鰭袖を付けた例の不思議な装束であった。それらはいったい何に基づいて描かれたのだろうか。

藤田美術館蔵

図18 『玄奘三蔵絵』巻5の6段

図19 『玄奘三蔵絵』巻2の6段

まず異国の童に見た装束だが、筒袖の盤領の闕腋袍を着て下に半臂を着し、表袴に糸鞋をはく姿は、平安後期の一乗寺蔵の聖徳太子孝養像に描かれた太子を荘厳する十人の童子たちにも見られ、また『信西古楽図』にも楽人や舞人たちの装束として描かれるところで、それはいままでに美術史では「唐装」とか「唐風装束」と呼ばれてきたものであった。こうした姿は中国唐代の図様にも武官の装束に似たものが見られるところであり、この唐風の袍袴形式の服制は天武十四年（六八五）に取り入れられ、大宝令で整備されたものという。[57]つまり絵巻に見た異国の天童

図 20-1　山越阿弥陀図　禅林寺蔵

図 20-2　同上　部分

の筒袖の闕腋袍の姿は、唐代の服制を取り入れた奈良時代の武官の朝服に由来するものであり、それは奈良朝末から平安時代にかけての衣服の長大化に伴い、広袖に裾を長く引く束帯に変化する以前の古様な装束なのであった。同時に武官の礼服や朝服に見られる裲襠は舞楽の裲襠の原型の一つでもある。(58)『天狗草紙』の「狛桙」の舞童に見た裲襠の下の筒袖の闕腋袍は、袖先を露紐で括り裾は長大化してはいるものの、基本形は古様な袍に近く、古様な装束を描く場合には舞楽装束のイメージが転用された可能性もあろう。『玄奘三蔵絵』の異国の童の姿の背後には、舞楽法要の舞童たちの姿があり、絵師はその所作や装束を念頭に描いたものと見ることができよう。

それではもう一つの鰭袖を付けた装束についてはどうだろうか。『法然上人絵伝』に見た持幡童は、じつは禅林寺蔵の山越阿弥陀図に似た姿を見ることができる。この著名な阿弥陀来迎図は山の間に上半身を現した阿弥陀と、山を越えて往生者のもとに向かう観音・勢至菩薩、さらに三尊の手前に四天王と二持幡童を配したもので、画面の左隅には阿字を記す（図20）。周知のごとく禅林寺本は金戒光明寺本とともに山越阿弥陀図の代表的な作例であり、それは高野山の覚鑁流念仏の阿字観に基づいて、十三世紀前半に作成された真言系の来迎図であることが中野玄三氏によって明らかにされている。(59)そして持幡童は、向かって右が淡い朱の盤領の闕腋袍を着け、その下には薄緑の大袖の下襲を着けた姿であり、胸高に帯を結ぶ。闕腋袍の肱の先にはフリル状の鰭袖が付いており、墨線とぼかしでもって全体にゆるやかな衣文線を描く。下半身には赤の大口に表袴・糸鞋をはき、髪は左右に振り分けた垂髪で金色の天冠を被って紐を垂らす。左の童も同じだが、袍と大袖の色が逆であり、二童子は左右対称に長く裾を引き、幡を掲げる。そして向かって右の童の姿は、『法然上人絵伝』巻三十八第一段に見た夢中の持幡童と、その装束は大袖の袖口の曲線から裾の端の折り返しの表現に至るまで似ていることに気付く。

それではこうした持幡童の姿は、阿弥陀来迎図の中で定形化された図様だったのだろうか。この禅林寺本は、中野氏によればさまざまな点で異色の来迎図である。その特徴は阿字や正面向きの転法輪印の阿弥陀の姿にあり、さらに持幡童の存在もじつは異色なのである。(60)数多くの遺例がある阿弥陀来迎図の中でも持幡童が描かれている例は少なく、その一つに禅林寺本に先立つ法華寺の阿弥陀三尊・童子像がある。その童子像は髪を角髪に結い、裸身に見える上半身には柳澤孝氏によれば、袖のない背衣風の半臂を着けており、(61)白青色の裳をはいた姿は禅林寺本の持幡童とは大きく異なっている。この画像の成立をめぐってはさまざまな説があるのだが、柳澤氏によればそれは鎌倉初期の作とされ、『南無阿弥陀仏作善集』に見える重源の法華寺修造との関係も指摘されている。(62)一方の禅林寺本は、中野氏によれば元仁元年（一二二四）に没した静遍の臨終仏と推定されており、(63)静遍は池大納言平頼盛の子で、文治四年（一一八

図21　普賢十羅刹女像　根津美術館蔵

八）十月に醍醐寺の勝賢に伝法灌頂を受け、成賢にも入壇し、一方で仁和寺の仁隆からも伝法灌頂を受けた真言僧であった。(64) その静遍が高野山の明遍にも師事し、禅林寺に住したのである。つまりそれは真言系の来迎図なのであり、法華寺本もその製作に重源が関わったとすれば真言の流れをくむ特殊なものといえる。このように阿弥陀来迎図のなかでは、持幡童の姿はむしろ特殊な存在であり、その姿にも定まった図様はなかったことが知られよう。(65)

さらに持幡童は天台系の影向図の中にもその姿を見ることができる。普賢十羅刹女像がそれである。普賢は『法華経』巻八普賢菩薩勧発品第二十八と『観普賢経』に説かれる法華経修行者を守護する菩薩であり、最澄によって法華三昧行法の本尊として造られ、法華経信仰のひろがりとともにさまざまに造られ描かれた仏であった。(66) これに陀羅尼品第二十六に説かれる法華経護持のものを守護することを誓ったという、薬王・勇施の二菩薩と、毘沙門天・持国天

図22-1　普賢十羅刹女像　ボストン美術館蔵

図22-2　同右　部分

の二天、ならびに十羅刹女と鬼子母神を合わせ描いた画像が普賢十羅刹女像である。[67] その史料上の初見は『兵範記』久寿二年（一一五五）十月九日のこと、忠通室宗子の追善のために作られたと見え、それは亡くなった女性の追善供養に描かれる場合が多く、その遺例は十二世紀から見られるという。[68] その中に持幡童の姿を描いたものが数例見られるのである。

まず鎌倉前期の作とされる根津美術館所蔵の普賢十羅刹女像には、画面右から左へと普賢諸尊を先導する二人の持幡童の姿が描かれる（図21）[69]。童は同形同色の装束で、左右に振り分けた垂髪に赤の総付の紐を大きく結び、茶褐色の盤領の闕腋袍を着て黒の腰帯を締め、裾を引く姿である。袍と大袖の色は同じで、肱の部分にはフリル状の鰭袖が付き、その上部を赤い紐で結んでおり、袍裏の赤が袖口と裾の部分に見えている。袍の下には白の半臂と筒袖の衣を着るのが袖口と腋から見える。下半身は赤の大口

図 23-1　普賢十羅刹女蔵
藤田美術館蔵

図 23-2　同右　部分

の上に表袴をはき、糸鞋をはく。その装束は闕腋袍の袖を大袖とし、さらにその肱の部分にフリル（鰭袖）を取り付けた形といえよう。背をまるめぎみに金色の幡を抱え持つ童の表情はやや暗く険しい。

また鎌倉前中期のものとされるボストン美術館蔵の普賢十羅刹女像は、雲に乗って画面右上から降りてきた普賢の諸尊の先頭に一人の持幡童が描かれる（図22）。彩色の幡を持つ童の姿は下襲の裾を引き、深緑の盤領の袍を着て腰紐を前で結び、下半身は赤の大口に白の表袴・糸鞋をはいた姿である。振り分けた垂髪は角髪に結って紐で結び、その端を垂らす。その袖口の表現からは白の筒袖の上に広袖の下襲を着し、その上に鰭袖が付いた袍を重ねた姿である。そして幡を掲げて歩みつつ一行をかえりみる姿勢は、根津美術館本に見た左方の童とも共通する。さらに鎌倉末期の能満院所蔵の普賢十羅刹女像にも一人の持幡童が描かれており、それも大袖の袍に淡い朱の帯を結び、下には宝珠模様を描く朱の下襲を着て裾を引く姿であった。その幡の形状は根津美術館本に近い。

さらに鎌倉前期の制作とされる藤田美術館所蔵の普賢十羅刹女像には、持幡童ではないが左から右に動く普賢諸尊の先頭に二人の童が描かれていた（図23）。それも影向を先導する役割から持幡童に類するものと見られるが、蓋を掲げる童は角髪に結った髪を紐で結び、薄紅の大袖の闕腋袍に腰帯を締め、下には緑の半臂に群青の大袖を重ね、袴の裾をからげて歩む姿である。もう一人の宝珠を持つ童は、半臂のような袖のない盤領の緑の袍の下に朱の大袖の衣を重ねた姿に描かれており、大袖には鮮やかな団花文が残る。その装束は華麗にして特徴があり、二人の童の姿はこれまでに見てきたどの持幡童よりも、その表情やしなやかな姿態に生身の少年の存在を感じさせる画像でもある。

いっぽう法華経の見返しにも持幡童が描かれていた。十二世紀初めのものとされる静岡本興寺の法華経巻八勧発品の見返しには普賢菩薩の影向を先導する持幡童が、また兵庫太山寺の法華経陀羅尼品見返絵にも普賢十羅刹女を先導する持幡童の姿が描かれていた。その姿はいずれも角髪に結った髪に筒袖の闕腋袍を着ており、それは例の古様な装束である。(70)

このように普賢十羅刹女像に描かれた持幡童は、その装束は一定せず、細部にはさまざまな表現が見られたが、その基本形は詰襟式の盤領の袍（闕腋袍が多い）に裾を引き、表袴に糸鞋をはく姿であり、それをもとに袖の部分を誇張して大袖とし、鰭袖などの装飾を付けたものといえるだろう。普賢十羅刹女像といえば、十羅刹女の服制で分けると唐装と和装のものがあり、唐装のものに持幡童が描かれる例が多いことが指摘されているが、(71)そのすべてに持幡童が描かれているわけではないし、その装束にもこのようにバラエティーがあった。そして普賢十羅刹女像自体中国に直接の典拠となった図様は見られず、平安後期に法華経信仰の隆盛とともにさまざまな図像が日本で生み出されたものと見られている。(72)そうであるならば、同じように持幡童にも中国にモデルとなる図様はなかったと見られるのであるが、それではその姿はいったい何によったのだろうか。

普賢も十羅刹女も法華経の持経者の守護神であれば、鎌倉時代の普賢十羅刹女像の背後には、法華経にちなむ法会があるはずである。そして持幡童がその姿を見せた法会といえば、さきに見た天台の如法経十種供養があった。天童や僧や檀越が法華経に十種の捧物を伝供し、十種の楽を奏する十種供養。そういえば十羅刹女が登場する陀羅尼本にもこの十種の捧物が記されていた。その伝供の先頭にいたのが持幡童であり、その装束は闕腋袍に下襲や半臂・表袴を着けた舞楽の襲装束に通じる姿であった。いっぽう仏画の中の童たちの装束は、同じ図中に描かれた十羅刹女や菩薩・二天と装束の構成は大きく異なるが、その大袖や鰭袖には共通した表現が見られる。つまり童たちの姿は現実の持幡童や天童に見られた襲装束をベースに、天部の装束の装飾的な袖を加味して描かれたものと見ることができよう。(73)

さらに絵画の中では持幡童が一人の場合と二人の場合が見られたが、実際の十種供養でも、通常は二具の十種具を捧げるために先導する二人の持幡童が必要なのだが、片具といって施主の財力によっては一具のみをささげる場合もあった。(74)そんな片具のイメージがそこに投影されたものなのではあるまいか。普賢十羅刹女像の持幡童の背後には、如法経十種供養の持幡童の姿が見え隠れしていると見ることができよう。

第四節　持幡童の原像

このように絵巻の中に描かれた天童の不思議な装束の背後には、鎌倉時代の影向図や来迎図に描かれた天童・持幡童の姿があった。『法然上人絵伝（四十八巻伝）』には来迎の光景も描かれており、この絵巻が多くの来迎図を参照したことは疑いがない。そして来迎図や影向図の中でさまざまに描かれていた童たちの姿の中から、巻三十八第一段が禅林寺本の山越阿弥陀図に似た持幡童を描くのは偶然ではないと考える。山越阿弥陀図の静遍といえば、彼が専修念仏に帰依したのは建保五年（一二一七）以前のこと、法然の『選択集』を読んでからであった。(75)この話は他ならぬこの絵巻の巻四十第三段にも登場している。こうしたことからその持幡童の姿は、法然に帰依した静遍の禅林寺本から引用した図である可能性を否定できないであろう。

持幡童といえば、いままでに来迎図や影向図中のそれがあたかも本源的なものであるかのように捉えられることが多かった。例えば『後拾遺往生伝』下の藤原行盛の臨終に「有感夢、二童子来、擎幡蓋迎之、向西去矣」(76)と見るように、十二世紀前半の往生伝には往生を告げたり聖衆に交わる童の姿が散見され、法華寺本や禅林寺本の阿弥陀来迎図にもその姿が描き込まれていたために、それが往生者を迎える聖衆のもともとの要員であるかのように認識されてきたのである。(77)しかし阿弥陀来迎図の中でも法華寺本や禅林寺本はむしろ例外的なものであったし、往生伝の童子にもそのイメージの源となった童たちの姿があったと見られる。絵画の中の持幡童が中尊や眷属の天部と異なって経典や儀軌に規定されることのない存在であり、その装束にはさまざまな表現が見られながらも、おおまかにその特徴を集約することができるのも、源となった童たちの存在を裏付けるものだろう。そして普賢菩薩十羅刹女像に見た天台宗の持幡童は、如法経十種供養の持幡童がそのモデルと見られた。それでは禅林寺本に見た持幡童についてはどうか。注目したいのはそれが真言系のものであり、真言の持幡童といえば伝法灌頂にその姿が見られることである。

寛治六年（一〇九二）三月の「中御室御灌頂記」(78)によれば、白河院の皇子覚行（念）が仁和寺観音院において、伝法灌頂を受けたときの三昧耶戒の庭儀行列には「次童子二人、捧玉幡左右相並在前」と、輿に乗った大阿闍梨（権大僧都寛意）の前に持幡童二人が幡を捧げて並んでおり、その装束は「鬢頬闕腋袍如恒」であった。同記によれば、持幡童は大阿闍梨入堂の際に道場の南砌で玉幡を十弟子に渡し、その幡は灌頂の儀式の間、高座の傍らに立てられる。道場でのすべての儀式を終えて、新阿闍梨が出堂すると、再び持幡童の手に捧げられてその行列に加わるのである。つまり持幡童の役は庭儀の行列の中で大阿闍梨と新阿闍梨を荘厳する役であり、その姿は鬢頬（角髪）に闕腋袍なのであった。

さらに遡って治安三年（一〇二三）三月の「大御室御灌頂記」[79]によれば、入道師明親王が大僧正済信から伝法灌頂を受けたときには「持幡少僧二人持玉幡立烈」と、持幡の役は「少僧」であり、彼らは「青色織物装束」を着していた。同記によれば、この灌頂の儀式は多くを延喜元年（九〇一）宇多法皇の灌頂例にならったものといい、持幡に「少僧」を用いたのもこの例によったのであろう。そうしてみると伝法灌頂の持幡童は、十世紀にはいまだ見られず、十一世紀に入ってからその姿が定例化されたものと見られ、それは仁和寺を先例としたと見てよいだろう。

そして平安末期になると、真言の諸寺でも伝法灌頂に持幡童の姿が見られるようになる。例えば治承三年（一一七九）四月の『三宝院伝法灌頂私記』[80]によれば、大阿闍梨を醍醐寺の法印権大僧都勝賢とし、受者を阿闍梨寛昭とする伝法灌頂では「持幡童二人着襲装束、天冠糸蛙、持玉幡」という姿であった。また建永元年（一二〇六）七月に、菩提院行遍が後高野御室道法法親王から伝法灌頂を受けたときの記録によれば、「一、持幡童装束二具　天冠在英形　総角緒　袍　表袴　半臂在緒　下襲　衵在単　大口　帯　糸鞋　襪」[81]と、持幡童は天冠に総角、袍の下には衵や下襲や半臂を着る装束で、それはさきに清瀧会に見た舞童の襲装束と踏懸の有無を除いて同じ構成であった。いっぽう受者に従う中童子二人は「狩衣　袴　帷　下袴　帯　扇　沓」であり、そのちがいが明らかだろう。このときの持幡童は「樹提長者法務印性弟子、康頼子、　福王御所、友景子」と、一人は法務印性の弟子の兒、もう一人は御所の侍友景の子で道法の兒であり、持幡童の役はさまざまな階層の寺院の童たちの中でも、大阿闍梨や受者の出自によって兒か中童子が勤める役であった[82]。そしてこのときの大阿闍梨の装束は「度々御装束師」であった成信が、持幡童の装束師は「寛兼　経暹　隆円　隆深」の四人の僧が勤めており、一人の童に二人の装束師がついて着付けにあたっていた。灌頂の儀式のさまざまな役の中でも「装束師」がつくのは大阿闍梨と持幡童のみであり、このことからも常とは異なる童たちの姿が、讃衆や持金剛衆の甲袈裟や衲袈裟の華やかな色彩の中でも一際鮮やかに人目を引くものであったことを物語っているだろう。

またその姿は結縁灌頂にも見られ、『北院御室日次記』[83]によれば、持幡童の旧装束は「赤色袍」で、守覚が前中納言源雅頼に申し合せたところによると、「赤色青色之外無袍色、花田唐綾無謂歟」と袍の色は赤か青が先例であった。さらに「其体唐物有何事哉」と袍には唐織物を用いる場合もあったという。灌頂に見る持幡童の装束は『法然上人絵伝』に見た如法経十種供養の持幡童の姿とほぼ同じであり、それは華美な装束であったことが知られよう。[84]

さらにそれは灌頂ばかりでなく、真言のさまざまな庭儀の法要の中にも姿を見せていた。曼荼羅供がその一つであり、例えば大治二年（一一二七）正月の待賢門院御願の円勝寺五重塔供養の曼荼羅供では、「装束院庁被儲之、幡同前也、装束師総角結自上雖給」[85]と、白河院庁が持幡童の装束を調え、装束師が派遣されて童たちの着付けにあたっていた。また十種供養といえば、さきに見た天台の如法経十種供養ばかりでなく、真言でもしばしば行われており、例えば天承元年（一一三一）三月の仁和寺宮十種供養は、北院経蔵で覚法法親王が故白河院のために行った舎利十種供養だったが、菩薩十人や童が供養物を伝供し、ここでも「持幡童」がその行列を先導していた。[86]さきに拙稿でも触れたが、十二世紀前半は大寺社の舞楽法要の隆盛期で、その中心にいたのが仁和寺の覚法であり、覚法法親王は舎利会をはじめ曼荼羅供や十種供養などさまざまな舞楽法要を仁和寺に行っており、その舞楽の中心にあったのが童舞だった。[87]そうした法要の中にも持幡童の姿が見られたのである。

そうして見ると、禅林寺の山越阿弥陀図の天冠をかぶって来迎を先導する二人の持幡童の背後には、伝法灌頂の持幡童の姿がほの見えるようである。静遍は勝賢・仁隆・成賢と小野・広沢の伝法灌頂を受けた真言僧であり、左上に書かれた阿字が覚鑁流念仏の阿字観に基づくことをしめすのであれば、持幡童の存在も暗黙のうちに静遍の真言僧たることを物語るのではないか。さらに静遍は仁隆を通して仁和寺の守覚の血脈にも連なっており、勝賢と守覚といえば鎌倉初期の童舞の世界の中心にいた人びとであった。[88]いっぽう重源ももとは上醍醐の真言僧で、勝賢との関係も知られているところであり、[89]さらに重源の阿弥号は覚鑁の阿字観をもとととすること、[90]法華寺本の阿弥陀三尊・童子像に重源が関わる可能性も示唆されており、[91]その周辺には渡辺別所の迎講での天童や一切経十種供養の天童の姿もあった。

重源周辺の童の姿の背後には、勝賢の童舞の世界が連なっているのであり、さらにその世界は禅林寺の山越阿弥陀図の世界とも連なっていたと見てよいだろう。

持幡童は庭儀の法要で大阿闍梨を荘厳する役であり、それは庭儀という人びとの目に触れる、しかも聖衆の来迎や影向を髣髴とさせるような厳かにして華やかな僧衆らの行列を先導する童であった。それは見てきたように十一世紀の仁和寺の灌頂に見られた童の役であり、その姿は十二世紀には灌頂からさまざまな法会へと、さらに仁和寺から諸寺へとその姿を広めていったものと見られよう。そして十二世紀末の天台系の法会の中に、ことに法華経に関わる如法経十種供養の姿が見られたことも、この流れの中に位置付けられよう。『法華経』巻四法師品第十に、十種の供具を供養してこの経に合掌恭敬する人は、かつて仏のもとで大願を立てながらも衆生を愍む故に人間に生まれたのだと説くように、(92)また巻五安楽行品第十四に、この経を読む者には天の諸童子が給使をなすと説くように、その功徳ははかり知れぬものであり、その供養に能う限りのさまざまな荘厳を加えたことは想像にかたくない。如法経十種供養の持幡童は、そうして法華経荘厳のために取り入れられた童たちなのであろう。

おわりに

舞童・天童と持幡童をキーワードに絵画の中に童たちの姿を探してきた。絵巻の中の舞童の姿は、童舞が中世の芸能の花であったことを語るに欠かせない史料である。そして『天狗草紙』の醍醐桜会の絵がしめすように、童舞が呼び込むのは僧と童が織りなす性愛の世界であり、そうした世界は説話の描くところとも等しく、しかも舞童の姿は鎌倉時代の数少ない舞楽装束の史料としても貴重なのであった。さらに『石山寺縁起』の常楽会の童舞は伝承の失われた舞楽を描くものでもあった。

けれどもその一方で絵巻の中の虚構、つまり鎌倉末期に桜会も石山常楽会もすでになく、童舞は別のモデルによっていたというように、描かれたものが対象そのものではなくて、同時代のそれに近いものを素材に描くという絵巻の一つの方法がそこからはほの見える。絵巻の中に童の舞う姿がはっきりと描かれるのは鎌倉末期であり、それは文献史料に見る寺院童舞の全盛期が鎌倉前期から中期であることと比べると、情報は遅い。現存しない絵巻にもそれが描かれていた可能性は否定できないものの、絵巻が素材として扱うものは、最先端の流行ではなくて定着して久しいもの、鑑賞者の意識の中にすでに定着しているものを描くという、そんな原則や制約が見えるようである。それに対して障屏画には北野天満宮の童舞図のように十三世紀半ばまでに童舞を題材としたものが描かれていた。

また絵巻の中には「天童」も描き込まれていた。『法然上人絵伝（四十八巻伝）』は法会の中の天童と夢想の天童を描いており、法会の中の天童は如法経十種供養のシーンに見たように、持幡の童と伝供に参加する童であった。「天童」とは法会の伝供や行道に参加する童を指すことばであり、じつはそれは舞楽法要の伝供に参加して供養舞を奏した「迦陵頻」や「胡蝶」の舞童が本来の姿であったとみられる。そして平安末期から鎌倉初期の舞楽法要では、この供養舞が省略される傾向にあったが、伝供や行道への童たちの参加は残り、彼らが天童と呼ばれたのである。天童の役は「迦陵頻」や「胡蝶」の童舞のイメージを負った聖なる童の役であり、法会の最中には舞わぬ童となりながらも彼らは舞楽の襲装束を着けていた。舞童の姿になることは、日常とは異なる装束を着けて非日常的な存在となることでもあり、人びとはそこに聖なる童のイメージを見ようとしたのであろう。舞童の姿には、見物の寺院大衆を性愛の世界に誘う生身の少年の舞う姿と、もう一つの舞わぬ天童の姿があった。

また『法然上人絵伝（四十八巻伝）』の夢想の天童には法然の往生を先導する持幡童がおり、似た姿を禅林寺の山越阿弥図の中に見ることができる。絵巻の中の天童や持幡童は『玄奘三蔵絵』にも見たように、法会や夢中や異国という非日常的な場面の中で描かれており、その姿も舞楽の襲装束や異国の童に見た古様な袍、さらに夢想の天童に見た現実にはありえない鰭袖の袍に大袖の下襲などさまざまであった。そしてこうした絵巻の中の夢想の天童・持幡童に似た姿は、普賢菩薩の影向図である普賢十羅刹女像の中にも描き込まれていた。そこに描かれた持幡童の姿は細部にはさまざまな表現が見られたが、舞楽の襲装束をベースに天部の装束の装飾的な鰭袖と大袖の部分を加味して描かれており、経典にも図像にも明確な規定を持たぬそれらの童の姿は、如法経十種供養の持幡童・天童がそのモデルと見られた。

いっぽう文献史料に見る持幡童は、真言の伝法灌頂の中で大阿闍梨を荘厳する童であり、十一世紀の仁和寺の灌頂に見られた童の役であった。やがてその姿は十二世紀には灌頂からさまざまな法会へと、さらに仁和寺から諸寺へと広まっていったのであり、十二世紀末の天台の如法経十種供養に持幡童の姿が見られるのもこの流れの中に位置付けられると考える。灌頂の中で一際華やかな姿で行列を先導し、人びとの目に焼き付いた持幡童の姿は、やがてさまざまな法会の中に登場し、また迎講の中にもその姿を見せ、仏菩薩の来迎を先導する童のイメージをも負って、来迎図の中にも描き込まれたものであろう。そして迎講と天童と真言の持幡童は鎌倉初期の重源のもとで一つに結び付いてくる。その背後には勝賢・守覚に連なる童と童舞の世界がひろがっており、禅林寺の山越阿弥陀図もそれとほど近い世界にあったと見られよう。鎌倉末期には、現実の童と仏画の中の童の姿とが複雑にからみあって形作られた天童と持幡童のイメージがあり、それが絵巻の中のさまざまな天童と持幡童の姿に投影されたものと見ることができるだろう。

舞童・天童・持幡童は鎌倉時代の絵画の中では名もなき童たちであった。彼らは聖徳太子像や稚児文殊像のように脚光をあびることのない存在であったが、じつにさまざまな姿を絵画の中にとどめており、現実と夢想とが交錯したその姿からは、名も知れぬ寺院の童たちの姿態がほの見えていた。こうした名もなき童たちの姿を中世の童の造形の中に位置付けてゆくことも必要なのではないか。

註

（1）（2）　拙稿「中世寺院の童と兒」（『史学雑誌』一〇一編一二号、一九九二年一二月）、本書第四章。
（3）　拙稿「中世醍醐寺の桜会―童舞の空間―」（佐藤道子編『中世寺院と法会』所収、法蔵館、一九九四年）、本書第五章、同「中世寺院の兒と童舞」（『文学』第六巻第一号、一九九五年一月）、本書第六章、同「舞楽の中世―童舞の空間―」（五味文彦編『中世の空間を読む』所収、吉川弘文館、一九九五年）、本書第七章。
（4）　黒田日出男『〔絵巻〕子どもの登場』（河出書房新社、一九八九年）。
（5）　これらの童子像については、金子啓明『文殊菩薩像』（『日本の美術』三一四号、至文堂、一九九二年）、根立研介『吉祥・弁才天像』（『日本の美術』三一七号、至文堂、一九九二年）、景山春樹『神道美術』（雄山閣出版、一九七三年）などを参照。
（6）　さらに鎌倉時代に描かれた孝養太子像の中には、蓋や燭台を捧げる二童子を従えるものもある。『開創一四〇〇年記念　四天王寺の宝物と聖徳太子信仰』展示図録（一九九二年）、武田佐知子『信仰の王権　聖徳太子』（中央公論社、一九九三年）を参照。
（7）（8）　小松茂美編『日本の絵巻一六』（中央公論社、一九八八年）。
（9）　小野功龍「供養舞楽と法会形式の変遷に就いて」（相愛女子大学『研究論集』一二巻二号、一九六六年）。
（10）　新井弘順「涅槃会の変遷」（元興寺文化財研究所編『涅槃会の研究』所収、綜芸舎、一九八一年）参照。
（11）　『群書類従』第一九所収。
（12）　『教訓抄』は『日本思想大系23　古代中世芸術論』に、『吉野吉水院楽書』は『続群書類従』第一九上による。
（13）　小松茂美編『続日本の絵巻二六』（中央公論社、一九九三年）。
（14）　拙稿「中世醍醐寺の桜会」（前掲註（3））論文。
（15）　『国歌大観第六　私撰集編二』所収の東大寺図書館所蔵本による。
（16）　それは現行の「狛桙」の装束と比べると、細身の袍や毛縁の裲襠など若干異なる特徴を持っている。現行の裲襠は錦縁である。舞楽装束については切畑健「雅楽装束序説」（多忠麿編『雅楽のデザイン』所収、小学館、一九九〇年）、同「高野山天野社一切経会舞楽装束」（東京国立博物館編『天野社伝来仮面と装束』所収、東京美術、一九九二年）、河上繁樹「続・高野山天野社の舞楽装束」（京都国立博物館『学叢』一六号、一九九四年）を参照。なお本稿発表後、河上繁樹『舞楽装束』（『日本の美術』三八三号、一九九八年）を得た。
(17) 東京大学史料編纂所所蔵の謄写本による。この史料については拙稿「中世醍醐寺の桜会」（前掲註(3)）を参照。
(18) 拙稿「中世寺院の児と童舞」（前掲註(3)）。
(19) 上野憲示「『天狗草紙』考察」（『続日本絵巻物大成一九』所収、中央公論社、一九八四年）、原田正俊「『天狗草紙』にみる鎌倉時代後期の仏法」（『仏教史学研究』第三七巻一号、一九九四年七月、後に同『日本中世の禅宗と社会』、吉川弘文館、一九九八年に所収）を参照。
(20) 小松茂美編『日本の絵巻八』（中央公論社、一九八八年）。
(21) 拙稿「舞楽の中世」（前掲註(3)）論文。
(22)(23) この図については辻惟雄「舞楽図屛風について」（『日本屛風絵集成第一二巻　風俗画―公武風俗―』所収、講談社、一九八〇年）、同「舞楽図の系譜と宗達筆『舞楽図屛風』」（山根有三編『琳派絵画全集　宗達派一』所収、日本経済新聞社、一九七七年）を参照。
(24) 舞楽装束については切畑健前掲註(16)論文を参照。ただしこの舞楽図には触れるところはない。
(25) 辻惟雄「舞楽図屛風について」（前掲註(22)）論文による。
(26) 植木行宣「芸能史における絵画資料―重文「絹本著色舞楽図」をめぐって―」（『芸能史研究』三四号、一九七一年七月）。この論文の中で童舞の曲目についても検討されている。
(27) 拙稿「中世醍醐寺の桜会」（前掲註(3)）。
(28) 『東大寺続要録』巻六諸会編。
(29) 北野の舞楽は室町以降の記録に見えるところで、『看聞御記』嘉吉三年（一四四三）三月二十一日条によれば、一切経会ではさまざまな供養舞の童舞と入調の舞楽が演じられていたことが知られる。このように北野社宝前は芸能の場であったのだが、中世前期の北野の舞楽についての記録は少ない。しかしこの図からは鎌倉中期の北野において、神楽とともに童舞が舞われていたことが知られる。それは『明月記』承元二年（一二〇八）三月二十一日条に見える北野一切経会の舞楽であった可能性も高いだろう。そして北野別当が比叡山曼殊院の僧であったことから、それは叡山の童舞ということになろう。北野社については北野神社社務所編『北野誌』を参照。
(30) 小松茂美編『続日本の絵巻一～三』（中央公論社、一九九〇年）参照。

(31) 林文理「中世如法経信仰の展開と構造」(中世寺院史研究会編『中世寺院史の研究』上所収、法蔵館、一九八八年)。
(32) 法然上人伝研究会編『法然上人伝の成立史的研究　第一巻』(知恩院、一九六一年)。
(33) 舞楽装束については註(16)論文を参照。
(34) 『大正新脩大蔵経』第八四巻所収。
(35) 実際は十種のうち伎楽・合掌を除く八具となる。
(36) 藤原孝道の『残夜抄』によれば、十種供養は「惣礼伝供ののち、かこと楽とまじりまじりあり、略儀にはかこ二に楽一、法のさす所は、かこと楽と一づつまじる也」と見えて、「後白河院如法経かゝせておはしましゝ時に十種供養ありしに、盤渉調にてあるべしときこえしに」と、楽には盤渉調を用いたことが知られる。
(37) 『大正新脩大蔵経』図像第一一所収。東京大学史料編纂所所蔵の青蓮院吉水蔵本の写真帳により校訂。
(38) この源空上人は法然その人ではなく、法然に仮託されてこの巻が成立したとされる。林文理前掲註(31)論文参照。
(39) 林文理前掲註(31)論文。
(40) 慈円の関与した十種供養では、法会の後に童舞が奏されることもあった。例えば建久六年(一一九五)に三条白川房で先妣のために始められた如法経会は、十八日に十種供養を行って光明院の墓所に奉納、九月十九日には日吉十禅師の宝前でも十種供養を行って入調に童舞を奏し、その翌日にも大宮の宝前で童舞が奏されていた。拙稿「慈円の童舞」(『文学』第六巻第四号、一九九五年一〇月)、本書第八章を参照。
(41) 伝供については小野功龍「伝供小考」(『龍谷史壇』六二号、一九六九年一二月)を参照。
(42) 『法勝寺供養記』(『群書類従』第二四所収)。
(43) 小野功龍前掲註(41)論文。
(44) 『群書類従』第一九所収。
(45) 拙稿「中世醍醐寺の桜会」(前掲註(3))。
(46) 『教訓抄』巻四。
(47) 小林剛編『俊乗房重源の研究』(有隣堂、一九七一年)。その装束の詳細はわからぬものの、童舞の襲装束だった可能性が高いだろう。なお舞童の装束は面をつけないのが通例であり、行道の天童も同様だったとみられる。菩薩の場合は面をつけることによって菩薩たることをしめす必然性があったが、天童の場合はそうした必然性はなかったのではないか。

(48) 『醍醐座主次第』(醍醐寺所蔵聖教一二六函二四)。東京大学史料編纂所所蔵の写真帳による。
(49) それは童舞と担い手を同じくしたと見られる。童舞の担い手については拙稿前掲註(3)論文を参照。
(50) そして如法経十種供養に天童たちが参加するのは鎌倉中期までで、『門葉記』によればそれ以後は楽もなく、天童も参加しない例が多くなる。つまり絵巻は十三世紀半ばすぎまでの如法経十種供養の様を描く絵であったことになる。いっぽう、文治四年の如法経会が後白河院によるものであることから、この絵巻に先立って一連の如法経会が絵画化されていた可能性もあり、巻九はそれを参照したことも想定される。
(51) 四十八巻伝に先立つ諸本では九巻伝にこの話があるが(『法然上人伝の成立史的研究』前掲註(32))、九巻伝では「天童二人」と見え、この部分に該当する絵があったならば、四十八巻伝の絵とは異なるものだったはずである。四十八巻伝の絵には九巻伝からの流用があることが指摘されているが、この部分はそれにはあたらず、南北朝期の筆とする説もある。島田修二郎「知恩院本法然上人行状絵図」(『新修日本絵巻物全集第一四巻』所収、角川書店、一九七七年)。
(52) これは四十八巻伝のみにみられる段である。
(53) 小松茂美編『続日本の絵巻四・五・六』(中央公論社、一九九〇年)。
(54) また同じく高階隆兼の手になる『春日権現験記絵』巻一一第四段にも蓋を捧げる天童が描かれていた。地蔵を本地仏とする春日三宮の影向を描くこのシーンでは、地蔵に蓋をかかげる童は髪を左右に振り分けて垂らし、菱文様の下襲の上に半臂を着けており、それは『法然上人絵伝』の舞童たちにも見た襲装束である。
(55) 『醍醐寺新要録』巻二二。
(56) 拙稿前掲註(1)論文。
(57) 関根真隆『奈良朝服飾の研究　本文編』(吉川弘文館、一九七四年)。
(58) 鈴木敬三「甲冑写生図集解説」(同編『中村春泥遺稿甲冑写生図集』吉川弘文館、一九七九年)。この論文については近藤好和氏のご教示によった。
(59) 中野玄三『来迎の美術』(同朋舎出版、一九八五年)による。
(60) 大串純夫『来迎芸術』(法蔵館、一九八三年)は、持幡童が浄土三部経や『往生要集』の来迎を説く部分に登場せず、来迎図の中でも稀な存在であることを指摘する。
(61)(62) 柳澤孝「(法華寺)阿弥陀三尊及び童子像」(『大和古寺大観第五巻　秋篠寺・法華寺・海龍王寺・不退寺』所収、岩波書店、一九七八年)。

(63) 中野玄三前掲註(59)書。

(64)『伝法灌頂師資相承血脈』(醍醐寺文化財研究所『研究紀要』第一号所収、築島裕氏の翻刻による)。

(65) なお阿弥陀来迎図の中でもう一つ持幡童が登場するものがある。十四世紀初頭のものとされる東京国立博物館所蔵の阿弥陀聖衆来迎図がそれである。画面右下の往生者の屋に山並を越えて来迎する阿弥陀と十二菩薩を描く図で、観音と勢至の二菩薩はすでに往生者のもとに到着する様を描く。この二菩薩に次いで左右二人の持幡童が雲上に描かれるが、現在その姿が確認できるのは向って右の童のみである。その姿はふりわけた垂髪に紐を結び、朱の広袖の闕腋袍を着け、裾は引かずに地に着く程度の長さに描かれる。墨線に朱の隈を施した衣文線で描かれた装束は、裾の長さを別にすれば現実の装束にきわめて近い強装束の束帯(闕腋袍)であり、直立して胸前に幡を掲げる硬直した姿勢で描かれる。画面全体から受ける印象は、他の菩薩のやわらかな姿態に比べ、持幡童の姿が聖衆の中にあたかも現実の童が混在したかのような違和感を感じさせるのであり、現実の持幡童の姿をモデルとした可能性が高いと見られる。いっぽう持幡童は、来迎図の中ではやや特殊な弥勒来迎図の中にも描かれていた。中野玄三『来迎の美術』(前掲註(59))によれば弥勒来迎図が描かれるようになったのは、阿弥陀来迎図の影響を受けた平安末期以降のことであり、『覚禅抄』「弥勒」には都率天から来迎してきた弥勒の傍らに持幡童二人が侍していた。さらに笙や笛を奏でる天人たちが描かれており、金沢文庫本『覚禅抄』ではこの天人たちも角髪に結った童の姿に描かれていた。同書によればこの図は寿永三年に仏師定源が南都からもたらしたものといい、この図をもとに称名寺の金堂壁画の弥勒来迎図が描かれたことも知られているところであろう。『金沢文庫図録　絵画編』(神奈川県立金沢文庫、一九七一年)を参照。

(66)(67) 有賀祥隆『法華経絵』(『日本の美術』二六九号、至文堂、一九八八年)。普賢十羅刹女像については、その遺例を網羅的に検討されたこの書によるところが大きく、ここに掲載のボストン美術館本、藤田美術館本の図版は、有賀氏に写真をご提供いただいたものである。さらにこの他にも能満院本など多くの写真を有賀氏の御好意により提供していただいた。また有賀祥隆『仏画の鑑賞基礎知識』(至文堂、一九九一年)も参照。

(68) 菊竹淳一「普賢十羅刹女像の諸相」(『仏教芸術』一三二号、一九八〇年九月)。有賀祥隆「法華寺横笛堂仏後壁画普賢菩薩影向図について」(『仏教芸術』一三二号)によれば、鶴林寺太子堂内陣四天柱の柱絵が最も古いとされる。山本勉『普賢菩薩像』(『日本の美術』三一〇号、至文堂、一九九二年)も参照。

(69) 根津美術館所蔵の原版による。

（70）有賀祥隆『法華経絵』（前掲註(66)）および有賀前掲註(68)論文参照。これらの持幡童の像容には太山寺本のように髪をみずらに結って闕腋袍を付けるものと、根津美術館本のように髪を長く垂らして鰭のついた袍を着る場合があることを有賀氏は指摘されているが、その装束は大まかには前者から後者へという流れがあると見てよいだろう。奈良国立博物館編『法華経』（東京美術、一九八八年）も参照。

（71）（72）菊竹淳一「普賢十羅刹女像の諸相」（前掲註(68)）。

（73）根津美術館本のように、大袖に鰭袖を付けた装束は宋画の影響も大きいと見られる。宋代の図様に見る天部像の装束については林温「旧浄瑠璃寺吉祥天厨子絵諸尊をめぐる問題」（『仏教芸術』一六九号、一九八六年一一月）を参照。

（74）『門葉記』如法経四。

（75）静遍については、菊池勇次郎「醍醐寺聖教のなかの浄土教」（醍醐寺文化財研究所『研究紀要』第五号所収、一九八三年）参照。

（76）『日本思想大系7　往生伝　法華験記』による。

（77）富岡益人「山越阿弥陀図考」（『美術研究』四九号、一九三六年）。また最近では須藤弘敏氏が『高野山　阿弥陀聖衆来迎図』（平凡社、一九九四年）の中で供養菩薩の冠の表現に隠された総角の童子のイメージを指摘されているが、阿弥陀来迎図の中では持幡童が描かれることはむしろ例外的であり、持幡は菩薩による例が多く、それが一般的な表現と見られる。そうであれば菩薩が童子のイメージを借りる必然性は薄いのではないだろうか。

（78）（79）『仁和寺旧記』（東京大学史料編纂所所蔵の謄写本による）。

（80）醍醐寺所蔵聖教三九三函一七（東京大学工学部所蔵のマイクロフィルムによる）。『大正新脩大蔵経』。

（81）「行遍入壇記」（東京大学史料編纂所所蔵謄写本『仁和寺記録』第八巻による）。

（82）拙稿前掲註(1)論文。

（83）東京大学史料編纂所所蔵の影写本による。

（84）その髪型は「鬟頬」とも「総角」とも見えるが、『箋注倭名類聚抄』によれば、「総角」は「鬟頬」と同義で髪を挙げて巻き束ねることと見え、いわゆる角髪のことと知られるが、実際には絵巻や仏画の中の持幡童に見られるように、角髪に結った髪の端を垂らしたり、左右に振り分けた垂髪に紐を大きく結んで垂らした姿もあったとみられる。

（85）『大治二年曼荼羅供次第』（『続群書類従』第二六下所収）。

（86）『長秋記』天承元年三月十六日条。仁和寺本『三僧記類聚』二（東京大学史料編纂所所蔵の謄写本による）。

(87)　拙稿「舞楽の中世」(前掲註(3))。
(88)　拙稿「中世醍醐寺の桜会」(前掲註(3))。
(89)　藤井恵介「俊乗房重源と権僧正勝賢」(『南都仏教』四七号、一九八一年)など。
(90)　石田尚豊「重源の阿弥陀名号」(『大和文化研究』第六巻八号、一九六一年)。
(91)　柳澤孝「(法華寺)阿弥陀三尊及び童子像」(前掲註(61))。
(92)　岩波文庫本による。

〔追記〕　本稿発表後、松原智美氏「普賢影向図の持幡童と天童」(佐々木剛三先生古稀記念論文集編輯委員会編『日本美術襍稿』所収、明徳出版社、一九九八年)を得た。松原氏の論文は、普賢影向図の持幡童図像の成立を十一世紀に遡るとし、普賢影向図の持幡童は『法華経』の天童であり、その図像は宋代図像の合掌童子を原像として、十一世紀における法会の持幡童の姿を重ね合わせて成立したものとする。いずれも拙稿とは異なる見解が示されており、合せて参照されたい。

あとがき

本書は、今までに書いてきた論文の中から、醍醐寺の組織に関する論文と、童と芸能に関する論文をまとめたものであり、新たな視点から寺院の社会と芸能をとらえることをめざしたものである。本書に関連する論文として、筆者にはこの他にも醍醐寺関係の論文、仁和寺関係の論文、『明月記』関係の論文等があるが、頁数の関係等もあり、今回は収録しなかった。

本書を成すにあたっては、諸先生と多くの研究会から学んだことが糧となっている。

まず、五味文彦先生。一九七九年にお茶の水女子大学大学院修士課程に進学以来、現在に至るまで、ご指導をいただき、お世話になっている。五味先生が東京大学に移られてからも、一九九〇年には、日本学術振興会特別研究員として東京大学文学部に受け入れていただき、研究の場と機会を与えていただいた。五味先生には、文書、記録から説話、絵巻物に至る様々な史料を徹底して分析する方法を教えていただいた。先生にお目にかかる機会がなかったら、研究者としての私は存在しなかったと思っている。それほどに先生の存在は私にとって大きく、今日まで公私にわたって暖かい励ましをいただいてきた。一九八八年には、五味先生を中心に明月記研究会が始まり、九六年には『明月記研究』を創刊し、五号に至っている。先生から賜った学恩には、言葉に尽くせぬほどに感謝申し上げている。なかなか思い切りがつかぬ私が、本書をなんとかまとめることができたのも、常に先生の励ましがあったからである。

そして日本女子大学の学部時代に、卒業論文のご指導をいただいた故高木豊先生。先生には中世仏教史の基本を教えていただいた。先生は「ぼくの目の黒いうちに学位論文をまとめてくれよ」と仰っていたのに、とうとう先生に本書を見ていただくことはかなわなかった。本当に残念である。先生のご冥福を心からお祈りしたい。

また、お茶の水女子大学大学院修士課程の時代にご指導をいただいた大隅和雄先生。東京女子大学の大学院ゼミに参加させていただき、説話を読み解く方法など、親しくご指導を得ることができた。

さらに研究会では、醍醐寺研究会（顕密仏教研究会　寺院社会史研究会）をまずあげたい。この会は、歴史・芸能史・建築史・美術史・国文学の研究者が集う学際的な研究会であり、醍醐寺の記録文書聖教の調査に参加させていただいたのも、この研究会を通してであった。佐藤道子先生、永村眞氏を中心とするこの会は、学問的にも私的にも、真摯な批判と本音がぶつかりあう場であり、二十代後半から三十代後半までをこの研究会とともに歩んで来られたことは、本当に幸いであった。醍醐寺についての私の研究の多くは、この研究会の中で学び、書いてきたものであり、会員諸氏に心から感謝している。また本書をまとめるにあたって、佐藤先生、永村氏からは種々ご教示いただいた。

そして明月記研究会。これはお茶大の五味ゼミに始まる「歴史と説話の会」を前身として、五味先生を中心に歴史と文学の研究者が集う場である。『明月記』の注釈は厳しい作業だが、この会からは歴史と文学の双方の研究者から刺激を受けている。

次いで阿部泰郎氏を中心とする仁和寺研究会。ここでは、仁和寺の貴重な聖教の調査研究の機会を得ることができ、守覚法親王自筆の聖教を目の当たりにした感激も記憶に新しく、現在に至っている。

この他にも藤原良章氏を中心とするＣＧ研（中世芸能研究会）からは若い大学院生から大いに刺激を受けた。また五味先生を中心とした中世空間研究会、中世芸能史研究会も研究発表の場であると同時に多くを学ぶ場であった。さらには、その成果を本書に反映することはできなかったが、大隅和雄先生、西口順子氏を中心とする研究会女性と仏教も、実に刺激的で多くを学んだ研究会であった。

私の研究が、そして本書が、今までの寺院史研究の範疇にとどまらぬ境界領域的な視角を少しでももっているとすれば、それは異分野の研究者が集う研究会から学んだ成果であるところが大きい。

また一九九四年から一年半にわたって、東京大学史料編纂所に非常勤講師として採用していただいたことも、多くの史料に接する機会となり、論文を書く原動力となった。

師と研究会という環境に恵まれ、研究者としての道をなんとか歩いて来ることができたのは、家庭環境にも恵まれたためであったと思う。行方の定まらぬ私の研究者としての歩みを、忍耐強く見つめ、助力を惜しまなかった父と母に深く感謝している。ことに母佐藤俊子からは、子育てから家事に至るまで献身的な助力を長年に亙って得てきた。そして夫土谷春仁にも感謝している。医師である夫は、私が病める時いつも側にいて私を支え、励まし、見守り続けてくれた。本書を母と夫に捧げたい。

時の経つのは早いもので、息子も四月には高校三年生になる。私が初めて論文を発表したのは、息子の生まれた年のことであり、私の研究は常に息子の成長とともにあった。そして息子の少年時代、我が家にはいつも多くの息子の友人が訪れた。中には毎週我が家に泊まっていく子もいた。大騒ぎの中で、息子とその友人に囲まれ、私は男の子の母親として幸せなひと時を過ごすことができた。このひと時がなければ、兒の姿を描くことなど思いもよらなかったかも知れない。そんなことから息子とその友人たちにも密かに感謝している。

なお本書の索引は、東京大学大学院博士課程の三枝暁子氏と細川武稔氏に作成していただいた。最後になったが、本書を出版してくださった吉川弘文館に心から感謝したい。

二〇〇〇年十一月

土谷　恵

初出一覧

序

第一章　中世初頭の醍醐寺と座主職

「鎌倉時代の寺院機構――鎌倉初期の醍醐寺と座主職をめぐって――」（高木豊編『論集日本仏教史　第四巻　鎌倉時代』所収、雄山閣出版、一九八八年）。後に宮坂宥勝他編『密教大系　第七巻　日本仏教Ⅳ』（法蔵館、一九九五年）に再録。改題の上、大幅な文章の削除と加筆を行った。

第二章　房政所と寺家政所――十二世紀前半の醍醐寺と東大寺――

「房政所と寺家政所――十二世紀前半の醍醐寺と東大寺」（『仏教史学研究』第三一巻二号、一九八八年）。若干の補訂と削除を行った。

第三章　座主房の組織と運営――中世前期の醍醐寺三宝院――

「中世初頭の醍醐寺三宝院――座主房の組織と運営――」（稲垣栄三編『醍醐寺の密教と社会』、山喜房佛書林、一九九一年）。改題の上、一部文章の削除及び補訂を行った。

第四章　中世寺院の童と兒

「中世寺院の童と兒」（『史学雑誌』第一〇一編一二号、一九九二年）。誤植等を除くと、ほぼ原文のまま収録したが、註には一部加筆した。

第五章　中世醍醐寺の桜会

「中世醍醐寺の桜会――童舞の空間――」（佐藤道子編『中世寺院と法会』、法蔵館、一九九四年）。若干の訂正を除いては、ほぼ原文のままとした。

第六章　中世寺院の兒と童舞

「中世寺院の兒と童舞」(『文学』第六巻一号、一九九五年)。本文は若干の訂正を除いては、ほぼ原文のままとし、註に一部加筆した。

第七章　舞楽の中世——童舞の空間——

「舞楽の中世——童舞の空間——」(五味文彦編『中世の空間を読む』、吉川弘文館、一九九五年)。本文は若干の訂正を除いては、ほぼ原文のままとし、註に一部加筆した。

第八章　慈円の童舞

「慈円の童舞」(『文学』第六巻四号、一九九五年)。ほぼ原文のままとし、註に一部加筆した。

第九章　舞童・天童と持幡童——描かれた中世寺院の童たち——

「舞童・天童と持幡童——描かれた中世寺院の童たち——」(藤原良章・五味文彦編『絵巻に中世を読む』、吉川弘文館、一九九五年)。若干の訂正を行ったが、ほぼ原文のまま収録した。

中世寺院の社会と芸能（オンデマンド版）

Digital Publishing

2017年10月1日　発行

著　者　土《つち》谷《や》　恵《めぐみ》

発行者　吉川道郎

発行所　株式会社 吉川弘文館
〒113-0033　東京都文京区本郷7丁目2番8号
TEL　03(3813)9151(代表)
URL　http://www.yoshikawa-k.co.jp/

印刷・製本　株式会社　デジタルパブリッシングサービス
URL　http://www.d-pub.co.jp/

土谷　恵（1956～）
ISBN978-4-642-72799-0

著者略歴

一九五六年　東京都生まれ
一九七九年　日本女子大学文学部卒業
一九九〇年　お茶の水女子大学大学院博士課程単位取得退学
現　在　清泉女子大学非常勤講師

〔主要論文〕

「平安前期僧綱制の展開」（『史艸』二四号、一九八三年）
「定家と仁和寺御室―『明月記』の世界から―」（『明月記研究』一号、一九九六年）
「中世初頭の仁和寺御流と三宝院流―守覚法親王と勝賢、請雨経法をめぐって―」（阿部泰郎・山崎誠編『守覚法親王と仁和寺御流の文献学的研究　論文篇』勉誠社、一九九八年）

中世寺院の社会と芸能

二〇〇一年（平成十三）一月二十日　第一刷発行

著　者　土《つち》谷《や》恵《めぐみ》
発行者　林　英　男
発行所　株式会社　吉川弘文館
郵便番号一一三―〇〇三三
東京都文京区本郷七丁目二番八号
電話〇三―三八一三―九一五一〈代〉
振替口座〇〇一〇〇―五―二四四
印刷＝精興社・製本＝石毛製本
（装幀＝山崎　登）

索　　引

I 人　　名

あ　行

か　行

さ　行

た　行

な　行

は　行

ま　行

や　行

ら　行

II　書　名

あ　行

か　行

さ　行

た　行

な　行

は　行

ま　行

や　行

ら　行